KB140116

공정거래절차의 법리

– 당사자의 권리보장과 제3자 절차참여를 중심으로 –

유민총서

07

공정거래절차의 법리

– 당사자의 권리보장과 제3자 절차참여를 중심으로 –

| 박준영 지음 |

홍진기법률연구재단

머리말

이 책은 공정거래절차의 법리를 규범적인 관점에서 정리한 경제법 연구서이다. 이 책의 핵심 내용은 다음 세 가지로 요약될 수 있다. 첫째, '공정거래절차법'의 개념과 체계를 정립하고 법이론적 기초를 닦는 것, 둘째, 공정거래절차를 준사법절차로 간주하는 견해를 재해석하여 공정거래절차법의 지도원리를 새롭게 이해하는 것, 셋째, 당사자의 권리보장과 제3자 절차참여의 문제를 중심으로 구체적인 공정거래절차 제도를 검토하고 개선방안을 제시하는 것이다.

2020년 12월이면 공정거래법이 제정된 지 40년이 된다. 그러나 그동안 학계 및 실무의 관심은 공정거래법의 실체법적 영역에 집중되었고, 그에 따라 절차법 내지 집행법에 관한 체계적인 연구는 매우 부족한 실정이다. 이 책은 이러한 상황에서 공정거래절차의 법리를 이론과 제도의 측면에서 규범적으로 고찰하려는 시론적 성격의 연구서이다. 이론적인 차원에서는 공정거래절차의 개념, 법원(法源), 특성을 정리하고 공정거래절차의 목적에 기반한 지도원리를 새롭게 정립하였다. 제도적인 차원에서는 앞서 검토한 이론적 논의를 전제로 하여 당사자의 권리보장과 제3자 절차참여와 관련된 쟁점을 공정거래 사건처리절차와 공정거래 개별절차에 대해 분석하였다.

이 책은 2019년 8월에 발표된 필자의 서울대학교 법학박사논문인 "공정거래절차법상 당사자의 권리보장과 제3자 절차참여"를 수정·보완한 것이다. 전체적으로는 논문의 내용을 거의 그대로 실었지만, 제목을 단행본의 성격에 맞게 수정하였고 원고작업 중이던 2019년 12월 27일에 개정된 「공정거래위원회 회의운영 및 사건절차 등에 관한 규칙」의 내용을 간략하게나마 추가하였다. 여러모로 부족한 부분이 많은 연구서임에도 불구하고 이 책이 공정거래절차법과 공정거래법, 나아가 경제법의 근본문제를 함께 고민하는 데에 조금이나마 기여했으면 하는 바람이다.

필자의 학위논문은 〈2019년 제4회 홍진기 법률연구상〉의 우수상으로 선정되었고 그 덕분에 홍진기법률연구재단의 유민총서 7권으로 출간되는 영광을 얻었다. 특히나 필자는 이미 동 연구재단의 박사학위 논문작성 지원 사업 대상자로 선발되어 도움을 받은 바 있었기에 그 의미가 더욱 크다. 이 지면을 빌려 필자의 박사논문에 큰 관심을 주신 홍진기법률연구재단에 깊은 감사의 마음을 전한다.

이 책이 나오기까지 너무나 많은 분들의 도움을 받았다. 우선, 필자의 지도교수님이시자 은사님이신 서울대학교 법학전문대학원의 이봉의 교수님께서는 감사하다는 표현으로는 부족할 만큼 크나큰 학은(學恩)을 베풀어주셨다. 공정거래절차 연구의 선구자이신 중앙대학교 법학전문대학원 조성국 교수님, 서울대학교 법학전문대학원 임용 교수님, 서강대학교 법학전문대학원 홍대식 교수님, 그리고 명지대학교 법과대학 홍명수 교수님께서는 논문 심사위원으로서 필자의 논문이 학문적으로 한 단계 발전할 수 있도록 깊은 가르침을 주셨다. 아울러 우리나라 경제법의 뿌리와 같으신 권오승 서울대학교 명예교수님께서는 언제나 든든하게 필자의 공부를 이끌어 주시고 격려해주셨다. 그 외에도 공정거래 커뮤니티의 많은 선생님들과 선·후배님들께서 주신 따뜻한 응원은 큰 힘이 되었다. 번거로운 편집작업에 있어 마지막까지 꼼꼼하게 수고해주신 경인문화사 관계자분들께 특별한 감사의 말씀을 드린다.

끝으로 존경하는 부모님께 진심으로 감사드리며, 사랑하는 아내와 아들 정윤이에게 이 책을 바친다.

2020년 1월
저자 박 준 영

차 례

머리말

제5장 공정거래절차법상 제3자의 절차참여

표 차례

제1장
서   론

제1절 연구의 배경 및 목적

Ⅰ. 연구의 배경

이 논문은 「독점규제 및 공정거래에 관한 법률」(시행 2019.9.19., 법률 제15784호, 2018.9.18. 일부개정, 이하 '공정거래법' 또는 '법')에 대한 공정거래위원회(이하 '공정위')의 집행절차의 법리를 다룬 것이다. 본고의 연구배경은 크게 현상적인 이유와 본질적인 이유로 구분된다.

1. 현상적 배경

본고의 현상적인 연구배경은 다시 세 가지로 구분할 수 있다. 우선, 최근 급격하게 진행되고 있는 공정거래 집행체계의 변화가 첫 번째 연구배경이다. 공정거래법의 집행 분야의 개선에 관한 문제는 예전부터 지속적으로 논의되어 왔지만, 특히 이번 정부가 들어선 후 본격적인 변화가 나타나고 있다. 2019년 8월 현재 국회에 계류되어 있는 「공정거래법 전부개정안」은 우리나라 경쟁당국인 공정위를 중심으로 이루어진 논의들을 토대로 2018년 하반기에 마련된 것이고,[1] 여기에는 공정거래 집행체계를 실질적으로

---

[1] 공정위는 공정거래 집행체계의 개선을 위해 「공정거래법 집행체계개선 TF」(2017년 후반기)와 「공정거래법 전면개편 특별위원회」(2018년 전반기)를 꾸려 논의를 진행한 바 있고, 그 결과물로 2018년 봄과 여름에 각각의 최종보고서를 연달아 발간하였다. 관련 최종보고서는 다음과 같다. 공정위, 공정거래 법집행체계 개선 TF - 논의결과 최종보고서, 2018, 2.; 공정위, 공정거래법제 개선 특별위원회 최종보고서, 2018, 7.

변화시킬 법조항들이 포함되어 있다.2) 당해 전부개정안은 전체적으로 법 집행을 강화하는 동시에 집행주체를 다원화하는 흐름으로 정리되는데,3) 특히 집행주체가 다양해진다는 측면에서는 당해 변화가 공정거래법 집행의 패러다임 전환을 의미한다는 학계의 평가가 존재하기도 한다.4) 이러한 '대전환의 시점'에서 공정거래법의 집행 내지 절차법과 관련한 심도 있는 논의를 하는 것은 매우 시의적절하다.

두 번째 현상적 배경은 공정거래법 집행에 있어 당사자의 절차권 보장과 관련된 문제제기가 끊임없이 이어져 왔다는 점이다. 침익적 처분을 통하여 법이 집행되는 과정에서는 언제나 당사자의 절차적 권리 내지 당사자의 방어권이 핵심적인 문제가 되고, 따라서 이는 공정위의 시정조치 및 과징금을 통해 법 목적을 실현하는 공정거래절차에서도 중요한 문제이다. 즉, 법위반 사업자에 대한 시정조치 내지 과징금 등의 제재처분이 내려지는 과정에서 당사자의 방어권이 적절히 보장되고 있는지의 문제가 비판적인 관점에서 제기되고 있는 것이다. 또한, 공정위 현장조사에 있어서 조사공무원의 강압적인 조사가 행해지고 있고, 피조사인의 권리가 충분히 보장되지 않고 있다는 비판이 계속 제기되고 있는데, 이러한 상황에서 공정거래절차상 당사자의 권리보장과 관련하여 정리할 필요성은 매우 크다.

마지막으로는, 최근 들어 공정거래법 집행과정에 제3자가 참여해야 한다는 요구가 적극적으로 제기되고 있다는 점이다. 종래 법 위반 신고인의 절차참여 내지 불복가능성에 국한하여 제3자의 문제가 부분적으로 논의된 바 있지만, 공정거래절차 차원에서는 당사자 이외의 제3자의 절차권과 관련하

---

2) 이에 관하여 공정위 보도자료, 공정거래법 전부개정안 국무회의 통과, 2018.11.27. 참조.
3) 이는 과징금의 부과기준율 및 정액과징금의 상향으로 인한 행정적 집행의 강화, 사인의 금지청구제도 도입에 따른 민사적 집행의 확대, 전속고발권 폐지로 인한 형사적 집행의 강화로 요약할 수 있다.
4) 이봉의, 한국형 시장경제의 심화와 경제법의 역할, 서울대학교 법학 제58권 제1호, 2017, 127-128면 참조.

여 체계적으로 정리된 논의는 존재하지 않는다. 그러나 OECD 보고서에서
는 일찍이 경쟁법 집행에서의 제3자 참여에 대해 언급된 바 있고,[5] 독일
경쟁법에서는 제3자의 보조참가제도가 운용되고 있는 등, 외국에서는 제3
자 절차참여와 관련된 논의가 상당히 발전되어 있다. 최근 들어 사건처리
절차와 관련된 공정위 규칙에도 신고인의 절차참여 조항이 신설되었고, 따
라서 이 시점에서 공정거래절차에 있어 제3자의 참여에 관한 전반적인 논
의를 하는 것은 필수불가결하다.

2. 본질적 배경

본고의 본질적인 연구배경은 상술한 현상적 배경 이면에 존재하는 규범
적인 차원의 문제점들과 관련되어 있다. 규범적 측면에서는 종래의 공정거
래절차 관련 논의들에 대해 여러 문제점을 지적할 수 있는데 필자는 이를
크게 두 가지로 구분하고자 한다. 첫째, 공정거래절차와 관련된 문제가 실
무 차원의 쟁점에 한정되고, 이에 관한 논의마저도 각 절차참여자의 이해
관계 내지 각자의 이념이나 사상에 기반하여 진행된다. 둘째, 공정거래절차
에 대한 다양한 주장과 견해들을 합리적으로 평가하는 기준에 있어 상당히
모호하고 혼란스러운 상황이 문제이다.

상술한 바와 같이 공정위의 법 집행과정에서의 당사자의 권리보장과 제
3자의 절차참여에 대한 요구는 매우 다양하게 제기되고 있는 실정이다.[6][7]

---

5) OECD Report, Trade and Competition - From Doha to Cancún, 2003, pp.13-14 참조.
6) 공정거래절차와 관련하여 다양한 시각의 주장을 보여주는 자료로 서울대 경쟁법센터,
   서울대 경쟁법센터 2018년 전문가 좌담회, 경쟁과 법 제10호, 2018, 10-86면.
7) 공정위 처분의 상대방인 당사자 또는 피심인 측에서는 현행 공정거래법상의 절차적
   제도는 매우 불완전하여 당사자의 절차적 권익을 중심으로 한 전반적인 제도개선이
   필요하다고 주장하는 한편, 공정위는 그동안의 공정위 내부적인 절차적 개혁으로 인
   해 당사자 등에 대한 절차적 보호에 대해서는 충분히 제도적으로 다뤄지고 있고, 오
   히려 공정위 법 위반사건에 대한 효율적인 처리에 보다 신경을 써야 한다는 주장을

그러나 각 주장들과 관련한 법규정이 어떻게 마련되어 있는지, 이를 규율하고 있는 공정위 규칙의 법적 효력은 어떠한지, 그것이 공정위의 행위규범 및 법원의 재판규범으로 작용할 수 있는지에 대한 고민은 부족한 상태이다. 이러한 상황에서는 결국 각 절차참여자들이 생각하는 바람직한 상황 내지 이념에 따라 공정거래절차 문제가 논의될 수밖에 없는데, 이는 규범적 차원에서는 매우 비합리적인 상황이며, 문제해결을 위한 합의가 이루어지기 어렵다는 문제를 갖는다.

　보다 큰 문제는 공정거래절차와 관련된 수많은 견해들을 정리할 합리적인 판단기준이나 이를 정립하기 위한 학문적 성찰이 그동안 없었다는 점이다. 절차법의 핵심문제는 궁극적으로 절차의 본질 내지 기능이 사인(私人)의 주관적 권리구제에 있는지, 아니면 객관적인 법 목적의 실현에 있는지에 달려있다. 양자를 실체적으로 완전히 분리할 수 있는지에 대해서는 이견이 있을 수 있지만, 둘 중 어느 쪽에 무게중심이 있는지를 밝히는 것은 기능적 차원과 실천적 차원에서 필요하다. 여기서 말하는 기능적 차원은 당해 절차를 통해 어떠한 문제를 해결할 것인가라는 문제의식을 분명히 하는 것이고, 실천적 차원은 당해 문제를 해결하기 위한 잣대를 마련하는 것을 의미한다. 따라서 공정거래절차와 관해서도 같은 맥락의 논의와 검토가 진행되어야 한다. 예컨대, 우리나라 종래의 통설은 소위 '준사법 명제'를 통하여 공정거래절차의 목적을 주관적 권리구제에 무게중심을 둔 것으로 보이지만, 이것이 공정거래법의 고유한 목적이나 법원리에 부합하는 것인지, 나아가 우리나라 현실에 맞는 절차적 관점을 제시하고 있는 것인지 재검토되어야 하는 것이다.

　위에서 지적한 문제들을 해결하기 위해서는 공정거래절차와 관련된 규

펼치는 바이다. 나아가 공정거래법 위반 사실을 공정위에 신고한 자 또는 반경쟁행위의 피해자 등 문제되는 사건과 직접적·간접적인 이해관계를 갖는 제3자는, 그들이 절차과정에 참여할 수 있는 기회가 폭넓게 제공되어야 한다고 목소리를 높인다.

범적 논의가 필요하다. 공정거래법 집행의 기초가 되는 것이 결국은 법규범이고, 절차제도의 설계와 운용은 결국 법규범에 의해 실현될 수밖에 없음을 인식한다면, 공정거래절차와 관련해서는 규범적인 관점에서 논의되어야 한다는 결론은 지극히 당연한 것이다. 필자가 말하는 규범적 관점의 논의란 법률상의 규정(Regel; rule)과 법원리(Prinzip; principle)에 기반하면서 법이론(Rechtstheorie)에 따른 논의를 의미하고, 따라서 동 관점에 따르면 공정거래절차와 관련된 문제들은 법규정과 지도원리에 대한 고려를 통해 세밀하게 해석되고 평가되어야 한다.

요컨대, 본고의 본질적 연구배경은, 지금까지 경제법 학계와 실무에서 공정거래절차의 본질에 대하여 충분히 고찰하지 못했다는 점에서 비롯된다. 절차법 영역이 정책적 성격을 가질 수밖에 없다는 이유만으로 종래의 논의들이 규범적 측면을 지나치게 간과하지는 않았는지 반성해보아야 할 것이다. 공정거래절차 관련 법규정의 내용이 경시되고 공정거래절차의 목적 내지 지도원리 등에 대해 진지하게 고민하지 않은 상태에서는, 공정거래절차상의 보호와 관련된 어떠한 개선을 꾀한다 하여도 각 절차참여자들의 입맛에 맞는 단기적인 미봉책만이 제시될 수밖에 없으며 공정거래절차에 관한 근본적인 개선은 불가능할 것이다.

II. 연구의 목적

본고의 궁극적인 목적은 공정거래절차의 법체계를 정립하고, 이를 바탕으로 당사자의 권리보장과 제3자 절차참여의 쟁점을 검토하여 개선방안을 제시하는 것이다. 다만 이러한 궁극적 목적을 달성하기 위해서는 다음 몇 가지 작업들이 수행되어야 하는데, 이 또한 본고의 연구목적에 해당하는 사항들이다.

첫 번째 목적은 공정거래절차법의 일반론을 정립하는 것이다. 공정거래절차법 일반론은 공정거래절차와 관련된 문제를 다룸에 있어 공통적으로 고려되어야 하는 규범적인 사항들을 담아야 하는데, 보다 구체적으로는 강학상 공정거래절차법의 개념을 확정하고, 그 규범적 체계를 확립하는 것이다. 공정거래절차법의 일반론을 정립하는 작업은 '공정거래절차법'의 강학상 개념을 정의하는 것에서부터 시작한다. 나아가 본고는 가깝게는 공정거래절차법과 공정거래조직법, 공정거래쟁송법, 공정거래민사법, 공정거래형사법과의 관계를 정리하고, 멀게는 공정거래총칙-공정거래실체법-공정거래집행법의 관계를 검토하여 공정거래법의 전체적인 체계를 정립하는 것을 시도한다. 또한, 공정거래절차법의 범위에 해당하는 법적 규정 중 외부적 구속력이 있는 규범인 공정거래절차법의 법원(法源)을 밝혀 공정거래절차법의 규칙(Regel; rule)에 해당하는 부분을 정리한다. 그리고 마지막으로는 공정거래절차법의 특수성을 정리하도록 한다. 이렇게 정리된 공정거래절차법의 일반론은 공정거래절차와 관련된 모든 규범적 논의의 기본이 된다.

본고의 두 번째 목적은, 공정거래절차법의 지도원리를 재검토하고 새롭게 이해하는 것이다. 특히 이와 관련해서는 통설로 자리 잡고 있는 종래의 견해인 공정거래절차의 '준사법 명제'를 비판적으로 검토하고, 공정거래절차의 고유성 내지 특수성과 직접적인 연관관계를 갖는 공정거래절차의 목적과 기능을 중심으로 지도원리를 새롭게 도출할 필요가 있다. 무엇보다 공정거래절차의 목적 내지 기능은 경쟁질서의 형성, 보다 구체적으로는 경쟁기능의 보호를 위한 객관적 법치주의의 실현이라는 점을 밝히고, 이를 기준으로 구체적인 절차제도가 설계되어야 함을 보이고자 한다.

앞에서 정리한 공정거래절차법의 규범적 틀을 토대로, 구체적인 공정거래절차 제도에서의 당사자의 권리보장과 제3자의 절차참여를 논하는 것이 본고의 마지막 목적이다. 특히 공정거래절차의 기능을 객관적인 시각에서 바라보는 경우 당사자의 절차적 권리는 어떻게 이해되어야 하며, 구체적인 사건처리절차 및 공정거래 개별절차에서 당사자의 권리보장과 관련된 제도가 어떻게 설계되어야 하는지 살펴보아야 한다. 제3자의 절차참여와 관련해서도, 이것이 어떠한 공정거래절차의 특수성에 의해 정당화되는지, 경쟁기능의 보호라는 공정거래절차의 목적에 어떻게 기여하는지, 제3자를 어떻게 구분하여 공정거래절차에 어느 정도로 참여하게 할 것인지를 분석해야 할 것이다.

제2절 연구의 대상

본격적인 논의에 앞서 본고에서 사용하는 몇 가지 개념에 대해 규명하고
자 한다. 우선, '공정거래절차'는 공정거래법 집행을 위해 공정위가 밟는
일차적 결정절차를 의미하고, '공정거래절차법'은 공정거래절차를 규율하
는 규범 내지 '공정위의 일차적 결정절차 중 사업자 또는 사인과의 관계를
나타내는 법규범 일체'를 의미한다. 당해 개념을 도출하는 과정과 기타 법
집행 영역과의 관계 등에 대해서는 제2장 제1절에서 다룬다.

본고의 이론적 논의의 핵심개념인 '지도원리'는 당해 법 영역을 지탱하
는 근본원리를 뜻한다. 따라서 공정거래절차법의 지도원리는 공정거래절차
법의 근본원리로서, 그 내용의 타당성을 판단하고 정당성을 부여할 수 있
는 법원리 내지 규율원리라 할 수 있다. 공정거래절차법의 지도원리는 공
정거래절차의 고유성을 나타내는 것이어야 하며, 공정거래절차의 목적 내
지 기능, 법적 성격과 일맥상통한다. 이에 관해서는 제3장 제3절에서 상술
한다.

당사자의 권리보장 및 제3자의 절차참여와 관련해서도 몇 가지 개념들
을 정리할 필요가 있다. '당사자'는 공정거래절차의 처분 내지 결정의 상대
방을 의미하고, '권리보장'은 당사자의 절차적 권리가 제도적으로 보장되는
것을 나타내는 개념이다. '제3자'는 당사자 이외의 절차참여자를 의미하는
데, 법적 차원과 실체적 차원으로 나누어 살펴볼 수 있다. 법적 차원의 제3
자로는 사건처리절차를 개시하게 한 신고인, 이해관계를 인정받아 절차에
참가하는 절차참가인, 그리고 일반 대중이 있고, 실체적 차원으로는 반경쟁
행위의 피해자, 사건과 이해관계가 있는 이해관계인, 그리고 일반 대중이

있을 수 있다. '참여'(Partizipation)는 절차에 직·간접적으로 참여하여 최종 결정에 영향을 광범위하게 미치는 행위를 의미하는데, 이는 법률에 의한 '참가'(Beteiligung)와 경쟁당국의 결정에 의한 보조참가(Beiladung)를 모두 포함하는 광의의 개념이다. 관련해서는 각각 제4장 제1절 및 제5장 제1절에서 상세히 살펴본다.

 마지막으로 본고는 구체적인 공정거래절차 제도를 '사건처리절차'와 '공정거래 개별절차'로 구분하였다. 사건처리절차는 공정거래법 위반 사건을 공정위가 사건개시→심사→심의·의결이라는 단계를 거쳐 위원회의 의결을 통한 처분을 내리는 절차를 의미한다.[8] 공정거래 개별절차는 사건처리절차 이외의 절차를 지칭하기 위해 필자가 사용한 개념으로서, 본고에서는 그 중 자진신고 감면절차, 동의의결절차, 그리고 기업결합 신고절차를 다루었다.

---

8) 공정거래법 위반사건처리절차의 단계에 대해서는 '심사→심의→의결' 또는 '심사→심의·의결'로 구분하는 학설들이 있지만, 필자는 사건개시절차의 중요성을 강조하기 위해 '사건개시→심사→심의·의결'로 사건처리절차를 체계화하여 논의를 진행하고 한다. '심사→심의→의결' 3단계로 구분하는 대표적 견해로는 권오승·서정, 독점규제법 – 이론과 실무, 2018, 683면; 이호영, 독점규제법, 2015, 469면; 정호열, 경제법, 2019, 487면; 한편, '심사→심의·의결' 2단계로 구분하는 견해로는 홍대식, 공정거래법상 공정거래위원회의 사건처리절차에서의 절차적 하자와 처분의 효력, 특별법연구 제14권, 2017, 108면 참조.

제3절 연구의 방법

Ⅰ. 연구방법론

필자가 본고에서 사용한 연구방법론은 크게 세 가지이다. 첫 번째 방법론은 공정거래절차에 대한 규범적 방법론이다. 앞서 밝힌 바와 같이, 규범적 방법론은 법이론(Rechtstheorie)에 따른 방법론으로서 법체계론을 기반으로 하고 규칙(Regel; rule)과 원리(Prinzip; principle)로 이루어진 법규범을 다룸으로써 문제 상황을 해결하려는 접근방법이다.

한편 법이론은 독일 법학계에서 독자적으로 분류되는 법영역으로서, 법체계 내지 법질서의 논리적인 구성원리와 법의무, 법적 권리, 법률관계와 같은 법의 기본개념들을 탐구하고 그 의미를 밝히고자 하는 법영역을 일컫는다.[9] 나아가 법규범을 규칙과 원리로 구분하는 방법론은 미국의 법학자 드워킨에 의해 고안된 것으로서, 규칙은 구성요건과 법률효과가 명확하게 규정되어 있는 확정적 법규범을 뜻하고, 원리란 구성요건과 법률효과가 확정적이지 않고 추상적인 법규범을 의미한다.[10][11] 다시 말해, 법규칙은 문제와 관련된 구체적인 규정을 뜻하고, 법원리는 문제상황이 직면하는 정의

---

9) Andreas Funke, Rechtstheorie, in: Julian Krüper(Hg.), Grundlagen des Rechts, 3.Aufl., 2016, S. 45, Rn. 1. 참조.
10) 이상영·김도균, 법철학, 2006, 39-40면 참조.
11) 양자를 법률효과 측면에서 구분하면, 서로 상충되는 법규범과 충돌하는 경우 전자는 어느 한쪽이 효력을 상실하게 되지만, 후자는 어느 한쪽이 효력을 상실하는 것이 아니라 경우에 따라 한 쪽이 우선되고 다른 한 쪽이 후퇴하게 된다. 박정훈, 행정법의 체계와 방법론, 2005, 42-43면 참조.

(正義)와 관련된 명제들을 의미한다.

본고가 법이론에 의한 규범적 방법론을 따른다는 점은 몇 가지 의미를 갖는다. 우선 본고에서는 전체 법질서가 하나의 통일적인 체계로 이루어져 있다는 것이 전제되어 있다.[12] 나아가 본고는 법규칙의 타당성 내지 정당성이 법원리에 의해 판단될 수 있다는 명제를 수용한다. 필자는 공정거래절차법의 법원(法源) 중 성문법적 법원이 일견 규칙의 성격을 갖고, 공정거래절차법의 지도원리가 원리의 성격을 갖는다는 전제하에 양자를 모두 중시해야 한다는 입장에서 논의를 진행하고자 한다.

두 번째 방법론은 비교법적 방법론이다. 본고에서는 공정거래절차법의 일반론, 지도원리, 구체적인 절차에서의 당사자 권리보장 및 제3자의 절차 참여 등, 본 논문의 논의 전반에 걸쳐 유럽연합, 독일의 경쟁법 집행절차, 그리고 미국 FTC법의 집행절차를 비교분석하였다. 비교법적 고찰에서 중요한 것은 한편으로는 각국의 법규정이나 제도의 도입취지 내지 변천 과정 등을 이해하는 것이고, 다른 한편으로는 우리나라에의 시사점을 정확히 밝히는 것이다. 본고에서는 특히 외국 제도의 역사에 관한 분석을 통하여 공정거래절차에의 시사점을 도출하기 위해 비교분석 방법론을 사용하였다.

마지막으로 설명될 것은 절차법의 분석방법론이다. 일반론에 의하면 절차법의 검토를 위한 방법론으로는 두 가지 다른 방법론이 있는데, 하나는 권리적 접근이고, 다른 하나는 제도적 접근이다.[13] 권리적 접근방법은 절차에 참여하는 당사자와 제3자의 절차적 권리에 초점을 맞춘 접근법으로서, 말하자면 절차참여자의 주관적 권리를 중심으로 절차를 파악하는 방법론이다. 그에 반해 제도적 접근방법은 절차의 기능에 초점을 맞추어, 객관

12) 법체계(Rechtssystem)에 관하여 오세혁, 법체계의 통일성, 홍익법학 제4권, 2002, 75-94면 참조.
13) 절차법의 검토방법론에 관하여 이희정, EU 행정법상 행정처분절차에 관한 소고, 공법학연구 제12권 제4호, 2011, 475면 참조.

적인 법 목적이나 기능에 비추어 세부적인 의사결정구조와 절차적 요소가 이에 부합하게 설계되었는지를 분석하는 방법이다. 궁극적으로 절차법에 대한 분석은 두 접근을 모두 필요로 하지만, 사건으로는 법 영역의 특수성과 고유성에 따라 어느 한쪽이 보다 큰 중요성을 가질 수 있다고 본다. 그리고 이는 당해 법의 목적 내지 기능에 의해 결정되어야 할 것인데, 예컨대 주관적 권리구제보다는 객관적 법 목적의 실현을 목표로 하는 법 영역에서는 제도적 접근에 무게가 실려야 한다. 이는 절차의 기능을 결국 주관적인 측면에서 볼 것인지, 아니면 객관적인 측면에서 볼 것인지의 절차법의 본질적인 문제와 밀접히 관련되어 있는 것으로서 매우 신중히 판단되어야 할 것이다.

상술하였듯이 본고에서는 공정거래절차의 목적이 경쟁기능이 보호라는 공정거래법의 목적 실현에 있다는 관점으로 논의를 진행할 것이므로 전반적으로는 절차법에 대한 제도적 접근방법을 사용한다고 말할 수 있다. 다만 사건처리절차에 있어서 당사자의 권리보장 문제는 근본적으로 당사자의 주관적 권익보호와 관련된 것이므로, 이를 다루는 부분에서는 권리적 접근이 사용된다고 평가할 수도 있다.

II. 논의의 전개

상술한 문제의식과 방법론을 기반으로 본 논문은 아래의 내용들을 핵심으로 하는 여섯 개의 장으로 구성되어 있다. 본고의 본론은 크게 이론적 논의와 제도적 논의로 구분할 수 있는데, 제2장과 제3장이 전자에 속하고 제4장과 제5장이 후자에 속한다.

제1장은 본고의 서론으로서 연구의 배경과 목적, 연구의 대상, 연구의 방법을 밝힌다.

　제2장은 공정거래절차법의 일반론에 관한 장이다. 여기서는 공정거래 집행체계를 개관한 후, 공정거래절차법의 개념 및 범위, 공정거래절차법의 법원(法源), 그리고 공정거래절차법의 특성으로 구성된 공정거래절차법의 일반론을 제시한다.

　제3장에서는 공정거래절차법의 지도원리에 대하여 재조명한다. 무엇보다도 여기서는 공정거래절차의 준사법 명제에 대한 기존의 논의를 비판적으로 검토한다. 즉, 공정거래절차가 준사법성을 갖는다는 것이 이론적 측면의 문제가 있고, 나아가 공정거래절차법의 특성과 맞지 않는 부분이 있다는 문제의식을 검증한다. 그 후, 공정거래절차법의 지도원리는 공정거래절차 자체의 특성에 집중하여 도출되어야 하며, 결국 이는 공정거래법의 실체법적 목적과 일맥상통한다는 논리를 기반으로, 그동안 발전한 공정거래법의 목적론 및 경쟁기능의 개념에 비추어 공정거래절차의 고유성이 드러나는 기능을 정리하고 공정거래절차의 지도원리들을 새롭게 도출해본다.

　제4장에서는 공정거래절차상 당사자 개념과 객관적 법목적 실현을 위한 당사자 권리보장의 의미를 검토하고, 이를 통해 사건처리절차 및 공정거래 개별절차에서의 관련 문제를 분석하여 개선방안까지 제시해 본다.

　제5장에서는 제3자의 절차참여가 공정거래절차에 필요한 이유와 그 의미를 밝히고, 제3자의 유형 구분, 절차참여에 관련한 법규정의 제정 필요성 등을 살펴본 후에 사건처리절차와 공정거래 개별절차에서 제3자의 절차참여가 필요한 부분이 어디인지, 어떻게 설계되어야 하는지 심도 있게 검토하도록 한다.

　제6장에서는 앞선 논의들을 요약하고, 결론적 제언을 함으로써 본 연구를 마무리한다.

제2장

공정거래절차법 일반론

제1절 공정거래절차법의 의의

이번 장에서는 공정거래절차법의 일반론을 정립하도록 한다. 이를 위해서는 가장 먼저 강학상 공정거래절차법의 개념을 도출할 필요가 있다. 당해 논의의 핵심은 공정거래 집행체계에서 행정적 집행과 관련된 공정거래절차법을 법적 개념으로 정립해야 하는 이유에 대한 설명과 그 방법론이다.

이하에서는 행정·민사·형사의 3차원으로 이루어진 공정거래 집행체계를 개관해보고, 공정거래절차법 개념의 필요성을 밝히도록 한다. 그 후, 그 필요성을 충족시킬만한 공정거래절차법 개념을 정의하고 그 범위를 정리하여 공정거래절차에 대한 규범적 논의의 기초적 토대를 마련하고자 한다.

I. 논의의 전제

1. 공정거래 집행체계의 개관

통설에 의하면 공정거래법의 집행체계는 행정적 집행, 민사적 집행, 그리고 형사적 집행으로 이루어져 있다.[1]

공정거래법의 행정적 집행은 시정조치, 과징금 등의 행정적 수단을 통하여 공정거래법이 집행되는 것을 의미한다. 공정거래법은 동법의 목적을 달

---

[1] 권오승, 독점규제 및 공정거래관련법의 집행시스템, 서울대학교 법학 제51권 제4호, 2010, 216면-218면 참조.

성하기 위하여 시장지배적 지위남용, 경쟁제한적인 기업결합, 부당한 공동행위, 불공정거래행위, 재판매가격유지행위 등을 금지하고 있다. 이를 위반한 사업자에 대해서는 우리나라 경쟁당국인 공정위가 법 위반 혐의에 대해 조사 내지 심사 할 수 있으며 위원회 단계의 심의 및 의결의 결과에 따라 각종 시정조치와 과징금을 부과할 수 있다. 나아가 공정위는 독과점 시장구조를 개선하기 위한 조치를 취할 수 있고, 법률상 규정되어 있는 각종 경쟁주창 정책을 시행할 수 있다. 우리나라의 경우에는 이러한 공정위에 의한 행정적 집행이 명실상부 공정거래 집행체계의 중심이 되어왔다.[2]

민사적 집행은 사인(私人)의 손해배상청구 등의 민사적 수단을 통하여 공정거래법을 집행하는 것을 의미한다. 공정거래법은 법 제56조에서 법 위반 사업자의 법 위반에 따른 피해에 대한 손해배상책임을 규정하고 있다. 따라서 사업자의 법 위반행위로 인하여 피해를 입은 사인은 그에 대한 손해배상청구소송을 제기할 수 있다. 공정거래법의 민사적 집행은 한편으로는 피해자의 피해를 보전해주는 효과를 갖고, 다른 한편으로는 사업자로 하여금 법 위반을 하지 않도록 하게끔 하는 간접적인 억지효과를 갖는 것으로 이해되고 있다.[3] 그동안 공정거래법에 있어서 민사적 집행이 강화되어야 하고, 사인의 금지청구 또는 징벌적 손해배상제도와 같은 새로운 민사적 집행수단이 도입되어야 한다는 주장이 꾸준히 제기되었는데, 최근 들어 그것이 어느 정도 현실화되는 단계에 접어들었다.[4][5]

─────────────

2) 同旨 이봉의, 공정거래법의 실효적 집행, 경쟁법연구 제10권, 2004, 1면 참조.
3) 同旨 권오승·이봉의 등 8인 공저, 독점규제법, 2018, 369면(홍대식 교수 집필부분).
4) 사인의 금지청구제도에 대해서는 학계에서 그 효과 등이 긍정적으로 검토되어 오다가 공정거래 법집행체계 개선 TF에서 공정거래법에의 도입이 논의된 바 있고, 현재 국회에 제출된 공정거래법 전부개정안에는 불공정거래행위에 한하여 사인의 금지청구제도를 마련되어 있다(전부개정안 제105조). 관련 내용으로는 공정위, 법집행체계 개선 TF 최종결과보고서, 2018.2., 4면, 14-15면; 공정위, 독점규제 및 공정거래에 관한 법률 전부개정법률안 주요내용, 2018.11., 1면 참조.
5) 징벌적 손해배상제도는 2018년 법 개정에 의해 공정거래법에 도입되었다. 2018년 8월

마지막으로 형사적 집행은, 공정거래법을 위반한 법인 내지 자연인에게 징역형 또는 벌금형의 형사벌이 집행되는 것을 의미한다. 공정거래법 제66조 내지 제69조는 동법에서 규율하는 거의 모든 금지행위에 대한 형사적 제재를 정하고 있다.6)7) 한편, 법 제71조 제1항은, "제66조 및 제67조의 죄는 공정거래위원회의 고발이 있어야 공소를 제기할 수 있다"고 규정하여, 공정위의 전속고발권을 정하고 있다. 당해 전속고발권 제도는 공정거래법의 형사적 집행에서 가장 특징적인 것이었는데,8)9) 최근에 소위 경성공동행위와 관련한 전속고발권은 폐지되는 방향의 변화가 일어나고 있다.10)

한편, 오늘날 공정거래 집행시스템이 직면한 변화를 보다 종합적인 차원에서 파악하기 위해서는 집행체계를 바라보는 시각을 확대할 필요가 있고, 그 방법으로는 무엇보다 공정거래법을 집행하는 주체가 누구인지를 고려하는 것이 중요하다는 견해가 있다.11)12) 이렇게 집행의 주체를 중심으로

개정된 공정거래법 제19조 제3항은, "사업자 또는 사업자단체는 법 제19조, 제23조의 3 또는 제26조 제1항 제1호를 위반함으로써 손해를 입은 자가 있는 경우에는 그 자에게 발생한 손해의 3배를 넘지 아니하는 범위에서 배상책임을 진다"고 규율하고 있고, 이는 하도급법, 대리점법, 가맹사업법, 제조물책임법에 이어 3배 손해배상제도가 공정거래법에도 도입되었다는 의의를 갖는다. 이에 관하여 공정위 보도자료, 담합·보복조치에 대한 징벌적 손해배상제도 도입 등 – 공정거래법 개정안 국회 본회의 통과, 2018. 8. 30.

6) 권오승·이봉의 등 8인 공저, 독점규제법, 2018, 390면(이호영 교수 집필부분) 참조.
7) 다만 이러한 형벌 규정이 개별 행정법규 영역에서는 통상적이라는 견해로는 박정훈, 행정법의 체계와 방법론, 2005, 328면 참조.
8) 同旨 권오승·이봉의 등 8인 공저, 전게서, 2018, 391면(이호영 교수 집필부분).
9) 전속고발권에 대한 대표적인 최신 문헌으로는 조성국, 공정거래법상 전속고발제도에 관한 연구 – 법집행 적정성의 관점에서, 경쟁법연구 제35권, 2017, 278-301면.
10) 전속고발권의 존폐 여부에 대해서는 공정거래 법집행체계 개선 TF와 공정거래법 전면개편 특별위원회에서 상당부분 논의되었고, 공정거래법 전부개정안 제130조는 가격담합과 입찰담합에 대한 전속고발제를 폐지하는 것으로 규정하고 있다. 공정위, 법집행체계 개선 TF 최종결과보고서, 2018.2.23., 30-32면; 공정위, 공정거래법 전면개편 특별위원회 최종보고서, 2018.7., 4면, 10-15면; 공정위, 독점규제 및 공정거래에 관한 법률 전부개정법률안 주요내용, 2018.11, 1면 참조.

공정거래 집행체계를 분석하는 것은 공정위-법원-검찰의 관계를 고려하여 집행시스템을 보다 종합적으로 탐구할 수 있게 하고, 각 기관의 성격과 역할 등을 고려한 입체적 분석을 가능하게 해준다. 나아가 당해 관점은 공정거래영역 내지 경제법 영역에서 권력분립원칙을 고려하게 하는 이점[13]을 가지므로 경청할만하다.

2. 공정거래절차법 개념 정립의 필요성

가. 규범적 논의의 전제 확보

서론에서 밝힌 바와 같이, 오늘날의 공정거래절차에 대한 논의는 보다 규범적인 관점에서 진행되어야 한다. 규범적 방법론의 기본 전제는 논의하고자 하는 대상을 명확하게 법적으로 개념화하는 것인데, 공정거래절차에

---

11) 임용, 미국 반독점법 민사 집단소송의 현황과 교훈에 대한 토론문 – 現 법 집행시스템의 개편 논의와 사법부의 역할 변화, 경쟁과 법 제9호, 2017, 62-64면 참조. 동 견해는 사인의 금지청구와 같은 민사적 집행수단의 도입이 공정거래법 집행시스템 내에서 사법부가 담당했던 역할을 근본적으로 변화시킬 것으로 예상한다.

12) 종래의 분류방식은 이러한 분류는 공정거래법의 집행을, 한편으로는 '어떠한 법적 성격을 갖는 수단에 의해 공정거래법이 집행되는가'라는 기준으로 분류한 것이며, 다른 한편으로는 공정거래법을 위반한 사업자에 대해 어떠한 성격의 제재가 내려지는지를 중심으로 구분한 것이다.

13) 예컨대 법률과 이를 집행하는 기관 사이의 문제는 기본적으로 입법부와 행정부의 관계를 보여주며, 따라서 그 관계를 고민하는 것은 자연스럽게 권력분립원칙과 맞닿아 있다. 또한, 공정거래법의 민사적 집행 등과 관련하여 법원 내지 사법부의 역할을 살펴보는 것은, 행정부와 사법부의 관계를 분석하는 것과 같은 맥락의 작업이다. 나아가 행정절차 내지 공정거래절차를 중요하게 생각하는 정도의 문제, 절차하자의 사후적 치유문제, 절차하자에 대한 사법통제의 강도 문제 또한 궁극적으로는 행정부와 사법부 사이에 작용하는 권력분립원칙과 관련되어 있다. 따라서 집행주체를 중심으로 공정거래법 집행체계에 대한 시각을 넓히는 것은, 공정거래절차의 법적 성격, 공정거래절차와 사법절차 내지 형사절차와의 관계를 분석하는 과정에서뿐만 아니라, 당사자의 권리보장 내지 제3자의 절차참여의 구체적인 해결책 등을 제시함에 있어 항상 고려되어야 하는 중요한 법원리인 권력분립원칙을 논의에 포함시키는 장점을 가지고 있다.

있어서는 '절차' 내지 '절차법'의 개념과 범위가 모호하다는 문제가 있다.

종래 학계 및 실무 차원의 논의에서는 공정거래절차라는 범주 안에 공정위의 법 집행절차뿐만 아니라 법원에서의 소송절차와 검찰 단계의 형사절차에 관한 쟁점이 함께 다루어지고 있다.[14] 즉, 공정거래법의 '집행'과 공정거래 집행의 '절차'의 개념을 구분하지 않는 문제가 있는 것이다. 그에 따라 공정거래법의 절차법적 논의가 공정거래 집행체계의 모든 사항을 포함하는 것인지, 아니면 행정적 집행의 문제만을 의미하는지 정확히 알기 어려운 실정이고, 이는 공정거래절차의 개념상 모호성을 야기하는 문제를 갖는다.

나아가 공정거래법 집행론에서 각 집행수단의 문제를 엄밀히 구분하지 않고 절차법이라는 개념으로 통칭하게 되면, 공정거래 행정절차·민사소송절차·형사절차의 문제들을 단일한 개념하에서 다루게 된다. 이렇게 되면 일견 규범적 목적 및 핵심원리 등이 상이한 법 영역들[15]이 한꺼번에 논의되는 문제를 갖는데, 이러한 상황에서의 공정거래절차에 대한 세밀한 분석과 개선방안의 도출은 상당히 어려워진다.

공정거래절차 내지 공정거래절차법을 별도로 개념화하고 그 이론적 체계를 정립하는 것은 위에서 지적한 문제들을 해결하는 데에 크게 기여할 수 있다. 즉, 공정거래절차법의 개념을 정의하고 이를 독자적으로 분석하여 그 법적 체계를 정리하면, 관련 논의들이 보다 명확해지고 투명해질 수 있다. 나아가 이를 바탕으로 규범적 분석이 보다 용이해질 수 있기 때문에, 공정거래절차법 개념은 궁극적으로 공정거래절차의 본질적 고민을 가능하게 하는 중요한 기능을 하게 된다.[16]

---

14) 예컨대 2018년 12월에 열렸던 서울대학교 경쟁법센터 2018년 제2차 법정책 세미나에서는 '공정거래법 형사집행의 주요 쟁점과 개선방안'이라는 주제가 다뤄졌는데, 주요 내용이 형사집행과 관련된 세미나였음에도 불구하고, 실제 논의에서는 '절차' 내지 '절차법'이라는 개념이 종종 사용되었다.
15) 同旨 홍명수, 경제법론 Ⅳ, 2018, 581면.

나. 절차적 정당성 확보

독일 학계의 유력한 견해에 따르면, 공정거래법의 집행과 관련된 핵심적인 과제 중 하나가 바로 공정거래절차의 실효성과 정당성을 확보하는 문제이다.[17] 실효성은 효과적인 집행의 달성과 관련이 있고, 정당성은 법 집행을 올바른 결과의 도출과 관련이 있다.[18] 이하에서는 양자의 차이와 관계에 비추어 공정거래절차법 개념의 필요성을 도출하도록 한다.

당해 견해에 따르면 공정거래 집행이 세 가지 차원으로 설계되어 있다는 것은 집행의 실효성을 제고하기 위한 입법적 수단이다.[19] 즉, 일정한 행위에 대한 금지규범을 중심으로 제정된 공정거래법은 금지규범의 억지력을 최대한 확보해야 하므로, 행정적·민사적·형사적 집행수단을 모두 확보할 필요가 있는 것이다.

절차적 권리보호와 사후 사법심사의 가능성은 법 집행의 정당성을 위한 입법적 장치이다.[20] 다만, 당사자의 절차적 권리보장의 내용과 범위, 제3자의 절차참여, 그리고 사법심사 관할권의 구체적인 내용과 판단기준은 공정거래의 각 집행수단마다 모두 상이하다. 예컨대 제3자 관련성 및 그에 따른 제3자의 절차참여의 경우, 행정적 집행에 있어서는 그 중요성이 당사자 문제에 비해 상대적으로 약한 반면, 제3자인 피해자가 중심이 되는 민사적 집행의 경우 당해 문제가 핵심이 된다.[21]

---

16) 한편, 이렇게 각 집행영역별로 정리하고 검토하는 것은, 각 집행영역 사이의 관계를 파악하는 데에도 중요한 전제이기 때문에 공정거래의 집행론과 공정거래절차법은 엄밀히 구분되어야 한다.

17) 이하 Karsten Schmidt, Drittschutz, Akteneinsicht und Geheimnisschutz im Kartellverfahren, 1992, S. 5-8 참조.

18) 같은 맥락으로 공정거래 집행의 정당성은 공정위의 독립성과 절차의 공정성에 있고, 실효성은 절차의 효율성과 공정위의 전문성에 있다고 볼 수 있다.

19) Karsten Schmidt, Drittschutz, Akteneinsicht und Geheimnisschutz im Kartellverfahren, 1992, S. 5 참조.

20) Schmidt, a.a.O., S. 5-6 참조.

이상의 논의를 종합하면 다음과 같은 결론이 도출된다. 즉, 공정거래법 집행의 실효성을 확보한다는 차원에서는 세 가지 집행방법을 함께 고려하는 것이 필요하지만, 그 정당성 문제를 분석하기 위해서는 각 영역을 분리하여 논해야 한다. 이에 따르면 본고가 다루려는 당사자의 권리보장과 제3자의 절차참여는 공정거래 집행의 정당성 문제에 해당하는 것이므로, 당해 문제를 보다 엄밀하게 고찰하기 위해서는 공정거래절차법을 별도로 정의하여 분석하는 것이 필요하다.[22]

Ⅱ. 공정거래절차법의 개념과 범위

1. 공정거래절차법 개념의 정의

가. 절차법 개념에 대한 법이론적 이해

(1) 실체법과 절차법

무릇 모든 법은 실체법과 절차법으로 구분될 수 있다.[23] 일반적으로 실체법은 법의 내용을 결정하는 법 영역을 의미하고 절차법은 법을 집행하는 기관과 절차를 결정하는 법 영역을 뜻한다. 전통적인 관점에서는 절차법이 실체법보다 열위에 있는 것으로 파악해 왔지만, 19세기 후반 내지 20세기 초반의 순수법학을 위시한 법이론적인 분석을 통해 현재 이러한 견해는 극복되기에 이르렀다.[24] 따라서 절차법은 실체법 못지않게 중시되어야 한다.

---

21) Schmidt, a.a.O., S. 19 참조.
22) 독일에서는 '경쟁절차법'을 의미하는 'Kartellverfahrensrecht'의 개념이 널리 통용되고 있는데, 이는 '공정거래절차법'의 개념이 승인되고 사용될 수 있음을 보여준다.
23) 실체법과 절차법의 관계, 특히 양자의 대등성 및 상호관련성에 관하여 오세혁, 실체법과 절차법의 상호의존성, 법철학연구 제12권 제2호, 2009, 391-414면 참조.

절차법 또한 실체법과 대등하게 중시되어야 한다는 명제는 엄연히 전체 법질서의 일부분인 공정거래법, 나아가 경제법 영역에서도 타당하다. 특히 공정거래법은 행정적·민사적·형사적 절차가 상호작용하면서 집행되기 때문에, 그 복잡성으로 인하여 절차상의 흠결이 발생할 가능성이 크고, 당사자의 절차적 권리가 충실히 보장되지 않을 가능성이 높다. 따라서 공정거래절차법은 공정거래실체법과 마찬가지로 중시되어야 하고, 이와 관련된 문제들은 법 이론적으로 철저히 분석되어야 한다.[25]

(2) 절차법의 개념 : 광의와 협의

일반적으로 절차법의 개념은 광의와 협의로 구분되고, 각각 다음과 같이 정의할 수 있다.[26]

광의의 절차법은 실체법과 대비되는 법개념으로서, 법의 체계를 실체법과 절차법 또는 실체법과 형식법으로 구분하는 경우에 사용된다. 켈젠의 법체계론에 따라 실체법과 절차법을 다시 정의하면 전자는 권리·의무의 실체적 내용을 규정하는 법을 뜻하고 후자는 권리·의무의 내용을 실현하는 절차를 규정하는 법을 의미하는데, 바로 이러한 의미의 절차법 개념이 광의의 절차법이다.[27][28] 따라서 광의의 절차법에는 실체법의 내용을 실현하는

---

24) 오세혁, 위의 글, 409-412면 참조. 당해 견해에 따르면, 켈젠(Hans Kelsen, 1881-1973)과 프로하스카(Adolf Procházka, 1900-1970) 등에 의한 순수법학적 접근으로 파악한 '규범창설'이라는 기능적인 관점에서는 양자의 가치가 대등한 것으로 이해할 수 있다. 한편, 개별 법률문제에 있어서 순수법학이 갖는 의미에 대해서는 박정훈, 행정법의 체계와 방법론, 2005, 94-95면.

25) 절차법과 관련한 법이론적·법철학적 접근을 잘 보여주는 문헌으로는 Gralf-Peter Calliess, Prozedurales Recht, 1999.

26) 절차법의 광의의 개념과 협의의 개념에 관해서는 오준근, 행정절차법, 1998, 25-37면 참조.

27) Hans Kelsen(변종필, 최희수 역), 순수법학, 1999, 355-358면 참조.

28) 한스 켈젠은 그의 역작 '순수법학'(Reine Rechtstheorie)을 두 차례에 걸쳐 출간하였는데, 1934년의 초판에는 실체법과 절차법의 내용이 들어있지 않지만, 1960년에 출간된

모든 절차 즉, 행정청의 처분절차와 각종 소송절차, 나아가 국가기관 간의 절차를 규율하는 규범이 포함된다. 또한, 국가기관 내지 사법부의 조직에 관한 법규범도 마찬가지로 절차법 영역에 속하게 된다.[29]

그에 반해 협의의 절차법 개념은 국가기관의 의사결정절차 내지 국가기관·행정청의 사전적 결정절차만을 규정한 법규범, 그중에서도 국가기관과 국민의 관계를 규율하는 법규범을 의미한다.[30] 이에 따르면, 협의의 절차법 개념에는 법원에 의한 사후적 구제절차, 국가기관 간 협의절차, 국가기관의 조직규정 등은 모두 제외된다.

나. 공정거래절차법의 정의(定義)

(1) 공정거래영역에서의 절차법 개념

절차법을 광의의 개념과 협의의 개념으로 구분하는 사고의 틀에 따르면, 공정거래 집행 전반에 관한 법 내지 법규정이 광의의 공정거래절차법에 해당한다고 볼 수 있다. 따라서 지금까지의 실무 및 학계에서 언급되었던 '공정거래법의 절차법'이라는 표현은 주로 광의의 개념으로 사용되어 온 것으로 파악된다.

그러나 필자는, 공정거래영역에서 사용되는 절차법 개념에 대해서는 협

제2판에서 양자의 개념과 관계를 다룬다. 한편 켈젠은 순수법학에서 '실체적 법규범'(materielles Recht)에 대비되는 개념으로 '형식적 법규범'(formelles Recht)라는 표현을 사용하고 있다.

29) 이를 행정절차법의 경우로 살펴보게 되면, 광의의 행정절차법에는 행정기관의 활동과정의 모든 절차가 해당되며, 구체적으로는 행정조직 내부의 의견수렴절차, 행정입법절차, 행정시책의 수립절차, 행정계획절차, 구체적 행정작용절차, 행정강제절차, 행정구제절차가 포함된다. 이에 대해 오준근, 전게서, 25-30면 참조.

30) 협의의 행정절차는 '행정결정과정에 대한 국민의 참여절차'를 뜻하고, 구체적으로는 정보제공·사전통지절차, 의견진술절차, 행정과정에의 참여절차가 포함된다고 한다. 오준근, 전게서, 31-34면 참조.

의의 절차법 개념만을 사용하는 것을 제안하고자 한다. 그 이유는 절차법 개념을 협의로 이해함으로써 앞에서 언급하였던 개념의 혼돈으로부터 오는 문제점들을 해결하는 절차법 개념이 도출되기 때문이다.

(2) 공정거래절차법의 개념

이상을 종합하여 본고에서는 공정거래절차법의 강학상 개념을 다음과 같이 정의하려 한다. 즉, 공정거래절차법은 '공정위의 일차적 결정절차 중 공정위와 사업자 또는 공정위와 사인(私人) 간의 관계를 나타내는 법규범 일체'를 의미한다.

보다 정확한 이해를 위해서는 공정거래절차법 개념을 이루는 요소를 각각 살펴볼 필요가 있다. 우선, '공정위의 결정'이라는 것은 공정위가 행하는 법적 행위와 사실행위를 포괄하는 개념이다. 여기에는 위원회의 의결 또는 심사관 등의 전결로 의한 처분 등 일정한 법률효과의 발생을 목적으로 하는 행위뿐만 아니라 사실상의 효과만을 가져오는 공정위의 사실행위도 여기에 포함된다.[31]

다음으로 공정위의 '일차적 결정'이라 함은, 공정거래법상 이의신청 및 불복소송제도와의 구분을 위한 것으로서, 공정위로부터 최초로 내려지는 결정을 뜻하는 것이다. 또한, '공정위와 사업자 또는 공정위와 사인(私人) 간의 관계'는 공정거래절차 개념이 공정위의 내부절차가 아닌 외부절차를 지칭한다는 의미를 갖는다. 다만, 공정위와 다른 국가기관과의 관계를 나타내는 절차는 공정거래절차 개념의 범위에서 제외하도록 한다.

한편, 공정거래절차법을 정의함에 있어서는 '법'과 '법률'의 개념상 차이를 간략히 검토할 필요가 있다. 법(法, Recht)은 법률(法律, Gesetz)과 엄연

---

[31] 공정위의 사실행위에는 공정위가 내리는 행정지도와 공정위의 비공식적 행정작용이 포함될 수 있다. 행정청의 사실행위에 관해서는 김동희, 행정법 I, 2018, 201-225면 참조.

히 다른 개념이다. 즉, 법률은 성문법상의 법규정을 의미하지만, 법은 성문법뿐만 아니라 불문법적인 원리, 법의 정신까지 포함하는 개념이다.[32] 같은 맥락으로 '공정거래절차법'은 '공정거래절차법률'과 엄밀히 구분된다. 공정거래절차법률은 현재 공정거래법(률)에 규정된 절차 관련 법 조항들을 의미하지만, 공정거래절차법이라는 개념은 법률상의 절차규정과 함께 위로는 헌법의 절차원리, 아래로는 공정거래법 시행령과 공정위 규칙을 포함하며, 넓게는 공정거래절차의 일반원칙 내지 지도원리까지 포괄하는 개념이다.

2. 공정거래절차법의 범위

공정거래절차법의 개념을 확정하였다면, 그 구체적인 내용을 보다 엄밀하게 파악하기 위하여 공정거래절차법의 범위를 규명할 필요가 있다.

공정거래절차법의 범위를 분석하는 작업은, 한편으로는 공정거래절차법과 구별되는 규범들 즉, 경쟁당국의 결정에 대한 사후구제절차에 관한 규범, 경쟁당국의 조직에 관한 규범, 그리고 민사적·형사적 집행절차에 관한 규범과의 경계를 획정하는 것이고, 다른 한편으로는 공정거래절차법 중 법적 효력을 갖는 규범 즉, 법원(法源)을 정리하는 것이다. 여기서는 전자에 대해서만 살펴보도록 하고, 후자는 절을 바꾸어 살펴보도록 한다.

상술한 바와 같이, 공정거래절차법의 개념을 공정위의 일차적 결정절차 중 공정위와 사업자 또는 공정위와 사인(私人) 간의 관계를 나타내는 법규범 일체로 정의한다면, 공정위의 일차적 결정 이후의 이의신청 및 불복소송과 관련된 문제들은 공정거래절차법과 엄밀히 구분되게 된다. 행정절차

---

32) 법의 개념이 무엇인지에 대해서는 법철학적으로 많은 논쟁이 있어왔지만, 여기서는 국민, 행정기관, 사법부에 대해 구속력을 발휘하는 힘을 가진 규범과 원리를 '법'으로 정리하도록 한다. 법의 개념에 대한 일반론으로는 Zippelius, Juristische Methodenlehre, 9. Aufl., 2005, S. 1-27 참조.

법과 행정쟁송법이 구분되는 행정법 이론을 참고한다면, 공정위 처분에 대한 불복제도를 규율하는 법규범을 '공정거래쟁송법'으로 통칭하고, 이를 다시 구분하여 공정위에 의해 진행되는 이의신청제도 관련 규범을 '공정거래심판법'으로, 그리고 법원에 의해 진행되는 불복소송제도 관련 규범을 '공정거래소송법'으로 명명하는 것을 고려해볼 수 있다.[33]

또한, 공정거래절차법은 공정위 조직과 관련된 '공정거래조직법'과도 구분할 필요가 있다. 일견 공정거래조직법은 공정거래법을 집행하는 경쟁당국인 공정위의 조직구성, 타 행정기관과의 관계 등을 규율하는 규범으로 정의할 수 있다. 한편, 공정거래법 영역에서는 공정위 조직과 공정거래절차가 매우 강한 상호작용 관계를 갖기 때문에 조직법과 절차법을 분리해서 고찰하는 것에 대한 비판이 있을 수 있다. 그러나 이는 공정거래조직법과 공정거래절차법의 내용상 차이로 재비판될 수 있다. 즉, 공정거래조직법에서는 합의제 조직의 특성과 의의, 합의기구로서의 위원회와 사무처 간의 관계, 위원회의 위원구성 및 조직구성, 사무처의 조직구성 등이 다루어지는 반면, 공정거래절차법에서는 공정거래 사건처리절차와 공정거래 개별절차의 특성 및 절차의 진행 과정, 당사자의 권리보장과 제3자의 절차참여 등이 다루어진다. 따라서 양자는 각 분야를 보다 정밀하게 분석한다는 기능적 차원에서는 충분히 구분될 수 있으며 구분되어야 한다. 요컨대, 필자는 공정거래조직법과 공정거래절차법의 연관성은 언제나 고려하되, 방법론적 차원에서 양자를 구분하고자 한다.

마지막으로는 공정거래절차법과 공정거래법의 민사적 집행절차, 그리고 형사적 집행절차를 구분해야 한다. 사견에 의하면 전자를 '공정거래민사법', 후자를 '공정거래형사법'[34]으로 정의하여 각 영역에 대한 법이론적 연

---

33) 독일 학계에서도 경쟁절차는 'Kartellverfahren', 경쟁소송은 'Kartellprozess'로 부르면서 양자를 구분하고 있다. 이를 잘 보여주는 문헌으로 Kamann/Ohlhoff/Völcker, Kartellverfahren und Kartellprozess, 2017.

구를 체계적으로 진행할 필요가 있다.

III. 소결

이상으로 공정거래절차법의 개념을 정의함으로써 본고의 논의대상을 명확히 하였을 뿐만 아니라, 이를 기본으로 하여 공정거래법의 집행과 관련된 기타 규범들도 개념화할 수 있음을 보였다.

나아가 당해 작업은 공정거래법의 전체 체계를 정립할 수 있는 시발점이 될 수 있다. 예를 들어 공정거래법의 실체법적 규범을 공정거래실체법이라 한다면, 이를 집행하여 실현하는 규범을 공정거래집행법 내지 공정거래형식법으로 정리할 수 있다. 여기에 공정거래법의 목적과 기본개념, 역외적용과 적용제외 조항 등 공정거래법 전반을 규율하는 규범을 뜻하는 공정거래총칙35)을 상정하면, 공정거래법 전체 체계가 완성되는 것이다.

요컨대, 공정거래법은 '공정거래총칙-공정거래실체법-공정거래집행법'으로 체계화시킬 수 있다.36) 그리고 공정서래집행법은 공정거래절차법과 공정거래쟁송법, 공정거래조직법, 공정거래민사법, 그리고 공정거래형사법으

---

34) 경제법상의 형벌규정을 '경제형법'이라는 개념으로 정의하는 견해로는 권오승, 경제법, 2019, 22면; 이봉의, 한국형 시장경제의 심화와 경제법의 역할, 서울대학교 법학 제58권 제1호, 2017, 128면; 한편, '공정거래형법'이라는 개념을 사용한 문헌으로는 이상돈, 공정거래형법, 2010.

35) 공정거래법 전반을 규율하는 일반원칙이 규정된 부분으로서 법 제1조의 목적조항, 제2조의 개념정의조항, 제2조의2 국외행위에 대한 적용조항, 제58조 내지 제60조의 적용제외조항 등이 해당한다.

36) 권오승 교수와 서정 변호사의 저서 독점규제법(2018)에서는 '제2편 실체법적 규제'와 '제3편 독점규제법의 집행'을 구분하여 체계화하였는데, 이러한 서술 형식은 공정거래실체법과 공정거래형식법으로 구분하려는 본고의 견해와 일맥상통하는 것으로 볼 수 있다.

로 구분된다.[37] 공정거래쟁송법은 다시 공정거래심판법, 공정거래쟁송법으로 분류될 수 있다. 이렇게 공정거래법의 법체계를 정리하는 것은, 각 영역의 내용을 보다 정밀하게 파악할 수 있다는 의미를 가질 뿐만 아니라, 공정거래법을 엄연한 법질서의 일부로서 인식함으로써 규범적인 분석을 위한 초석을 마련해주는 기능을 갖는다.

한편, 경제법 영역을 구성하는 다른 규범들의 체계를 이와 유사한 방법으로 정립한다면 경제법의 전체 영역 또한 체계화될 수 있을 것이다. 경제법 체계의 확립은 공정거래법에서의 논의와 마찬가지로, 경제법의 개념을 명확히 하고 경제법의 규율원리를 정리하기 위한 필요한 법이론적 기초라 할 것이다.[38]

---

37) 한편, 공정거래실체법은 공정거래법이 금지하는 행위유형 즉, 시장지배적 지위남용, 경쟁제한적인 기업결합, 부당한 공동행위, 그리고 불공정거래행위에 대한 금지규정과 기업집단에 대한 경제력집중 규제규정들로 이루어져 있다고 정리할 수 있다.

38) 경제법의 법체계를 정립하는 것의 중요성에 관해서는 Fritz Rittner(권오승 역), 경제법의 이론과 체계, 서울대학교 법학 제31권 제3호, 1990, 163면 참조.

제2절 공정거래절차법의 법원(法源)

Ⅰ. 공정거래절차법과 법원론(法源論)

법원(法源)이란 '법의 효력근거'를 뜻하는바,[39] 공정거래절차법의 법원론(法源論)은 공정거래절차에 있어 법적 효력을 갖는 규범이 무엇인지 정리하는 작업이다. 보다 구체적으로는, 공정거래절차와 관련된 수많은 규정들 중 무엇이 대외적 구속력을 가지는지, 나아가 어떤 규정이 법집행자인 경쟁당국과 법수범자인 사업자, 그리고 사후적 사법심사를 담당하는 법원을 구속하는지를 살펴보는 것을 의미한다.

종래 공정거래법상 법원 내지 법원론을 직접 다룬 국내 경제법 학계의 논의는 많지 않다.[40][41] 그러나 공정거래절차법을 비롯한 공정거래규범은 일견 헌법, 법률, 시행령, 공정위 규칙에 걸쳐 매우 넓게 규정되어 있기 때문에 이를 체계적으로 이해하고 문제 상황에 대한 규범적인 해결방안을 모

---

39) 법원(法源)의 역사와 개념에 대해서는 김대휘, 법원론에 관한 연구, 서울대학교 법학 박사논문, 1992, 200-204면; 박정훈, 행정법의 체계와 방법론, 2005, 113-117면 참조.
40) 국내 교과서들 중 경쟁법의 법원(法源)에 대해 다루고 있는 것으로는 정호열, 경제법, 2019, 22-24면; 독일경쟁법의 법원을 소개한 국내 서적으로는 이봉의, 독일경쟁법, 2016, 38면.
41) 공정거래법 관련 공정위의 예규 및 고시의 법적 성격에 대한 문헌은 그리 많지 않다. 대표적으로는 홍대식, 공정거래법 집행자로서의 공정거래위원회의 역할과 과제 - 행정입법에 대한 검토를 소재로, 서울대학교 법학 제52권 제2호, 2011, 173-202면; 홍명수, 공정위 사건처리절차의 효율화를 위한 개선 방안, 경쟁법연구 제13권, 2006, 255-257면; 박정훈, 공정거래법의 공적 집행, 공정거래와 법치(권오승 편), 2004, 1008-1010면.

색하기 위해서는 법원(法源)에 대한 검토가 필수적이다.[42)43)] 또한, 본고에
서 정립한 강학상 개념인 공정거래절차법의 범위 내지 실제 규정들을 파악
하기 위한 차원에서도 법원론이 필요하다. 요컨대, 공정거래절차법의 법원
(法源)은 공정거래절차법의 개념과 이론체계를 구체화하기 위해 반드시 정
리되어야 한다.[44)]

법원(法源)의 종류는 크게 성문법원과 불문법원으로 구분할 수 있다. 공
정거래법 내지 경제법에서 관습법, 법의 일반원칙 등의 불문법원이 존재하
는지, 그 내용은 무엇인지 등에 대한 논의는 다음 기회로 넘기기로 하고, 여
기서는 성문법원을 중심으로 공정거래절차법의 법원론을 진행하기로 한다.

---

42) 한편, 공정거래실체법에 있어서도 법원(法源)에 관한 정리는 반드시 필요하다. 특히
공정위의 심사지침과 판례법이 다른 입장을 취하는 경우, 어떠한 법명제를 법적 판단
의 기준으로 삼아야 하는지 등의 문제는 공정거래법의 기초를 다지는 데에 있어 검토
되어야 하는 문제로 판단된다. 예컨대, 사업자 간의 부당한 공동행위를 금지하는 공정
거래법 제19조 제1항의 요건 중, 부당성과 경쟁제한성의 해석에 대해서는 판례법과
공정위의 심사지침의 해석이 전혀 다르게 유지되고 있는데, 이것의 관계가 어떠한지,
정리가 필요한 것은 아닌지, 무엇을 법적 판단의 효력으로 삼아야 하는지의 문제는
검토되어야 한다.
43) 유럽 경쟁법의 연성법(soft law)의 중요성에 관해 최난설헌, 연성규범의 기능과 법적
효력, 법학연구(인하대학교) 제16권 제2호, 2013 참조.
44) 이러한 이유로 유럽연합의 경쟁법절차 또는 독일의 경쟁법절차를 설명하는 각종 문헌
에서는 Rechtsquelle라는 장을 마련하여 법원(法源)에 대해 검토하는데, 우리나라 경제
법 학계는 그렇지 못한 실정이다. 유럽 경쟁법의 법원에 관해서는 Thomas Ackermann,
Europäisches Kartellrecht, in: Riesenhuber(Hg.) Europäische Methodenlehre, 3. Aufl.,
2015, S. 474-478 참조.

II. 헌법원리

1. 의의

무릇 모든 법의 법원(法源)에 관한 논의는 헌법에서부터 시작되어야 한다.[45] 구체적인 사안 해결을 위한 법적 효력은 일견 법률 이하의 개별 규정으로부터 나오지만, 개별 법률조항의 효력근거는 헌법에 있기 때문이다. 법체계적인 관점에서 보더라도, 모든 법 영역은 그 헌법적인 근거와 원리를 바탕으로 고려되어야 하며, 이는 경제법도 예외는 아닐 것이다.[46]

헌법에는 법체계의 기본을 이루는 원리들이 천명되어 있는데, 절차와 관련된 원리로는 적법절차 원리, 법치국가 원리 등이 있고, 공정거래법과 경제법을 아우르는 헌법조항으로 헌법 제119조가 있다. 이하에서는 각 헌법원리가 공정거래절차에 어떠한 의미로 해석되는지, 어떻게 고려되어야 하는지에 대해 살펴본다.

한편, 입법의 미비로 인하여 적용할 법규가 없는 경우 등에 있어서는 헌법원리가 개별 사안에 직접 적용하려는 시도가 있을 수 있다.[47] 그러나 헌법원리가 구체적으로 어떻게 실현될지에 대해서는 입법자가 각 법영역의 규율원리 등을 고려하여 제정한 법률 이하의 규정을 통해 결정되는 것이 원칙적으로 타당하다.[48] 따라서 개별 사안의 문제를 해결하기 위해 우선적

---

45) 同旨 김대휘, 법원론에 관한 연구, 서울대학교 법학박사논문, 1992, 200-204면; 박정훈, 행정법의 체계와 방법론, 2005, 133-135면.

46) Rittner/Dreher, Europäisches und deutsches Wirtschaftsrecht: Eine systematische Darstellung, 3. Aufl., 2008, S.19, Rn. 58; 권오승, 경제법, 2019, 17면; 신현윤, 경제법, 2017, 17면 참조.

47) 실제로 공정거래절차상 절차권 보장이 낮다고 주장하는 견해 중에서는 헌법상 절차원리를 근거로 주장하는 경우가 많다. 대표적인 예로, 공정위 조사단계에 있어 변호인의 조력을 받을 권리를 규율한 조사절차규칙상의 규정은, 헌법상 절차원리가 충분히 보장되어 있지 않다는 비판에 의해 도입된 것이다.

으로 고려되고 적용되어야 하는 것은 헌법이 아닌 법률 및 하위 규범이다.[49]

2. 헌법상 경제질서

가. 헌법 제119조의 경제질서

독점규제와 공정거래에 대한 국가의 규제는 헌법 제119조 제2항에 의해 정당화된다. 헌법 제119조는 헌법상 경제질서[50]를 예정하고 있는데, 제1항에서 "대한민국의 경제질서는 개인과 기업의 경제상의 자유와 창의를 존중함을 기본으로 한다"고 하면서 제2항에서는 "국가는 균형있는 국민경제의 성장 및 안정과 적정한 소득의 분배를 유지하고, 시장의 지배력과 경제력의 남용을 방지하며, 경제주체간의 조화를 통한 경제의 민주화를 위하여 경제에 관한 규제와 조정을 할 수 있다"고 선언하고 있다.[51]

당해 헌법 규정에 관해서는 이것이 사회적 시장경제를 예정하고 있는 것인지,[52] 동조 제1항과 제2항의 관계를 어떻게 파악할 것인지,[53] 경제민주화의 개념과 기능을 어떻게 이해할 것인지[54]에 대한 논쟁이 있다. 다만, 경제헌법이 시장경제를 기본으로 하면서 국가의 규제와 조정을 허용한다는

---

48) 同旨 헌법재판소 2003.7.24. 선고 2001헌가25 결정.

49) Harmut Maurer, Allgemeines Verwaltungsrecht, 18. Aufl., 2011, §4 Rn. 58 참조.

50) 한편 경제질서와 경제체제는 구분되는 개념이다. 경제질서는 '어떤 사회에서 실제로 기능하고 있는 경제운용방식'이고, 이에 반해 경제체제는 '경제를 구성하는 기본형태' 내지 '순수한 이념적인 형태'이다. 권오승, 경제법, 2019, 27면 참조..

51) 우리나라 헌법상 경제조항의 관하여 성낙인, 대한민국 경제헌법사 소고", 서울대학교 법학 제54권 제3호, 2013, 152-156면 참조.

52) 독일에서의 사회적 시장경제 논의 및 우리나라에서의 의미에 관하여 홍명수, 헌법상 경제질서와 사회적 시장경제론의 재고, 서울대학교 법학 제54권 제1호, 2013, 77-93면 참조..

53) 유승익, 헌법 제119조 제2항과 '경제의 민주화' 해석론, 법학연구 제47권, 2012, 3-8면 참조..

54) 유승익, 위의 글, 13면 이하 참조..

점, 그리고 공정거래법이 헌법 제119조 제1항과 제2항에서 예정하는 바람직한 경제질서를 실현하려는 목적에서 제정되었다는 점은 큰 이견 없이 인정되고 있다.

관련해서는 헌법재판소의 결정례를 참고할 만하다.[55] 헌법재판소는 신문업에 있어서의 불공정거래행위 및 시장지배적 지위남용행위의 유형 및 기준에 대한 위헌확인 결정문에서, "헌법 제119조 제2항은(…), '독점규제와 공정거래유지'라는 경제정책적 목표를 개인의 경제적 자유를 제한할 수 있는 정당한 공익의 하나로 하고 있다"고 하면서, "국가의 법질서에 의하여 공정한 경쟁질서를 형성하고 확보하는 것이 필요하고, 공정한 경쟁질서의 유지는 자연적인 사회현상이 아니라 국가의 지속적인 과제라는 인식"임을 밝힌 바 있다. 나아가 재판소는 "독점규제는 국가의 경쟁정책에 의하여 실현되고 경쟁정책의 목적은 공정하고 자유로운 경쟁의 촉진에 있다"고 판시하면서 경쟁질서의 형성이라는 목표를 보다 구체화하는 법률이 공정거래법임을 확인하였다.

나. 공정거래절차에서의 의미

상술한 바와 같이 헌법 제119조는 공정거래법의 헌법적 근거에 해당하고, 이는 공정거래실체법뿐만 아니라 공정거래절차법에도 적용된다. 헌법 제119조는 독점규제와 공정거래에 관한 규제에 합당한 제도를 마련해야 하고, 그 제도를 실현하는 절차를 설계해야 함을 요구한다. 즉, 헌법 제119조는 한편으로는 공정거래절차법에 대한 정당성을 부여하기도 하고, 다른 한편으로는 공정거래절차 제도의 설계 방향을 제시하기도 하는 법원(法源)이다.

요컨대, 공정거래절차법을 해석하고 관련 제도를 운영함에 있어서는 헌법 제119조에서 엿볼 수 있는 헌법상 경제질서를 항상 고려해야 한다. 이

---

55) 이하 헌법재판소 2002.7.18. 선고 2001헌마605 전원재판부 결정 참조.

는 뒤에서 살펴볼 공정거래절차법의 목적과 기능이 공정거래실체법의 그 것과 일맥상통한다는 본고의 주장을 뒷받침해주는 근거가 되기도 하고, 공 정거래법의 목적이 헌법상 경제질서를 실현하는 데에 있다는 경제법의 핵 심원리의 기본전제가 된다.

3. 법치국가 원리

가. 법치국가 원리의 개념 및 성질

법치(法治)는 법에 의한 통치를 의미하며, 따라서 법치국가(法治國家)는 법이 지배하는 국가를 뜻한다.56) 법치국가 원리의 개념은 크게 광의와 협 의로 구분된다. 협의의 법치국가는 글자 그대로 국가 내의 모든 관계를 법 이 지배한다는 원리를 나타낸다. 이에 반해 광의의 법치국가는 민주주의원 리에 의해 승인되는 다수에 의한 정치력 내지 국가권력이 자의적으로 행사 되어서는 안 되고, 법과 법률에 구속되어 행해져야 하는 요청을 의미한다.

법치국가 원리는 주관적 의미와 객관적 의미로도 구분할 수 있다. 주관 적 법치국가 원리는 국가권력으로부터 개인의 자유와 권리를 보장하려는 원리를 뜻하며, 이를 통해 공권력 행사의 방법과 한계를 규정한다. 이에 반 해 객관적 법치국가 원리는 국가의 객관적인 목적 실현을 위한 활동이 법 의 지배를 받아야 한다는 것으로서, 법에 의한 국가목적의 추구를 의미한 다. 양자는 법의 지배라는 측면에서는 공통점을 갖지만, 그 무게중심을 국 민 내지 개인의 권리보장에 둘 것인지, 아니면 국가의 목적 실현에 둘 것인 지에 따라 엄밀히 구분된다.

법치국가 원리는 헌법상 기본원리의 지위를 가진다. 헌법은 성문법적으 로 규율된 개별 규정뿐만 아니라, 이를 관통하는 근본정신 내지 근본적인

---

56) 이하 한수웅, 헌법학, 2018, 233면 참조.

결정을 담고 있는데,[57] 이를 통상적으로는 헌법의 기본원리 내지 '헌(憲)' 으로 부른다.

헌법의 기본원리는 보다 구체적으로 "헌법의 규율대상인 국가의 본질과 구조를 규정하는 원리"[58]를 의미한다. 우리나라 헌법은 그 기본원리로서 민주주의 원리, 법치국가 원리, 사회국가원리를 담고 있다. 헌법상 기본원리는 "모든 국가기관을 구속하는 행위지침"[59]의 성격을 갖기 때문에, 법치국가 원리에 포함된 내용은 한편으로는 입법의 방향을 제시하는 입법지침이면서, 다른 한편으로는 법규범의 해석과 적용에 대한 해석지침의 역할을 한다.

나. 법치국가 원리와 절차 제도

헌법상 법치국가 원리를 통해 도출되는 절차적 제도는 국가의 결정에 대한 이유제시, 그리고 청문청구권 등이 있다. 양자가 법 집행절차에 갖는 의미는 크게 두 가지로 나누어 살필 수 있는데, 하나는 사전적 권리구제를 위한 절차 측면이고 다른 하나는 법 목적 실현을 위한 적법절차의 측면이다.

우리나라 헌법은 법치국가 원리를 실현하는 제도로서 권리구제제도를 마련하고 있고, 이는 크게 사후적 권리구제와 사전적 권리구제로 구분될 수 있다.[60] 국가결정에 대한 법원의 사법심사를 뜻하는 사후적 권리구제는 국가 내의 모든 관계가 법적 구속을 받는다는 법치국가의 내용을 궁극적으로 실현한다는 의미를 갖지만,[61] 그 무게중심은 위법한 국가 활동으로부터 사인을 구제한다는 데에 있다. 같은 맥락으로 사전적 권리구제절차는 흔히

---

57) 이하 한수웅, 전게서, 107-108면 참조.
58) 한수웅, 전게서, 107면.
59) 한수웅, 헌법학, 2018, 108면.
60) 이하 한수웅, 전게서, 287-288면 참조.
61) 한편, 우리나라 헌법은 이러한 사법절차와 관련된 헌법원리를 제27조의 재판청구권을 통하여 보다 구체적으로 보장하고 있다.

국가의 결정절차에 대한 국민의 절차적 보장을 뜻하지만, 법원에 의한 사후적 통제에 앞서 사인이 자신의 권리를 구제받는 것이 주된 기능이다.

중요한 것은 법치국가 원리는 국가에 의한 법 목적 실현에 대해서도 일정한 의미를 갖는다는 점이다. 즉, 법치국가 원리는 국가의 법 집행과 관해서는 국가가 법의 목적과 취지에 맞게 법률을 집행해야 한다는 객관적 의미를 내포하고 있는 것이다.[62] 따라서 법을 집행하는 국가기관은 당해 법이 지향하는 목적을 달성하기 위한 집행절차를 설계해야 하고, 그 운영 또한 그에 맞게 진행해야 한다.

다. 공정거래절차에서의 의미

법치국가 원리가 절차제도에 갖는 의미를 공정거래절차 영역에 수용하면 다음과 같이 재해석될 수 있다. 우선, 공정거래절차법의 법원으로서의 법치국가 원리는 그 주관적 측면과 객관적 측면을 종합적으로 고려하여 그 의미를 파악해야 한다. 그리고 이에 따르면 공정거래절차는 공정위의 제재처분에 대한 당사자의 방어권을 보호하는 역할을 하면서도, 공정거래법의 목적을 실현하기 위한 방향으로 설계되어야 한다.

특히 공정거래절차에 있어 객관적 법치주의적 요청은 후술하는 공정거래절차법의 지도원리를 도출하는 과정이나 공정거래절차의 제3자 절차참여를 다룸에 있어 중요한 의미를 갖는다.

4. 적법절차 원리

가. 헌법 제12조의 적법절차 원리

헌법 제12조 제1항 제2문은 "법률과 적법한 절차에 의하지 아니하고는

---

62) 김상겸, 법치국가실현을 위한 국가의 적극적 의무, 공법연구 제38권 제1-1호, 322면 참조.

처벌·보안처분 또는 강제노역을 받지 아니한다"고 규정하고, 동조 제3항 제
1문은 "체포·구속·압수 또는 수색을 할 때에는 적법한 절차에 따라 검사의
신청에 의하여 법관이 발부한 영장을 제시하여야 한다"고 규율하고 있다.[63]

'적법절차'가 헌법에 직접 규정된 개념이며, 따라서 모든 절차법에 있어
적법절차 원리가 헌법 차원의 법원(法源)임은 분명하지만, 그 구체적인 의
미에 대해서는 정리가 필요하다. 우선, 우리나라의 적법절차 원리가 형사절
차뿐만 아니라 입법, 행정 등의 모든 국가작용에 있어 적법절차에 대한 헌
법적 요청을 뜻한다는 것은 큰 이견이 없는 것으로 보이고, 대법원과 헌법
재판소 또한 같은 의미의 판시들을 남긴 바 있다.[64]

다만 헌법학계에서는 적법절차 원리의 구체적 내용에 있어서, 절차적 차
원뿐만 아니라 실체법적 차원의 의미를 함께 갖는 영미법상 적법절차 원
리[65]와 동일하게 볼 것인지 아니면 고유한 의미로 해석할 것인지에 대한

---

63) 헌법 제12조 제1항 제2문 및 제12조 제3항의 규정은 영미법상 적법절차 원리(due
   process of law)의 영향을 받아 1987년 헌법에 신설되었다고 평가된다. 우리나라 헌법
   의 적법절차조항의 도입배경과 과정에 관해서 임지봉, 적법절차조항의 우리헌법에의
   도입과 그 운용, 헌법학연구 제11권 제3호, 2005, 284-286면 참조.
64) 헌법상 적법절차 원리의 적용범위에 대해서는 종래 이것이 형사절차에만 국한되는
   것이 아닌지에 대한 논쟁이 있었지만, 대법원과 헌법재판소가 이에 대해 적법절차 원
   리는 국민에 대한 침익적 행정작용은 물론, 모든 국가작용에 적용되는 것이라 판시해
   오고 있는바, 현재로서는 그 논쟁이 정리되었다. 이에 대한 주요 판례로는 대법원
   2012.10.18. 선고 2010두12347 전원합의체 판결, 대법원 2014.1.16. 선고 2013두
   17305 판결, 대법원 2014.6.26. 선고 2012두911 판결; 헌법재판소 1992.12.24. 선고
   92헌가8 결정, 헌법재판소 1998.5.28. 선고 96헌바4 결정 등이 있다.
65) 영미법상 적법절차 원리는 영국의 대헌장(Magna Charta)에 기원을 두며, 미국 수정헌
   법 제5조 및 제14조와 이에 대한 미국 연방대법원의 판례로 인해 발전하게 되었다.
   미국 연방대법원은 당초 절차적 성격만을 갖는다고 이해되어 왔던 동 원리에 대해
   법률의 실체적 내용까지도 합리성과 정당성을 갖춰야 한다는 실체적 성격을 추가적
   으로 부여하게 되었고, 미국에서는 동 견해가 현재까지 이어져 오고 있다. 영미법상
   적법절차 원리에 관해 임종훈, 한국헌법상의 적법절차 원리에 대한 비판적 고찰, 헌법
   학연구 제14권 제3호, 2008, 358-363면; 한수웅, 헌법학, 2018, 642면 참조.

논쟁이 있는데, 사견으로는 영미법상 논의와는 달리 우리나라에서는 절차적 의미만을 갖는다는 견해가 타당하다.[66]

나. 공정거래절차에서의 의미

우리나라 헌법상 적법절차 원리는 입법·사법·행정의 모든 국가작용에 있어서 적법한 절차를 준수하는 것이 헌법적 의무로 규정되었다는 것을 천명하는 원리이다.

모든 법영역의 절차 제도 내지 절차규정은 적법절차 원리를 실현해야 하며 당해 원리의 내용과 한계에 맞게 규정되어야 한다. 따라서 공정거래법의 절차규정을 뜻하는 공정거래절차법이 여기에 예외가 아님은 물론이다.[67] 적법절차 원리에 따르면 공정위에 의한 공정거래법 집행은 법률과 규정에 정해진 적법한 절차에 따라야 한다.

5. 소결

이상을 정리한다면 다음과 같다. 공정거래절차법의 헌법 차원의 법원(法源)에는 헌법상 경제질서, 법치국가 원리, 그리고 적법절차 원리가 있다. 헌법상 경제질서는 독점규제 및 공정거래에 관한 규제의 가장 직접적인 효력 근거이므로 공정거래절차법은 그 목적과 취지에 맞게 설계되어야 한다는 의미를 갖는다. 법치국가 원리는 주관적인 측면의 당사자의 방어권 보장과

---

66) 同旨 임종훈, 위의 글, 355-384면; 한수웅, 전게서, 2018, 643-646면 참조. 당해 견해들에 따르면 법률의 실체적 내용에 대한 헌법적 한계는 이미 헌법 제37조 제2항의 비례원칙·과잉금지원칙 규정이 규율하고 있고, 기존 헌법 규정에서 이미 규율하고 있는 내용에 대해 적법절차 원리가 다시 중복하여 규율할 정당성은 찾기 어렵다고 한다.

67) 대법원도 마찬가지로 공정거래법 제52조의2의 규정 취지를 살펴보기 위해서는 헌법상 적법절차 원칙을 고려해야 한다고 판시하였다. 대법원 2018.12.27. 선고 2015두 44028 판결 참조.

객관적인 측면의 법 목적 실현을 위한 절차제도의 요구가 공정거래절차법
에도 적용된다는 것을 보여준다. 마지막으로 적법절차 원리는 공정거래법
의 집행에 있어서도 적법한 절차를 보장해야 한다는 헌법상의 요청을 나타
낸다.

[표 2-1] 공정거래절차법의 법원(法源) - 헌법원리

헌법원리	규정	내용
헌법상 경제질서	헌법 § 119	공정거래절차는 헌법상 요구하는 독점규제 및 공정거래에 대한 규제의 목적과 취지에 맞게 설계되어야 함
법치국가 원리	헌법의 기본원리	당사자의 방어권 보장 및 법 목적의 실현을 위한 절차제도를 설계해야 함
적법절차 원리	헌법 § 12. ①	공정위에 의한 공정거래법의 집행에 있어서 적법한 절차가 보장되어야 함

III. 공정거래법상 절차규정

공정거래법상 절차규정은 법률, 시행령, 공정위 규칙 및 고시에 규율된
공정거래절차 관련 규정을 일컫는다. 공정거래법상 절차규정은 일견 구체
적인 사안에서 우선적으로 적용되는 공정거래절차법의 법원(法源)이라 할
수 있다.

이하에서는 공정거래절차를 '사건처리절차'와 '공정거래 개별절차'로 구
분하여 공정거래법상 절차규정을 정리하도록 한다. 사건처리절차는 공정거
래절차 중 법위반 사업자에 대해 시정조치, 과징금 등을 부과하기 위해 사
건개시→조사→심의·의결의 3단계를 거치는 의사결정절차를 의미하고,
이는 공정거래절차에서의 기본이 되는 절차이다. 여기서는 그 이외의 공정
위 절차 등은 공정거래 개별절차 내지 기타 공정거래절차로 지칭하여 정리

하고자 한다.

1. 공정거래법률

가. 사건처리절차 관련 규정

(1) 개관

공정거래절차법의 기본이 되는 규정은 무엇보다 공정거래법률상의 사건처리절차 관련 조항들이다.[68] 공정거래법은 제10장의 법 제49조 내지 제55조의2에서 법위반 사건처리의 개시, 공정위의 심사절차와 심의·의결절차를 규율하고 있다.[69] 한편, 제9장에서는 법 제35조 내지 제48조에서 공정거래위원회 조직과 관련한 규정을 마련하고 있는데, 여기에도 의결절차에 관한 규정이 존재한다.

공정거래법률상 절차조항을 개괄하면 다음과 같다. 법 제49조는 법 위반에 대한 인지·신고 등을 규율하여 신고인의 신고 및 공정위의 직권인지에 의한 사건처리절차의 개시를 규정하고 있다. 법 제50조는 공정위의 조사행위에 대한 규정을 담고 있으며, 공정위의 조사권한, 조사방법, 조사 시 증표제시 등을 규율하고 있다. 법 제50조의2 내지 제50조의4는 공정위 조사에 관한 보충규정으로서, 조사에 있어서의 비례의 원칙을 제시한 조사권의 남용금지조항, 조사를 받기 어려운 상황의 사업자가 신청할 수 있는 조사 등의 연기신청조항, 조사의 실효성을 담보하기 위한 이행강제금 조항이 규정되어 있다.

---

68) 공정거래법률상 사건처리 절차조항들의 연혁에 관해 정중원, 공정거래법 위반사건의 처리절차에 관한 연구, 서울시립대학교 법학박사학위 논문, 2010, 36-39면 참조.
69) 법 제53조(이의신청), 제53조의2(시정조치명령의 집행정지), 제54조(소의 제기), 제55조(불복의 소의 전속관할)는 제외한다.

법 제51조는 공정위가 조치할 수 있는 시정권고에 대해 정하고 있으며, 법 제51조의2 내지 제51조의5는 2011년에 신설된 동의의결제도에 관한 규정을 담고 있다.

법 제52조는 법 위반사항에 대한 시정조치 또는 과징금 납부명령을 하기 전에 당사자 또는 이해관계인에게 부여되어야 하는 의견진술 기회에 대해 규율한다. 법 제52조의2는 공정거래법 처분과 관련하여 공정위가 갖고 있는 자료에 대한 당사자 또는 이해관계인의 열람 및 복사요구권을 규정하고 있다. 법 제52조 및 제52조의2는 공정거래절차에 있어서 당사자 등의 방어권의 핵심조항이라고 할 수 있는바, 이에 대해서는 후술하도록 한다. 법 제53조의3은 공정거래절차상 각종 문서의 송달에 대한 법조항이다.

한편, 제9장에 속해있는 법조항 중에서도 공정거래절차와 관련된 규정들이 있는데, 제37조의2의 전원회의 및 소회의 관장사항, 제42조의 회의의사 및 의결정족수, 제43조의 심리·의결의 공개 및 합의의 비공개, 제44조의 심판정의 질서유지, 제45조의 의결서 작성 및 경정 등이 바로 그것이다. 이들은 사건처리절차의 심의·의결절차와 관련된 규정인바, 공정거래절차법에 속하는 규정이라고 보아야 할 것이다.

[표 2-2] 공정거래법률상의 사건처리절차 규정

법 조항	제목	내용
§ 49	위반행위의 인지·신고등	공정거래절차 개시
§ 50	위반행위의 조사 등	심사절차
§ 50의2	조사권의 남용금지	심사절차
§ 50의3	조사 등의 연기신청	
§ 52	의견진술기회의 부여	심의절차
§ 52의2	자료열람요구 등	
§ 53의3	문서의 송달	-
§ 55의2	사건처리절차 등	수권규정
§ 37의3	전원회의 및 소회의 관장사항	심의·의결절차

§ 42	회의의사 및 의결정족수	
§ 43	심리·의결의 공개 및 합의의 비공개	
§ 43의2	심판정의 질서유지	심의절차
§ 45	의결서 작성 및 경정	의결절차

(2) 평가

공정거래법률상 사건처리절차 조항들은 절차의 진행순서대로 규정되어
있지 않다는 문제가 있다. 따라서 법률상의 규정만으로는 사건처리절차를
체계적으로 명확히 이해하기 어렵다.

위의 [표 2-2]를 살펴보면, 법 제49조 내지 제52조의2까지는 일견 사건개
시→심사→심의·의결이라는 사건처리절차의 순서대로 규율되어 있는 것으
로 보이지만, 공정위 조직과 관련된 장인 제9장에 심의 및 의결절차에 해
당하는 조항들이 혼재되어 있는 것이 문제이다. 이는 연혁적으로 과거 공
정위가 경제기획원 소속의 자문기구로 운영될 당시 공정위의 심결절차와
관련된 규정과 경제기획원의 조사절차 및 처분절차와 관련된 규정을 구분
하는 입법체계를 그대로 답습한 것으로 보이는데,[70] 추후 입법론적으로 정
비되어야 할 것이다.

독일의 경우, 경쟁법상 조직법과 절차법을 분리하고 절차법 규정들도 절
차 순서대로 체계적으로 정리되어 있다.[71] 즉, 독일의 경쟁법인 경쟁제한

---

70) 공정위는 처음에는 경제기획원 내의 자문기구로 설치되었지만 1994년 경제기획원이
   해체와 함께 독립적인 합의제 행정기구로 독립되었다. 그러나 공정거래법상 조직법
   적·절차법적 규정들은 이러한 흐름에 따라 정비되지 못하였는데, 그 부작용으로 상술
   한 절차법 체계의 혼란뿐만 아니라 법률상 '공정거래위원회'의 개념상 혼란이 발생했
   다고 보인다. 이에 대해서는 각각 본고의 제3장과 제4장의 관련 부분에서 상술한다.
   공정거래위원회의 변화에 있어서 입법자가 충분한 주의를 기울이지 않았다는 평가로
   는 권오승, 공정거래위원회의 독립성과 전문성, 공정거래와 법치(권오승 편), 2004,
   989면 참조.
71) 독일 경쟁법의 조직법적·절차법적 법조항을 살펴볼 수 있는 문헌으로서 Langen/
   Bunte, Kartellrecht Kommentar, 12. Aufl., 2014, S.1133-1265 참조.

방지법(Gesetz gegen Wettbewerbsbeschränkungen, 이하 'GWB')에서는 독일 경쟁당국의 권한 및 법적 성격, 유럽법과의 관계, 유럽 집행위원회와 유럽 회원국, 그리고 국내 경쟁당국 간의 협력에 대해서는 제2편 제1절에, 연방 카르텔청의 주소, 조직 등에 관해서는 제2편 제2절에 규정되어 있고, 구체적인 절차 등에 관한 규정들은 제3편에 규율하고 있다. 이러한 독일의 입법례는 추후 공정거래절차법을 정비함에 있어서 참고할 만한 것으로 판단된다.

나. 공정거래 개별절차 관련 규정

(1) 개관

한편, 공정거래법률에는 법 위반 사건처리절차 뿐만 아니라, 독과점적 시장구조 개선조치, 기업결합 규제절차, 대기업규제 관련 절차, 부당한 공동행위 관련 절차, 재판매가격유지행위 관련 절차나 공정경쟁규약 심사절차, 포상금 지급절차 등의 규정 등이 마련되어 있다. 이를 표로 정리하면 아래 [표 2-3]과 같다.

[표 2-3] 공정거래법률상 기타 절차규정

법 조항	제목	내용
§ 3	독과점적 시정조치	독과점적 시정조치 절차
§ 12	기업결합의 신고	기업결합 신고절차
§ 14	상호출자제한기업집단 등의 지정	경제력집중 규제 관련 절차
§ 14의2	계열회사 편입·제외 등	
§ 14의3	계열회사 편입·통지일의 의제	
§ 19 ②, ③ § 26 ②	부당한 공동행위 인가절차	부당한 공동행위 관련 절차
§ 22의2	자진신고자 등에 대한 감면절차	

§ 23 ⑤, ⑥	공정경쟁규약 심사절차	공정경쟁규약 절차
§ 29 ②, ④	재판매가격유지 허용품목 지정절차	재판매가격유지 관련 절차
§ 30	재판매가격유지 수정명령절차	
§ 51의2 ~ § 51의4	동의의결 절차	동의의결 절차
§ 64의2	포상금 지급절차	포상금 절차

(2) 평가

공정거래 개별절차에 대한 법률상의 규정을 살펴보면, 개별제도의 실체법적 요건과 절차 진행사항 등을 단일한 법조항에 규율하고 있는 경우가 많다. 문제는 이러한 경우, 해당되는 실체법적 내용과 절차와 관련된 내용이 명확히 구분되지 않는다는 점이다.

예컨대 법 제3조의 독과점적 시정조치의 경우, 제1항에서 "공정거래위원회는 독과점적 시장구조가 장기간 유지되고 있는 상품이나 용역의 공급 또는 수요시장에 대하여 경쟁을 촉진하기 위한 시책을 수립·시행해야 한다"는 실체법적 내용을 담고 있다. 그리고 이어지는 제2항에서는 관계행정기관의 장에게 필요한 의견의 제시, 제3항에서는 시장구조의 조사 및 공표, 제4항에서는 자료제출요청권 등의 절차법적 규정이 마련되어 있다. 이러한 구조는 기업결합의 신고절차를 규율하는 법 제12조에서도 마찬가지로 발견된다.

원칙적으로는 공정거래 개별절차에 있어서도, 실체적 내용과 절차적 내용을 별도의 법조항에 각각 규율하거나 필요한 경우, 사건처리절차 규정의 일부를 준용하도록 명확히 정하는 것이 타당해 보인다. 이렇게 함으로써 절차의 진행과정 등을 보다 용이하게 이해할 수 있을뿐더러 당해 절차의 실체적 요건도 함께 정확하게 파악할 수 있기 때문이다.

2. 공정거래법 시행령

가. 사건처리절차 관련 규정

「독점규제 및 공정거래에 관한 법률 시행령」(대통령령 제29618호, 2019. 3. 12. 일부개정, 이하 '시행령' 또는 '령')은 제10장에서 사건처리절차 관련 규정들을 마련하고 있다.

령 제54조에는 위반행위의 신고방법이 자세히 정해져 있고, 령 제55조 및 제56조는 공정위의 조사와 관련된 당사자 등의 출석에 대한 출석요구서, 감정인 지정절차, 자료제출명령 절차, 그리고 법 제50조 제2항의 '지정된 장소'의 정의, 자료·물건의 제출명령 및 영치와 관련하여 규정하고 있다.

령 제57조에서는 공정위 소환조사과정에서 의견진술을 한 이해관계인, 참고인 및 위촉된 감정인에게 경비를 지급할 수 있는 근거가 규율되어 있고, 령 제57조의2는 공정위 조사를 연기할 수 있는 사유들을 보다 상세히 정해놓고 있다. 나아가 령 제57조의3은 자료제출명령을 이행하지 않은 것에 대한 이행강제금의 부과·징수 절차를, 령 제58조는 시정권고절차에 대해 상세히 규율하고 있다.

[표 2-4] 공정거래법 시행령상 사건처리절차규정

조항	제목	내용
§ 54	위반행위의 신고방법	사건처리절차 개시
§ 55	공정거래위원회의 조사 등	조사절차
§ 56	소속공무원의 조사 등	
§ 57	경비의 지급	
§ 57의2	조사 등의 연기신청	
§ 57의3	이행강제금의 부과·징수 등	
§ 58	시정권고절차	

나. 공정거래 개별절차 관련 규정

공정거래법 시행령에서 정하고 있는 기타 공정거래 개별절차 관련 규정을 살펴보면, 경제력 집중에 대한 규제와 관련된 절차들이 주를 이룬다. 우선 령 제3조의2는 기업집단으로부터의 제외절차를, 제3조의3은 동일인관련자로부터의 제외절차를 규율한다. 령 제15조는 지주회사의 설립·전환의 신고 등을, 령 제15조의6은 지주회사 등의 주식소유 현황 등의 보고를 규율하고 있다. 또한, 령 제20조는 주식소유현황 등의 신고절차를, 령 제21조는 공시대상기업집단 및 상호출자제한기업집단의 지정절차를 규율하고 있다.

령 제18조와 제19조에서는 기업결합 신고절차의 세부사항을 마련하고 있고, 나아가 령 제30조의 공동행위 인가절차, 령 제40조의 사업자단체의 경쟁제한행위인가, 령 제44조의 재판매가격유지대상상품의 지정절차가 시행령에 규율되어 있다.

[표 2-5] 공정거래법 시행령상 기타 절차규정

조항	제목	내용
§ 3의2	기업집단으로부터의 제외	경제력집중 규제 관련 절차
§ 3의3	동일인관련자로부터의 제외	
§ 15	지주회사의 설립·전환의 신고 등	
§ 15의6	지주회사 등의 주식소유현황 등의 보고	
§ 18	기업결합의 신고 등	기업결합 절차
§ 19	기업결합 신고대리인의 지정 등	
§ 20	주식소유현황 등의 신고	경제력집중 규제 관련 절차
§ 21	공시대상기업집단 및 상호출자제한기업집단의 지정	
§ 30	공동행위 인가절차 등	부당한 공동행위 인가절차
§ 31	공동행위 인가신청내용의 공시	
§ 32	인가된 공동행위의 폐지	
§ 40	사업자단체의 경쟁제한행위인가 등	

§ 44	재판매가격유지대상상품의 지정절차	재판매가격유지행위 관련 절차
§ 64의7	포상금의 지급	포상금 지급절차

3. 공정위 규칙 및 고시

가. 규칙 및 고시의 법원성 판단기준 : 대외적 구속력

공정거래법률과 시행령은 공정거래절차에서 지켜져야 하는 기본원칙 내지 기본내용만 규정하고, 절차의 실행과 관련된 보다 구체적인 세부내용에 대해서는 하위 규정인 공정위의 규칙과 고시가 정하도록 위임하고 있다. 공정위는 법률의 위임을 받아 공정거래절차와 관련한 고시, 예규, 훈령 등[72])을 광범위하게 규정하고 있는데, 따라서 각 공정위 규칙 및 고시의 법적 성격이 어떠한지 내지 그것이 공정거래절차법의 법원(法源)이 될 수 있는지를 논하는 것은 매우 중요하다.[73])

본고에서는 공정위의 규칙과 고시가 공정거래절차법의 법원(法源)이 될 수 있는 요건을 '대외적 구속력'으로 설정하고 논의를 진행하려 한다. 대외적 구속력은 해당 규칙 내지 고시의 내용이 공정위 내부뿐만 아니라 공정위의 외부 즉, 법원과 같은 다른 국가기관과 법수범자인 국민에 대한 구속력을 의미한다.[74]) 법률과 시행령이 대외적 구속력을 가짐은 의문의 여지가

---

72) 「행정 효율과 협업 촉진에 관한 규정」(대통령령 제28521호, 2017.12.29. 일부개정, 구 「사무처리규정」)상 고시란 '행정기관이 일정한 사항을 일반에게 알리는 문서'인 공고 문서 중 한 형태인 반면, 예규와 훈령은 '행정기관이 그 하급기관이나 소속 공무원에 대하여 일정한 사항을 지시하는 문서'이다.

73) 同旨 홍명수, 공정위 사건처리절차의 효율화를 위한 개선 방안, 경쟁법연구 제13권, 2006, 255면; 동 견해는 사건절차규칙의 법적 성격에 관한 논의는 현행 공정위의 공정거래 사건처리절차의 근본적인 정당성과 관련되어 있다고 강조한다.

74) 이는 소위 형식적으로 공정위의 행정규칙으로 보이는 규범이 대외적 구속력 내지 '법

없지만, 소위 행정기관이 제정하는 규칙 내지 고시에 관해서는 그것이 행정부 내부에서만 구속력을 갖는 것인지, 아니면 대외적으로 구속력을 가져 행정에 대한 사법심사의 기준이 될 수 있는지 검토되어야 한다.[75]

행정기관의 규칙 및 고시의 대외적 구속력을 판단하는 기준에 대해서는 학설상 대립이 있다.[76] 그러나 본고에서는 "형식적으로 그 규정이 법령의 위임을 받은 것인지 여부와 함께 실질적으로 규정된 내용이 법령의 위임범위 내에 있는 사항을 규정한 것인지 여부를 종합하여 판단"[77]하는 대법원, 헌법재판소의 태도를 따르기로 한다.

이하에서는 공정거래절차와 관련된 공정위 규칙과 고시를 개관한 후, 해당되는 규칙 및 고시 등의 위임형식[78]과 실질적 내용을 함께 고려하여 법적 구속력을 검토하도록 한다.

규성'을 갖는지 여부, 즉 소위 행정규칙 형식의 법규명령인지 여부의 논의이다. 그러나 본고에서는 그 형식보다는 대외적 구속성 즉, '법규성'에 주목하여 이를 하나의 법원(法源)으로 인정할 수 있는가가 초점이다. 이에 관해 박정훈, 법규명령 형식의 행정규칙과 행정규칙 형식의 법규명령, 행정법학 제5호, 2013, 33-68면 참조.

75) 대외적 구속력을 가진 공정위의 규칙 및 고시는 공정위를 내부적으로 구속할 뿐만 아니라 국민 등의 외부와의 관계에서도 이를 위반하면 위법하다는 판단을 받을 수 있다. 홍대식, 공정거래법 집행자로서의 공정거래위원회의 역할과 과제, 서울대학교 법학 제52권 제2호, 2011, 181-182면 참조.

76) 행정법 학계에서의 학설 대립이 대표적이다. 이에 관하여 김동희, 행정법 I, 2018, 169-182면 참조.

77) 홍대식, 위의 글, 178면 참조.

78) 행정규칙 중 법률에 근거가 있는 경우는 보통 고시의 형식을 취하고, 법률의 위임은 없지만 시행령의 위임이 있는 경우는 고시, 예규, 훈령의 형식을 취한다는 견해로 홍대식, 공정거래법 집행자로서의 공정거래위원회의 역할과 과제, 서울대학교 법학 제52권 제2호, 2011, 177면 참조.

나. 사건처리절차 관련 규정

(1) 「공정거래위원회 회의운영 및 사건절차 등에 관한 규칙」

공정위의 사건처리절차 관련하여 중심이 되는 공정위 규칙은 「공정거래위원회 회의운영 및 사건절차 등에 관한 규칙」[79](이하 '사건절차규칙')이다. 그리고 사건처리절차는 공정거래절차의 핵심 절차이므로 사건절차규칙은 공정거래절차의 뼈대를 이루는 매우 중요한 규범이다.

동 규칙은 "공정거래위원회의 회의 및 그 운영과 사건의 조사·심사, 심의·결정·의결 및 그 처리절차에 관한 세부사항 등을 정함을 목적"[80]으로 하는 고시[81]로서, 총 제4장 제76조로 구성되어 있다.[82] 사건처리절차규칙은 공정위의 사건처리절차 전반을 다루고 있는 규정이며, 공정거래절차를 규율하는 규정 중 가장 핵심적인 것이다.

사건절차규칙을 개관해보면, 크게 제1장 총칙, 제2장 전원회의 및 소회의 운영, 제3장 사건처리절차, 제4장 보칙으로 나누어져 있으며, 특히 제3장은 제1절 조사 및 심사절차, 제2절 심사조정회의, 제3절 심의 및 의결절차, 제4절 약식절차, 제5절 불복절차 등, 제6절 신고인 절차참여, 제7절 행정사항으로 구분되어 사건처리절차에 관한 내용을 상세히 규정하고 있다.

사건절차규칙은 형식적으로는 공정거래법 제48조 제2항과 제55조의2의 위임을 직접 받아 공정위가 제정한 고시이고,[83][84] 내용적으로는 법률에서

---

79) 공정위 고시 제2019-15호, 2019.12.27. 일부개정.
80) 사건처리절차규칙 제1조 참조.
81) 사건절차규칙은 그 이름이 '규칙'으로 명명되어 있지만, 법적 형태는 고시로 제정되었다. 이는 후술하는 조사절차규칙 또한 마찬가지이다.
82) 사건절차규칙의 제정 및 개정 역사에 관해 정중원, 공정거래법 위반사건의 처리절차에 관한 연구, 서울시립대학교 법학박사논문, 2010, 39-51면 참조.
83) 이하 홍명수, 공정위 사건처리절차의 효율화를 위한 개선방안, 경쟁법연구 제13권, 2006, 255-257면 참조.
84) 이에 대해 제48조 제2항은 공정거래위원회의 운영 등에 관하여 필요한 사항에 대해

정한 조직과 절차의 사항을 보충한 것이다. 그렇다면 형식적 차원은 물론이고, '법령보충적 기능을 갖는 경우 형식과 관계없이 근거 법령 규정과 결합하여 대외적으로 구속력이 있다'는 판례의 기준에 따르더라도, 사건절차규칙은 대외적 구속력을 갖는 것으로 보아야 한다.[85]

정리하면, 공정위의 사건절차규칙은 법률 및 시행령의 절차조항과 함께 대외적 구속력을 갖는 공정거래절차법의 명실상부한 법원(法源)이다. 따라서 사건절차규칙에 위반되는 절차 및 처분에 대해서는 국민이 그 위법성을 주장할 수 있고, 법원은 사건절차규칙을 판단규범으로 사용하여 공정위의 결정 및 처분의 절차상 하자여부를 판단할 수 있다.[86]

한편, 공정위는 2019년 12월, 사건절차규칙을 제·개정하여 피심인의 방어권 보장을 강화하고, 사건 처리 효율화를 꾀한 바 있는데, 자세한 내용은 항을 바꾸어 살펴본다.

'규칙'을 정하도록 되어 있고, 그리고 제55조의2는 동법을 위반하는 사건의 처리절차 등에 관한 '고시'를 공정위가 정할 수 있다고 규정하고 있는데, 양자에 대한 법리적 의미가 구분된다는 견해가 있다. 홍명수, 위의 글, 255-257면 참조; 즉, 동 견해에 따르면 전자의 경우 공정위의 규칙제정권을 나타내주는 조항으로서, 그 의미를 존중해야 한다고 설명하는데, 일견 타당하다. 다만 규칙 및 고시의 법원(法源) 여부를 결정하는 대외적 구속력의 근거와 관련하여서는 양자 모두 법률의 수권에 의해 법적 효력을 발휘한다는 측면에서는 동일하기 때문에, 본고에서는 이를 엄밀히 구분하여 서술하지 않도록 한다.

85) 同旨 홍대식, 공정거래법 집행자로서의 공정거래위원회의 역할과 과제, 서울대학교 법학 제52권 제2호, 2011, 181-182면; 홍명수, 위의 글, 255-257면 참조.

86) 공정거래절차의 투명성과 보다 명확한 절차권 보장을 위해 사건처리절차에 관한 중심 내용은 법률에 직접적으로 규정하는 것을 검토할만하다는 학계의 견해가 있다. 홍명수, 위의 글, 257면 참조; 외부적 구속력 내지 법규성의 차원에서는 큰 차이가 없음에도 불구하고, 2018년 공정거래법제 개선 특별위원회의 절차법제 분과에서 공정위의 조사절차에 대한 내용을 법률 차원에서 규율하도록 개정안을 제시한 바 있다.

(2) 「공정거래위원회 조사절차에 관한 규칙」

「공정거래위원회 조사절차에 관한 규칙」[87](이하 '조사절차규칙')은 사건 처리절차단계의 하나인 공정위 조사절차의 공정성, 투명성 및 효율성을 확보하기 위하여 공정위가 제정한 고시이다.

조사절차규칙은 공정위의 사건처리절차를 선진화시키기 위해 마련된 개혁방안인 '사건처리 3.0'의 일환으로서 2016년에 제정되었다.[88] 당시 조사절차는 이미 사건절차규칙에서 규율되고 있었지만, 공정위 조사단계에서 조사공무원이 강압적인 태도로 일관한다거나 심지어는 공정위의 법적 권한을 넘어서는 현장조사를 벌인다는 비판이 제기되었다. 나아가 그럼으로써 공정위 조사절차에서의 피조사업체에 대한 절차적 보호가 실질적으로 보장되지 않고 있다는 문제점이 지속적으로 대두되고 있었다. 공정위는 이러한 비판에 대응하여 조사절차를 정비하고, 조사절차에서의 공정위의 의무 및 피조사자의 절차권 등에 대한 별도의 규칙을 마련하였는데, 이렇게 제정된 공정위 규칙이 바로 조사절차규칙이다.[89][90]

조사절차규칙은 총 4장 25개 조문으로 구성되어 있다. 그러나 제4장 제25조는 규칙에 대한 재검토기한을 규정한 조항이고, 최근 개정에 의해 제3장의 디지털증거 수집 및 분석과 관련된 7개 조문이 삭제되었기 때문에, 실질적으로 조사절차규칙은 제1장과 제2장의 17개 조문을 가진 간단명료한 규정이다. 조사절차규칙은 구체적으로 조사공문 등의 교부(제6조), 피조

---

87) 공정위 고시 제2018-4호, 2018.4.3. 일부개정.

88) 공정거래위원회 사건처리 3.0에 관해 안창모, 공정거래위원회 사건처리 절차 개선의 주요 내용 – 사건처리 3.0 도입에 즈음하여, 법학논집(단국대학교) 제40권 제1호, 2016, 403-419면; 이정민, 공정거래위원회 사건처리절차의 합리화, 외법논집 제40권 제4호, 2016, 257-259면 참조.

89) 안창모, 위의 글, 406면 참조.

90) 2018년 공정거래법 개선 특별위원회 절차법제 분과에서 논의된 내용도 실질적으로는 주로 조사절차에 해당하는 점을 본다면, 공정위 조사절차에서의 공정성과 투명성은 지속적으로 개선시켜 나가야 하는 것이라고 판단된다.

사업체의 출입(제7조), 조사장소(제8조), 조사의 범위(제9조), 자료 수집 등의 영치(제11조), 진술조사 등(제12조), 변호인의 조사과정 참여(제13조), 조사과정 및 사건심사의 기록(제14조) 등, 현장조사에서의 공정위의 조사권한과 피조사자의 방어권에 대해 규율하고 있다.

조사절차규칙은 공정거래법 제55조의2의 수권을 받아 공정위가 제정한 고시이다.[91] 따라서 조사절차규칙은 법령에 의한 직접적인 위임을 받아 제정된 고시이고, 그 내용은 사건처리절차 중 조사절차의 내용을 보충한 것이므로 대외적 구속력을 갖는다.

(3) 기타

사건처리절차와 관련된 기타 공정위 규칙 중 고시 형태로 되어 있는 것은 「디지털 증거의 수집·분석 및 관리 등에 관한 규칙」,[92] 「경제분석 의견서 등의 제출에 관한 규정」[93]이 있다. 또한, 예규 형태의 행정규칙은 「공정거래위원회 심판정의 질서유지를 위한 규칙」,[94] 「공정거래위원회 의결 등의 공개에 관한 지침」[95]등이 있다.

지금까지 살펴본 사건처리절차 관련 공정위 행정규칙들의 법적 성격 내지 대외적 구속력 여부는 다음 [표 2-6]과 같다.

---

91) "이 규칙은 독점규제 및 공정거래에 관한 법률 제55조의2 규정에 의거하여, 공정거래위원회 소속공무원이 공정거래위원회 소관 법률에 따라 실시하는 현장조사의 방법과 절차, 그 밖의 조사에 관하여 필요한 사항을 정함으로써 조사의 공정성과 투명성 및 효율성을 확보하는 것을 목적으로 한다." (조사절차규칙 제1조).

92) 공정위 고시 제2018-4호, 2018.4.3. 제정.

93) 공정위 고시 제2017-1호, 2017.3.2. 일부개정.

94) 공정위 예규 제119호, 2011.9.1. 제정.

95) 공정위 예규 제218호, 2015.3.2. 제정.

[표 2-6] 사건처리절차 관련 공정위 고시 및 예규

	제목	형태	대외적 구속력
1	공정거래위원회 회의운영 및 사건절차 등에 관한 규칙	고시	○
2	공정거래위원회 조사절차에 관한 규칙	고시	○
3	디지털 증거의 수집·분석 및 관리 등에 관한 규칙	고시	○
4	경제분석 의견서 등의 제출에 관한 규정	고시	×
5	공정거래위원회 심판정의 질서유지를 위한 규칙	예규	×
6	공정거래위원회 의결 등의 공개에 관한 지침	예규	×

다. 공정거래 개별절차 관련 규정

(1) 부당한 공동행위 관련 규정

부당한 공동행위와 관련해서는 법 제19조 제1항의 금지요건에 대해 상세히 규율한 「공동행위 심사기준」96)이외에 공동행위 인가절차 및 자진신고 감면제도 절차에 관한 공정위의 규칙 내지 고시들이 있다.

공정위는 공동행위 인가절차와 관련해서는 「공동행위 및 경쟁제한행위의 인가신청요령」97)을 두고 있다. 다만, 공동행위 인가제도 절차와 관련해서는 시행령에서 상세히 정하고 있을뿐더러, 동 고시에 대한 위임규정이 법률과 시행령에 존재하지 않는 바, 대외적 구속력을 가진 고시는 아니라 할 것이다.

자진신고자 감면제도 내지 리니언시 제도와 관련해서는 「부당한 공동행위 자진신고자 등에 대한 시정조치 등 감면제도 운영고시」98)가 있다. 동 고시는 리니언시 제도와 관련한 세부처리절차 뿐만 아니라, 이와 관련된

---

96) 공정위 예규 제235호, 2015.10.23. 일부개정.
97) 공정위 고시 제2017-1호, 2017.3.2. 일부개정.
98) 공정위 고시 제2017-20호, 2017.11.14. 타법개정.

범위 내의 시정조치 또는 과징금 감면기준을 상세히 정하고 있다. 동 고시
는 공정거래법 제22조의2 제4항, 시행령 제35조 제4항의 위임을 받아서 제
정된 것이고, 자진신고자 감면제도와 관련된 법령의 내용을 보충하는 실질
을 갖고 있기 때문에, 대외적 구속력을 가지는 고시이다.[99]

(2) 동의의결 제도 관련 규정

공정위의 동의의결절차를 규율하는 고시로는 「동의의결제도 운영 및 절
차 등에 관한 규칙」[100]이 있다. 동 고시는 동의의결과 관련하여 서면의 신
청방법, 의견 조회 방법, 심의·의결 절차 등 그 밖의 세부사항에 대해 규율
하고 있다.

당해 고시는 공정거래법 제51조의3 제6항의 직접적인 위임을 받은 규범
보충적 규칙의 성격을 가지는바, 대외적 구속력을 갖는다.

(3) 기업결합 규제절차 관련 규정

기업결합 신고절차와 관련된 공정위 규칙으로는 「기업결합 심사기준
」[101] 및 「기업결합의 신고요령」[102]이 있다. 이들 고시는 일정한 기업결합
에 대한 간이신고절차와 간이심사절차, 그리고 일반신고절차와 일반심사절
차에 관하여 규정하고 있다.

「기업결합 심사기준」은 공정거래법 제7조 제5항의 위임을 받아 동법 동

---

99) 대법원은 동 고시에 대해 "그 형식 및 내용에 비추어 재량권 행사의 기준으로 마련
   된 행정청 내부의 사무처리준칙 즉 재량준칙"으로 판단한 바 있다. 대법원 2013.
   11.14. 선고 2011두28783 판결 참조; 다만 사견으로는 자진신고자 감면제도의 중요
   성과 자진신고자 지정, 취소 등이 자진신고자의 권리에 중대한 영향을 미친다는 점
   을 대법원이 간과한 것으로 보인다.
100) 공정위 고시 제2017-7호, 2017.6.21. 일부개정.
101) 공정위 고시 제2019-1호, 2019.2.27. 일부개정.
102) 공정위 고시 제2018-8호, 2018.5.31. 일부개정.

조 제1항 및 제2항의 내용을 보충해주는 내용을 가진 고시이다. 「기업결합의 신고요령」은 제1조에서 "이 고시는 법 제12조 및 영 제18조 규정에 의한 기업결합의 신고와 관련한 신고절차, 신고서 양식, 첨부서류 등 신고요령을 정함을 목적으로 한다"고 규정하고 있지만, 법률 및 시행령상의 위임규정이 존재하지 않기 때문에 대외적 구속력을 가졌다고 할 수 없다. 요컨대, 기업결합 심사기준은 대외적 구속력을 가지지만, 기업결합 신고요령은 그렇지 않다.

(4) 기타 절차 관련 규정

그 밖의 절차 관련 규정을 규율형식을 기준으로 정리하면 다음과 같다. 우선, 고시 형태로 되어 있는 것은 「독점규제 및 공정거래에 관한 법률 등의 위반여부 사전심사청구에 관한 운영지침」[103]이 있으며, 비교적 단순한 절차인 포상금 지급과 이해관계인 경비지급에 대해 규율한「공정거래법 등 위반행위 신고자에 대한 포상금 지급에 관한 규정」[104]과 「독점규제 및 공정거래에 관한 법률 등에 의한 이해관계인 등에 대한 경비지급규정」[105]도 마찬가지로 고시 형태로 규율되어 있다. 나아가 예규 형태의 공정위 규칙은 「과징금 환급업무 처리기준」,[106] 훈령 형태로 제정된 「재신고사건 처리지침」[107]이 있다.

---

103) 공정위 고시 제2015-15호, 2015.10.23. 일부개정.
104) 공정위 고시 제2018-11호, 2018.7.17. 일부개정.
105) 공정위 고시 제2015-15호, 2015.10.23. 일부개정.
106) 공정위 예규 제306호, 2018.8.21. 폐지제정.
107) 공정위 훈령 제259호, 2018.2.26. 제정.

[표 2-7] 개별 절차 관련 공정위 고시 및 예규

	제목	형태	대외적 구속력
1	공동행위 및 경쟁제한행위의 인가신청요령	고시	×
2	부당한 공동행위 자진신고자 등에 대한 시정조치 등 감면제도 운영고시	고시	○
3	기업결합 심사기준	고시	○
4	기업결합의 신고요령	고시	×
5	과징금 환급업무 처리기준	예규	×
6	독점규제 및 공정거래에 관한 법률 등의 위반여부 사전심사청구에 관한 운영지침	고시	×
7	공정거래법 등 위반행위 신고자에 대한 포상금 지급에 관한 규정	고시	○
8	독점규제 및 공정거래에 관한 법률 등에 의한 이해관계인 등에 대한 경비지급규정	고시	×
9	재신고사건 처리지침	훈령	×

라. 평가

이상으로 공정거래절차 관련 공정위 규칙들을 사건처리절차와 기타 공정거래절차로 구분하고, 어떤 규칙이 대외적 구속력을 갖는지 여부를 정리해보았다. 이렇게 일정한 기준을 사용하여 공정위 규칙을 정리하는 것은, 하위 규범의 차원으로 복잡하게 얽혀 있는 절차 관련 규정들을 보다 체계화할 수 있는 장점이 있다.

요컨대, 구체적인 공정거래절차 제도가 당사자의 절차적 권리를 어떻게 보장하고 있는지, 그리고 제3자의 절차참여는 어느 수준으로 가능한지 여부를 고찰하기 위해서는 해당 절차를 규정하고 있는 법률, 시행령뿐만 아니라 관련 공정위 규칙 및 고시 등을 살펴야 한다. 그리고 한편으로는 공정거래절차 관련 규칙이 대외적 구속력을 가져 행위규범 내지 재판규범으로서의 역할을 할 수 있는지 살피고, 이를 기초로 하여 그 구체적인 내용의 타당성과 정당성을 검토해야 할 것이다.

4. 참고 : 2019년 12월 사건절차규칙 제·개정 내용

상술한 바와 같이 공정위는 최근 2019년 12월, 사건절차규칙을 제·개정
하여 시행하였다.[108] 그 자세한 내용을 사건처리절차의 단계별로 살펴보면
다음과 같다.

우선 사건개시절차에 관해서는 사건절차규칙 제10조의3, 제10조의4, 제
12조가 제·개정되었다. 제10조의3 제2호는 신고사건의 사건등록 기간을 규
율하고 있는데, 종래 신고접수일로부터 10일 내에 사건등록을 하도록 되어
있던 규정이 15일로 확대되었고, 단서에 의해 사실관계가 복잡한 사건인
경우에는 1회에 한하여 15일 연장할 수 있게 되었다. 사건처리기간에서 자
료제출 소요기간을 제외하는 사항을 규율하는 제10조의4 제3항은 심사관
의 사전허가를 받아야 하는 자료제출횟수를 2회에서 3회로 확대하였다. 심
사를 개시하지 아니하는 결정에 대한 서면통지의무의 예외적 단서를 규율
하는 제12조 제2항 단서조항은 과거 대리점법 제27조 제2항에 의한 기간이
경과한 경우를 규정한 '동조 제1항 제25호의 사유'를 삭제하고 '신고인이
신고를 취하한 경우' 및 '피조사인에 대한 조사 없이 신고내용 자체로 심사
절차를 개시하지 아니하는 경우'를 신설하였다.

심의절차에 관한 주요 제·개정 내용은 다음과 같다. 우선, 피심인의 의
견서 제출기한 및 심의기일 통지 기간이 각각 연장되었다. 제29조 제10항
에 규율되어 있는 심사보고서에 대한 의견서 제출기한을 종전 '전원회의 3
주-소회의 2주'에서 '전원회의 4주-소회의 3주'로 연장하였다. 심의기일 통
지 기간을 5일로 정하고 있던 사건절차규칙 제33조 제1항은 '전원회의 10

---

108) 2019.12.27., 공정위 보도자료, 「공정위, '회의 운영 및 사건 절차 등에 관한 규칙'
   개정·시행」.

일-소회의 5일'로 개정되었다. 또한, 심사관이 위원회에 제출한 심사보고서를 철회할 수 있도록 하는 제29조의3이 신설되었고, 감정인의 출석을 규율한 제42조를 삭제하여 제37조 참고인 규정 안에 감정인 개념을 포함시켰다.

　마지막 의결절차와 관련있는 제·개정사항은 세 가지이다. 우선, 종래 피심인, 신고인 또는 이해관계인의 일정한 사유로 심의중지를 의결할 수 있도록 한 제49조 제1항은 그 인정주체를 피심인으로 한정하도록 개정되었다. 또한, 일정한 경우의 종결처리·조사중지·심사불개시는 피조사인 내지 신고인에게 통지하지 아니할 수 있지만, 신고인에게 해당하는 사유로 인하여 조사중지나 종결처리를 한 경우에는 피조사인에게 통지하여야 한다고 규정한 제53조의2 제6항 단서 조항이 삭제되었다. 마지막으로 위원회 처분의 직권취소와 재처분의 근거가 될 수 있는 제71조의2를 신설하였는데, 상술한 심사보고서 철회조항과 더불어 매우 특징적이다.

　한편, 소송절차에 관해서는 공정위가 보다 면밀한 소송수행을 진행할 수 있도록 소송수행자, 소송수행협조자, 기타 소송 관련 절차를 제72조 제2항, 제4항 내지 제6항을 신설하였다. 심사절차에 있어서는 진술조서에 관한 내용이 개정되었는데, 상대적으로 간단한 내용이므로 생략한다.

　이상의 내용을 표로 정리하면 다음과 같다.

[표 2-8] 2019년 12월 사건절차규칙 제·개정 사항

절차단계	제·개정 조항	내용
사건개시 절차	§ 10의3 제2호	사건등록 기간 연장 (10일 → 15일, 1회 15일 추가연장 가능)
	§ 10의4 ③	심사관 사전허가 대상 제출요구횟수 확대 (2회 → 3회)
	§ 12 ② 단서	심사불개시 결정에 대한 서면통지의 예외사유 정비

심사절차	§ 15 ②	진술조서 확인 방법 구체화
심의절차	§ 29 ⑩	심사보고서 의견제출 기한 연장 (전원 3주, 소 2주 → 전원 4주, 소 3주)×
	§ 29의3	심사보고서 철회 규정 (신설)
	§ 33 ①	심의기일 통지기한 연장 (전원, 소 5일 → 전원 10일, 소 5일)
	§ 37, § 42	감정인 조항 삭제 → 참고인 조항에 통합
의결절차	§ 49 ①	심의중지 사유 한정 (피심인, 신고인, 이해관계인 → 피심인)
	§ 53의2 ⑥ 단서	심사관 전결시 피조사인 통지 의무 (삭제)
	§ 71의2	처분의 직권취소 및 재처분 근거조항 (신설)
소송단계	§ 72	소송수행 절차 구체화 (신설)

Ⅳ. 기타 법률과의 관계

1. 행정절차법

가. 문제의 제기 : 공정거래절차에 대한 적용제외

「행정절차법」(법률 제14839호, 2017.7.26., 타법개정)은 제1조에서 "이 법은 행정절차에 관한 공통적인 사항을 규정"한다고 하고, 제3조 제1항은 "행정절차에 관하여 다른 법률에 특별한 규정이 있는 경우를 제외하고는 이 법에서 정하는 바에 따른다"고 하여, 동법이 행정절차에 관한 일반법임을 천명하고 있다.[109] 따라서 우리나라 행정기관의 처분, 행정상 입법예고,

---

109) 김동희, 행정법 Ⅰ, 2018, 383면 참조.

행정예고 및 행정지도의 절차에 대해서는 원칙적으로 행정절차법의 법규정이 적용된다.

공정위는 형식적으로 국무총리 소속의 중앙행정기관이고,[110] 따라서 공정위가 진행하는 각종 절차는 기본적으로 행정절차의 성격을 갖는다. 그렇다면 공정위가 행하는 공정거래절차 또한 원칙적으로는 행정절차법의 규율을 받아야 할 것이지만, 행정절차법은 공정거래절차에 대해서는 동법을 적용제외하는 규정을 두고 있다. 즉, 행정절차법 제3조는 동법의 적용범위를 정하고 있는데, 동조 제2항 제9호에서는 "해당 행정작용의 성질상 (⋯) 행정절차에 준하는 절차를 거친 사항으로서 대통령령으로 정하는 사항"에 대해서는 동법을 적용하지 아니한다고 규정하고 있으며, 「행정절차법 시행령」(대통령령 28211호, 2017.7.26., 타법개정) 제2조 제6호는 "「독점규제 및 공정거래에 관한 법률」, 「하도급거래 공정화에 관한 법률」, 「약관의 규제에 관한 법률」에 따라 공정거래위원회의 의결·결정을 거쳐 행하는 사항"을 명시하고 있다.[111]

요컨대, '공정거래위원회의 의결·결정을 거쳐 행하는 사항'에 대해서는 행정절차법이 적용되지 않는다. 이와 관련해서는 두 가지 사항에 대한 심도 있는 검토가 필요하다. 하나는 적용제외의 대상이 정확히 무엇인지에 대한 것이고, 다른 하나는 적용제외조항이 의미하는 바가 무엇인지에 대한 것이다.

나. 종전의 논의

우선, 행정절차법의 공정거래절차에 대한 적용제외에 관한 논의는 많지 않고, 그나마 행정법 학계에서 간단히 진행된 바 있다. 종전의 견해는 적용

---

110) 공정거래법 제35조 제1항, 제2항 참조.
111) 동 규정의 연혁을 살펴보면, 행정절차법이 제정·시행된 1996년부터 공정위의 의결·결정에 관한 사항은 행정절차법 적용이 제외되어 있던 것을 확인할 수 있다.

제외의 대상 내지 범위는 공정위 내의 전원회의 또는 소회의의 의결·결정을 내리는 사항으로 파악한다.[112) 이에 따르면, 위원회 단계에 속하지 않는 사무처의 행정절차 또는 위원회의 결정을 거치지 않는 심사관의 전결사항 등의 공정거래절차는 행정절차법이 적용제외되지 않는다.

종전의 견해는 공정거래절차를 행정절차법이 적용제외하는 의미 내지 이유에 대해서는 다음과 같이 이해한다.[113) 즉, 행정절차법의 적용제외는 공정거래절차에 대한 규율이 필요 없거나 이에 대해서는 행정절차법과는 관계없이 규율되어도 좋다는 의미가 아니라, 오히려 공정위의 의결·결정절차에 대해서는 보다 엄격한 절차적 규율이 이미 마련되어 있기 때문이라는 것이다. 그리고 최근의 대법원 판결에서도 행정절차법상 적용제외 조항을 같은 의미로 판시한 바 있다.[114) 이상의 견해에 따르면 공정거래절차법은 행정절차법의 특별법이고, 행정절차법상의 적용제외는 공정거래절차를 보다 엄격하게 규율하기 위해 마련된 것이라 할 수 있다.[115)

---

112) 박정훈, 공정거래법의 공적 집행, 공정거래와 법치(권오승 편), 2004, 1033-1034면 참조.

113) 박정훈, 위의 글, 1032면; 이희정, 방송통신위원회의 법집행절차 개선방향에 관한 연구 – 행정절차에 대한 대심주의접목의 의의와 방식을 중심으로, 경제규제와 법 제3권 제1호, 2010, 186면 참조.

114) 대법원 2018.12.27. 선고 2015두44028 판결. 해당 판결의 판시사항은 다음과 같다. "그 취지는 공정거래법의 적용을 받는 당사자에게 행정절차법이 정한 것보다 더 약한 절차적 보장을 하려는 것이 아니라, 오히려 그 의결절차상 인정되는 절차적 보장의 정도가 일반 행정절차와 비교하여 더 강화되어 있기 때문이다."

115) 동 견해는 공정거래절차법의 가장 큰 특징으로서 행정절차법 제21조 제4항의 의견청취절차 생략에 관한 규정이 없다는 것을 소개하고 있는데, 대법원 판례에 따르면 공정위는 행정절차법의 동 규정을 근거로 의견청취절차를 생략할 수 없다. 박정훈, 위의 글, 1032면; 대법원 2001.5.8. 선고 2000두10212 판결 참조.

다. 검토

(1) 적용제외의 범위

공정거래절차에 있어 행정절차법이 적용제외되는 범위는 행정절차법 시행령에 규정된 '공정거래위원회의 의결·결정을 거쳐 행하는 사항'의 의미가 무엇인지에 따라 획정된다. 그러나 공정거래절차법상 '공정거래위원회'의 개념은 공정거래법을 집행하는 경쟁당국인 공정거래위원회 전체를 의미하는 것일 수도 있고, 사무처와 구분되는 전원회의와 소회의 즉, '협의의 위원회'를 의미할 수도 있는 등, 그 의미는 명확하지 않다.[116]

그러나 공정거래절차에 대한 또 다른 적용제외조항을 두고 있는 행정조사기본법의 존재,[117] 그리고 행정절차법과 공정거래절차법의 소위 일반법-특별법 관계를 고려하면 여기서의 '공정거래위원회'는 사무처와 구분되는 '의결·결정을 내리는 위원회'로 좁게 해석하는 것이 타당하다.[118] 정리하면, 행정절차법에 규정되어 있는 공정거래절차에 대한 적용제외조항의 대상은 위원회 단계에서의 의결·결정과 관계된 사항에만 한정된다고 이해되어야 한다.[119][120]

따라서 공정거래절차법의 기본개념인 당사자, 이해관계인, 청문, 의결제

---

116) 두 개념 간 혼란의 원인과 구별 필요성에 관한 문헌으로서 권오승, 공정거래위원회의 독립성과 전문성, 공정거래와 법치(권오승 편), 2004, 988-989면 참조.
117) 행정조사기본법 제3조 제2항 제7호는 동법의 적용제외사항으로 '공정거래위원회의 법률위반행위 조사에 관한 사항'을 명시하고 있다.
118) 이러한 관점에서 대법원이 '공정거래법에 대하여 행정절차법의 적용이 배제'된다고 판시한 바에 대해서는 재검토가 필요하다고 판단된다. 관련 판례는 대법원 2018.12. 27. 선고 2015두44028 판결.
119) 유사한 판례로 서울고법 2004.8.19. 선고 2002누6110 판결.
120) 나아가 공정거래절차에 대한 행정절차법의 적용제외는 공정위가 처분을 함에 있어서 거쳐야 할 형식적 절차에 한한다는 견해로 이봉의, 공정거래위원회의 재량통제, 규제연구 제11권 제1호, 2002, 4면.

출 등의 기본개념(행정절차법 제2조 각호) 등에 관해서는 행정절차법의 개념을 준용하거나 최소한 참조할 수 있을 것이다.

(2) 공정거래절차법과 행정절차법의 관계

이상으로 살펴본 종전의 견해에 따르면, 공정거래절차법과 행정절차법의 관계에 대해서 다음과 같은 명제가 도출될 수 있다. 즉, 공정거래절차법에 대한 행정절차법의 적용제외가 정당성을 획득하기 위해서는 전자에서 보장되는 당사자 등의 절차적 권리가 후자의 경우보다 엄격하거나 최소한 동일한 수준이어야 한다.

나아가 현재 공정거래절차법의 체계와 내용이 당해 명제에 합당한지 검토할 필요가 있을 것이다. 즉, 공정거래절차법의 체계를 이루는 법률, 시행령, 공정위 규칙 및 고시에서 행정절차법 수준의 절차적 규율을 하고 있는지, 아니면 보다 엄격한 규율 사항을 정하고 있는지를 살펴볼 필요가 있는 것이다.

대부분의 공정거래절차법상 규정들은 행정절차법의 규정에 비해 절차에 대한 높은 수준으로 규율하고 있다. 예컨대 침익적 처분절차의 성격을 지닌 사건처리절차의 경우를 살펴보면, 처분의 사전통지에 관해 규정한 행정절차법 제21조과 상응하는 공정거래절차규정은 공정거래법 제49조 제3항과 사건절차규칙 제29조이다. 또한, 동법 제22조의 의견청취절차는 사건절차규칙 제30조의2 내지 제30조의5에서, 동법 제23조의 처분의 이유제시 절차는 사건절차규칙 제29조에서 보다 엄격하게 규율하고 있다. 행정절차법 제30조 이하의 청문절차와 관련해서는 공정거래절차법이 위원회 심의절차와 관련된 사건절차규칙 제34조 내지 제46조에서 철저히 규율하고 있고, 나아가 행정절차법 제27조의 의견제출절차 및 제37조의 문서열람절차 대해서는 공정거래법 제52조 및 공정거래법 제52조의2가 마련되어 있다.[121] 이를 간략히 정리하면 아래의 [표 2-9]와 같다.

[표 2-9] 행정절차법과 공정거래절차법

행정절차법 규정	공정거래절차법 규정	비교
제21조 사전통지	법 제49조 제3항, 규칙 제29조 제10항	보다 엄격
제22조 의견청취	규칙 제30조의2 내지 제30조의5	보다 엄격
제23조 이유제시	규칙 제29조 제1항 내지 제9항	보다 엄격
제27조 의견제출	공정거래법 제52조	보다 엄격
제30조 청문의 공개	규칙 제33조의2	보다 엄격
제31조 청문의 진행	규칙 제33조의3, 제34조 내지 제46조	보다 엄격
제32조 청문의 병합·분리	규칙 제44조	동일
제33조 증거조사	규칙 제41조	동일
제35조 청문의 종결	규칙 제46조	동일
제37조 문서의 열람	공정거래법 제52조의2	보다 엄격

(3) 문제점

다만, 행정절차법상 청문주재자 관련 제도에 대해서는 공정거래절차 차원에서 반성적으로 검토할 필요가 있다. 행정절차법 제28조는 청문을 주재하는 청문주재자의 요건, 기능 등을 정하고 있고, 제29조에서는 청문주재자의 제척·기피·회피조항을 마련하고 있다. 나아가 동법 제34조에서는 청문주재자가 작성하고 행정청에 제출하는 청문조서 관련 규정이, 나아가 제34조의2에서는 청문주재자의 의견서 관련 규정이 규율되어 있다.

그러나 공정거래절차법에서는 청문 내지 심의절차를 공정하게 진행하고 이에 관한 청문조서 내지 의견서를 작성하도록 하는 규정이 존재하지 않는다.[122)123)] 청문주재자 제도는 공정한 청문 진행을 보장하고 그에 의한 당

---

121) 공정거래절차법의 자료열람권에 대한 최신 판례로는 대법원 2018.12.27. 선고 2015두44028 판결.
122) 사건절차규칙 제30조의6과 제30조의12에서는 심판관리실 소속 공무원의 의무 및 제

사자의 절차적 권리를 보호하는 중요한 역할을 한다.[124] 그러나 공정거래
절차법에는 독립적인 심의절차 주재자 등이 설정되어 있지 않고 청문조서
나 청문의견서와 같은 서류를 제출하는 절차도 존재하지 않는 등, 이와 유
사한 제도가 마련되어 있지 않다는 것이 문제이다.

더욱 문제가 되는 것은 공정거래법상 규율되어 있는 자료열람권에 관한
규정이다. 공정거래법은 자료열람요구 등에 대하여 법 제52조의2에 근거규
정을 마련하고 있지만, 내용상으로는 행정절차법 제37조에서 정한 문서의
열람 및 비밀유지 규정보다 절차적 권리의 보장수준이 높지 않다. 행정절
차법 제37조 제1항 후문에서는 "행정청은 다른 법령에 따라 공개가 제한되
는 경우를 제외하고는 그 요청을 거부할 수 없다"고 규정하고 있지만, 공정
거래법 제52조의2 후문은 "이 경우 공정거래위원회는 자료를 제출한 자의
동의가 있거나 공익상 필요하다고 인정할 때에는 이에 응하여야 한다"고
규정하여 공정위가 당사자의 문서열람권을 거부할 수 있는 사유를 전자의
경우보다 넓게 규정하고 있다. 또한, 행정절차법 제37조 제3항과 같이 문서
열람을 거부하는 경우 그 이유를 소명해야 한다는 행정청의 의무가 공정거
래법에는 규율되어 있지 않은데, 이에 대한 개선이 필요하다.[125]

라. 소결 : 행정절차법의 적용제외와 공정거래절차의 고유성

행정절차법의 적용제외조항은 특수한 법영역의 절차에 대해 일반법적

척·기피·회피 규정이 마련되어 있지만, 이들의 업무는 청문 내지 심의절차 진행이
아닌 의견청취절차 진행업무에 한정된다.
123) 현행 사건절차규칙상 청문의 역할을 하는 심의절차는 의장 즉, 공정거래위원장이 진
행하도록 되어 있다.
124) 김춘환, 행정절차법상 청문주재자에 관한 연구, 법학논집(조선대학교) 제24권 제1호,
2017, 330면 참조.
125) 사건절차규칙 제29조의2에서도 심사보고서의 첨부자료 열람·복사 등에 관해 규정하
고 있는데, 여기서도 행정절차법상 자료열람권에 비해서는 그 보장수준이 낮게 규율
되어 있다.

규율이 불가능하거나, 그렇게 규율하는 것이 타당하지 않은 경우에 있어 일정한 예외를 인정하기 위해 마련된 것이다.[126] 이는 일반법적 성격의 행정절차법으로 특정 절차를 규율한다는 것은 법적 안정성을 제고시키는 장점이 있지만, 다른 한편으로는 관련 법영역의 구체적인 특수성을 고려하기 힘든 단점도 존재한다는 점을 고려한 것이다. 연혁을 살펴보면 공정거래절차는 행정절차법의 제정 초기부터 적용제외되어 있었는데, 이를 통해 공정거래절차가 행정절차의 일반론적인 규율에 맞지 않는 특성을 갖는다는 시사점을 도출할 수 있다.

한편, 공정거래절차법에 의한 공정거래절차의 규율수준이 행정절차법보다 약하게 되면, 이는 당해 적용제외 규정의 취지에 어긋난다는 점은 상술한 바와 같다. 다만 이를 두고 공정거래절차법의 구체적인 내용이 행정절차법의 내용과 반드시 일치하거나 동일해야 한다고 해석하는 것은 타당하지 않다. 사견으로는 행정절차법은 공정거래절차법이 규율해야 하는 절차적 보호의 최저 수준을 보여주는 것이고, 이를 만족하는 선에서는 공정거래절차의 고유성을 살릴 수 있는 구체적인 규율내용이 마련될 수 있을 것이다. 요컨대, 행정절차법상의 적용제외조항은 후술하는 공정거래절차의 특수성 및 고유성, 그리고 공정거래절차만의 지도원리에 관한 논의의 단초가 될 수 있다는 의미를 갖는다.

2. 행정조사 기본법

「행정조사기본법」(법률 제14184호, 2016.5.29., 타법개정) 제1조와 제3조는 동법이 행정조사에 관한 일반법임을 밝히고 있다.[127] 공정위가 행하는 조사행위는 일견 행정조사에 해당하기 때문에 행정조사기본법과 공정거래

---

126) 오준근, 행정절차법, 1998, 113면 참조.
127) 김동희, 행정법 I, 2018, 511면 참조.

절차법의 관계 또한 검토가 필요하다.

　다만 행정조사기본법은 행정절차법과 마찬가지로, 제3조 제2항에서 적용제외규정을 마련하고 있으며, 동조 동항 제7호는 "「독점규제 및 공정거래에 관한 법률」, 「표시·광고의 공정화에 관한 법률」, 「하도급거래 공정화에 관한 법률」, 「가맹사업거래의 공정화에 관한 법률」, 「방문판매 등에 관한 법률」, 「전자상거래 등에서의 소비자보호에 관한 법률」, 「약관의 규제에 관한 법률」 및 「할부거래에 관한 법률」에 따른 공정거래위원회의 법률위반행위 조사에 관한 사항"에 대해서는 동법을 적용하지 않는다고 명시하고 있다.

　따라서 행정조사기본법은 공정거래절차법, 특히 공정거래 사건처리절차 중 조사절차에 대한 법원(法源)이 될 수 없다. 다만 두 법률 사이의 관계는 행정절차법과 공정거래절차법의 관계와 유사하게 즉, 행정조사기본법에서 공정거래 조사절차를 적용제외 한 취지가 행정조사기본법에서 규율하고 있는 절차보다 동일하거나 더 엄격하게 규율해야 한다는 것으로 이해할 수 있으며, 이러한 기준으로 공정거래절차법상의 심사 내지 조사 관련 규정에 대해 검토되어야 할 것이다.

　한편, 행정조사기본법 제3조 제2항 제7호의 문언상으로는 '공정거래위원회의 법률위반행위 조사에 관한 사항'이 적용제외되는 것이므로, 법위반혐의 조사가 아닌 조사행위에 대해서는 행정조사기본법의 규정이 적용된다 할 것이다. 나아가 행정조사기본법 제3조 제3항은 "제4조 행정조사의 기본원칙, 제5조 행정조사의 근거, 제28조 정보통신수단을 통한 행정조사는 제2호 각호의 사항에 대하여 적용한다"고 정하고 있기 때문에 공정위의 법 위반 혐의에 대한 조사활동은 이러한 행정조사기본법상 일반조항의 내용을 준수하여야 할 것이다.

V. 소결

이상으로 살펴본 공정거래절차법의 법원론은, 공정거래절차법을 해석·
적용함에 있어 '헌법-법률-시행령-(공정위)규칙'으로 이루어지는 규범체계
를 고려해야 한다는 당위적 명제로 발전될 수 있다. 이는 공정거래절차법
이 전체 법질서의 일부라는 점을 확인하여 공정거래절차법의 법체계적 일
반성을 확보하고, 법이론적 검토를 위한 토대를 마련할 수 있다는 점에서
중요한 의미를 갖는다.

그러나 공정거래절차법에 대해서는 법체계적 일반성뿐만 아니라, 공정거
래절차의 고유성을 고려할 필요가 있는데, 이는 행정절차법과 행정조사기
본법이 공정거래절차에 대한 적용제외조항을 마련하고 있는 데에서 확인
할 수 있다. 다음 절에서는 일반적으로 통용되는 공정거래절차법의 특성을
간단히 살펴본다. 공정거래절차의 고유성 내지 특수성이 가장 잘 드러나는
공정거래절차법의 지도원리에 대해서는 장을 바꾸어 논하도록 한다.

제3절 공정거래절차법의 특성

공정거래절차법 일반론을 검토하는 마지막 단계로 공정거래절차법의 특성을 살펴보도록 한다. 통상적으로는 공정거래법의 특성으로 폐해규제주의와 행정규제주의, 그리고 직권규제주의가 언급되는데,[128] 그 중에서 행정규제주의와 직권규제주의가 공정거래절차법의 특징으로 정리될 수 있다.[129][130] 한편, 공정거래절차법이 직면하는 문제의 특징으로 제3자 관련성을 지적하는 견해가 있으므로 이를 추가로 소개하기로 한다.

공정거래절차법의 특성은, 제3장에서 다룰 공정거래절차의 지도원리를 도출하는 데에 있어 중요한 단초가 되기 때문에, 각 개념의 대해 면밀히 살펴볼 필요가 있다.

---

[128] 권오승, 경제법, 2019, 86-88면 참조.

[129] 정호열, 경제법, 2019, 133-135면 참조. 2019년 개정판부터는 공정거래법의 절차법적 특색을 '행정구제 중심', '공정위 행정절차의 직권주의'라는 표현으로 정리하고 있는데, 종래 행정규제주의와 직권규제주의 개념의 문제점을 보완한 것으로 보이기 때문에 경청할만하다.

[130] 한편, 종래의 통설에 의하면 행정규제주의와 직권규제주의라는 공정거래절차의 특성이 폐해규제주의를 통해 연역적으로 도출되는 것으로 이해되고 있는데, 이는 폐해규제주의에 대한 오해에 의해 비롯된 것이므로 수정될 필요가 있다. 본래 폐해규제주의(Missbrauchsprinzip)란, 독일 GWB의 제정당시 사업자들 사이의 카르텔을 어떻게 규율할 것인지에 대한 논의에서 사용된 개념이고, 따라서 이는 행정규제주의 및 직권규제주의와 아무런 논리적 관계가 없다. 당해 개념들에 대해 비판적인 견해로 심재한, 경제법과 공정거래법 및 私法의 관계, 경제법연구 제8권 제1호, 2009, 10-12면; 이봉의, 독일경쟁법, 2016, 28면; 정호열, 전게서, 132면 참조.

I. 행정규제주의와 직권규제주의

1. 행정규제주의

가. 개념의 의의

(1) 종전의 견해

공정거래법의 집행은 국가행정기관인 공정위가 주도적으로 집행하기 때문에 공정거래절차에서도 행정절차가 중심이 되는 특징을 갖는다고 평가된다.[131] 통설은 공정거래절차의 이와 같은 특징을 행정규제주의라는 개념으로 표현하며, 이는 법집행의 주도권이 법원에 있으며 사법절차가 중심이 되는 사법규제주의와 대응된다. 요컨대, 행정규제주의가 의미하는 바는 '법원이 아닌 행정기관에 의한 경쟁법의 일차적 집행'이다.

행정규제주의가 공정거래절차법의 특징으로 언급되는 이유는, 행정규제주의와 사법규제주의라는 구분을 사용하는 법영역으로서 공정거래법 내지 경쟁법이 유일하기 때문이다. 예컨대 민법, 형법, 행정법의 경우에는 법을 일차적으로 집행하는 주체가 일견 명확히 정리되어 있지만, 공정거래법 내지 경쟁법의 경우는 그렇지 않다. 그 이유는 한편으로는 동법의 집행이 행정적·민사적·형사적인 수단으로 다양화되어 있고, 다른 한편으로는 경쟁법이 각국의 역사적 발전, 법문화 등의 차이에 따라 행정기관 또는 법원 등에 의해 다양하게 집행되기 때문이다. 전자는 앞 절에서 검토한 바 있으므로, 여기서는 후자를 간단히 살펴본다.

---

131) 권오승, 경제법, 2019, 87면; 정호열, 경제법, 2019, 133면; 홍명수, 공정위 사건처리 절차의 효율화를 위한 개선 방안, 경쟁법연구 제13권, 2006, 253-254면 참조.

(2) 행정규제주의와 사법규제주의

공정거래법 내지 경쟁법에 있어서 행정규제주의와 사법규제주의의 다양한 스펙트럼을 보여줄 수 있는 논의의 틀로는, 경쟁법의 일차적 집행과 사후 사법심사의 전체 체계를 조망하는 '경쟁법 집행시스템의 디자인 모델'이 있다.132) 당해 모델은 제도적 변수를 경쟁당국과 사후판단법원, 다시 말해 일차적 결정자와 사후적 사법심사법원으로 설정하고, 그 종류에 따라 경쟁법 집행시스템을 네 가지로 분류한다.

각 집행모델을 개관하면 다음과 같다. 첫 번째 모델은 소위 '전통적 행정법적 모델'이다. 이는 단일 행정기관이 조사, 심의, 의결 등의 모든 기능을 수행하는 모델이며, 경쟁법의 제1차 집행자는 경쟁당국이 된다. 유럽연합의 집행위원회(EU Commission), 미국의 연방거래위원회(Federal Trade Commission, 이하 'FTC')가 당해 모델의 예이다. 두 번째 모델은 경쟁당국의 권한이 분배된 형태로서 경쟁법 전문기관이 위반행위 조사 및 기소를 담당하고, 이에 대한 판결을 전문법원 또는 전문위원회가 내림으로써 경쟁법이 집행되는 형태이다. 이는 소위 '경쟁당국이 두 기관으로 분리된 모델'이라고 할 수 있으며, 당해 모델에서의 제1차 결정자는 판결을 내리는 전문법원 내지 전문위원회가 된다. 세 번째 모델은 일차적 결정은 단일한 행정기관이 내리지만 그 집행에 대한 사법심사의 권한이 전문법원 내지 위원회에 있는 모델이다. 대표적인 예로 영국의 집행시스템을 들 수 있다. 마지막으로 네 번째 집행모델은, 미국 법무부(Department of Justice, 이하 'DOJ')를 위시하는 미국의 공정거래 집행체계를 그 예로 들 수 있으며, 전문기관이 조사와 기소를 담당하고 이에 대한 판단을 일반법원이 판결로서 내리는 유형이다. 이는 제1차 결정을 행정부 또는 전문법원에서 내리는 앞

---

132) Tapia, J & Montt, S, Judicial Scrutiny and Competition Authorities, in: The Global Limits of Competition Law(Ed. by Lianos I & Sokol D. D.), 2012, p.142-150 참조.

의 세 가지 유형과는 달리 공정거래 관련 집행을 전적으로 일반법원 내지 사법부에서 담당하는 형태이다. 이는 '사법적 정부'라는 이름으로 불리기도 한다.

(3) 소결

이상의 논의는, 어떤 국가에서는 행정부 내의 경쟁당국이 집행의 경쟁법 집행의 중심이 되지만, 다른 국가에서는 사법부 내지 법원이 집행의 중심이 되는 경우가 존재하는 등, 그 형태가 매우 다양하다는 것을 보여준다.

한 국가의 경쟁법의 집행방식은 당해 국가의 경제현실, 역사와 법 발전과정, 그리고 규범의 준수에 필요한 법적 수단 등을 고려하여 선택되어야 할 것이다.[133) 그리고 이에 대한 최종적인 판단은 입법자의 정책적 판단에 맡겨져 있고,[134) 사견으로는 입법자는 통상적으로 행정규제주의와 사법규제주의라는 스펙트럼 안에서 일정한 방법을 선택될 것이다.

우리나라의 경우, 공정위라는 경쟁당국이 공정거래법에 의한 사무를 전담하여 담당하고 있고, 따라서 전술한 모델의 '전통적 행정법적 모델'에 속한다. 비록 앞으로 민사적 구제와 형사적 제재가 강화된다 하더라도 동법의 주된 집행방식은 공정위의 행정적 집행이 될 것으로 예상되므로, 따라서 행정규제주의를 공정거래절차법의 특성 중 하나로 인정하는 데에는 큰 무리가 없다고 할 수 있다.

나. 공정거래절차에서의 의미

주지하다시피 공정위의 법집행에는 일정 부분 사법적 요소가 포함되어 있다. 후술하겠지만, 사건처리절차 중에서 심의·의결절차는 피심인과 심사

133) 同旨 권오승·이봉의 등 8인 공저, 독점규제법, 2018, 331면(조성국 교수 집필부분).
134) 同旨 헌법재판소 2003.7.24. 선고 2001헌가25 결정.

관이 문제되는 사안에 대해 구술변론을 하고, 최종 법적 판단을 동등한 위원들로 구성된 위원회가 내리는 방식으로 진행되는데, 이것이 공정거래절차상의 사법적 요소라는 평가가 있다.

여기서 공정거래절차에 이러한 법원과 유사한 절차가 포함되어 있음에도 불구하고, 공정거래절차의 특성으로 행정규제주의를 인정하는 것의 의미를 도출할 수 있다. 생각건대, 이는 심의·의결절차에서의 대심주의와 같은 행정절차와는 이질적 요소가 포함되어 있지만, 공정거래절차를 집행할 권한은 법원이 아닌 공정위에 있다는 것이 공정거래 집행의 원칙임을 나타내는 것이다. 그렇다면 심의·의결절차의 사법절차적 요소들은 공정위의 행정적 규제에 부수적으로 가미된 것으로 평가되어야 하며, 대심주의나 소위 절차의 준사법적 성격도 마찬가지로 행정규제주의를 중심에 둔 후에 공정거래절차의 중요한 특성으로 재평가되어야 한다.135)

요컨대 행정규제주의는, 공정위라는 경쟁당국을 설립하고 이를 공정거래법의 집행주체로 설정한 우리나라 공정거래절차법의 고유한 의미를 나타내는 것으로 이해되어야 한다. 이에 따르면, 공정거래절차는 기본적으로 사법절차가 아닌 행정절차의 일종이라는 잠정적인 결론을 내릴 수도 있다.

---

135) 이는 우리나라 공정거래법의 발전 역사와도 일치하는 해석이다. 공정거래법은 법 제정에서부터 오늘날까지 행정기관인 공정위에 의해 집행되어오고 발전되어 왔다. 법원은 공정위의 판단을 사후적으로 심사하는 역할을 수행함으로써 공정위의 법리를 발전시키고 정착시켰지만, 이는 공정위의 일차적 집행을 전제로 하는 것이다.

2. 직권규제주의

가. 개념의 의의

(1) 종전의 견해

통설에 의하면, 공정거래법은 공정위의 직권으로 집행되는 것이 원칙이고 이를 나타내는 공정거래절차법의 특성이 직권규제주의라고 설명된다.[136]

공정거래법 제49조 제1항은 "동법의 규정에 위반한 사실이 있다고 인정할 때에는 직권으로 필요한 조사를 할 수 있다"고 규정하고 있다. 이와 관련하여 실제로 절차의 개시와 종료, 나아가 심의·의결절차에서의 구두변론의 횟수나 이해관계인과 참고인의 절차참가 여부 등에 대해서도 공정위가 상당한 재량을 누리면서 직권으로 결정한다. 이에 비추어 통설은, 법 위반사항에 대한 신고절차, 심의·의결절차에서의 대심절차 등에 대해서 직권규제주의에 가미된 당사자주의적 요소로 파악하기도 한다.[137]

(2) 비판적 분석

그러나 직권규제주의에 대한 통설의 견해는 비판적으로 검토될 필요가 있다. 우선, 통설에 따른 직권규제주의의 의미는 앞서 살펴보았던 행정규제주의의 의미와 별 다른 차이가 없으며, 오히려 동의반복적인 오류가 있는 것으로 보인다. 또한, 이는 공정위가 공정거래절차에서 갖는 재량의 의미를, 직권규제라는 개념으로 잘못 이해한 측면이 있다.

요컨대, 통설에 따르면 공정거래법을 공정위가 주도적으로 집행한다는 특징에 대해, 한편으로는 법원과의 대비를 통하여 행정규제주의로 표현하

---

136) 권오승, 경제법, 2019, 87면; 홍명수, 공정위 사건처리절차의 효율화를 위한 개선 방안, 경쟁법연구 제13권, 2006, 253면 참조.
137) 권오승, 경제법, 2019, 88면 참조.

고, 다른 한편으로는 당사자주의와의 대비를 통하여 직권규제주의로 표현한 것일 뿐, 실질적인 내용은 크게 다를 바가 없게 된다. 나아가 공정위가 갖는 재량은 모든 행정기관에 대해 일정 부분 인정되는 것이고, 공정위가 그 정도에 있어 넓은 재량을 인정받는다고 하더라도 이는 재량과 관련된 문제이지 직권규제주의라는 개념으로 설명될 것이 아니다.[138] 따라서 직권규제주의의의 의미는 재검토되어야 한다.

반면, 직권규제주의의 의미를 소송법 내지 증거법상의 직권탐지주의 (Amtsermittlungsgrundsatz또는 Untersuchungsgrundsatz)[139]로부터 도출하는 유력한 견해가 있다.[140] 이에 따르면 직권규제주의의 의미는 경쟁당국이 직권으로 절차를 개시할 수 있다는 것을 넘어서서, 법위반행위가 인지되는 한 경쟁당국은 조사절차를 개시하여 관련 사실관계를 최대한 명확히 조사해야한다는 것으로 파악된다.[141] 나아가 직권규제주의는 경쟁보호라는 임무를 경쟁당국인 공정위에게 부여했다는 의미를 갖고, 법률상 위법성이 추정되지 않는 이상 경쟁제한성 등의 요건을 입증할 책임이 공정위에게 있다는 것을 표현하는 것이다.[142]

---

138) 공정위가 누리는 재량과 그 통제에 관해 이봉의, 공정거래위원회의 재량통제, 규제연구 제11권 제1호, 2002 참조.

139) 독일 행정절차법에서는 제24조에서 직권탐지주의를 행정절차의 기본원리로 명시하고 있다.

140) 이봉의, 위의 글, 22-24면; 이봉의, 공정거래법상 동의의결제의 주요 쟁점과 개선방안, 경쟁과 법 제6호, 2016, 52-53면 참조.

141) 이는 독일 GWB에 있어서도 마찬가지로 평가되는 바이다. 즉, 독일연방카르텔청의 조사권한을 규정한 경쟁제한방지법 제57조 제1항은 경쟁당국의 경쟁법 조사에는 직권탐지주의라는 원칙이 적용된다고 한다. Kamann/Ohlhoff/Völcker, Kartellverfahren und Kartellprozess, 2017, S. 215, § 12, Rn. 4 참조.

142) 이봉의, 공정거래위원회의 재량통제, 규제연구 제11권 제1호, 2002, 22면 참조.

나. 공정거래절차에서의 의미

위에서 언급한 유력설에 따르면 공정거래절차법의 특성으로서의 직권규제주의는, 법위반 사항에 대한 공정위의 철저한 조사의무 내지 경쟁보호에 대한 공정위의 임무를 나타내는 특징으로 이해할 수 있다. 그리고 직권규제주의가 공정거래절차에서 갖는 추가적인 의미는 다음과 같이 도출된다.[143]

우선, 공정거래법이 보호하고자 하는 경쟁은 공익적인 가치를 갖는다는 것이다. 이는 다음 장에서 살펴볼 공정거래법의 목적으로서의 경쟁개념을 도출하기 위한 중요한 단서가 될 뿐만 아니라, 경쟁당국의 존재의의를 설명하는 데에도 중요한 요소이다. 두 번째 의미는, 공정거래법 위반에 대한 절차의 개시 및 절차의 종료는 당사자나 이해관계인의 의사와 관계없이 공정위의 판단에 의해 이루어진다는 것이다. 마지막으로는, 경쟁이라는 공익에 대해서는 사업자들과 경쟁당국 모두 처분권을 가질 수 없고, 따라서 관련 절차가 일견 기속적으로 진행되어야 하기 때문에, 직권규제주의는 공정거래절차에 있어서 경쟁당국의 재량을 보장하는 것이 아니라 오히려 이를 통제하는 역할을 할 수 있다는 점이다.

요컨대, 직권규제주의는 공정거래법과 관련한 공정위의 역할과 의무에 대한 원칙이다. 상술한 행정규제주의가 공정거래법 집행의 주체를 나타낸 원칙이라 한다면, 직권규제주의는 집행에 있어서의 구체적 내용 내지 공정위의 의무사항을 표현한 것이다.

---

143) 이하 이봉의, 공정거래법상 동의의결제의 주요 쟁점과 개선방안, 경쟁과 법 제6호, 2016, 53면 참조.

II. 제3자 관련성

1. 의의

행정규제주의와 직권규제주의에 이어 공정거래절차법의 중요한 특성으로 '제3자 관련성'을 추가할 수 있다.[144] 공정거래절차법의 제3자 관련성이란 공정거래절차에는 언제나 사안과 관련된 제3자가 존재하므로 절차의 진행 중에는 제3자를 항상 고려해야 한다는 뜻이다.

공정거래절차상의 제3자는 경쟁당국인 공정위와 처분 당사자인 법 위반 사업자 이외의 자를 의미한다.[145] 공정거래절차법의 제3자 관련성은 공정거래법 내지 경쟁법이 직면하는 모든 문제 상황의 특성으로부터 유래하는 것이고, 보다 구체적으로는 직접적인 경제적 관계뿐만 아니라 잠재적인 관계가 상존하는 시장경제의 특성 내지 경쟁의 특성으로부터 나온다.[146]

공정거래법 내지 공정거래절차법이 갖는 제3자 관련성은 다음과 같은 실체법적 관점으로도 이해될 수 있다. 예컨대, 시장지배적 지위남용이나 불공정거래행위 등과 같은 문제에서는 경쟁사업자나 피해자와 같은 제3자가 언제나 존재하기 마련이고, 부당한 공동행위의 경우 당사자와 함께 공동행위를 합의 내지 실행한 제3자가 있으며, 기업결합의 경우에도 피인수기업이 당사자 이외의 제3자가 된다. 사안의 범위를 최종소비자까지 넓힌다면, 법 위반행위로 인해 피해를 입거나 영향을 받는 최종소비자는 직접적 또는 잠재적으로 존재할 것이기 때문에, 공정거래법상 제3자 관련성은 언제나

---

144) 이하 Karsten Schmidt, Drittschutz, Akteneinsicht und Geheimnissschutz im Kartellverfahren, 1992, S.16-18 참조.
145) 공정거래절차법상 제3자의 개념과 유형과 관련해서는 본고 제5장 제1절 참조.
146) 이와 관련하여 제3자 관련성을 경쟁법의 '패러다임적 특성'으로 파악하고, 경쟁감독의 광범위한 영향력으로 표현한 견해 또한 존재한다. Karsten Schmidt, a.a.O., S. 16 참조.

인정될 수 있다.

2. 공정거래절차에서의 의미

제3자 관련성이라는 공정거래절차법의 특성은 공정거래절차에는 경쟁당
국과 당사자 이외의 제3자가 언제나 관련한다는 것을 나타낸다. 따라서 공
정거래절차에 있어 제3자의 문제는 언제나 고려될 필요가 있다. 보다 구체
적으로는 제3자가 공정거래절차에 참여할 수 있는지, 어떤 요건에서 어떻
게 참여할 수 있는지, 참여를 통해 어떠한 절차적 권리를 어느 수준으로 보
장받을 수 있는지가 고민되어야 한다.

공정거래법 제52조와 제52조의2에서는 공정거래절차에서의 중심이 되는
권리인 의견진술권과 자료열람권을 규정하면서, 그 권리주체로서 당사자
이외에 '이해관계인'을 명시하고 있다. 이는 공정거래절차에 대한 제3자의
절차참여 가능성을 열어놓은 것으로서, 공정거래절차법의 제3자 관련성을
법률적 차원에서 확인할 수 있는 조항으로 볼 수 있다. 다만, 공정거래절차
법은 제3자가 절차에 참여할 수 있는 방법을 구체적으로 정하고 있지 않은
문제가 있는데, 제3자의 절차참여와 관련한 문제제기와 개선방안에 대해서
는 후술하도록 한다.147)

---

147) 제3자의 절차참여와 관련된 자세한 사항은 본고 제5장 참조.

제4절 소결

　이번 장에서는 본고의 법이론적 논의를 위한 기초 작업인 공정거래절차법의 일반론을 정립해보았다. 우선, 공정거래절차법의 개념을 정의하고, 그 법원(法源) 및 특성을 살펴보았다. 본고에서는 공정거래절차법을 '공정위의 일차적 결정절차 중 공정위와 사업자 또는 공정위와 사인(私人)간의 관계를 나타내는 법규범 일체'로 정의하였다. 나아가 이를 기반으로 공정거래절차법-공정거래조직법-공정거래쟁송법-공정거래민사법-공정거래형사법으로 구성되는 공정거래 집행법 체계를 제시하고, 나아가 '공정거래총칙-공정거래실체법-공정거래집행법'으로 구성되는 공정거래법의 전체 체계를 정리하도록 제안해보았다.

　또한, 공정거래절차법의 법원(法源)을 '헌법-법률-시행령-(공정위)규칙'이라는 법체계적 관점에서 정리하였고, 공정거래절차법과 행정절차법 및 행정조사기본법 간의 관계를 살펴보았다. 이로써 공정거래절차와 관련된 문제를 법적으로 해결하기 위해 검토해야 하는 규범의 종류가 정리되고, 공정거래절차법의 개별 규정은 상술한 규범체계를 고려하여 해석되어야 함을 보일 수 있었다. 나아가 공정거래절차법의 특성으로 언급되어오던 행정규제주의와 직권규제주의를 살펴봄으로써, 행정기관인 경쟁당국이 담당하는 공정거래법 집행, 그리고 동법의 보호법익인 경쟁의 공익적 성격으로 인한 공정위의 법집행 의무 등을 확인할 수 있었으며, 제3자 관련성이라는 새로운 특성을 추가하여 공정거래절차가 직면하는 상황의 특수성을 새롭게 파악할 수 있었다.

이상으로 살펴본 공정거래절차법의 일반론은 공정거래절차법을 우리나라 전체 법질서에 포함시키면서 한편으로는 공정거래절차법의 법체계적 일반성을 확보하고, 다른 한편으로는 공정거래절차에 대한 법이론적 접근을 가능하게 한다. 이는 또한, 공정거래절차와 관련한 법적 문제는 규범적인 차원으로 접근해야 한다는 당위성을 부여해주는 것으로서, 공정거래절차법의 근본적 고민을 가능하게 하는 중요한 논의라 평가할 수 있다.

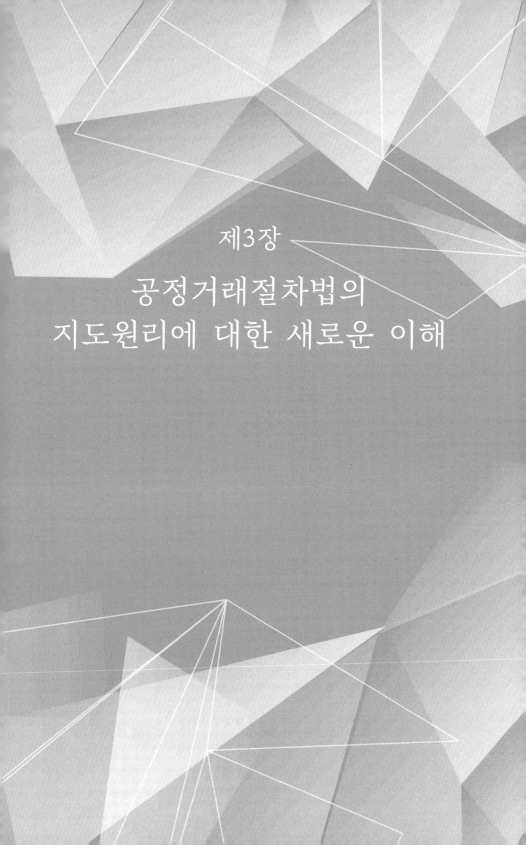

제3장

공정거래절차법의
지도원리에 대한 새로운 이해

　이번 장에서는 공정거래절차법의 지도원리에 대한 논의를 정리하도록 한다. 제2장에서 살펴본 공정거래절차법의 법원(法源)은 규칙(Regel; rule) 차원의 규범에 해당한다면, 이번 장에서 논의할 지도원리는 원리(Prinzip; principle) 차원의 규범을 뜻한다. 공정거래절차법의 지도원리는 공정거래절차법의 고유성을 나타내는 원리로서, 복잡하게 규율되어 있는 공정거래 절차규정의 내용을 평가하는 판단기준이 된다.

　이하에서는 지도원리의 개념을 간략히 살펴본 후, 지금까지 공정거래절차의 지도원리로 이해되었던 '독립성, 공정성, 효율성, 전문성'과 그 기반이 된 '공정거래절차의 준사법 명제'를 비판적으로 검토한다. 나아가 공정거래절차법에 알맞은 지도원리를 모색하기 위한 방법론으로 공정거래법의 목적론을 전개하고, 최종적으로는 공정거래절차법의 목적과 기능을 반영하는 지도원리를 새롭게 정립하도록 한다.

제1절 논의의 전제

Ⅰ. 지도원리의 의의

1. 개념

지도원리(Leitungsprinzip)의 개념이 무엇인지 정확히 정의하는 문헌은 찾아보기 어렵고, 다만 이와 유사한 개념으로부터 그 의미를 추측할 수 있을 뿐이다. 지도원리는 우선 헌법상 기본원리와 유사한 측면이 있다. 헌법의 기본원리는 '헌법을 지탱하는 근본적인 결정'이며, 헌법과 국가의 정체성 및 성격을 구성하는 원리로 알려져 있다.[1] 또한, 다른 유사한 개념으로는 지도이념이 있는데, 양자의 관계를 고려하면서 지도원리란 법의 기본이념을 나타낸다는 견해[2]도 있다. 나아가 지도원리는 당해 법적 영역들이 지향해야 할 이념이나 목표를 뜻한다는 견해,[3] 그리고 당해 영역에서 추구되어야 할 중요한 가치로 파악하는 견해[4]도 존재한다.

본고에서는 지도원리의 개념요소 중, '원리'에 집중하여 이를 규범적 원리 즉, 법원리와 같은 개념으로 이해하고 논의를 진행하려 한다. 법원리는 규범을 규칙(Regel; rule)과 원리(Prinzip; principle)로 구분하는 법이론적 논의에서 도출된 것으로서, 당해 법이 지향하고자 하는 원리를 담은 것을 의

---

1) 한수웅, 헌법학, 2018, 107면 참조.
2) 이영준, 민법의 지도원리로서의 사적자치, 법조 제49권 제8호, 2000, 6면 참조.
3) 김용민, 부동산규제법의 지도원리, 부동산학보 제17집, 2000, 160면 참조.
4) 조성국, 독점규제법 집행론, 2011, 19면 참조.

미한다.5) 법원리는 내용적으로는 상술한 헌법상 기본원리와 일맥상통하는 것이고, 법체계적으로는 법영역의 규율원리로 불릴 수 있다.

이상을 종합하면 공정거래법 내지 공정거래절차법의 지도원리는 '공정거래법 내지 공정거래절차법을 지탱하는 근본결정'을 의미하며, 시장경제에서의 규범적 경쟁질서를 구성하는 법원리 내지 규율원리를 뜻한다. 공정거래절차법의 지도원리는 일견 공정거래절차법의 목적과 기능으로부터 도출되어야 하고, 같은 맥락으로 공정거래절차법의 특성 내지 고유성과 직접적인 연관성을 가져야 한다.

2. 기능

특정 법영역의 지도원리가 수행하는 기능은 다양하다.6) 이 중 법체계론에 근거한 설명을 살펴보면, 지도원리는 특정 법 영역의 내부적인 통일성을 유지하는 역할을 하면서 외부적으로는 다른 법 영역과의 차이를 부각시키는 기능을 수행한다.7)

다만 본고가 주목하고자 하는 지도원리의 기능은, 공정거래절차법을 이루는 세부적인 규정들의 타당성을 평가하고 필요한 경우 이들의 합리적인 개선방안을 제시해주는 기능이다. 당해 관점에 따르면 공정거래절차법의 지도원리는 구체적인 절차제도가 어떻게 설계되었는지, 그 구체적인 운영을 규율하는 규정들이 내용적으로 타당한지를 판단하는 기준이 된다.

요컨대, 공정거래절차법의 지도원리를 새롭게 이해하는 이번 장의 논의는 공정거래절차법상 많은 규정들이 담고 있는 다양한 내용을 평가하기 위

---

5) 본고 제1장 제3절 참조.
6) 지도원리의 필요성 내지 기능에 대한 설명으로는 김용민, 위의 글, 161-163면 참조.
7) 법체계에서의 규율원리에 관해 오세혁, 법체계의 통일성, 홍익법학 제4권, 2002, 79-82면 참조.

한 판단기준을 재정립하는 의미를 갖는다.

II. 공정거래절차의 지도원리에 대한 종래의 견해

1. 공정거래절차의 네 가지 지도원리

지금까지 공정거래절차의 지도원리 내지 지도이념은 '독립성, 공정성, 효율성, 전문성'으로 인식되어 왔고, 이것이 종래 학계와 실무에서의 통설적 견해이다.[8]

독립성은 경쟁당국이 중립적인 의사결정을 해야 함을 의미하는 지도원리이다. 경쟁당국의 독립성은 내부적인 독립성과 외부적인 독립성으로 나눌 수 있고, 후자는 다시 정치영역으로부터의 독립성과 경제영역의 독립성으로 구분할 수 있다. 또한, 이를 조직적 측면에서의 독립성과 직무수행 측면의 독립성으로 나누기도 한다. 독립성이 공정거래절차 및 조직의 지도원리인 이유로는, 공정거래법이 시장경제에 미치는 영향이 지대하고, 법과 경제가 융합된 분야이기 때문에 독자적인 견해가 필요하다는 것과,[9] 공정위의 주된 기능이 사법기능이기 때문에 당해 기능의 실질적 실현을 위해서는 독립성이 필요하다는 것[10]이 제시된다.

공정거래절차의 지도원리로서의 공정성은, 사법절차가 공정성을 확보해야 한다는 것과 같은 맥락의 의미를 갖는다. 무엇보다 공정거래절차의 공정성 확보를 위해 공정거래법 내지 경쟁법의 집행을 담당하는 조직은 합의

---

8) 이하 조성국, 독점규제법 집행론, 2010, 19-30면 참조.
9) 조성국, 전게서, 20면 참조.
10) 권오승, 공정거래위원회의 독립성과 전문성, 공정거래와 법치(권오승 편), 2004, 991면 참조.

제 형태로 설계되었다고 평가하기도 한다.

나아가 경쟁당국의 신속한 사건처리라는 문제도 중요하기 때문에 효율성을 공정거래절차의 지도원리 중 하나로 파악한 것으로 보이고, 전문성은 공정거래법 관련 사안은 복잡한 시장구조와 시장행태와 관련되어 있으므로 지도원리로서 강조된 것으로 판단된다. 후자의 전문성에 대해서는 법적 전문성과 경제적 전문성이 모두 중요하며, 이는 공정위의 정책기능을 수행하기 위한 것이라는 견해가 존재한다.[11]

2. 이론적 토대 : 준사법 명제

바로 위에서 정리된 공정거래절차의 네 가지 지도원리에 대해서는 다음과 같은 질문이 제기될 수 있다. 무엇을 위한 독립성인가? 왜 공정거래절차는 공정해야 하는가? 무슨 이유로 공정거래절차는 독립성과 공정성 이외에 효율성과 전문성도 함께 지도원리로 상정해야 하는가?

종래의 견해는 이에 대한 대답을 이른바 공정거래절차의 '준사법 명제'로부터 제시하고 있다. 현재까지의 통설은 공정거래절차가 준사법절차의 성격을 갖는다거나 공정위가 준사법기관이라는 평가 즉, 공정거래절차의 '준사법 명제'[12]에 기반하고 있는데, 예를 들어 전술한 공정거래절차의 네 가지 지도원리 또한 공정거래절차의 준사법 명제를 그 이론적 바탕으로 한다. 즉, 공정위가 준사법기관이고 그 내부절차가 준사법절차이므로, 이를 실현하기 위한 요소로 독립성, 공정성, 효율성, 전문성이 필요하다는 것이다. 심지어 오늘날에는 네 가지 지도원리보다는 오히려 준사법 명제가 공정거래절차의 핵심원리로 이해되면서 학계와 실무 모두 이를 기준으로 공

---

11) 권오승, 위의 글, 996-997면 참조.
12) 본고에서는 공정거래절차를 준사법절차로 규정하거나 공정위의 법적 성격을 준사법기관으로 지칭하는 주장을 공정거래절차의 '준사법 명제'로 부르기로 한다.

정거래절차 제도를 평가하고 있으며, 그 개선방안 을 준사법절차에 맞게 제시하고 있는 실정이다. 요컨대, 공정거래절차의 지도원리에 대한 종래의 견해를 뒷받침하는 핵심개념은 '준사법 명제'이다.

III. 문제의 제기

상술한 바와 같이 종래의 공정거래절차의 지도원리에 관한 핵심 내용은 바로 공정거래절차의 준사법 명제에 있다. 오늘날 공정위를 준사법기관으로 부르거나 공정거래절차의 법적 성격을 준사법절차로 이해하는 것은 너무나 당연한 것이 되었으며, 준사법절차에 맞는 절차를 공정거래절차에 도입하는 것이 마치 하나의 당위적인 명제로 취급되고 있다.

문제는 지금까지 학계와 실무에서 공정거래절차의 준사법 명제에 대한 진지한 성찰이 없었다는 것이다. 모두가 준사법 명제를 주어진 해답으로 여기면서도, 준사법 개념이 구체적으로 어떠한 의미인지, 공정거래절차가 준사법절차로 여겨지게 된 배경이 무엇인지, 준사법 명제에 이론적인 문제점은 없는지에 대해 본질적으로 검토하지는 않았던 것이다.

나아가 공정거래절차에 대한 준사법 명제가 공정거래절차를 둘러싼 여러 논쟁들을 만족스럽게 정리해주지 못하는 것 또한 문제이다. 상술한 준사법 명제에 대한 문제를 군이 제기하지 않더라도, 공정위의 심의·의결절차를 법원의 재판절차와 유사 또는 동일하게 개선하라는 준사법 명제의 요구사항이 공정거래절차가 처해있는 문제를 궁극적으로 해결해줄 수 있는지 회의적이다. 나아가 이것이 공정거래법이 공정위에게 부여한 법 실현 의무를 달성하는 데에 도움이 되는지도 의문이다. 오히려 준사법 명제가 공정위의 법 목적 실현에 방해가 되는 것은 아닌지, 공정거래절차를 둘러싼 현실적 문제를 해결하려는 데에 장애물이 되고 있지는 않은지 냉정히 진단해보아야 한다.

이하에서는 이와 같은 문제의식을 바탕으로 준사법절차로서의 공정거래절차에 대한 비판적 검토를 진행한다. 그리고 결론적으로는 당해 개념을 해체한 후, 공정거래절차법의 지도원리를 새롭게 모색하기 위한 논의를 제시한다. 준사법 명제에 대한 비판적 분석은 준사법 개념의 모호성의 문제와 공정거래절차의 준사법 명제의 이론적 타당성에 대한 문제로 구분하여 진행될 것이다. 나아가 공정거래절차법의 지도원리는 일견 법 목적과 그로부터 파생되는 문제해결 기능으로부터 도출되므로, 공정거래법의 목적론과 공정거래절차가 가져야 하는 기능을 중점적으로 살피게 된다.

제2절 공정거래절차의 준사법 명제에 대한 비판적 검토

I. 종래의 견해 : 준사법절차로서의 공정거래절차

1. 준사법(準司法)의 의의

가. 개념

준사법의 개념이 무엇인지, 당해 개념이 정확히 무엇을 의미하는지에 대해 엄밀하게 분석한 이론적 논의는 없다. 다만, 현재 통용되고 있는 준사법의 의미는 '사법(司法)을 준용한다'는 것이고, 이에 따르면 그 의미의 무게 중심은 사법(司法) 내지 사법절차에 있다. 요컨대, 준사법절차란 일견 사법절차를 준용하는 절차 내지 사법절차와 유사한 절차로 이해되고 있다.

준사법의 의미는 가장 대표적으로 우리나라 헌법조항에서 도출될 수 있다. 헌법 제107조 제3항은 "재판의 전심절차로서 행정심판을 할 수 있다."고 하면서, 이어서 "행정심판의 절차는 법률로 정하되, 사법절차가 준용되어야 한다."고 규정하고 있는데, 동 규정의 '사법절차의 준용'이라는 문언이 헌법상 준사법절차를 의미하는 것으로 해석된다. 당해 헌법 조항은 1981년 헌법 개정으로 도입된 것으로서, 행정청의 처분에 대해 행정부 스스로가 다시 판단을 내리는 심리·판정절차인 행정심판의 존재근거를 '사법절차의 준용'으로 나타낸 규정이다.[13]

---

13) 헌법 제107조 제3항의 도입과정에 관해 유진식, 헌법 제107조 제3항이 규정하고 있는

따라서 준사법 내지 준사법절차와 관련된 논의가 헌법학계와 행정법학계에서 행정심판과 관련하여 발전해온 것은 결코 우연이 아니다.[14] 예컨대 헌법재판소는 행정심판과 관련된 결정에서 "어떤 행정심판을 필요적 전심절차로 규정하면서도 그 절차에 사법절차가 준용되지 않는다면 이는 헌법 제107조 제3항 및 재판청구권을 보장하고 있는 헌법 제27조에도 위반"된다고 하면서, "헌법 제107조 제3항은 사법절차가 '준용'될 것만을 요구하고 있으나 판단기관의 독립성과 공정성, 대심적 심리구조, 당사자의 절차적 권리보장 등의 면에서 사법절차의 본질적 요소를 현저히 결여하고 있다면 '준용'의 요청에마저 위반된다"고 판시한 바 있다.[15] 이를 보건대 헌법재판소가 이해하는 준사법 개념의 요소는, 판단기관의 독립성과 공정성, 대심적 심리구조와 같은 사법의 본질적 요소와 동일하다.[16]

나. 기능

준사법의 개념이 사법(司法)에 가깝게 이해되는 만큼, 그 기능도 주관적 권리구제를 목표로 하는 사법의 기능과 동일하게 파악된다고 할 수 있다. 헌법재판소는 또 다른 판례에서, "행정심판제도는 재판의 전심절차로서 인정되는 것이지만, 공정성과 객관성 등 사법절차의 본질적인 요소가 배제되는 경우에는 국민들에게 무의미한 권리구제절차를 밟을 것을 강요하는 것이 되어 국민의 권리구제에 있어서 오히려 장애요인으로 작용할 수 있으므

'준사법절차'의 의미, 공법학연구 제13권 제4호, 2012, 393면 참조.
14) 행정심판의 준사법화 경향에 관해 박정훈, 행정심판법의 구조와 기능, 행정법연구 제12권, 2004, 242면; 하명호, 행정심판의 개념과 범위, 인권과 정의 제445호, 2014, 21-22면 참조.
15) 헌법재판소 2001.6.28. 선고 2000헌바30 결정. 당해 헌재결정에 따르면 사법절차의 본질적 요소는 ① 판단기관의 독립성과 공정성, ② 대심적 심리구조, ③ 당사자의 절차적 권리보장으로 정리된다.
16) 유진식, 위의 글, 416면.

로, 헌법 제107조 제3항은 사법절차에 준하는 객관성과 공정성을 갖춘 행정심판절차의 보장을 통하여 행정심판제도의 실효성을 어느 정도 확보하고자 하는 것"이라고 판시한 바 있다.[17] 즉, 헌법재판소에 의하면 행정심판은 국민의 권리구제기능과 깊은 관련이 있고, 그 기능을 실질적으로 보장하기 위해 준사법절차가 마련되어야 하는 것이다.

요컨대, 통설이 이해하는 준사법절차의 기능은 국민의 주관적 권리구제에 있다. 사법절차의 본질을 권리구제기능에 두고, 나아가 사법절차를 준용한다는 행정심판의 기능도 이와 같은 맥락으로 이해하는 입장은, 헌법에서 행정심판을 재판의 전심절차로 규정하고 있는 점을 고려하면 당연한 귀결일지도 모른다. 그러나 준사법절차의 기능을 재판을 보완하는 권리구제로 이해하면, 준사법의 개념은 사법과 유사한 것이 아니라, '사법을 보완하는 것' 내지 '사법을 대체하는 것'으로 재정립되는 결과를 낳게 되는 문제가 있다.

2. 공정거래절차의 준사법 명제

가. 학설의 견해

준사법 개념이 무엇을 의미하는지의 일반론적인 논의와는 별개로, 공정거래절차가 준사법절차라는 명제는 그동안 경제법 학계와 실무에서 매우 폭넓게 인정되어 왔다. 그 근거에 대해서는 다양한 의견이 존재하는데, 그 이유의 타당성을 차치하고서라도 공정거래절차가 준사법적 성격을 갖는다는 점은, 거의 모든 견해에서 공통으로 인정하고 있는 사항이다.[18][19]

---

17) 헌법재판소 2002.10.31. 선고 2001헌바40 결정.
18) 공정거래절차의 준사법 명제를 엿볼 수 있는 단행본은 다음과 같다. 권오승·서정, 독점규제법 - 이론과 실무, 2018, 683-686면; 신동권, 독점규제법, 2016, 941면; 신현윤, 경제법, 2017, 359면; 이호영, 독점규제법, 2015, 467면, 474면; 임영철·조성국, 공정거래법 - 이론과 실무, 2018, 340-342면; 정호열, 경제법, 2019, 487면; 조성국, 독점규

본고에서는 공정거래절차의 준사법 명제에 대한 체계적인 논의를 위해, 종래의 견해들을 정리하는 작업을 시도하였다. 이에 따르면 공정거래절차의 준사법성에 대한 논의들은, 공정거래절차의 준사법적 특징이 무엇으로부터 근거하는지에 따라서 다음과 같이 세 가지 견해로 분류될 수 있다.[20]

(1) 제1설 : 공정위의 준사법기관적 성격

준사법 명제의 제1설은 공정위가 준사법기관으로서의 성격을 가지므로, 공정위의 사건처리절차도 마찬가지로 준사법적 성격을 갖는다는 견해이다. 공정위가 준사법기관이라는 주장은, 다시 공정위의 조직형식을 통해 준사법기관으로 보는 견해와 공정위의 기능 내지 권한을 통해 준사법기관으로 규정하는 견해로 구분될 수 있다.

공정위의 조직법적 성격을 통해 준사법절차를 도출하는 견해는 다음과 같다. 즉, 공정위는 독립규제위원회의 형식을 갖는데, 독립규제기관의 가장 큰 형식적 특징이 준사법성이기 때문에 공정위 또한 준사법기관에 해당한다는 것이다.[21] 당해 견해의 핵심개념은 준사법기관이고, 준사법기관 내의

제법 집행론, 2010, 40-41면, 48-51면, 60-61면 참조.

19) 학술논문으로는 김하열·이황, 공정거래위원회의 법적 성격과 사건처리 및 불복의 절차, 고려법학 제57권, 2014, 162면; 신현윤, 공정거래위원회 심결구조 및 절차의 문제점과 개선방안, 상사판례연구 제14권, 2003, 193면; 이봉의, 공정거래위원회의 재량통제, 규제연구 제11권 제1호, 2002, 25면; 조성국, 독립규제기관의 사건처리절차의 개선방안 – 미국 FTC의 사건처리절차를 중심으로, 행정법연구 제16권, 2006, 107면; 홍대식·최수희, 공정거래법 위반행위에 대한 공정거래위원회의 사건처리절차에 관한 검토, 경쟁법연구 제13권, 2006, 305-306면; 홍명수, 공정위 사건처리절차의 효율화를 위한 개선방안, 경쟁법연구 제13권, 2006, 268면; 황태희, 독점규제법의 공적 집행, 독점규제법 30년(권오승 편), 법문사, 2011, 565면 등이 있다.

20) 물론 본고에서 분류된 학설들이 내세우는 개념 내지 성질들은 별개의 것이 아니라 서로 깊은 연관성을 보이는 것들이다. 여기서는 공정거래절차의 준사법 명제에 대한 복잡다양한 학설들을 분류하여 정리할 목적으로, 방법론적인 차원에서 구분해보도록 한다.

운영절차는 준사법절차라는 논리구조를 갖는다. 당해 견해는 다분히 미국의 독립규제위원회, 특히 FTC를 염두에 둔 것이다.[22] 이에 따르면 미국의 독립규제기관이며 경쟁당국인 FTC가 준사법기관이기 때문에, 우리나라의 독립규제기관이자 경쟁당국인 공정위도 준사법적 성격을 갖고, 따라서 공정위의 사건처리절차 또한 준사법적 성격을 갖는 것이다.

다른 견해는 공정위에게 부여된 준사법적 기능에 초점을 맞춘다. 여기서 준사법적 기능이라는 것은 일견 복잡한 사실관계를 파악하고 법을 적용하여 법적 판단을 내리는 기능, 즉 사법기능을 의미하는 것으로 파악된다. 실제로 공정위는 공정거래법 위반사건의 사실관계를 조사하고 이에 대해 법을 적용하기 위한 심의과정을 거쳐 위법성 여부를 판단하고필요한 시정명령을 내리는 의결기능을 갖는다.[23] 당해 견해는 개별 사건에 대해 사실관계를 확정하고, 전문성에 입각한 가치판단을 내리는 기능은 일종의 사법기능이므로, 공정위의 당해 기능을 준사법적 기능이라 부르는 것이다.[24] 다른 한편으로는 공정위가 최종적으로 내리는 시정명령 내지 과징금 부과권한이 준사법적 권한에 속하므로, 공정위가 준사법기관이라는 주장도 존재한다.[25]

---

21) 대표적으로 김하열·이황, 위의 글, 168-169면.

22) 이를 엿볼 수 있는 문헌으로 김하열·이황, 공정거래위원회의 법적 성격과 사건처리 및 불복의 절차, 고려법학 제57권, 2014, 169-173면; 신현윤, 공정거래위원회 심결구조 및 절차의 문제점과 개선방안, 상사판례연구 제14권, 2003, 214면; 조성국, 독립규제기관의 사건처리절차의 개선방안 – 미국 FTC의 사건처리절차를 중심으로, 행정법연구 제16권, 2006, 115면 참조.

23) 신현윤, 위의 글, 193면; 홍대식·최수희, 공정거래법 위반행위에 대한 공정거래위원회의 사건처리절차에 관한 검토, 경쟁법연구 제13권, 2006, 605면 참조.

24) 임영철·조성국, 공정거래법 – 이론과 실무, 2018, 351면 참조.

25) 정호열, 경제법, 2019, 483면 참조.

(2) 제2설 : 공정위 심의절차의 대심적 구조

제2설은 공정위 사건처리절차 중 심의절차의 대심구조에 초점을 맞추어 준사법 명제를 도출한 견해이다. 당해 견해에 따르면, 사건처리절차 중 심의절차에 마련된 대심적 절차를 통해 공정거래절차를 법원절차와 유사한 준사법적 절차로 파악할 수 있다고 한다.[26] 공정위 심판정에서의 심의는 일반 행정절차와는 달리 당사자와 심사관이 대등한 지위에서 다툴 수 있는 방법으로 진행되는데, 제2설은 바로 이러한 대심적 절차를 두고 공정거래 절차를 준사법 절차로 파악하는 것이다.

정리하면, 당해 견해는 앞에서 살펴본 사법절차를 준용한다는 의미의 준사법 개념을 중심으로 공정거래절차의 성격을 파악한 것이며 대심적 구조와 이를 통한 당사자의 방어권이 보장되는 형태의 절차를 준사법절차로 이해하려는 입장이다.

(3) 제3설 : 2심제의 공정거래 불복소송

마지막으로는 공정거래 불복소송이 2심제로 운영된다는 것에서 공정거래절차의 준사법성을 찾는 견해가 있다.[27] 당해 견해는 공정위의 처분에 대한 불복소송은 공정거래법 제54조에 의해 (공정위)→서울고등법원→대법원으로 이어지는 2심제로 운영되므로 공정위가 1심 법원의 역할을 대체해야 한다고 본다.

---

26) 대표적으로 신동권, 독점규제법, 2016, 941면; 신현윤, 공정거래위원회 심결구조 및 절차의 문제점과 개선방안, 상사판례연구 제14권, 2003, 198면; 신현윤, 경제법, 2017, 359면; 임영철·조성국, 공정거래법 - 이론과 실무, 2018, 341면, 363면; 정호열, 경제법, 2019, 491면; 조성국, 독점규제법 집행론, 2010, 39면, 42면, 44면 참조.
27) 권오승·서정, 독점규제법 - 이론과 실무, 2018, 652면; 박주영, 공정거래 사건 처리절차 개선 방안에 대한 의견, 경쟁저널 제197호, 2018, 13면; 신동권, 전게서, 941면; 신현윤, 위의 글, 198면 참조.

당해 견해는 행정처분에 대한 불복소송에 대해 다음을 전제하고 있다. 즉, 행정소송의 심급은 원칙적으로 3심제로 운영되어야 한다는 것이 전제되어 있는 것이다. 이에 따르면 공정거래 불복소송은 2심으로 설계되어 있는바, 나머지 1심 기능을 공정위가 맡아야 한다. 이 경우 공정위는 1심 법원 역할을 준하여 법적 판단을 내리는 기관이기 때문에 그 조직 및 절차가 준사법성을 갖는다는 평가가 가능하다.

나. 판례

공정거래절차의 준사법 명제와 관련된 가장 대표적인 판례는 헌법재판소의 2003년 전원합의부 결정이다.[28] 동 결정은 공정거래법상 과징금 부과조항의 위헌 여부에 대한 판례인데, 당해 사안의 핵심 논점 중 하나가 바로 공정위의 과징금 처분절차가 적법절차 원칙에 해당하는지 여부였다. 다수의견은 공정위의 구성과 절차가 적법절차 원칙에 어긋나지 않는다고 판시하였지만, 반대의견은 공정위가 준사법기관의 성격을 갖기 때문에 그 규제절차 또한 준사법절차로서의 내용을 가져야 한다고 판시하면서, 공정위 내부의 조사기관과 심판기관의 미분리, 공정위의 전문성과 독립성의 미흡, 증거조사와 변론의 불충분 문제를 지적하여 공정거래절차가 적법절차 원칙에 위배된다고 하였다. 비록 소수의견임에도 불구하고 동 판결의 반대의견은, 공정거래절차의 준사법 명제와 그 구성요소를 명시적으로 언급했다는 점에서 당해 명제를 지지하는 근거로 가장 많이 인용된다.

한편, 대법원이나 고등법원 판례에서도 공정거래절차의 준사법 명제를 종종 언급하고 있다. 예컨대 서울고등법원은 "공정거래법이 피고의 독립성을 보장하기 위하여 그 소속, 구성 및 위원의 신분보장 등의 규정을 두고 있는 점이나, 그 처분에 대한 불복을 제1심인 행정법원이 아니라 항소심인

---

28) 헌재 2003.7.24. 선고 2001헌가25 전원합의부 결정.

서울고등법원에 하도록 하고 있는 점 등에 비추어, 피고는 준사법기관으로서의 기능을 하고 있으며 그 의결도 준사법적 판단의 성격을 띠고 있다고 볼 것이므로 이를 단순히 행정처분으로 볼 것은 아니다."라고 판시한 바 있고,[29] 대법원에서는 최근 판결에서까지도 공정거래절차의 준사법성과 불복소송의 2심제를 연관시켜 판시한 바 있다.[30]

다. 준사법 명제의 기능

기존의 견해가 준사법 명제를 사용함으로써 공정거래절차의 어떤 기능을 강조하려는 것에 대해 직접적으로 밝히고 있는 문헌은 찾기 어렵다. 다만, 본고는 위에서 정리한 준사법 명제의 학설에 빗대어 그 기능을 아래와 같이 정리하고자 한다.

(1) 공정거래 집행의 고유성 강조

준사법 명제의 첫 번째 기능은 공정위의 독립성 내지 공정거래절차의 특수성과 같은 공정거래 집행의 고유성을 나타내는 것이다. 당해 기능은 특히, 공정위의 기능을 준사법기능으로 파악하려는 견해에서 도출될 수 있는 것인데, 이는 공정위가 일반 행정기관과는 차별되는 권한과 기능을 부여받았다는 것을 '준사법'이라는 명제로 표현하는 입장과 일맥상통한다.[31] 이러한 관점에서의 준사법 명제는 공정거래절차가 일반 행정절차와 구분된다는 의미를 강조하는 역할을 한다.

(2) 주관적 권리구제

준사법 명제의 두 번째 기능은 당사자에 대한 주관적 권리구제 내지 절

---

29) 대표적으로 서울고법 2004.8.19. 선고 2002누6110 판결.
30) 대법원 2018.12.27. 선고 2015두44028 판결 참조.
31) 조성국, 독점규제법 집행론, 2011, 61면 참조.

차적 권리보장에 대한 요구를 대변하는 것이다. 준사법절차의 특징으로 대심적 구조를 언급하는 견해에 따르면, 공정위의 심의절차에서 심사관과 피심인의 대립 구도를 형성하여 구술에 의한 의견진술을 하게끔 하는 주된 목적은 피심인의 절차적 방어권을 보장하기 위함이다.32) 위원회가 심사관의 심사내용에 영향을 받지 않은 상태로 피심인의 법 위반 혐의에 대한 공정한 판단을 내리기 위해 공정위의 독립성을 강조하는 견해 또한, 준사법절차의 기능을 주관적 권리구제에서 찾는 입장으로 파악할 수 있다.33)

(3) 소결 : 권리구제기능 중심의 준사법 명제

최근의 논의를 살펴보면, 공정거래절차의 준사법 명제는 공정거래절차의 고유성이라는 첫 번째 함의보다는 당사자의 주관적 권리구제라는 두 번째 함의를 보다 강하게 갖는다. 예컨대 공정위가 갖는 준사법기관의 성격을 보다 충실히 구현하기 위해 대심적 구조가 강화되어야 하고, 조사절차에서의 피조사인 방어권이 철저히 보완되어야 한다는 논의가 계속해서 제기되고 있는데, 그 궁극적 취지는 주로 당사자의 권리보장에 있는 것이다. 공정거래법 전부개정을 위한 특별위원회 최종보고서에서도 공정거래절차에 관해서는 주로 당사자의 절차적 권리보장 중심의 법 개정을 권고한 바 있다.34)

요약하자면, 공정거래절차의 목적 내지 기능은 당사자의 주관적 권리구제를 중심으로 정착되어 가는 실정이다. 그리고 이러한 당위적 요구가 공정거래절차의 준사법 명제로 표현되고 있는 것으로 정리할 수 있다.

---

32) 권오승·서정, 독점규제법 - 이론과 실무, 2018, 700면; 임영철·조성국, 공정거래법 - 이론과 실무, 2018, 341-342면 참조.

33) 준사법절차를 적법절차(due process)와 같은 의미로 사용하거나, 적법절차적 요소를 강화하는 방법으로 이해하는 견해 또한 그 주안점은 피심인의 방어권 보장에 있다.

34) 공정거래위원회, 공정거래법제 개선 특별위원회 최종보고서, 2018. 7., 42-46면 참조.

3. 소결

이상의 논의를 종합하면, 공정거래절차의 준사법 명제는 공정위의 법 집행절차를 법원의 재판절차와 유사하거나 동일하게 파악하려는 경향을 나타내고 있다는 결론을 내릴 수 있다. 이는 우리나라의 준사법 개념 자체가 사법(司法)의 개념을 중심으로 발전된 점을 고려하면 당연한 귀결일지도 모른다.

1심 기능을 공정위 심의절차가 대신해야 한다는 견해는 이러한 경향을 더욱 강하게 보여준다. 이를 보면 공정거래절차의 준사법 명제는 '사법과 유사한 절차'를 넘어서는, '사법을 보완하는 절차' 내지 '사법을 대체하는 절차'로 공정거래절차를 파악하려는 의미를 함축하고 있다. 본고는 이러한 경향을 이른바 '준사법절차의 사법화(司法化)'라고 부르고자 한다.

그러나 공정거래절차를 사법절차에 최대한 가깝게 보려는 당해 관점은 다음과 같은 문제를 갖는다. 즉, 공정거래절차가 사법절차에 흡수되어 공정거래절차의 고유성을 몰각시킬 위험이 있는 것이다.[35] 나아가 준사법 개념 및 공정거래절차의 준사법 명제 자체의 이론적 흠결을 지적할 수 있을 것인데, 자세한 내용은 항을 바꾸어 논하도록 한다.

II. 비판적 검토

이하에서는 공정거래절차에 대한 기존의 준사법 명제를 비판적 관점에서 검토할 것이다. 우선, 준사법 개념 자체가 미국의 법 발전 역사를 통해 나온 개념으로서 우리나라 법체계에 맞지 않다는 비판을 전개하고, 공정거

---

35) 同旨 신현윤, 공정거래위원회 심결구조 및 절차의 문제점과 개선방안, 상사판례연구 제14권, 2003, 215면.

래절차의 준사법 명제에 대한 학설의 이론적 문제점을 살펴본 후, 기능 차원의 문제점을 지적하도록 한다.

1. 준사법 개념 비판

가. 미국에서의 준사법(quasi-judicial) 개념

준사법 개념이 처음 등장한 곳은 미국이고, 따라서 준사법은 미국 특유의 법 개념이다.[36] 미국에서 사용되는 '준사법'(quasi-judicial)이라는 개념은 '법을 적용하여 법적 효과를 발생하는 국가의 결정'이라는 의미를 갖는다. 다만, 당해 개념의 본질에 대해서는 미국의 법 적용 권한 및 법적 효과를 발생시키는 권한을 가진 국가기관이 어떻게 변천해왔는지를 살펴보면서 탐구할 필요가 있다.[37]

미국에서는 건국 초기부터 19세기 말까지 법을 적용하는 작용을 오직 법원만이 담당할 수 있었고, 행정은 그에 따른 단순한 사실행위를 행하는 역할을 맡고 있었다. 그러나 20세기 들어 미국 경제가 발전하고 사회가 복잡해짐에 따라 국가의 법적용이 필요한 사안이 급증하였는데, 이는 법원에게 지나친 업무부담을 갖게 하였다. 이에 따라 법원의 부담을 줄여줄 필요가 있다는 주장이 사회적으로 대두되었고, 이러한 요구들이 반영되어 법원의 재판기능을 제외한 법적용 권한을 행정기관들에게 이전하게 된다. 보다 구체적으로는 법적용 권한의 이전을 각종 개별법률이 제정되었고, 이 과정에서 창설된 행정기관이 바로 미국의 독립행정위원회이다. 즉, 미국은 과거 법원이 법적용 권한을 독점하고 있었지만, 사회 변화를 통해 독립규제위원

---

36) 이상규, 준사법기관에 대한 고찰, 법학논집(고려대) 제21권, 1983, 149-150면 참조.
37) 이하 이상규, 영미행정법, 2001, 59-62면; 박정훈, 공정거래법의 공적 집행, 공정거래와 법치(권오승 편), 2004, 1005-1006면; 조성국, 독점규제법 집행론, 2011, 60면; 서울대 경쟁법센터, 서울대 경쟁법센터 2018년 전문가 좌담회 – 제2차 제1세션, 경쟁과 법 제10호, 2018, 52-53면 (임용 교수 발언부분) 참조.

회를 위시한 행정부가 이를 함께 담당하게 되었던 특유의 법 역사를 갖고 있다.

현재 미국 행정기관의 결정 내지 처분은 'adjudication'이라고 불리며, 이것이 바로 법원으로부터 행정기관에게 이전된 법적 결정 권한을 나타내는 의미를 갖는다. 그리고 미국에서는 이러한 법적 결정 내지 처분을 부과할 수 있는 행정기관에 대해 준사법적 권한을 가진다고 표현하며, 법원의 재판절차와 유사한 청문절차 등이 매우 중요시되고 있다.[38) 이상을 종합하면, 미국 법발전의 맥락에 의해 파악되는 '준사법권'은 행정기관이 담당하는 사법(司法)기능 내지 재판기능을 의미하는 것이 아니라, 행정이 법적용을 통하여 법적 효과가 발생하는 법적 행위를 한다는 것을 표현하는 것이다.[39)

요컨대, '준사법기관'의 본질적 의미는 과거 법원의 판결로 내려지던 건축허가, 영업허가 등의 법적용권한을 이전받은 행정기관이고, '준사법적 기능'은 행정기관이 법을 적용하여 필요한 처분을 내리는 기능을 뜻하는 것이다.

나. 비판

상술한 바와 같이 준사법은 미국 특유의 역사 및 법적 권한의 분배와 관련된 개념이다. 따라서 당해 개념을 우리나라에서 그대로 사용하는 것이 타당한지, 나아가 그것이 어떠한 의미로 수용되어야 하는지에 대해 검토가 필요하다.

---

38) 행정절차가 중시되는 미국 행정법의 특성은 미국 헌법상의 적법절차 원리(due process)의 발전과도 무관하지 않다. 이상규, 전게서, 61-62면 참조.

39) 준사법의 관념을 '행정기관이 일정한 사실을 확정하고 그 확정된 사실에 대하여 관계 법령을 해석·적용함으로써 하는 결정'으로 이해하는 견해 또한 결국은 행정에 의한 법적용을 뜻하는 것이다. 이상규, 준사법기관에 대한 고찰, 법학논집(고려대) 제21권, 1983, 9면 참조.

우선, 미국과 우리나라의 법 발전 역사를 비교한다면, 미국의 준사법 개념이 아무런 고민 없이 우리나라에 통용되는 것에 대해서는 강한 의문이 든다. 우리나라의 경우, 대한민국임시정부로부터 계승된 권력분립원칙을 헌법상 핵심원리로 채택하고 있고 현재 입법부·사법부·행정부는 각각 고유한 권한과 기능을 존중받고 있다. 그러나 우리나라는 과거 국왕이 모든 형식적인 국가권력을 독점했던 역사를 갖고 있다. 따라서 법 적용 권한에 대한 우리나라 역사는 과거 국왕이 독점하고 있던 국가권력을 입법부·사법부·행정부로 분할했다는 것으로 정리될 수 있고, 이는 미국과는 상이하고 대륙법계 국가들과 유사한 것이다. 그러므로 미국 특유의 역사적 산물인 준사법 개념을 그대로 우리나라의 법적 개념으로 수용하는 것에 대해서는 신중함을 기해야 할 것이다.

나아가 상술하였듯이 준사법 개념을 법적용이라는 기능 측면에서 바라보면, 행정기관이 현실문제의 해결을 위해 사실을 인지하고 법을 적용하여 집행하는 기능과 동일하게 이해된다. 그렇게 되면 준사법기관은 대륙법 체계의 일반 행정기관, 그리고 준사법적 결정은 대륙법계의 행정행위와 사실상 동일한 개념이다. 이는 특히 켈젠의 순수법학에 따른 이론적 근거를 가질 수 있는데, 당해 견해에 따르면 입법자에 의해 제정된 법률을 해석·적용하고 집행한다는 기능적인 측면에서 법원과 행정은 아무런 차이가 없다.[40] 즉, 법률의 적용이라는 기능을 중심으로 법원과 행정을 파악하면, 법원에 소추되어 재판으로 내려진 명령인지, 아니면 행정결정에 의해 내려진 명령인지는 중요하지 않다. 같은 맥락으로 미국 특유의 법 발전으로 인해 정립된 준사법 개념도 본질적으로는 법률의 적용 자체를 의미하는 것이다. 따라서 준사법 개념 안에 법원의 조직이나 절차, 나아가 법원의 핵심원리가 내재되어 있다는 견해는 타당하지 않다.

---

40) 이하 Hans Kelsen(윤재왕 역), 순수법학 - 법학의 문제점에 대한 서론, 2018, 101-103면 참조.

요컨대, 준사법 개념은 애당초 우리나라 법 발전 역사에 맞지 않는 것이고, 그 의미의 본질이 법원이라는 조직에 맞춰져 있는 것이 아니라 법률의 적용이라는 기능을 반영하는 것이기 때문에, 법원의 사법기능을 보완·대체하는 것으로 이해되는 우리나라의 준사법 개념은 비판되어야 마땅하다.

2. 공정거래절차의 준사법 명제 비판

전술한 준사법 개념에 대한 비판론을 기반으로 공정거래절차를 준사법절차로 이해하는 견해에 대해서도 각각 비판적 검토를 행할 수 있다. 이하에서는 각 학설에 대한 비판, 그리고 판례의 논거에 대한 비판적 검토를 진행하도록 한다. 논의의 편의를 위해 공정거래절차의 준사법 명제에 대한 제1설은 공정위가 준사법기관이라는 것, 제2설은 심의절차가 대심적 구조로 진행된다는 것, 제3설은 공정거래 불복소송이 2심제로 운용된다는 것을 근거로 한다는 점을 다시 한번 정리하도록 한다.

가. 학설에 대한 비판

(1) 제1설에 대한 반론

(가) 미국 FTC와 준사법기관

경쟁기관이 준사법기관이어야 한다는 명제는 다분히 미국의 반독점법(Antitrust Law)으로부터 수용된 것이다. 즉, 미국 반독점법의 행정적 집행을 담당하는 FTC가 미국의 대표적인 준사법기관이기 때문에 경쟁당국은 준사법기관으로 설계되어야 한다는 주장이 대두되었고, 이로부터 공정위의 준사법기관성이 요구되어 왔다.

미국 FTC는 1914년에 FTC법을 집행하기 위해 설립된 독립규제위원회

(independent regulatory agency)이다.[41][42] 미국에서의 독립규제위원회는 20세기 들어 미국 산업경제의 현대화에 따라 사회현상이 복잡다양해지고,[43] 이를 대처하기에는 법원 중심의 전통적인 법 집행방식이 적합하지 않다는 문제의식 하에 탄생하였다. 미국의 독립규제위원회는 행정부와 사법부, 입법부에 모두 속하지 않는 '제4부'로서, 새로운 사회현상에 대응하기 위하여 행정의 효율성과 사법의 공정성이라는 특성을 조화시키고자 하는 목적으로 설립되었다.[44][45] 그리고 미국에서는 이러한 행정위원회들을 일컬어 준사법적 권한을 기관, 준사법기관이라고 명명했던 것이다.[46]

준사법절차와 관련해서는 독립규제위원회의 다양한 특성 가운데, 구체적인 개별 사건에 대하여 직권에 의한 조사 및 법적 판단을 할 수 있다는 특성을 주목할 필요가 있다. 상술하였듯이,[47] 미국에서는 행정기관의 법 적용 및 집행 권한이 독립규제위원회의 '준사법적 권한'이라는 용어로 소개

---

41) 미국의 반독점법 집행에 관해 권오승·서정, 독점규제법 - 이론과 실무, 2018, 48-50면 참조. 이에 따르면 미국 반독점법의 집행은 크게 공적집행과 사적집행이로 구분되며, 공적집행은 다시 미국 DOJ와 FTC를 두 축으로 하는 이원화된 체계로 구분된다. 일반적으로 DOJ는 서면법(Sherman Act)을 집행하고, FTC는 연방거래위원회법(Federal Trade Commission Act)을 집행하며, 양자 모두 클레이튼법(Clayton Act)을 집행한다. 그러나 법 집행의 방식에 있어서는 DOJ는 민사소송절차와 형사소송절차를 활용하는 반면, FTC가 행정처분절차를 주로 활용하기 때문에, 공정위의 법 집행을 의미하는 공정거래절차와 관련된 미국 반독점법에서의 논의를 살펴보기 위해서는 FTC와 그 처분절차를 중심으로 분석해야 한다.

42) ABA, Antitrust law developments, 6. ed., 2007, p.643.

43) 미국은 1783년 건국 이후, 농업경제를 기반으로 하는 농업국가였지만, 1861년의 남북전쟁을 계기로 공업의 발전하고 자본주의 경제가 본격적으로 발전하였다고 평가된다. 이상규, 준사법기관에 대한 고찰, 법학논집(고려대학교) 제21권, 1983, 12면 참조.

44) 조성국, 독립규제기관의 사건처리절차의 개선방안, 행정법연구 제16호, 2006, 105면 참조..

45) FTC의 설립과정에 관하여 Henderson, The Federal Trade Commission, Second reprinting(Originally published: 1924), 2004., p. 1-48 참조.

46) 이상규, 영미행정법, 2001, 61-62면 참조.

47) 본고 85-87면 참조.

가 되었고, 이것이 준사법, 준사법기관, 준사법절차의 일반적인 개념으로 발전되어 왔기 때문이다.[48]

(나) 비판

이상을 통하여 경쟁당국이 준사법기관이어야 하고, 그 내부절차도 마찬가지로 준사법절차로 설계되어야 한다는 논의는 미국 특유의 법 발전역사에 따른 것임을 확인할 수 있다. 비록 미국 FTC는 미국의 대표적인 독립규제위원회이고 준사법적 기능을 가진 준사법기관으로 평가되고 있지만, 이는 미국 행정기관의 법적용 권한과 관련된 특수한 개념으로 보아야 한다. 그러나 앞서 검토한 바와 같이,[49] 준사법 개념을 법 적용이라는 기능 차원에서 이해하면 준사법기관은 대륙법계의 행정기관과 같은 것이고, 따라서 FTC는 미국 반독점법을 집행하는 행정기관으로 이해할 수 있다.

우리나라에는 이러한 미국 법 발전의 특수성을 고려하지 못한 채, 경쟁당국은 일반적으로 독립규제위원회 내지 합의제 기구의 형식을 갖춰야 하고 무엇보다 준사법적 성격 내지 권한을 가져야 한다는 명제가 수용된 측면이 있다. 즉, 우리나라의 경쟁당국인 공정위가 준사법기관이어야 한다는 논리는 다분히 당위적으로 성립되어 온 것이다.[50] 그러나 미국의 경쟁당국이 준사법기관이라고 해서, 우리나라 공정위도 준사법기관이어야 한다는 주장은 지나치게 단순화된 것으로서 논리적으로 받아들여질 수 없다. 나아가 준사법 개념에 대한 비판론에서 살펴보았듯이 우리나라에는 준사법 개

---

48) 이상규, 준사법기관에 대한 고찰, 법학논집(고려대학교) 제21권, 1983, 2면 참조.
49) 본고 85-87면 참조
50) 김하열·이황, 공정거래위원회 법적 성격과 사건처리 및 불복의 절차, 고려법학 제75호, 2014, 161-217면; 신현윤, 공정거래위원회 심결구조 및 절차의 문제점과 개선방안, 상사판례연구 제14권, 2003, 193-218면; 조성국, 독립규제기관의 사건처리절차의 개선방안 - 미국 FTC의 사건처리절차를 중심으로, 행정법연구 제16호, 2006, 105-126면 참조.

념을 사용할 이론적·역사적 근거를 찾을 수 없기 때문에, 공정위를 준사법 기관으로 파악하는 제1설의 주장은 재고되어야 한다.

(2) 제2설에 대한 반론

공정거래 사건처리절차의 심의절차가 대심적 구조로 진행된다는 것을 근거로 공정거래절차의 성격을 준사법절차로 이해하는 제2설은, 다음 두 가지 논거에 의해 비판될 수 있다.

우선, 제2장에서 정리했듯이 사건처리절차의 심의절차가 공정거래법 위반 여부를 확정하는 공정거래절차의 핵심절차이지만, 이는 전체 공정거래 절차 체계의 일부분에 해당하는 것이다. 따라서 심의절차의 대심적 요소만을 고려하여 공정거래절차 전체를 준사법절차로 파악하고, 그에 맞는 절차적 제도가 도입되어야 한다고 주장하는 것은 지나치게 협소한 주장이다.

나아가 앞에서 다뤘던 헌법상 준사법절차를 규정하고 있는 조항에 비추어 보면 공정거래절차를 준사법절차로 명명하는 것은 타당하지 않다. 주지하다시피 헌법 제107조 제3항은 행정처분에 대한 행정심판절차가 사법절차를 준용해야 함을 규정하고 있고, 헌법상 준사법절차와 관련된 논의도 마찬가지로 오직 행정심판과 관련해서만 다뤄지고 있다. 정리하면 헌법에서 정하고 있는 준사법절차에 관한 요청은 행정심판에만 국한되는 것이다. 공정거래절차는 공정위의 일차적 결정절차 즉, 처분절차이므로 공정거래절차가 준사법절차이어야 한다는 당위적 명제나, 공정거래절차가 준사법절차라는 현상적 명제는 논리적으로 성립하지 않는다.

주지하다시피 공정거래법은 헌법을 위시하는 실정법 체계에 속하는 법 규범이다. 따라서 공정거래규범에서 사용되는 법개념은, 헌법상의 논의와 일맥상통해야 함이 법치주의적 관점에서 마땅하다. 위에서 살펴보았듯이 공정거래절차는 헌법상 준사법절차 개념에 포섭되지 않는다. 심의·의결기구의 독립성 내지 심의절차의 대심적 구조 등 사법절차와 유사한 요소가 발견되기도 하지만, 일차적 결정절차로서의 공정거래절차는 처분 후의 사후적 구제절차인 행정심판절차와는 근본적으로 다르기 때문이다. 따라서 공정거래절차를 준사법절차라는 개념으로 포섭하는 것은 무엇보다도 헌법적 관점의 문제가 있다.

(3) 제3설에 대한 반론

(가) 헌법상 심급제도

공정거래절차의 준사법 명제에 관한 세 번째 학설은 불복소송의 심급제와 관련되어 있는데, 이에 대해서도 헌법 차원의 검토가 필요하다.

당해 견해는 불복소송제도의 원칙은 3심제이므로, 2심제으로 운영되고 있는 공정거래 불복소송제도[51)가 당사자의 재판청구권 보장에 있어 상대적으로 미흡하다는 점을 전제하고 있다. 그러나 우리나라 헌법에서는 불복소송제도에 대해 3심제를 원칙으로 정하고 있지 아니하며,[52) 오히려 헌법은 입법자가 개별 법영역의 성질에 따른 적절한 심급을 상이하게 규율할 수 있는 가능성을 열어놓고 있다고 이해되고 있다.[53)

(나) 비판

같은 맥락으로 입법자가 공정거래법 위반사건에 대한 처분에 대해서 2심제의 불복제도를 설계한 것은, 공정거래법 영역의 특수성을 고려한 입법자의 결정에 따른 것으로 파악될 수 있다. 그리고 전술한 바와 같이, 우리

---

51) 공정거래법 제55조 (불복의 소의 전속관할) 제54조의 규정에 의한 불복의 소는 공정거래위원회의 소재지를 관할하는 서울고등법원을 전속관할로 한다.
52) 권리구제절차의 단계 내지 심급을 어떻게 정할 것인가는 입법자의 광범위한 형성권에 달려 있는 것이고, 3심제도와 같은 특정한 심급을 보장해야 한다고 규정하고 있지 아니하다. 한수웅, 헌법학, 2018, 921면 참조.
53) 한수웅, 전게서, 921면 참조.

나라 헌법에서는 어디에서도 소송제도에 대해 3심제를 원칙으로 정하고 있지 아니하기 때문에, 공정거래 불복제도가 2심으로 운영된다는 것은 일차적 결정을 위한 공정위 절차의 성격과는 아무런 논리적인 연관성을 갖지 않는다.54)

따라서 공정거래 불복제도가 2심제로 설계되어 있다고 하여, 헌법상 보장되어 있는 국민의 재판청구권이 제한되어 있다는 주장은 타당하지 않다. 또한, 이를 근거로 공정거래절차를 1심 기능의 준사법절차로 파악하는 견해는 받아들여질 수 없다.55)56)

한편, 공정위가 독립된 위원회 조직이 아닌 경제기획원 소속의 자문기구에 불과했던 공정거래법 운영 초기에도 불복소송은 2심제로 규정되었다는 사실 또한, 본고의 주장을 뒷받침 해준다.57)58)

나. 판례에 대한 비판

공정거래절차의 준사법 명제를 인정하는 판례는 무수히 많지만, 본고는

---

54) 유럽연합의 경우도, 유럽집행위원회의 처분에 대한 불복소송은 2심제로 제도화되어 있지만, 그것이 문제된다는 견해뿐만 아니라 2심제로 인하여 공정거래 절차에 있어서 절차적 권리를 강화해야 한다는 주장은 찾아보기 힘들다.

55) 이와 관련해서는 3심제가 유익하다는 시각은 민사소송에 국한된 것이며, 행정소송의 장기화, 행정청의 남항소, 종래 판례가 변경되지 않는 보수적인 태도 등을 지적하며 행정소송의 경우 2심제가 더 바람직하다는 유력한 견해가 존재한다. 박정훈, 행정법원의 성과와 발전방향 – 질풍노도와 성장통을 넘어 성숙한 청년으로, 행정절차와 행정소송(김철용 편), 2017, 675-676면 참조.

56) 따라서 오히려 공정거래 불복소송이 2심제로 운영되고 있고, 심지어 다른 행정소송이 3심제로 변화했던 과정에서도 유지되었다는 점은, 재판관할이라는 측면에서 공정거래법의 가장 큰 특징으로 파악될 수 있다.

57) 독점규제 및 공정거래에 관한 법률 (1980.12.31.제정 1981.4.1. 시행)
제44조 (불복의 소의 전속관할) 제43조의 규정에 의한 불복의 소는 경제기획원의 소재지를 관할하는 서울고등법원을 전속관할로 한다.

58) 심지어 1964년에 처음으로 작성된 공정거래법시안에서도 불복의 소는 2심제로 고안되고 있었다고 알려져 있다. 이에 관해 권오승, 경제법, 2019, 90-91면 참조.

2003년 헌법재판소 결정의 반대의견(이하 '헌재 반대의견' 또는 '반대의견')의 논거에 대해 간략히 비판하고자 한다.59) 앞서 밝혔듯이 당해 결정의 반대의견이 공정거래절차의 준사법 명제를 뒷받침해주는 대표적인 논리로 제시되고 있지만, 결과적으로는 공정거래절차의 특수성을 충분히 고려하지 못한 판시였음을 지적할 필요가 있기 때문이다.

(1) 헌재 반대의견의 논거

공정거래절차가 준사법절차이어야 하고, 사법절차의 기본적·핵심적 요소를 갖춰야 한다는 헌재 반대의견의 논리 구조는 다음과 같다.

헌법 제12조는, "기본권을 제한하는 내용의 공권력 행사는 그 절차가 합리적으로 공정하여야만 하는 절차적 적법절차"가 보장되어야 하는 적법절차원칙을 천명하고 있는데, 그 "구체적 내용은 상황과 무관하게 고정된 것이 아니고 공권력으로 기본권을 제한하는 구체적인 경우에 나타나는 개별적인 여러 사정들을 고려"하도록 하는 "신축성"을 가지는 것이다. 그리고 구체적인 경우에 있어 적법절차의 원칙상 어떠한 절차가 제공되어야 할 것인지를 판단하기 위해서는 "문제된 기본권 내지 관계된 권리의 중요성, 기존 절차를 통하여 그러한 권리가 잘못 박탈될 위험의 정도" 등을 종합적으로 형량하여 결정할 수밖에 없다고 판단하였다. 그리고 궁극적으로는 "기본권의 제한이 중대하면 할수록 적법절차의 요구도 비례하여 커지는 것"이라는 것이 헌재 반대의견이 설시한 주장의 기본 전제이다.

반대의견은 이러한 전제하에 공정거래법에 의한 규제가 시장경제의 기능을 보장하기 위한 국가의 헌법상 과제라는 점과 이를 위한 규제기관의 행정적 전문화의 필요성을 인정하면서도, "부당공동행위나 불공정거래행위의 규제가 대상 기업의 경제적 자유와 재산권에 미칠 수 있는 치명적 침해

---

59) 헌법재판소 2003.7.24. 선고 2001헌가25 반대의견 참조.

의 심각성"을 강조하면서, 이에 상응한 "사법적 엄격화가 요청"된다고 한
다. 나아가 당해 사안에서 문제가 된 과징금 제도에 대해서는 "당해 기업에
게 사활적 이해를 가진 제재가 될 수 있을 뿐만 아니라 경제 전반에도 중
요한 영향을 미칠 수 있는 것"으로 평가하여, 그 부과절차는 "적법절차의
원칙상 적어도 재판절차에 상응"해야 한다고 판단하였다. 그리고 이를 위
해서는 "조사기관과 심판기관이 분리되어야 하고, 심판관의 전문성과 독립
성이 보장되어야 하고, 증거조사와 변론이 충분히 보장되어야 하며 심판관
의 신분이 철저하게 보장되어야 할 것"을 판시하였다.

정리하면 헌재 반대의견은 공정거래법의 규제로 인해 법 위반 사업자의
경제적 자유 및 재산권을 침해하는 심각성에만 초점을 맞추어 판단하였다.
특히 과징금 제도가 갖는 "치명적인" 침익적 성격에 집중하여, 공정거래절
차의 '사법절차화' 내지 '준사법화'의 필요성을 판시한 것이다. 헌재 반대
의견은 표면적으로는 "행정적 전문성과 사법절차적 엄격성을 함께" 가지는
준사법절차로서의 내용을 강조한 것으로 보이지만, 그 본질적 의도는 공정
거래규제의 기본권 침해의 심각성에 상응하는 적법절차의 요구 즉, 공정거
래절차를 법원재판절차로 파악해야 한다는 요구를 관철하는 데에 있었던
것이다.

(2) 비판

그러나 헌재 반대의견의 논거는 다음과 같이 비판될 수 있다. 즉, 반대의
견은 공정거래사안의 특성을 간과하고 규제로 인한 사인(私人)의 권리침해
에만 초점을 맞춘 측면이 있다. 공정거래사안의 특성상 공정거래규제의 대
상이 되는 법 위반 사업자는 대부분 그 위법 행위로 인해 경쟁사업자나 거
래상대방에게 피해를 입힌 자이고, 특히 담합이나 부당지원행위 같은 경우
에는 당해 행위를 통한 경제적 부당이득을 취득한 경우가 많다. 나아가 이
러한 법 위반 사업자에 대해 과징금 부과와 같은 제재처분을 내리는 주된

목적은 시장경제의 경쟁을 보호한다는 공정거래법의 목적달성에 있는 것
이지 사업자의 경제적 자유 및 재산권 침해에 있지 않다.

정리하면, 헌재의 반대의견은 공정위의 처분을 받는 사업자가 어떠한 상
태의 사업자인지, 나아가 그 처분의 궁극적 목적이 무엇인지 등의 공정거
래절차의 특수성을 고려하지 못하고, 오로지 당사자의 주관적 권리보호 측
면만을 강조하여 공정거래절차를 법원의 재판절차와 거의 동일하게 파악
하려는 오류를 범하였다.[60]

한편, 반대의견은 준사법기관 내지 준사법절차의 개념을 언급하면서, 반
독점과 공정거래에 관한 규제는 "행정부에 속하지도 않고 사법부에도 속하
지 않는 제3의 독립기관에 맡길 필요성"이 있으며, 이에 따라 "행정권과 사
법권으로부터 분리된 독립적 기관으로서 공정거래위원회를 설치"하였다고
판시하였다. 그러나 이는 FTC를 '제4부, forth branch'라고 부른 미국의 논
의를 그대로 따른 것으로서[61], 우리나라 헌법에서 국가권력을 입법부·사법
부·행정부로 구분한 권력분립원칙에 정면으로 위배되는 판단이므로 비판
되어야 마땅하다.

---

60) 그에 반해 본 결정의 다수의견은 적법절차의 원칙이 구체적으로 어떠한 절차를 요구
   하는지에 대해서, "규율되는 사항의 성질, 관련 당사자의 사익, 절차의 이행으로 제고
   될 가치, 국가작용의 효율성, 절차에 소요되는 비용, 불복의 기회 등"을 고려해야 한
   다고 하였고, 나아가 공정거래법의 경우에는 "경제현실의 역사와 미래에 대한 전망,
   목적달성에 소요되는 경제적·사회적 비용, 당해 경제문제에 관한 국민 내지 이해관계
   인의 인식 등 제반사정을 두루 감안하여 독과점 규제와 공정거래의 보장을 위하여
   가능한 여러 정책 중 필요하다고 판단되는 경제정책을 선택"할 수 있다고 판시하여
   공정거래규범 내지 공정거래절차의 특수성을 충분히 고려하려는 시각을 보였다고 평
   가할 수 있다.
61) 미국 FTC를 '국가의 제4부'로 보는 관점에 관하여 조성국, 독점규제법 집행론, 2011,
   20면 참조.

다. 기능에 대한 비판

상술하였듯이 공정거래절차의 준사법 명제는 한편으로는 공정위의 독립성 내지 공정거래절차의 고유성을 나타내는 기능과 다른 한편으로는 당사자의 주관적 권리구제의 필요성을 강조하는 기능을 수행한다. 그러나 이러한 두 가지의 기능은 모두, 다음과 같은 비판을 피하기 어렵다.

(1) 공정거래절차의 고유성 변질

본고의 제2장 법원(法源)편에서 살펴보았듯이,[62] 공정거래절차는 행정절차법에서 적용제외되고 있다. 이는 공정거래절차에 대해서는 일반 행정절차와는 다른 고유한 절차제도를 설계하라는 것이 입법자의 의도임을 확인할 수 있는데, 이처럼 공정거래절차의 고유성은 행정절차법의 적용제외 조항을 통해 규범적으로 충분히 확인할 수 있다. 공정거래절차의 특수성을 준사법 명제, 특히 법원절차에 준하는 의미의 준사법절차로부터 도출하면 행정절차와의 차이를 강조할 수는 있지만, 자칫하면 공정거래절차가 법원의 재판절차에 흡수되어 공정거래절차의 고유성을 강조하려는 입법자의 요청이 몰각될 위험이 상당하다.

이러한 소위 '공정거래절차의 사법화(司法化)'에 대한 우려는 공정위의 독립성과 관련된 논의를 통해서도 제기될 수 있다. 종래의 학설과 판례는 공정위가 형식적으로는 독립규제위원회이고 내용적으로는 경제질서 내지 경쟁질서에 대한 전문성을 확보해야 하는 이유로 조직의 일정한 독립성을 요구하고 있다. 그러나 준사법 명제는 공정위의 독립성의 의미를 헌법에서 요구되는 법관 내지 사법부의 독립성으로 간주해버린다는 문제가 있다. 공정위 내의 조사기능과 심판기능의 분리문제가 끊임없이 제기되고, 합의제 기구로서의 위원회가 그 어떠한 정책적 영향도 받지 않고 오직 사실과 규범

---

62) 본고 51-52면 참조.

에 따른 사법적 판단을 내려야 한다는 요구 또한, 공정거래절차를 법원과 동일하게 설계해야 한다는 관점에 의한 것이므로 동일한 문제를 지닌다.

그러나 역사적인 관점 내지 규범적인 관점에서 공정위의 발전과정과 공정위의 기능을 보면, 공정위의 독립성에 대한 요구가 꼭 법원의 독립성과 동일하게 파악되어야 할 근거가 존재하지 않는다. 비록 위원들의 제척제도나 대심적 심의제도와 같은 당사자주의적 요소들이 도입되었지만, 이는 공정거래절차가 수행해야 하는 다른 고유한 기능 내지 필요성으로 얼마든지 설명 가능하며, 법원 조직 및 재판절차를 그대로 도입하라는 것으로 해석될 필연적인 근거가 되지 못한다.

요컨대, 공정거래절차의 준사법 명제는 공정위의 권한과 목적 등을 일반 행정기관과 구별하여 공정거래절차의 고유성을 부각하는 기능을 수행하였지만, 준사법 명제가 갖는 사법화(司法化)의 경향으로 인해 오히려 공정거래절차를 법원의 재판절차로 흡수해버리고 그 특수성을 은폐해버리는 문제점을 갖는다. 그러나 공정거래절차의 고유성은 제3자 관련성, 경제질서 관련성 등으로 인해 여전히 유효하므로, 공정거래절차의 고유성은 그대로 강조하면서도 준사법 명제의 문제를 지니지 않는 새로운 지도원리가 도출될 필요가 있다.

(2) 공정거래절차의 객관적 기능 간과

준사법 명제의 두 번째 기능인 주관적 권리구제의 강화는 공권력 행사에 대한 기본권 보호 내지 방어권 보장, 나아가 법적으로 보장되는 사인(私人)의 권리를 보장해주는 중요한 역할을 수행한다. 특히, 공정위의 적법절차에 대한 관념이 상대적으로 약했던 과거에는 이것이 당사자의 절차적 권리를 보장하는 유의미한 기능을 수행했다고 평가할 수 있다.

그러나 공정거래절차를 준사법절차로 파악하고 그 기능을 주관적 권리구제 내지 주관적 법치주의의 실현으로만 이해하면, 공정위의 법 목적 실

현에 대한 의무 등을 반영하지 못하게 된다. 공정거래절차의 역할은 처분
당사자의 방어권을 보장하거나 피해자의 피해를 보전하는 것에 국한되지
않고, 행정규제주의 및 직권규제주의의 함의에서 엿볼 수 있는 경쟁가치에
대한 의무와 맞닿아 있다. 따라서 주관적 권리구제에 무게중심이 있는 준
사법 명제는 공정거래절차의 기능을 지나치게 좁게 파악하고, 그 객관적인
기능은 간과하는 문제가 있다.

3. 소결

이상으로 공정거래절차의 성격 내지 지도원리를 준사법절차로 이해하면
서 궁극적으로는 공정거래절차를 법원의 재판절차에 수렴시키려는 종래의
견해에 대해, 법이론적인 측면과 기능적인 측면의 비판론을 전개해보았다.
요약하자면, 법이론 측면에서는 무엇보다 준사법 개념의 의미가 우리나
라 법체계에서는 미국과 동일하게 파악될 수 없다는 점과 준사법절차 개념
이 헌법 차원에서는 공정거래절차와 맞지 않다는 점이 가장 큰 문제이다.
기능적으로는 준사법 명제가 공정거래절차의 고유성을 부각시키기보다는
오히려 법원절차에 흡수시키는 경향을 보인다는 것과 지나치게 주관적 권
리구제 중심으로 공정거래절차의 기능을 좁게 이해하게 하여, 오늘날 공정
거래절차에 요구되는 사항들을 만족스럽게 충족시키지 못하는 문제를 갖
는다.

III. 소결 : 준사법 프레임의 극복 필요성

종전의 견해들이 공정거래절차의 성격 내지 지도원리를 준사법 명제로
이해하고 설정한 핵심적인 이유는 무엇인가? 이는 상술한 바와 같이, 공정

거래절차만이 갖는 특수성을 강조하고, 이를 실현할 수 있는 절차적 원리를 도출하기 위함이었다고 보인다. 따라서 준사법 명제가 유지될 수 있는 근거 내지 정당성은 무엇보다 이를 통해 공정거래절차의 고유성이 드러난다는 점에서 도출된다.

본고가 전개한 비판론은, 종래의 견해들이 공정거래절차의 특수성을 준사법 명제를 통해 모색함으로써 발생한 부작용들을 지적하고 있다. 특히 준사법 명제가 가져온 공정거래절차의 사법화는 공정거래절차의 고유성 자체를 몰각하게 하는 문제를 야기하였는데, 그렇다면 준사법 명제는 그 기능적 의의 및 이론적 정당성을 상실하였다고 평가할 수 있다. 요컨대, 공정거래절차법의 준사법 명제는 이제 소위 하나의 도그마(Dogma)로 존속하고 있는 것이고, 공정거래절차의 고유성을 회복하기 위해서는 준사법 도그마에서 벗어날 수 있는 방법론적 전환을 모색해야 한다.

그렇다면 준사법 명제가 주는 프레임을 극복하고 공정거래절차의 지도원리를 새롭게 파악하는 방법은 무엇인가? 이를 위해서는 오랜 시간 준사법 명제에 가려져 있던 공정거래절차의 본질을 직접 파악할 수 있는 방법론이 필요하다. 즉, 그동안 준사법 명제 내지 준사법 도그마로 해결하려 했던 공정거래절차 관련 문제들을 세분화·구체화한 후, 이들을 직접 해결할 수 있는 방법론을 모색할 필요가 있는 것이다. 생각건대, 공정거래절차의 문제는 규범적 측면과 기능적 측면으로 구분할 수 있고, 궁극적으로는 공정거래절차법의 규범적 목적이 무엇인지를 탐구함으로써 그 본질을 고찰할 수 있다. 이러한 관점으로 다음 절에서는, 우선 공정거래절차법의 목적과 공정거래절차가 해결해야 하는 기능적 문제들을 정리하여, 공정거래절차법의 새로운 지도원리를 도출해보도록 한다.

다만 여기서 한 가지 강조해야 하는 것이 있다. 즉, 공정거래절차의 준사법 명제를 해체하는 본고의 논의는, 결코 공정거래규범의 위상을 떨어뜨리거나 공정위의 고유한 기능을 부정하는 의미를 갖지 않는다. 일각에서는

공정위가 준사법기관이 아니고 공정거래절차가 준사법절차가 아니라는 본
고의 주장에 대해 공정위와 공정거래절차를 일반 행정기관 내지 행정절차
와 동일하게 취급하려는 시각이 있을 수 있는데, 준사법 명제로부터 탈피
한다고 하여 행정절차법상 적용제외조항, 공정위의 규칙제정권 등 법률에
서 부여한 공정거래규범의 특수성이 변하는 것은 아니다. 오히려 공정거래
절차의 준사법 명제를 걷어내고 공정거래절차를 법원절차에 수렴시키려는
흐름으로부터 벗어남으로써, 경쟁당국으로서의 고유한 기능과 권한을 정립
하는 것이 경쟁당국의 올바른 위상을 세우고, 정확한 기능과 과제를 수행
할 수 있게 할 것이다. 더이상 준사법 명제는 공정거래규범 내지 공정위의
중요성을 부각시켜주는 프레임이 아니다.

제3절 공정거래절차법의 목적과 기능에 대한 재조명

Ⅰ. 비교법적 분석

공정거래절차의 고유한 성격과 이를 반영하는 지도원리를 모색할 수 있는 단초는 무엇인가? 즉, 공정거래절차의 본질은 어떻게 파악되어야 하는가? 이에 대해서는 독일 경쟁법 절차에 관한 논의로부터 유의미한 시사점을 도출할 수 있기 때문에, 이하에서는 독일 경쟁법 집행절차에 대해 간단히 살펴보도록 한다.

1. 독일 연방카르텔청의 카르텔법 집행

가. 개관

우선, 독일의 경쟁당국인 연방카르텔청의 조직과 집행체계를 전체적으로 조망해보도록 한다. 독일 시장경제의 경쟁질서를 보호하고 이를 위하여 시장지배적 지위남용, 부당한 공동행위 등의 금지행위를 규율한 법률은 독일 GWB이다. GWB는 우리나라 공정거래법과 마찬가지로, 실체법적 규정뿐만 아니라 그 집행과 관련한 규정까지 마련하고 있다.[63]

GWB 집행과 관련된 규정을 살피면 다음과 같다. GWB 제48조 제1항은 독일의 경쟁당국이 연방카르텔청, 연방경제에너지부, 그리고 주(州) 차원의

---

63) 독일 GWB의 주요내용에 관하여 권오승, 경제법, 2019, 120-121면 참조.

경쟁당국들이라고 밝히고 있는데, 동조 제2항의 내용에 따라 연방카르텔청이 독일의 핵심 경쟁당국이라 정리할 수 있다.[64] 독일연방카르텔청은 GWB 제51조 제1항에 따라 연방경제에너지부 소속의 독립적인 연방상급관청(selbstständige Bundesoberbehörde)으로 설치되어 있고,[65] 따라서 독일 연방카르텔청은 명실상부한 행정기관이다.

한편, 독일의 독립적 연방상급관청은 독일 기본법에 근거하여 설립가능한데, 연방카르텔청은 기본법 제87조 제3항 제1문과 제74조 제1항 제11호 등에 의하여 경제 영역의 법 집행과 경제적 지위남용의 방지를 위해 설립된 기관이다. 따라서 독일 연방카르텔청의 독립성이 갖는 의미는 이러한 독립적인 상급관청의 설립근거를 고려하여 파악되어야 한다.[66]

나. 심결부의 의결절차

독일 경쟁법 집행절차 중 특히 주목할 부분은, 연방카르텔청의 최종적인 결정이 내려지는 심결부(Beschlussabteilung)의 구성과 절차가 법원과 매우 유사하게 설계되어 있다는 것이다.

GWB 제51조 제2항 제1문에 따르면 연방카르텔청의 결정은 심결부를 통해 내려지고, 동조 제3항에 의해 심결부는 1명의 주심과 2명의 부심으로

---

64) GWB § 48 Zuständigkeit

(1) Kartellbehörden sind das Bundeskartellamt, das Bundesministerium für Wirtschaft und Energie und die nach Landesrecht zuständigen obersten Landesbehörden.

(2) Weist eine Vorschrift dieses Gesetzes eine Zuständigkeit nicht einer bestimmten Kartellbehörde zu, so nimmt das Bundeskartellamt die in diesem Gesetz der Kartellbehörde übertragenen Aufgaben und Befugnisse wahr, (⋯)

65) GWB § 51 Sitz, Organisation

(1) Das Bundeskartellamt ist eine selbstständige Bundesoberbehörde mit dem Sitz in Bonn. Es gehört zum Geschäftsbereich des Bundesministeriums für Wirtschaft und Energie.

66) Silvio Cappellari, in : Frankfurter Kommentar zum Kartellrecht, 2017, S. 3, Rn. 1-2 참조

구성된다. 그리고 통설에 의하면, 심결부의 절차는 주심과 부심이 동등한 지위에서 문제를 해결하게끔 하려는 합의제 형식을 갖는 것으로 이해되고 있다.[67][68]

　독일 경쟁법 학계에서는 이러한 심결부의 결정절차에 대해 '재판과 유사한 절차'(justiz-ähnliches Verfahren)라고 표현하며, 이는 독일 경쟁법 절차의 가장 중요한 특징이다.[69] 재판과 유사한 절차의 일반적인 의미는, 연방카르텔청의 결정 내지 의결이 행정부처의 상하계급적인 절차가 아니라 분권화된 절차 또는 주심과 부심들의 동등한 권한을 전제로 한 합의제 절차로 내려지도록 한다는 것인데, 이는 법원의 재판과정과 매우 흡사한 것이다.[70]

　GWB는 심결부의 의결절차를 위한 몇 가지 전제조건들을 규율하고 있다. 예컨대 GWB 제51조 제4항은 심결부의 주심과 부심을 종신직으로 정하고 있고, 그 자격으로서 법관 또는 고위행정직 자격을 요구하고 있는데, 실제 심결부에는 법률가와 경제학자 모두 참여하고 있다.[71] 동조 제5항은 심결부의 구성원이 사건과 관련된 경제적 이해관계를 갖지 않게 하기 위한 일련의 기피·제척 제도를 규율하고 있다.[72] 정리하면, 심결부의 세 가지

---

67) GWB § 51 Sitz, Organisation

　(2) Die Entscheidungen des Bundeskartellamts werden von den Beschlussabteilungen getroffen, die nach Bestimmung des Bundesministeriums für Wirtschaft und Energie geblidet werden.

　(3) Die Beschlussabteilungen entscheiden in der Besetzung mit einem oder einer Vorsitzenden und zwei Beisitzenden.

68) Cappellari, a.a.O., S. 5, Rn. 9 참조.

69) Rittner/Dreher/Kulka, Wettbewerbs- und Kartellrecht, 8.Aufl., 2014, S. 629, Rn. 1588; 이봉의, 독일경쟁법, 2016, 278면 참조.

70) 독일 연방카르텔청 심결부의 합의제 원칙에 관해 Langen/Bunte, Kartellrecht Kommentar, 2014, S. 1186, Rn. 15 참조.

71) 이봉의, 전게서, 278면 참조.

72) GWB § 51 Sitz, Organisation

　(4) Vorsitzende und Beisitzende der Beschlussabteilungen müssen Beamte auf Lebenszeit sein und die Befähigung zum Richteramt oder zum höheren Verwaltungsdienst

요소 즉, ① 구성원의 자격, ② 동등한 권한을 전제로 한 의사결정과정, 그리고 ③ 경제적 이해관계로부터의 독립성이 심결부의 재판과 유사한 의결절차를 위한 전제조건들이면서 현상적 모습들이다.

다. 독일 준사법절차의 목적

본고에서 독일 연방카르텔청의 심결절차를 분석하는 근본적인 이유는, 독일 경쟁당국의 심결단계에서 재판과 유사한 절차가 어떠한 목적으로 도입되었는지를 알기 위함이다.

독일 경제법 학계의 통설은, GWB 집행에 있어서 보다 높은 수준의 법치주의를 보장하기 위하여 재판과 유사한 심결절차가 도입되었다고 평가하고 있다.[73] 그러나 법치주의라는 개념은 매우 일반론적이고 그 의미는 광범위하기 때문에, 당해 개념만으로는 심결부의 의결절차를 통해 달성하려는 구체적인 목적을 파악하기가 쉽지 않다. 이와 관련해서는 오히려 독일 경쟁당국의 설립역사를 검토함으로써 보다 구체적인 단서를 얻을 수 있는 것으로 보이는바, 아래에서는 이를 심도 있게 검토하도록 한다.

(1) 카르텔규칙과 카르텔법원

독일 경쟁당국의 설립역사는 독일의 첫 경쟁당국으로 평가되는 카르텔법원(Kartellgericht)에서부터 시작된다.[74] 카르텔법원은 독일 제국경제법원

---

haben.

(5) Die Mitglieder des Bundeskartellamts dürfen weder ein Unternehmen innehaben oder leiten noch dürfen sie Mitglied des Vorstandes oder des Aufsichsrates eines Unternehmens, eines Kartells oder einer Wirtschafts- oder Berufsvereinigung sein.

73) Cappellari,in : Frankfurter Kommentar zum Kartellrecht, 2017, S. 5-6, Rn. 9; Rittner/Dreher/Kulka, Wettbewerbs- und Kartellrecht, 8.Aufl., 2014, S. 660, Rn. 1628, Rittner, Wettbewerbs- und Kartellrecht, 4. Aufl., 1993, S. 498 참조.

74) 독일 경쟁당국의 설립역사에 관하여 Edmund Ortwein, Das Bundeskartellamt – Eine politische Ökonomie deutscher Wettbewerbspolitik, 1998, S. 83-85 참조.

(Reichtswirtschfatsgericht) 소속의 특별법원이었는데, 독일의 첫 경쟁법이라 평가되는 1923년의 카르텔규칙(Kartellverordnung)[75]을 법적 근거로 하여 설립되었다. 따라서 카르텔법원의 설립목적은 자연스럽게 카르텔규칙의 목적과 관련되어 있었는데, 카르텔규칙은 제1차 세계대전 패전 이후의 독일 경제에서 만연했던 카르텔의 힘을 제한하고 안정시키면서 사업자의 남용행위를 방지하려는 목적을 갖고 있었다.[76][77] 카르텔규칙은 이를 위해 카르텔감독을 위한 권한 즉, 카르텔계약의 무효를 선언할 수 있는 권한을 카르텔법원에게 부여하였다.

그러나 당시는 독일제국의 경제성장이 중요하다는 관점이 카르텔을 방지하여야 한다는 관점보다 강하게 통용되고 있었으며, 따라서 카르텔법원의 영향력은 그리 크지 않았다.[78] 나아가 주지하다시피 1930년대는 독일에서 국가사회주의 체제하의 나치정부가 들어서게 되었고, 나치정부는 경제를 완전히 조종(Voll-Wirtschaftslenkung)하기 위하여 카르텔정책을 억압하였다. 1933년에는 카르텔강제법(Gesetz über die Errichtung von Zwangskartellen)이 제정되는 동시에 카르텔규칙의 개정을 위한 법률도 제정되었는데,[79] 이러한 흐름 속에 카르텔법원은 1938년, 제국경제법원과 함께 해체된다.[80]

---

75) 정식 명칭은 Verordnung gegen Missbrauch wirtschaftlicher Machtstellungen v. 2.11. 1023.이다. 카르텔규칙에 관해 Rittner/Dreher/Kulka, a.a.O., S. 204, Rn. 587; 권오승, 경제법, 2019, 116면 참조.

76) 독일은 다른 서유럽 국가에 비해 산업화가 늦었고 이에 따라 해외 식민지 개척 등에도 뒤늦게 뛰어드는 등, 자본주의 발전에 있어서 상당히 뒤떨어진 국가였다. 그러다 19세기 후반, 세계를 휩쓴 불황으로 인해 각국이 보호무역 정책을 시행하게 되었는데, 독일에서도 마찬가지로 보호관세정책과 국내시장 보호정책이 함께 작용하면서, 각 분야에서 카르텔이 번성하였다고 한다. 이봉의, 독일경쟁법, 2016, 15면 참조.

77) Kling/Thomas, Kartellrecht, 2.Aufl., 2016, S. 513, Rn. 2 참조.

78) 오히려 독일 제국경제부장관의 영향력이 보다 강력하였고, 카르텔정책은 국민경제정책에 의해 희석되기 마련이었다.

79) 카르텔강제법에 관하여 권오승, 경제법, 2019, 116면; 이봉의, 독일경쟁법, 2016, 22-23면 참조.

카르텔법원은 독일 경제에서의 카르텔을 해결하는 데에는 실패하였지만, 카르텔법원의 실패로 인해 경쟁당국은 독립적이어야 한다는 인식이 독일에서 처음으로 대두되었다고 한다.[81] 나아가 국가행정에 완전히 종속되었던 카르텔정책 및 카르텔법원의 역사적인 경험은, 제2차 세계대전 이후 설립되었던 연방카르텔청의 조직형태에 영향을 미쳤을 것이다. 즉, 카르텔법원의 운영에 있어서 필요로 하였던 경쟁당국의 행정부로부터의 독립성이 연방카르텔청 심결부의 형성에 반영되었을 것으로 추측할 수 있다.

(2) GWB의 제정과 3가지 근본이념들

제2차 세계대전 패전 후 독일에서는, 새로운 시대에 맞는 경쟁법을 제정하기 위한 노력이 진행되었다. 비록 전후 점령군의 경제정책 및 경쟁정책이 적지 않은 영향을 미쳤긴 하지만,[82] 1958년에 제정된 GWB는 독일 특유의 세 가지 근본이념들을 기반으로 제정되었다고 평가할 수 있다.[83][84] 그리고 여기서 말하는 GWB의 근본이념은 ① 질서자유주의 사상, ② 법적 질서원리로서의 경쟁, 그리고 ③ 사회적 시장경제이다. 독일 연방카르텔청은 GWB의 목적을 구현하기 위한 경쟁당국으로 설립된 것이기 때문에, 연방카르텔청과 집행절차의 목적을 이해하기 위해서는 독일 GWB의 근본이념들을 간단히 살펴볼 필요가 있다.

---

80) Edmund Ortwein, Das Bundeskartellamt ‒ Eine politische Ökonomie duetscher Wettbewerbspolitik, 1998, S. 58 참조.
81) Ortwein, a.a.O., S. 56-57 참조.
82) 독일에 주둔한 미국·영국·프랑스의 점령군은 정책적으로 카르텔의 해소, 경제집중의 해체를 추진하였다.
83) Edmund Ortwein, Das Bundeskartellamt ‒ Eine politische Ökonomie duetscher Wettbewerbspolitik, 1998, S. 63-71; Rittner/Dreher/Kulka, Wettbewerbs- und Kartellrecht, 8.Aufl., 2014, S. 197, Rn. 567; 이봉의, 독일경쟁법, 2016, 24면 참조.
84) 사견에 의하면 독일에서는 전후 독일의 현실과 독일만의 문제의식에 맞는 경쟁법을 제정할 수 있게 하는 사상적 동력이 있었던 것으로 볼 수 있다.

우선, 질서자유주의란 시장경제에서의 경쟁을 사적자치에 의한 제한과 시장지배력에 의한 제한으로부터 보호해야 하고, 이를 보호하는 역할이 바로 국가에 있다는 주장을 의미한다.[85] 질서자유주의의 영향으로 1949년, 소위 '요스텐 초안'이라 불리는 「성과경쟁의 보호를 위한 법률」과 「독점관리국에 대한 법률」의 초안이 제출된다. 비록 당해 법률초안들이 절대적인 카르텔금지 등의 지나치게 비현실적이고 엄격한 내용을 담고 있어서 실제로 입법화되지는 않았지만, 독일 GWB의 제정에 강력한 영향력을 발휘하였고, 그 영향은 지금도 유효하다고 평가된다.[86]

이와 더불어 경제적 경쟁을 법적인 관념으로 해석하려는 움직임이 등장하였는데, 그 관념이 바로 '법적 질서원리로서의 경쟁'이다.[87] 이는 경제법의 기본개념인 경쟁을 법적 질서원리로 상정하여, 자유원리 및 평등원리와 동일하게 헌법질서의 일부로 보장되어야 함을 나타내는 관념이다.[88] 보다 구체적으로는 인류 태초로부터 존재해왔던 '현상으로서의 경쟁'을 '법적 관념으로서의 경쟁'으로 포섭하고, 헌법으로부터 주어지는 법적 질서 내에

---

85) 질서자유주의는 발터 오이켄(Walter Eucken), 레온하르트 믹쉬(Leonhard Miksch), 알프레드 뮐러-아르막(Alfred Müller-Armack) 등의 프라이부르크 학자들이 발전시킨 사상으로서, 시장에서의 자유경쟁은 중요하지만 경쟁을 위한 전제조건은 국가가 강력한 경쟁정책으로 보호해야 한다는 주장을 펼친 바 있다. 질서자유주의의 사상에 관해 이근식, 서독의 질서자유주의 – 오이켄과 뢰프케, 기파랑, 2007 참조.

86) Kling/Thomas, Kartellrecht, 2.Aufl., 2016, S. 514, Rn. 5 참조.

87) 당해 관념은 독일 경제법 학계의 리트너 교수(F. Rittner)가 정리한 것으로서, 그의 제자인 드레어 교수(M. Dreher)가 계승하였으며, 드레어 교수의 제자인 클링 교수(M. Kling)와 토마스 교수(S. Thomas)가 발전시키고 있다. 법적 질서원리로서의 경쟁에 관하여 Michael Kling, Der funktionsfähige Wettbewerb als Schutzgut des Kartellrechts und seine Bedeutung für die europäische und deutsche Wirtschaftsverfassung, in: Rechtspolitische Entwicklungen im nationalen und internationalen Kontext (FS Friedrich Bohl zum 70. Geburtstag), 2015, S. 459-462; Rittner/Dreher/Kulka, a.a.O., S. 207-209 참조.

88) 이하 Rittner, Wettbewerbs- und Kartellrecht, 4.Aufl., 1993, S. 143-147; 이봉의, 독일 경쟁법, 2016, 34-36면 참조.

서 경쟁을 이해하려는 근본 생각을 의미한다. 당해 관념은 경제영역을 법적 질서 안으로 편입하려는 목적, 다시 말해 경제영역에서의 법치주의 원리를 실현하려는 당시 독일 입법자의 의도가 투영된 것으로 이해해야 한다. 경제에서의 법치주의는 경제적 권력으로부터 독립된 집행기관을 필요로 하기 때문에, 독립된 경쟁당국을 설립해야 한다는 주장이 파생되었다고 한다.[89]

마지막으로 사회적 시장경제(soziale Marktwirtschaft)라는 개념에 대해 간단히 살펴본다. 사회적 시장경제는 경제체제에 대한 경제·정치적인 개념으로서 순수자유시장경제와 사회주의 경제가 아닌 제3의 경제체제로서, 시장경제와 사회적 조종을 혼합한 것을 의미한다.[90] 당해 개념의 핵심은, 시장영역에 있어서도 국가의 정당한 개입은 얼마든지 허용된다는 것으로서, 특히 "사회적 시장경제의 기본법인 경쟁법"[91]의 집행을 위한 국가의 활동을 뒷받침하는 사상이다. 사회적 시장경제란 오늘날까지도 독일의 경제를 이해하는 데에 있어 매우 중요한 개념이다.[92]

(3) 독일 연방카르텔청의 설립과정과 심결부의 결정절차

독일연방카르텔청은 상술한 근본이념들을 바탕으로 제정된 GWB의 집행을 위해 1958년에 설립되었다.[93] 즉, 연방카르텔청의 설립목적과 GWB

---

89) Rittner, a.a.O., 1993, S. 147 참조.
90) 독일의 사회적 시장경제의 개념과 발전과정에 관해 Hans Tietmeyer, 60 Jahre Soziale Marktwirtschaft in Deutschland - Entwicklungen, Erfahrungen, Lehren, in: Grundgesetz und Soziale Marktwirtschaft, 2009, S. 23-31 참조.
91) Tietmeyer, a.a.O., S. 27.
92) 우리나라 헌법이 예정하고 있는 시장경제 또한 사회적 시장경제의 성격을 갖는다는 견해가 헌법학계의 다수의견이지만, 우리나라에서 언급되는 사회적 시장경제와 독일에서 인정되고 있는 사회적 시장경제는 동일한 것이 아니며 우리나라 시장경제에 맞게 재해석되어야 한다. 홍명수, 헌법상 경제질서와 사회적 시장경제론의 재고, 서울대학교 법학 제54권 제1호, 2013, 77-93면 참조.

의 목적은 일맥상통한다. 다만, 연방카르텔청의 설립과정은 순탄치 않았는데, 이는 독일 경쟁당국의 형태에 관한 정치적인 의견충돌이 있었기 때문이다.

연방카르텔청의 설립과 관해서는 법원 중심의 경쟁법 집행체계를 선택할지, 아니면 행정부 중심의 집행체계를 설계할지에 대한 정치적인 고민이 독일 내에 있었다고 한다.[94][95] 예컨대 독일 연방의회의 법률위원회(Rechtsausschuss des Deutschen Bundestages) 내지 독일 기민당(CDU) 및 기독교사회연합(CSU)는 모두 미국식의 경쟁법 집행체계를 도입하기 원하였지만, 연방경제성 장관과 프랑크푸르트 경제성장관, 그리고 연방수상은 행정적 집행을 선호하였다.[96]

이러한 정치적 대립은 GWB 제정 자체를 위협하기도 하였지만, 극적인 정치적 타협으로 인하여 행정부적 성격을 가진 연방카르텔청이 설립되게 되었다.[97] 그리고 그 타협은 연방카르텔청의 결정과정의 방법론에 반영되

---

93) Klaus Weber, Geschichte und Aufbau des Bundeskartellamtes, in: Zehn Jahre Bundeskartellamt, 1968, S. 264 참조.

94) Edmund Ortwein, Das Bundeskartellamt – Eine politische Ökonomie duetscher Wettbewerbspolitik, 1998, S. 65-67 참조.

95) 미국의 반독점법 집행현실을 조사하기 위한 조사위원회가 미국에 파견되기도 하였다. 그 조사위원회의 수장은 Franz Böhm이었으며, 위원회의 결과보고서는 Vorläufiger Bericht der deutschen Kommission zum Studium von Kartell- und Monopolfragen in den Vereinigten Staaten. Beilage zu, Bundesanzeiger Nr. 250 vom 29.12.1950.이다. 당해 조사위원회는 미국의 법문화의 영향으로 미국 반독점법은 법원의 판례에 의해 집행된다는 사실을 밝힌 바 있다고 한다. 조사위원회 보고서에 따르면, 미국 측에서도 미국 반독점법 집행의 문제를 지적하며, "독점 관련된 문제는 법원에 맡길 것이 아니라, 행정적으로 처리되어야 한다"는 의견을 제시하였다고 한다. 이는 반독점법의 집행을 위해서는 법관들이 기업경영의 문제에 개입하여야 하고, 이 문제에 있어서 법관은 적임이 아니라는 이유 때문이었다고 한다. Ortwein, a.a.O., S. 65-66 참조.

96) 당시 독일의 연방경제성 장관은 Günther, 프랑크푸르트 경제성장관은 Erhart였으며, 연방수상은 Adenauer였다.

97) Ortwein, a.a.O., S. 67 참조.

었는데, 카르텔청 내에 법원과 유사한 절차 즉, 준사법절차를 설계하고, 이를 통해 행정부의 일방적인 결정절차 대신 심결부를 통한 시민적인 의결절차를 도입하는 것이 그 핵심이었다.

(4) 소결

역사적인 사실은 법적 논의에 있어 당위적 구속력을 발휘하지는 않지만, 충분한 사실적 근거를 제공해준다. 따라서 이상의 논의를 종합하면, 독일카르텔청 심결부의 의결절차를 법원과 유사하게 설계한 것의 목적을 다음과 같이 정리할 수 있다.

우선, 심결부에서의 법원과 유사한 절차는 정치권력 내지 행정권력으로부터의 독립을 꾀하기 위한 것이다. 이는 상술한 카르텔규칙과 카르텔법원의 실패와 좌절로부터 도출될 수 있다. 다음으로 법원과 유사한 결정절차 형식은, 강력한 법치주의의 실현을 목적으로 한다. 이는 질서자유주의, 법적 질서원리로서의 경쟁, 사회적 시장경제라는 GWB의 근본원리와 관련되어 있다. 마지막으로, 심결부의 의결절차는 경제적 이해관계로부터의 독립을 위해 설계된 것인데, 이는 경제영역에 대한 법치주의 실현이라는 목적에서 파생되어 나온 것이다.

요컨대, 독일 연방카르텔청 심결부의 특수한 의결절차는 ① 정치권력으로부터의 독립, ② 경제권력으로부터의 독립, 그리고 ③ 경제영역에의 법치주의 실현이라는 목적을 통해 설계된 것이다.

2. 공정거래절차에의 시사점

이상의 논의를 통하여, 제2차 세계대전 이후의 독일에서는 자국의 현실 및 시대적 요구에 맞는 경쟁법과 이를 집행하는 경쟁당국에 대해 치열하게 고민이 있었음을 엿볼 수 있다.[98] 그리고 독일 경쟁당국의 설치 및 심결부에 의한 준사법절차의 도입과정은 과거 카르텔법원의 실패경험, 2차 대전 이후 독일 GWB 제정의 근본원리들, 그리고 연방카르텔청의 조직형태와 관련된 정치적인 충돌과 타협과정 등, 경쟁법의 목적과 기능을 둘러싼 독일 특유의 고민과 정책결정의 산물이라는 것을 알 수 있다. 요컨대, 독일 경쟁법 집행절차의 특수한 형태는 독일 경쟁법이 추구하는 목적과 이에 부여된 시대적 사명에 따라 형성된 것이다.

상술한 독일법에 대한 검토는, 경쟁법 절차와 관련된 논의의 핵심에는 경쟁법의 목적이 있다는 것을 보여준다. 이를 통하여 우리나라 공정거래절차에 있어서도 그 성격과 지도원리는 공정거래법의 목적과 과제로부터 모색될 수 있다는 시사점을 도출할 수 있다. 즉, 공정거래절차에 관한 문제는 결국 공정거래법의 본질인 그 법적 목적으로부터 고찰되어야 한다.

따라서 이하에서는 공정거래법의 목적을 정리한 후, 이를 통해 도출되는 공정거래절차법의 목적과 구체적 기능을 검토하여 공정거래절차법의 지도원리를 도출하기 위한 토대를 닦고자 한다.

Ⅱ. 공정거래법의 목적

1. 논의의 전제

가. 절차법과 실체법의 연관성

법이론의 일반론에 따르면, 절차법의 목적은 해당 절차를 통해 집행하려는 실체법의 목적과 맞닿아 있다. 따라서 절차법의 목적을 파악하기 위해

---

98) 사견으로는 질서자유주의, 법적 질서원리로서의 경쟁, 사회적 시장주의는 단순한 과거의 관념이 아니라, 독일 경쟁법 제정을 위한 고민의 흔적을 보여주는 중요한 단서이며 그 근본원리라 할 것이다.

서는 그 실체법의 목적을 파악해야 한다.[99] 이러한 일반론은 공정거래절차
의 고유한 목적을 밝혀야 한다면, 공정거래법의 목적을 규명할 필요가 있
다는 비교법적 분석의 시사점을 뒷받침해준다.[100]

공정거래법 또는 경쟁법의 목적에 대해서는 우리나라뿐만 아니라 미국
과 유럽, 독일 등에서 다양한 논쟁들이 진행되었다. 이는 그만큼 경쟁법의
목적을 일의적으로 상정하는 것이 쉽지 않으면서도, 각국의 경제상황과 법
현실에 맞는 다양한 목적이 있을 수 있다는 것을 보여준다. 마찬가지로 우
리나라 학계와 실무에서는 그 동안 공정거래법의 목적에 대한 논의가 축적
되어 왔는데, 본고에서는 이를 크게 개념적인 측면과 규범적인 측면, 그리
고 역사적인 측면으로 구분하여 검토하고자 한다.

나. 검토의 방법론

공정거래법의 목적은 다양하게 파악될 수 있을 것이지만, 상술하였듯이
본고는 개념적 접근과 규범적 접근, 그리고 역사적 접근을 그 방법론으로
사용한다.

공정거래법의 목적을 살피는 데에 있어 가장 핵심이 되는 것은 법률상의
목적조항인 동법 제1조이고, 개념적 접근은 바로 동법 제1조의 경쟁개념을
중심으로 목적을 분석하는 방법론이다. 나아가 공정거래법의 목적을 해석
하기 위해서는 헌법과 경제법, 그리고 공정거래법과의 관계까지 살필 필요
가 있는데, 이를 종합적으로 살펴보는 방법이 규범적 접근이다. 마지막으로

---

99) 절차법과 실체법의 목적의 상호관계성에 관해 Caron Beaton-Wells, Substance and
process in competition law and enforcement. (Why we should care if it's not fair),
in: Procedural Fairness in Competition Proceedings(Edit. by P. Nihoul, T. Skoczny),
2015, pp.3-43 참조.

100) 경쟁법에서도 금지요건을 정한 실체법과 제재 관련 규정을 정한 절차법이 깊은 연관
관계에 있다는 견해로 Kamann/Ohlhoff/Völcker, Kartellverfahren und Kartellprozess,
2017, § 2, S. 11-12, Rn. 10.

역사적 접근은 공정거래법의 제정 및 개정 역사를 통해 법의 목적을 우리나라 시장경제에의 시대적 요구와 관련하여 파악하는 방법이다. 공정거래법의 역사적 측면을 살펴봄으로써 우리나라 시장경제에서 입법자가 공정거래법에 어떠한 역할과 기능을 부여하였는지를 보다 상세하게 파악할 수 있다. 한편, 우리나라 경쟁당국인 공정위의 설립과 발전과정은 공정거래법에게 부여된 역할이 구체적으로 어떠한지를 엿볼 수 있는 자료가 되므로 함께 검토할 필요가 있다.

한 가지 언급할 것은 공정거래법의 목적에 관해서는 각국 경쟁법 내지 반독점법의 보편성과 우리나라 상황의 특성으로 인한 공정거래법의 특수성을 함께 고려해야 한다는 점이다. 전자는 다른 나라에서 보이는 보편적인 경쟁법 규범의 발전이 우리나라에도 어떻게 실현되었는지 살피는 것이고, 후자는 우리나라 시장경제의 특수성에 맞는 고유한 공정거래법의 기능을 밝히는 것이다. 공정거래법의 목적을 정확하게 파악하기 위해서는 양자를 구분하여 논의하는 것이 필요하다.

2. 공정거래법의 목적에 대한 분석

가. 개념적 분석

(1) 공정거래법 제1조의 목적조항

공정거래법은 제1조에서 목적조항을 마련하고 있다. 공정거래법 제1조는 "이 법은 사업자의 시장지배적 지위의 남용과 과도한 경제력의 집중을 방지하고, 부당한 공동행위 및 불공정거래행위를 규제하여 공정하고 자유로운 경쟁을 촉진함으로써 창의적인 기업활동을 조장하고 소비자를 보호함과 아울러 국민경제의 균형있는 발전을 도모함을 목적으로 한다."고 규율하고 있다.

공정거래법의 목적조항은 1980년 동법이 제정된 이후, 단 한 번도 개정된 적이 없다.[101] 이에 대해서는 복잡다양하게 변화하고 있는 경제현실을 반영하지 못하고 있다는 비판적인 시각도 있지만, 다른 한편으로는 법 제1조에서 천명하고 있는 공정거래법의 목적이 우리나라 경제질서에서 실현되어야 한다는 법적 요청이 그만큼 강하다는 뜻으로 해석될 수 있다.[102]

그렇다면 법 제1조 내용의 의미를 정확하게 파악하는 것이 매우 중요한데, 문언적으로는 당해 조항의 내용을 세 가지 부분으로 구분할 수 있다. 통설에 의하면, '시장지배적지위의 남용과 과도한 경제력의 남용을 방지하고 부당한 공동행위 및 불공정거래행위를 규제'하는 부분을 수단 부분으로, '공정하고 자유로운 경쟁을 촉진'을 직접적 목적 부분으로, 나머지 '창의적인 기업활동을 조장하고 소비자를 보호함과 아울러 국민경제의 균형 있는 발전을 도모'한다는 부분을 궁극적 목적 부분으로 구분한다.[103] 이 중 수단 부분에 대해서는 공정거래법의 규제수단을 나열한 것으로 이해하는데에 문제가 없지만, 직접적 목적과 궁극적 목적 부분과 관해서는 추가적인 논의가 필요하다.

(2) 공정하고 자유로운 경쟁

법 제1조에 규율된 공정거래법의 직접적 목적인 '공정하고 자유로운 경

---

101) 올해 마련된 공정거래법 전면개편안에도 제1조는 문구의 개정없이 그대로 유지되었다. 공정거래법 전면개편 특위의 최종보고서에서는 헌법 제119조 제2항의 규정을 충실하게 반영하여 수정하는 방안이 논의되었지만, 구체적인 개정방안에 대해서는 합의가 도출되지 않았다고 밝히고 있다. 공정거래위원회, 공정거래법 전면개편 특별위원회 최종보고서, 2018, 11면 참조.

102) 법률에서의 목적조항의 의의와 역할에 관해 H. Höger, Die Bedeutung von Zweck-bestimmungen in der Gesetzgebung der Bundesrepublik Deutschland, 1976 참조.

103) 권오승, 경제법, 2019, 79-86면; 신동권, 독점규제법, 2016, 6-7면; 신영수, 독점규제법의 목적에 관한 재고, 법학논고 제37집, 2011, 371-373면; 신현윤, 경제법, 2017, 138면; 홍명수, 경제법론 Ⅳ, 2018, 51면 참조.

쟁'의 문언을 통해 알 수 있는 것은, 공정거래법이 촉진 내지 보호하고자
하는 핵심 대상은 '경쟁' 내지 '공정하고 자유로운 경쟁'이라는 점이다. 일
반적으로 시장경제를 지탱하는 규범적 토대는 사유재산권, 계약자유, 그리
고 경쟁이라고 이해되는데,104) 여기서 말하는 경쟁이 바로 공정거래법이
보호하고자 하는 경쟁이다. 즉, 시장경제의 기초가 되는 규범적 경쟁이야말
로 공정거래법이 보호하고자 하는 핵심 목적이다.

　공정거래법은 공정경쟁과 자유경쟁의 의미를 적극적으로 정의하고 있지
않다. 그렇지만 일반적으로 자유경쟁이란 시장에 참여하는 사업자들이 국
가의 간섭 없이 자유롭게 사업을 영위하고 가격을 설정하며 시장에 진입하
고 퇴장하는 것을 의미하고, 공정경쟁은 사업상의 장점들을 통한 경쟁을
의미한다고 정리할 수 있다.105)

　나아가 '공정하고 자유로운 경쟁'이라는 문언은, 공정거래법이 시장에서
의 자유와 공정이라는 가치 또한 보호한다는 것을 보여준다. 특히 시장에
서의 공정은 자유경쟁의 결과가 정당성을 얻기 위한 전제조건으로서, 경제
주체들이 가급적 대등한 조건과 기회 속에서 경쟁하고 거래할 수 있도록
해야 한다는 의미를 갖는다.106)107) 자유경쟁의 의미는 공정거래법뿐만 아
니라 외국의 경쟁법제에서도 언제나 중시되어 왔지만, 그에 반해 공정경쟁
내지 공정의 문제는 간과되어 왔다. 그러나 공정거래법 제1조에서 공정하
고 자유로운 경쟁을 그 보호목적으로 명시하고 있는 점, 시장에서의 자유

---

104) 이봉의, 질서정책적 과제로서의 경쟁 – 과거와 미래, 경쟁법연구 제23권, 2011, 195
　　면 참조.
105) 권오승·서정, 독점규제법 – 이론과 실무, 2018, 16면 참조.
106) 이하 이봉의, 공정경제를 위한 공정거래법의 운용방향, 법연 제60권, 2018, 20면 참조.
107) 중요한 것은 공정경쟁과 자유경쟁은 서로 대립하는 개념이 아니라는 점이다. 자유경
　　쟁의 '자유'라는 개념은 자유방임적 의미를 가진 개념이 아니고, 오히려 '공정'을 바
　　탕으로 한 개념으로 이해될 수 있다. 경쟁에 있어서 자유와 공정의 관계에 관하여
　　이봉의, 공정거래법상 방해남용의 해석과 경제적 접근방법, 시장경제와 사회조화(남
　　천 권오승 교수 정년퇴임기념논문집), 2015, 133-134면.

와 공정이 함께 추구되어야 시장경제의 정당성이 확보될 수 있다는 점, 그리고 최근 들어서는 공정경제에 대한 시대적 요구가 강하게 분출되고 있다는 점을 고려하면, 공정경쟁이라는 가치는 자유경쟁과 동일하게 중시되어야 한다.[108)109)]

(3) 규범적 경쟁개념 : 기능적 경쟁

이상을 정리하면 공정거래법 제1조의 내용 중 핵심적인 것은 결국 공정하고 자유로운 경쟁이고, 공정거래법은 결국 시장경제를 위한 규범적 경쟁을 보호법익으로 하는 법이라는 점이다. 나아가 공정거래법이 다루는 경쟁에는 공정경쟁과 자유경쟁이 포함되고, 공정과 자유라는 가치도 함께 고려된다.

자유경쟁과 공정경쟁의 의미를 상술한 바와 같이 간략히 정리할 수 있지만, 여전히 경쟁은 다분히 다의적인 개념이기 때문에, 경쟁을 보호한다는 공정거래법의 목적을 보다 명확히 이해하려면 경쟁이론의 검토를 통하여 공정거래법상의 경쟁개념(Begriff) 내지 관념(Konzept)을 어느 정도 확정할 필요가 있다.[110)] 본고에서는 경쟁이론에서 발전한 다양한 경쟁개념 중 일견 '기능적 경쟁'(der funktionsfähiger Wettbewerb)의 개념이 규범적으로 수용가능하다는 것을 논증하고자 한다.

경쟁이론은 애덤 스미스(A. Smith)가 주창한 고전파의 경쟁개념부터 최

---

108) 현행 공정위의 불공정거래행위 심사지침은 불공정거래행위의 위법성을 경쟁제한성으로 파악하거나, 불공정거래행위를 하는 사업자가 시장에서 일정한 지배력을 가져야 한다는 취지로 규정되어 있는데 사견으로는 이에 관해 공정경쟁의 의미와 불공정거래행위의 위법성 판단기준에 대한 본질적 재고가 필요하다. 同旨 이봉의, 공정경제를 위한 공정거래법의 운용방향, 법연 제60권, 2018, 22면 참조.
109) 최근 불공정거래행위의 위법성에 관한 학술논문으로 정주미, 공정거래법상 불공정거래행위의 위법성에 관한 연구, 서울대학교 법학박사논문, 2018.
110) 同旨 정호열, 경제법, 2019, 59면.

근 미국의 포스트 시카고 학파까지 일련의 발전과정을 거치면서, 다양한 경쟁개념과 함께 그에 따른 경쟁법의 역할을 제시하고 있다.111) 경쟁개념 은 일견 완전경쟁, 유효경쟁, 가격이론, 효율성과 같은 정태적으로 경쟁을 파악하는 견해와 경제적 자유, 과정으로서의 경쟁, 경쟁의 기능, 경쟁의 자 유와 같이 동태적으로 경쟁을 파악하는 견해로 구분할 수 있다. 다만, 정태 적 경쟁개념은 복잡다양하게 상호작용하고 계속해서 변화하는 현실의 경 제 상황이나 경쟁의 진화적·발전적인 측면을 반영하지 못하고, 결과론적인 판단기준만을 제시하기 때문에 규범적 경쟁개념으로 수용하기 어렵다.

따라서 규범적으로는 경쟁의 동태적 개념만이 상정 가능할 것인데, 공정 거래법은 일견 '기능적 경쟁'(der funktionsfähiger Wettbewerb)으로서의 경 쟁개념을 수용하고 있는 것으로 해석할 수 있다. 여기서 말하는 기능적 경 쟁이란, 독일의 칸첸바흐(Erhard Kantzenbach)가 주장한 동태적인 경쟁개념 중의 하나로서 경쟁이 달성해야 하는 임무 내지 기능을 통해 도출되는 개 념이다.112) 보다 구체적으로 칸첸바흐는 경쟁의 기능을 능률에 따른 소득

---

111) 경쟁정책이론의 발전과정에 관하여 Romy Nicole Fleischer, Die Dynamik des Wettbewerbsschutzes im US-amerikanischen, europäischen und australischen Kartellrecht, 2013, S.14-23; Michael Kling, Das funktionsfähige Wettbewerb als Schutzgut des Kartellrechts und seine Bedeutung für die europäische und deutsche Wirtschaftsverfassung, in: Rechtspolitische Entwicklungen im nationalen und internatonalen Kontext (FS Friedrich Bohl), 2015, S.441-455; Ingo Schmidt, Wettbewerbspolitik und Kartellrecht, 9.Aufl., 2012, S. 3-30 참조.

112) 칸첸바흐의 기능적 경쟁개념은, 미국의 John M. Clark의 '유효경쟁이론, workable competition'에서 파생되었다고 알려져 있는데, 본고에서는 칸첸바흐의 이론 중 경제 적 목적을 위한 수단으로 파악한 측면을 강조하고자 하는 것이므로, 클라크의 유효 경쟁 개념과는 상이하게 경쟁기능 개념을 파악하고자 한다. 칸첸바흐의 기능적 경쟁 에 관하여 Norbert Eickhof, Die Hoppmann-Kantzenbach-Kontroverse; Darstellung, Vergleich und Bedeutung der beiden wettbewerbspolitischen Leitbilder, 2008, S. 2-8.: Kling, Das fuktionsfähige Wettbewerb als Schutzgut des Kartellrechts und seine Bedeutung für die europäische und deutsche Wirtschaftsverfassung, in: Rechtspolitische Entwicklungen im nationalen und internatonalen Kontext (FS

분배, 소비자 주권의 실현, 최적의 생산요소 할당, 적응 유연성, 상품 및 생산과정의 혁신을 통한 기술발전이라는 경제적 목적을 달성하는 것으로 제시하였다.[113] 내용의 타당성은 차치하고 방법론적인 측면으로만 기능적 경쟁을 정의하면, 기능적 경쟁이란 시장경제의 일정한 기능을 실현하기 위한 수단으로서의 경쟁, 또는 일정한 경제적 목적을 달성하기 위한 기능으로서의 경쟁으로 정의할 수 있다.[114]

기능적 경쟁개념이 공정거래법에 상정 가능한 이유는 우선, 공정거래법 제1조의 문언이 보이는 구조 즉, '공정하고 자유로운 경쟁을 촉진함으로써, (…) 국민경제의 균형있는 발전을 도모함을 목적으로 한다'는 논리적 구조에 부합한다는 것이다. 즉, 기능적 경쟁개념은 경쟁 자체도 보호가치로서 중요하지만, 경쟁을 촉진하고 보호하는 것은 국민경제의 발전이라는 상위 목적달성을 위한 것이라는 동법 제1조의 문언을 충실히 반영하는 개념이다. 나아가 기능적 경쟁개념은 후술하는 경제헌법 및 경제법상의 원리와 연관된 공정거래법의 규범적 구조, 다시 말해 헌법상 경제질서를 실현하기 위한 경제법 내지 공정거래법의 의미를 논리적으로 뒷받침해줄 수 있는 개념이다. 나아가 우리나라 경제현실에서 공정거래법상 경쟁보호를 통해 해결해야 하는 문제들이 매우 다양한데, 기능적 경쟁개념은 현실적 문제들의 해결 가능성을 열어둔다는 측면에서 실천적 의미를 가질 수 있다는 장점이 있다.

Friedrich Bohl), 2015, S. 444-448 참조.

113) Ingo Schmidt, Wettbewerbspolitik und Kartellrecht, 9.Aufl., 2012, S.14-17 참조.

114) 이러한 칸첸바흐의 기능적 경쟁에 대한 반대의견으로는 호프만의 경쟁의 자유이론이 있다. 칸첸바흐와 호프만의 경쟁개념을 둘러싼 이론적 논쟁에 관하여 Eickhof, a.a.O., S. 16-24; 박영수, 오늘날의 관점에서 본 호프만-칸첸바흐 논쟁, 질서경제저널 제18권 제1호, 2015, 45-68면; 이봉의, 독일경쟁법, 2016, 5면, 12면 참조.

(4) 소결

경제법 학계에서는 경쟁의 개념을 적극적으로 정의하는 것은 불가능할 뿐더러 이를 시도하는 것이 경쟁의 자유를 제한하는 측면이 있기 때문에 당위적으로도 타당하지 않다는 견해가 지배적이다.[115] 오히려 그보다는 경쟁을 제한하는 행위가 무엇인지, 그리고 공정한 거래를 저해하는 행위가 무엇인지를 따져 법을 운용하는 것이 타당하다는 것이다.

그러나 이러한 견해는 일견 문제되는 행위의 경쟁제한성 내지 경쟁제한 효과를 판단함에 있어서는 유효할지 몰라도, 다음과 같은 이유에 따라 공정거래법상 경쟁개념에 관한 고민은 필요하다.[116] 즉, 공정거래법 위반행위의 위법성은 이익형량을 통한 부당성 판단에 의해 결정된다는 점, 형량요소에 어떠한 요소들까지 포함시키는 것인지는 동법의 보호목적인 경쟁의 관념에 따라 상이한 결론이 내려질 수 있다는 점 등을 고려하면, 경쟁개념에 관한 논의의 필요성은 충분히 인정될 수 있는 것이다. 또한, 공정거래절차와 관련해서는 경쟁의 개념을 고민하지 않고 경쟁제한의 의미만을 고려한다면 공정거래절차의 기능을 법 위반의 적발 및 제재 부과라는 역할로 좁게 해석하는 오류를 범할 수 있다. 즉, 공정거래절차는 경쟁주창과 같은 적극적인 경쟁촉진절차까지 포괄하고 있는 것이기 때문에, 이 경우에는 무엇을 위하여 어떠한 관념의 경쟁을 촉진시킬 것인지에 대해 고민되어야 하고, 여기서 적극적인 경쟁기능 개념의 필요성이 대두된다.

상술한 '기능적 경쟁'개념을 공정거래법상 규범적 경쟁개념으로 수용한다면, 동법의 궁극적 목적은 공정거래법상 경쟁기능이 달성하려는 경제적 목적이 무엇인지를 파악함으로써 정립될 것이다. 공정거래법의 궁극적 목적은 일견 동법 제1조의 국민경제의 균형적 발전이라는 개념에서 드러나는

---

115) 권오승, 경제법, 2019, 136-137면; 권오승·이봉의 등 8인 공저, 독점규제법, 2018, 32면 참조(황태희 교수 집필부분).

116) 경쟁법상 경쟁에 대한 논의의 필요성에 관하여 정호열, 경제법, 2019, 59면 참조.

데, 이를 보다 구체적으로 이해하기 위하여 공정거래법의 목적에 대한 규범적 분석과 역사적 분석을 진행하도록 한다.

나. 규범적 분석

공정거래법 목적에 대한 규범적 분석은, 동법 제1조의 목적조항을 공정거래법의 경제법 및 헌법과의 관계에서 파악하는 분석방법이다.[117] 법체계적 관점으로는 '(경제)헌법-경제법-공정거래법'으로 이루어지는 규범체계를 상정할 수 있다. 여기서 일견 헌법과 공정거래법의 관계를 이어주는 역할을 하는 것은 바로 경제법이므로, 규범적 분석에 있어서 핵심이 되는 대상도 경제법이 된다. 이하에서는 경제법의 개념과 핵심원리를 검토하도록 한다.[118]

(1) 경제법과 경제헌법

학계의 통설은, 경제법을 '국민경제 질서를 정당하게 형성하기 위하여 경제를 규제하는 법규범과 법제도의 총체'[119] 내지 '규범적으로 올바른 경제질서 형성을 위한 법체계'[120]로 정의하고 있다. 그리고 여기서 말하는 정당한 경제질서 내지 규범적으로 올바른 경제질서란 헌법에서 예정하고 있는 경제질서에 다름 아니다.

따라서 경제법은 헌법상 경제질서 내지 경제헌법과 밀접한 관련을 갖고 있다. 우리나라 헌법에서 경제질서와 관련되어 있는 규정은 헌법 전문, 제

---

117) 공정거래법의 목적이 헌법에서 도출되고 헌법으로부터 정당성을 갖는다는 견해로 이봉의, 공정거래법상 방해남용의 해석과 경제적 접근방법, 시장경제와 사회조화(남천 권오승 교수 정년퇴임기념논문집), 2015, 132면 참조.

118) 경제법이라는 개념은 독일, 유럽 등의 대륙법계에서 발전된 것으로서, 영미법계에서는 잘 사용하지 않는 개념이다. 경제법 개념의 의미와 성립과정에 관하여 Fritz Rittner(권오승 역), 경제법의 이론과 체계, 서울대학교 법학 제31권 제3호, 1990, 164-167면; 신현윤, 경제법, 2017, 5-10면 참조.

119) 권오승, 경제법, 2019, 12면; 신현윤, 전게서, 11면 참조.

120) 이봉의, 경제법, 서울대학교 법학 제58권 제1호 [별책], 2017, 374면.

15조(직업선택의 자유), 제23조(재산권), 제37조 제2항(공공복리를 위한 기본권 제한), 제119조(경제조항) 등이 있으며, 이 중 핵심조항인 제119조를 중심으로 헌법상 경제질서가 해석될 수 있다. 본고에서는 우리나라 헌법상 경제질서가 경제주체들의 무제한적인 개인적 자유를 보장하는 경제질서는 아니며, 개인과 공동체가 상호연관 속에서 균형을 추구하도록 하는 경제질서를 예정하고 있다는 정도만 정리하도록 한다.[121][122]

요컨대, 우리나라 경제법은 헌법이 예정하고 있는 개인과 공동체의 상호연관 속에서 균형있는 성장과 안정을 추구하는 경제질서를 형성하는 것에서 그 규범적 근거를 가지며, 경제법 영역에 속하는 공정거래법 또한 이와 연관되어 있다.

(2) 경제법의 기본원리

경제법의 기본원리는 독일에서 진행되었던 오랜 기간의 경제법 개념논쟁에서 도출할 수 있는 것으로서,[123][124] 크게 세 가지 즉, ① 경제헌법, ②

---

121) 이러한 모습은 계약자유원칙에 대한 헌법적 접근을 통해 단적으로 드러난다. 국민의 계약자유는 헌법 제10조의 인간의 존엄과 행복추구권 조항과 관련되어 있는 계약자유권으로 파악되고 있고, 헌법 제10조에서 예정하고 인간상은 개인과 공동체를 함께 고려하는 인간이므로, 계약자유가 기본이 되는 경제질서 또한 개인 및 공동체가 상호연관되어 있는 경제질서로 파악하는 것이 타당할 것이다. 헌법 제10조의 인간상에 대한 헌법재판소 결정례로서는 헌법재판소 2003.10.30. 선고 2002헌마518 결정 등.

122) 이와 관련되어 참고할 만한 헌법상 경제질서는 독일 바이마르 헌법상의 경제질서이다. 바이마르헌법 제151조는 "경제생활의 질서는 만인의 인간다운 생활을 보장하는 정의의 원칙에 합당해야 한다. 개인의 경제적 자유는 이러한 한계 내에서 보장되어야 한다"고 규정되어 있었다. 바이마르헌법의 경제조항에 관해 송석윤, 바이마르헌법과 경제민주화, 헌법학연구 제19권 제2호, 2013; 송석윤, 경제민주화와 헌법질서, 서울대학교 법학 제58권 제1호, 2017 참조.

123) 독일의 경제법 개념논쟁에 관하여 권오승, 경제법의 의의와 본질, 경희법학 제23권 제1호, 1988, 94-101면 참조.

124) 한편, 독일 바이마르 시대의 경제법 개념에 관한 문헌으로 Clemens Zacher, Die Entstehung des Wirtschaftsrechts in Deutschland, 2002.

사익과 공익의 형량, ③ 국민경제적 관점으로 파악될 수 있다. 이 중, 경제헌법 원리는 상술한 바와 같이, 경제법의 정당성 내지 효력근거는 헌법에서 예정된 경제질서에서 찾을 수 있다는 것이고, 사익과 공익의 형량 원리는 경제법이 주로 사인(私人)에게 국가가 금지를 가하는 형태로 존재하기 때문에[125] 이익형량에 있어서 사익과 공익을 함께 고려해야 한다는 법적 판단의 기본구조를 밝힌 것으로 정리할 수 있다.

경제법의 기본원리 중에서 가장 핵심적인 것은 국민경제적 관점이다.[126] 국민경제적 관점은 한때 국가가 경제를 통제·조종하는 수단으로 경제법을 운용하였을 때의 시각으로 이해되었지만,[127] 오늘날 우리나라 법체계에서는 헌법 제119조상의 경제헌법적 가치인 '균형있는 국민경제의 성장과 안정'을 뜻하는 것으로 파악되어야 한다. 그리고 이는 공정거래법 제1조상의 '균형있는 국민경제의 발전'이라는 문언과 일맥상통한다.[128] 요컨대, 국민경제적 관점은 헌법-경제법-공정거래법이라는 규범적 체계를 이어주는 연결고리 역할을 하는 내용이면서 공정거래법이 보호하는 경쟁기능이 추구해야 하는 궁극적인 목적으로 이해할 수 있다.

---

125) 경쟁법의 목적실현에 있어서 '금지'라는 방법이 그 핵심이라는 견해로는, Karsten Schmidt, Kartellverfahrensrecht- Kartellverwaltungsrecht- Bürgerliches Recht, 1977, S. 8.

126) 이를 엿볼 수 있는 문헌으로 Rittner/Dreher, Europäisches und deutsches Wirtschaftsrecht, 3.Aufl., 2008, S. 20-21, § 1, Rn. 66; 권오승, 경제법, 2019, 18-19면; 신현윤, 경제법, 2017, 11-12면; 심재한, 경제법과 공정거래법 및 私法의 관계, 경제법연구 제8권 제1호, 2009, 8면.

127) Gerd Rinck, Wirtschaftsrecht: Wirtschaftsverfassung, Wirtschaftsverwaltung, Wettbewerbs- und Kartellrecht, 4. Aufl., 1974 참조.

128) 경제법적 규범들의 목적조항 중 궁극적 목적의 내용으로는 주로 '국민경제'와 관련 내용이 규율되어 있다. 이에 관하여 신영수, 독점규제법의 목적에 관한 재고, 법학논고 제37집, 2011, 373-375면; 신현윤, 전게서, 14면 참조.

(3) 소결

이상의 논의를 통해 정리될 수 있는 공정거래법의 규범적 목적은 앞서 개념적 분석에서 도출된 '기능적 경쟁'과 그리고 '국민경제의 균형있는 발전'이라는 두 가지 핵심개념으로부터 다음과 같다. 즉, 공정거래법은 시장경제를 지탱하는 규범적 요소인 경쟁을 보호하는 법이다. 공정거래법은 사업자들의 자유경쟁뿐만 아니라 그 기반이 되는 대등한 경쟁조건 내지 거래조건을 마련하는 공정성을 보호하는 것을 목적으로 하는데, 이는 일정한 경제적 목적을 달성하기 위한 일종의 기능적 성격을 갖는다. 그리고 그 궁극적인 경제적 목적은 바로 국민경제의 균형있는 발전이라는 경제헌법 가치의 실현이다.

국민경제적 측면을 고려하는 공정거래법의 규범적 목적을 고려하면, 공정거래법이 공정하고 자유로운 경쟁을 보호함에 있어 고려해야 하는 이익의 범위는 법 위반 사업자의 이익, 법 위반행위를 당한 상대방 내지 피해자의 이익, 그리고 이로 대한 간접적인 영향을 받는 사업자들과 소비자의 이익에 국한되지 않는다. 여기에는 국민경제의 균형있는 발전과 관련된 이익이 포함된다 할 것이다. 다만, 국민경제적 관점의 이익의 범위는 무제한적으로 확장되어서는 안 되고, 법률에 정해진 이익으로 한정되어야 한다.[129]

결론적으로 개념적 차원과 규범적 차원에서 파악된 공정거래법의 목적

---

129) 예컨대 공정거래법 제7조 제2항 제1호는 기업결합 금지의 예외요건으로 '효율성 증대효과'를 규정하고 있는데, 동조 제5항의 위임에 따라 제정된 「기업결합 심사기준」에서는 이를 다시 '생산판매연구개발 등에서의 효율성 증대효과'와 '국민경제 전체에서의 효율성 증대효과'로 구분하고 있어, 국민경제적 관점의 이익이 무엇인지 간접적으로 나타내고 있다. 이에 따르면 고용의 증대, 지방경제의 발전, 전후방 연관산업의 발전, 에너지의 안정적 공급, 환경오염의 개선 등이 국민경제 전체에서의 효율성 증대효과로 판단될 수 있다. 동일한 논리는 공정거래법 제19조 제2항에서 부당한 공동행위 인가요건으로 산업합리화, 연구·기술개발, 불황의 극복, 산업구조의 조정, 거래조건의 합리화 등을 규정하고, 시행령 제24조의2 내지 제27조에서 상세한 내용을 정하고 있는 것에 대해서도 적용할 수 있다.

은 '국민경제적 관점의 공정하고 자유로운 경쟁기능', 또는 '균형있는 국민경제의 성장과 안정을 위한 공정하고 자유로운 경쟁기능'을 보호하는 것으로 구체화될 수 있다.

다. 역사적 분석

공정거래법의 목적에 대한 역사적 분석은 공정거래법의 역할과 과제에 대한 현실적 요구를 반영한다. 즉, 공정거래법의 제정 및 개정의 역사는 우리나라에서 어떠한 경제현실의 문제들이 있어왔고, 그에 따라 공정거래법의 대응이 어떠했는지 내지 공정거래법의 목적이 어떻게 설정되어왔는지를 알 수 있는 중요한 분석대상이다.

이하에서는 공정거래법의 제정사와 개정사를 구분하여 살펴보고, 공정거래법의 발전에 중요한 단면을 보여주는 공정위의 설립 및 발전과정을 정리한 후, 이를 종합하여 역사적 관점의 공정거래법의 목적을 도출해본다.

(1) 공정거래법의 제정

공정거래법의 제정 배경과 제정 과정을 살피는 것은, 공정거래법의 기본이 되는 사상과 방향을 파악하는 데에 도움이 된다. 독일 GWB 제정에 독일 특유의 질서자유주의가 영향을 미쳤고 그것이 지금까지도 사상적 토대로 작용하는 것으로 파악하는 것과 같이, 우리나라 공정거래법의 경우에도 그 근본사상을 발굴하여 정립할 필요가 있다. 그리고 이는 과거에 있었던 동법의 제정에 대한 노력을 통해 파악될 수 있다.

공정거래법은 1980년 12월에 제정되었지만 이를 위한 제정시도는 1960년대부터 있었다.[130] 보다 구체적으로 살펴보면, 우리나라 공정거래법의

---

130) 이하 권오승, 경제법, 2019, 90-97면; 신영수, 독점규제법의 변천과 발전, 공정거래법 30년(권오승 편), 2011, 120-130면 참조.

최초의 입법화 시도라 할 수 있는 1964년의 공정거래법초안을 시작으로 1966년의 공정거래법안, 1967년, 1969년, 1971년의 법안, 1973년에 제시된 「물가안정에 관한 법률」, 그리고 1975년의 「물가안정 및 공정거래에 관한 법률」이 공정거래법 제정을 위한 노력을 보여주는 법률안이라고 볼 수 있다. 특히 내용적인 측면으로는 시장지배적 지위남용, 기업결합, 부당한 공동행위, 불공정거래행위를 금지하는 금지조항의 틀을 모두 1966년 법안에서 이미 마련했다는 점이 주목할 만하고, 정치경제적 측면으로는 급속한 경제성장 일변도의 시대 상황에서도 독과점 규제나 물가안정에 대해 60년대부터 고민해왔던 것이 매우 특별한 의미를 갖는다.

상술한 노력에도 불구하고 공정거래법은 독과점 자본의 긍정적 효과와 경제성장 우선주의를 앞세운 반대여론에 의해 제정되지 못하고 있었다. 1970년대 후반 들어서야 공정거래법제가 입법화될 움직임이 나타났는데, 그 동안 추진되어 오던 정부 주도의 개발중심의 경제질서를 민간주도 경제질서로 변화해야 한다는 필요성이 제기되기 시작한 것이다.[131] 또한, 여기에는 경제발전으로 인해 발생한 독과점의 폐해, 재벌문제 등을 극복해야 한다는 주장이 함께 대두되었다. 예컨대, 1977년에 시행된 박정희 정부의 제4차 5개년 경제개발계획에는 '사회개발을 통한 형평 증진'이라는 문구가 포함되었고, 1979년의 경제위기에 대응하여 경제기획원은 경쟁의 촉진을 포함하는 시장경제창달을 위한 기본계획을 수립한 바 있다.[132] 1979년 12월에 있었던 정치적 혼란 상황은 공고히 유지되던 종래의 성장주도 패러다임을 시장경제의 패러다임으로 전환시킬 수 있는 환경을 마련해주었고, 그 이듬해 새로운 정부에서는 그동안의 고민을 반영한 공정거래법을 제정하

---

131) 민간주도 경제체제에 대한 논의는 1970년대 초부터 종종 제기되었다. 이를 통하여 정부주도의 경제성장이 물가상승, 독과점 자본 형성 등의 문제점을 일으키는 것을 이미 경제당국이 인지하고 있었던 것으로 판단할 수 있다. 김홍기 편, 경제기획원 33년 – 영욕의 한국경제, 1999, 214면 참조.
132) 신영수, 독점규제법의 변천과 발전, 공정거래법 30년(권오승 편), 2011, 131면 참조.

게 되었다.[133)

요컨대, 공정거래법은 우리나라 시장경제에서 시장 내지 민간영역 중심의 경쟁체제를 확립하기 위한 규범이면서, 1960-70년대의 경제성장에 따른 재벌의 형성 및 독과점의 확대라는 폐해를 극복하기 위해 마련된 법률이다.[134) 즉, 공정거래법의 제정은 종래 경제성장을 제1목표로 삼았던 정부 주도의 경제개발의 프레임을 시장에서의 경쟁기능을 중심으로 하는 민간 주도의 시장경제 패러다임으로 전환하고, 그동안 나타났던 산업화와 독과점에 따른 폐해를 시정하기 위한 시대적인 법적 대응이었다.

(2) 공정거래법의 개정

우리나라 공정거래법이 갖는 역사적인 목적을 파악하기 위해서는 공정거래법의 제정뿐만 아니라 그 개정과정도 함께 분석해볼 필요가 있다.[135)136) 공정거래법의 개정 역사는 크게 세 가지 측면으로 정리할 수 있는데, 그중 두 가지는 실체법적 측면이고 한 가지는 (광의의) 절차법적 측면이다.[137) 실체법적으로는 규제의 법리적 타당성 확보라는 측면과 경제력 집중의 문제에 대한 대응이라는 측면을 꼽을 수 있고, 절차법적으로는 공정위 조직

---

133) 공정거래법의 구체적인 제정배경과 입법과정에 대해서는 공정거래위원회, 공정거래위원회 30년사, 2011, 118-122면; 김홍기 편, 경제기획원 33년 - 영욕의 한국경제, 1999, 294-303면 참조.

134) 同旨 이봉의, 한국형 시장경제의 심화와 경제법의 역할, 서울대학교 법학 제58권 제1호, 2017, 124-125면.

135) 공정거래법은 2019년 6월 현재까지 총 30차례 개정되었는데, 이는 법철학적으로 소위 '법률과 입법자의 대화'가 매우 활발히 진행된 것으로 볼 수 있고, 공정거래법의 해석 내지 이론적 분석에 있어 개정 연혁 및 이를 통해 알 수 있는 입법자의 의도가 중요한 역할을 한다는 결론을 내릴 수 있다.

136) 공정거래법의 개정 역사에 관하여 권오승, 경제법, 2019, 97-103면; 신현윤, 경제법, 2017, 84-87면 참조.

137) 공정거래법의 개정사를 실체법적 측면에서 2가지 관점으로 파악할 수 있다는 견해로 홍명수, 경제법론 IV, 2018, 24면.

과 절차의 개선이라는 측면을 들 수 있다.[138] 여기서는 실체법적 문제를 다루고 절차법적 문제는 항을 바꾸어 살펴보도록 한다.

우선, 공정거래법의 개정은 시장지배적 지위남용, 경쟁제한적인 기업결합, 부당한 공동행위, 불공정거래행위를 금지하는 조항들을 보다 합리적으로 정비하는 과정이었다고 할 수 있다. 예를 들면, 시장지배적 사업자와 부당한 공동행위를 지정·등록하는 제도를 폐지하고 사후적 규제로 변경하였고,[139] 시장지배적 사업자와 기업결합의 경쟁제한성, 부당한 공동행위에 대한 추정제도의 도입 등으로 법리적 개선을 꾀하였다.

그러나 공정거래법 개정의 주를 이룬 것은 경제력 집중 억제제도의 도입과 정비과정이다. 공정거래법은 1986년에 행해진 제1차 개정에서 곧바로 경제력 집중 억제 제도를 도입하였다.[140] 공정거래법상 경제력 집중 억제제도는 우리나라 시장경제의 특수성을 대변하는 '재벌'이라는 기업집단을 대상으로 하는 것이다.[141] 당해 제도는 동법의 개정에 따라 지주회사의 설립·전환 금지, 상호출자의 금지, 출자총액제한, 순환출자의 금지, 채무보증금지, 금융회사·보험회사의 의결권 제한 등 재벌소유의 자산을 비정상적으로 운영하는 행위를 금지하는 조항들로 구체화되었다. 이후 재벌들의 기업정보를 미리 제공받기 위한 공시제도가 추가적으로 도입되었으며, 최근에는 대기업 계열사 간의 부당지원행위와 특수관계인의 사익편취를 금지하는 규정이 마련된 바 있다.[142] 공정거래법상 경제력 집중 억제제도의 정합

---

138) 홍명수, 전게서, 24-25면 참조.
139) 시장지배적 사업자의 지정·고시제도는 1999년 폐지되었고, 부당한 공동행위의 등록 제도는 그 이전인 1986년에 폐지되었다.
140) 동 법개정이 우리나라 경제법의 정체성에 중대한 흔적을 남겼다는 평가로는 이봉의, 경제법, 서울대학교 법학 제58권 제1호(별책), 2017, 377면.
141) 경제력집중 규제의 의의와 체계에 관하여 권오승·이봉의 등 8인 공저, 독점규제법, 2018, 125-135면(홍명수 교수 집필부분) 참조.
142) 부당지원행위와 부당사익편취행위의 대표적 유형인 일감몰아주기 규제에 관해 백승엽, 공정거래법상 일감몰아주기에 관한 연구, 2017.

성과 실효성에 대한 논쟁이 계속되고 있지만, 공정거래법의 개정 흐름이 주로 경제력 집중에 관한 것이었다는 점, 현실적으로도 재벌 내지 대규모 기업집단을 고려하지 않고서는 우리나라 시장경제를 논할 수 없다는 점은 당해 제도의 정당성을 충분히 보장한다.143)

요컨대, 공정거래법 개정 역사를 통해 내릴 수 있는 핵심 결론은, 공정거래법이 해결해야 하는 현실적 문제 중 가장 핵심적인 것이 바로 한국경제에서의 재벌 문제라는 것이다. 나아가 재벌 문제 내지 경제력 집중 문제를 해결하기 위한 공정거래법 차원의 지속적인 대응이 필요하다는 중요한 시사점이 여기서 도출될 수 있다.

(3) 공정거래위원회의 설립과 발전

우리나라 경쟁당국인 공정위의 설립과 발전과정은 공정거래법의 역사적 목적의 일면을 보여주는 측면이 있다.144) 무엇보다 경제기획원이 해체된 후, 공정위를 다른 부처에 소속시키지 않고 국무총리실 산하의 행정위원회로 독립시켰다는 점은 주목할 만하다.

주지하는 바와 같이, 공정위는 1980년 제정된 공정거래법에 의해 발족하였으며 처음에는 경제기획원 소속의 필수적 심의기구로 출범하였다. 당시 공정거래법의 처분권한은 경제기획원장에게 있었지만, 공정거래 관련 중요사항과 이 법에 위반되는 사항에 대한 경제기획원장의 결정·처분은 법률에 의해 반드시 공정위의 심의·의결을 거친 후에 내려지도록 정해져 있었다. 초기 공정위 조직에 관하여 한 가지 특기할 점은, 당시 공정위의 행정업무는 경제기획원 내의 공정거래실이 담당하였고, 공정거래법 위반사건의 조

---

143) 同旨 이봉의, 한국형 시장경제의 심화와 경제법의 역할, 서울대학교 법학 제58권 제1호, 2017, 110-115면.
144) 공정위의 설립과 발전과정에 대한 개관으로 이봉의, 공정거래법의 실효적 집행, 경쟁법연구 제10권, 2004, 4면 참조.

사와 사전심사를 담당하는 심사관은 공정거래실 소속이었다는 것이다. 이 것을 통하여 공정위가 출범할 당시에는 심의기관인 위원회와 사건 조사 및 심사를 담당한 심사관이 명백히 다른 조직에 속해 있는 등 양자가 조직적 으로 분리되어 있었던 것을 알 수 있다.[145][146]

1990년에는 공정거래법 개정에 의해 공정위가 경제기획원 내의 독자적 처분기관으로 발전하였으며, 이에 맞는 제도적 변화가 함께 나타났다. 무엇 보다 법률 차원에서 공정위의 소관사무 규정과 위원장 규정이 신설되었고, 위원의 정치운동 금지, 위원의 제척 규정 또한 새로 제정되었다. 나아가, 경제기획원 소속의 공정거래실이 공정위로 흡수되어 사무처로 개편되었고, 지방사무소를 처음으로 설치하였다. 이러한 1990년 법 개정으로 공정위는 경제기획원장 소속의 합의제 행정위원회로 발전하였으며, 규범적으로는 이 시기부터 공정거래 제도운영에 대한 권한을 가진 명실상부한 경쟁당국의 기능을 부여받았다고 평가할 수 있다.[147]

공정위는 1994년, 경제기획원 해체와 함께 독립되었고 명실상부 국무총 리 산하 독립위원회로서의 성격을 가지게 되었다. 공정위의 독립은 경제기 획원 조직의 해체에 의해 수동적으로 이루어진 것으로 볼 수도 있지만, 다 음 두 가지 측면을 고려하면 그러한 평가는 타당하지 않다. 즉, 경제기획원 해체 이전부터도 공정위 독립에 대한 논의가 수차례 있었던 점,[148] 경제기 획원의 뒤를 이어받은 재정경제원의 발족에도 불구하고 그 소속기관으로 두지 않았다는 점은 공정위의 독립이 입법자의 분명한 의도에 의한 것임을

---

145) 공정거래위원회, 공정거래위원회 30년사, 2011, 169면 참조.
146) 공정거래법률상 공정거래법 전담기구를 규율하는 규정들과 조사 등의 절차를 규율 하는 규정들이 제9장과 제10장에 떨어져 있는 역사적 배경 또한 여기에서 찾을 수 있다.
147) 공정위를 국무총리 직속의 행정위원회로 독립시킨 1994년의 개정법의 조직 및 절차 규정은 1990년의 법규정을 거의 변함없이 그대로 사용하고 있다.
148) 김흥기 편, 경제기획원 33년 – 영욕의 한국경제, 1999, 470면, 473면 참조.

보여준다. 그리고 경제개발 5개년 계획을 수립하는 등 정부주도 경제개발의 핵심조직이었던 경제기획원에서 분리되면서, 독립적인 행정위원회로 공정위가 발전하였다는 점을 통해 당해 법 개정의 핵심이 시장경제의 자율과 경쟁을 중시하겠다는 점에 있었다는 점을 알 수 있다.

(4) 소결

이상의 공정거래법의 제·개정 역사와 공정위의 설립 및 발전과정에 대한 논의는 다음과 같은 결론을 도출하게 한다. 즉, 공정거래법은 우리나라 시장경제의 운영원리를 '정부 주도적인 경제성장'에서 '경쟁기능을 통한 국민경제 차원의 성장과 안정'으로 전환시키는 것을 목적으로 하였고, 이와 더불어 우리나라 경제의 현실적 문제들, 특히 재벌문제를 해결하기 위한 규범으로 정착하였다는 것이다.

우선 '정부 주도'에서 '경쟁기능'으로의 변화는 시장경제에 대한 정부의 관심이 종래의 정부 주도의 경제개발에서, 시장경제의 경쟁기능으로 전환되었다는 것을 의미한다. 또한, 공정거래법이 재벌문제를 다루게 되었다는 사실은, 공정거래법의 과제가 재벌과 독과점 등의 소위 "한국형 자본주의의 고유한 문제"[149]를 시정하고 경제안정을 포함한 경쟁질서 확립하는 것임을 알게 해준다.[150][151]

한 가지 특기할 점은, 공정거래법 제정을 통한 경쟁 패러다임으로의 전환 이후에도 입법자가 동법의 집행기관을 공정위라는 중앙행정기관으로 유지시켰다는 점이다. 이 점에 대해서는 정부 주도의 경제성장이라는 과거

---

149) 이봉의, 경제법, 서울대학교 법학 제58권 제1호(별책), 2017, 376면.
150) 이는 산업화와 독과점에 따른 폐해를 시정하고, 국민경제 전체의 균형을 추구하는 경제법의 태생적 특징과 맞닿아 있는 것으로 평가할 수 있다. 이봉의, 한국형 시장경제의 심화와 경제법의 역할, 서울대학교 법학 제58권 제1호, 2017, 129면 참조.
151) 사견으로는 국민경제의 균형있는 발전은 당해 과제의 달성을 통해 궁극적으로 실현될 경제법적 목적으로 본다.

틀을 벗더라도, 국가가 시장경제의 경쟁기능을 형성·보호·유지되어야 한다는 생각을 유지하였던 것으로 해석할 수 있다. 즉, 공정거래법 의 제정과 운영에 의해 국가 내지 경쟁당국은 경제성장을 주도하는 역할에서는 벗어났지만, 시장기구를 감시하고 보완하며 경쟁제한적 행위를 금지하여 경쟁기능을 보호하는 시장의 파수꾼 역할을 담당하게 된 것이다.152)

3. 소결 : 공정거래법의 목적과 공정거래절차

본고는 다음과 같이 공정거래법의 목적을 정리하고자 한다. 공정거래법은 국가주도의 경제성장을 대체하는 균형있는 국민경제의 성장과 안정을 확보하고, 경쟁기능 패러다임을 통한 자율적인 경제질서를 형성하며, 재벌·독과점·불공정거래 등의 우리나라 시장경제의 현실적 문제를 해결하기 위하여, 공정하고 자유로운 경쟁기능을 보호하는 법이다. 이렇게 정리된 공정거래법의 목적 중 핵심적 요소는 국민경제적 목적을 달성하기 위한 기능적 경쟁 내지 경쟁기능이며, 따라서 공정거래법의 핵심 보호법익은 규범적 경쟁기능이다.

앞에서 전제한 바와 같이, 이상의 논의는 규범의 실체적 목적과 절차적 목적은 깊은 연관관계를 갖는다는 법 이론적 가정을 기반으로 한 것이고, 따라서 공정거래절차법의 목적은 공정거래법의 목적과 일맥상통해야 한다. 나아가 공정거래절차는 공정거래법의 목적을 실현하는 임무를 수행해야 하기 때문에, 이를 위한 기능적 조건들이 정리되어야 하고, 이를 바탕으로 공정거래절차법의 지도원리를 새롭게 도출할 수 있을 것이다.

---

152) 이에 관해 권오승, 경제적 경쟁에 있어서 국가의 역할, 서울대학교 법학 제45권 제1호, 2004, 159-175면 참조.

Ⅲ. 공정거래절차법의 목적과 기능

1. 공정거래절차법의 목적과 성격

가. 경쟁기능 보호를 위한 공정거래절차

위에서 정리한 바와 같이 공정거래법의 목적을 경쟁기능의 보호로 정립한다면, 공정거래절차는 '경쟁기능이 작동하고 보호될 수 있도록 하는 절차'로 이해할 수 있으며, 공정거래절차법의 목적 또한 경쟁기능의 보호가될 것이다.[153] 이러한 결론은 실체법과 절차법이 밀접한 관련이 있다는 일반론적 명제에 부합한다. 나아가 이는 공정거래법 전체를 일관된 목적과 기능으로 이해할 수 있다는 장점을 갖는다.

여기서 중요한 것은, 경쟁기능 보호절차로서의 공정거래절차는 공정거래법의 규범적 목적과 역사적 목적을 통해 도출된 요소들을 모두 포섭하고고려할 수 있어야 한다는 것이다. 즉, 공정거래절차법은 경쟁기능이 궁극적인 목적으로 하는 국민경제적 발전을 고려해야 하고, 필요에 따라서는 우리나라 시장경제에서의 재벌 문제나 불공정 문제 등의 해결을 위한 절차적제도를 마련하고 있어야 한다.

나. 공정거래절차법의 성격

공정거래절차법의 목적을 경쟁기능의 작동 내지 보호로 상정하면, 공정거래절차법의 법적 성격에 대해서는 다음 두 가지 사항을 확인할 수 있다.

경쟁기능 보호는 공정거래실체법과 공정거래절차법을 아우르는 목적이며 공정거래법의 중심이 되는 가장 중요한 규율원리이다. 경쟁기능 보호라

---

153) 同旨 Kamann/Ohlhoff/Völcker, Kartellverfahren und Kartellprozess, 2017, §3, S. 19-20, Rn. 1-4. 여기서는 경쟁법 집행의 기본원리가 헌법과 실체법으로부터 오는 것을 전제하고 기본원리를 소개하고 있다.

는 목적은 공정거래법 내지 경제법이 궁극적으로는 사업자 개개인에 대한 보호가 아닌 공익적 가치인 경쟁원리의 보호를 추구한다는 것을 의미한다. 그리고 이는 당해 규범의 지향점이 주관적인 권리구제가 아니라 객관적 법목적 실현에 있음을 뜻한다. 같은 맥락으로 공정거래절차법 또한 최종목적이 경쟁기능의 보호를 통한 국민경제적 정의 실현에 있으므로, 공정거래절차는 객관적 법치주의를 실현하는 데에 도움을 주는 객관적인 성격을 갖는다고 할 수 있다.

경쟁기능은 경제적 발전을 그 본질로 하기 때문에 현상을 유지하는 것을 일차적 목표로 하지 않으며, 이를 보호하는 절차는 사업자의 행위 등이 경쟁기능에 미치는 영향 등을 분석하는 미래지향적이고 역동적인 모습을 갖는다. 즉, 공정거래절차는 기존의 권리-의무 상태를 유지하는 성격보다는 변화무쌍한 시장환경에서 사업자의 행위가 관련시장에서의 경쟁기능에 미치는 영향을 진단하는 성격을 가진다. 한편, 공정거래절차는 최종적으로는 사업자의 법 위반 여부를 판단하는 규범적 결정이 내려지도록 하지만, 당해 규범적 결정은 상술한 경쟁기능에 대한 전문적인 판단 및 이익형량을 포함하는 것이다. 따라서 공정거래절차는 정책적 결정과 규범적 결정을 모두 포함하는 매우 특수한 절차라 할 것이다. 마지막으로 공정거래절차가 경쟁기능의 궁극적 목적을 항상 고려되어야 한다는 의미로 국민경제 차원의 문제를 다루어야 할 것인데, 여기에도 유연하고 역동적인 사고가 요구된다.

요컨대, 공정거래절차의 법적 성질은 객관적 절차, 그리고 유연하고 역동적인 절차로 이해될 수 있다. 따라서 공정거래절차는 행정절차나 사법절차의 개념에 국한되어 설명될 수 있는 것이 아니고, 오히려 그 본질 그대로 경쟁기능 보호절차로 설명되는 것이 보다 타당하다. 즉, 공정거래절차의 목적은 경쟁기능 보호이고, 동일한 맥락으로 그 성격 또한 경쟁기능 보호로 이해하는 것이 공정거래절차의 고유성을 가장 잘 파악할 수 있는 방법이다.

2. 공정거래절차법의 기능

공정거래절차법은 경쟁기능 내지 경쟁원리를 보호하기 위한 기능을 수행한다. 공정거래절차법의 기능을 보다 구체적으로 살펴보면 일견 법적 측면과 경제현실적 측면으로 구분할 수 있다. 법적 측면은 경쟁기능 보호를 위한 법정책이 갖는 특징을 고려하는 것이고, 경제현실적 측면은 경쟁기능과 관련된 경제현실의 특징을 반영하는 것이다. 이하에서 상술하도록 한다.

가. 법적 측면의 기능

법적 측면을 고려한 공정거래절차법의 기능은 바로 경쟁정책 내지 경쟁질서정책의 특성과 관련된 것이다. 무엇보다 경쟁보호정책은 법 위반 당사자, 경쟁사업자와 일반 소비자, 시장과 산업에 미치는 파급력이 매우 크다고 할 수 있는데, 여기에 국민경제적 관점이 포함되어야 한다는 것을 함께 고려하면 그 파급력은 더욱 확장된다. 따라서 경쟁기능 보호정책은 장기적으로는 안정적이어야 하며 정치세력과 경제세력으로부터의 중립성을 고도로 확보하고 있어야 한다.

정리하면, 공정거래절차법의 법적 기능은 공정거래규범에 대한 신중하고 정당한 법적 판단을 확보하는 것이다. 신중하고 정당한 법적 판단을 확보하는 기능은 일차적으로는 공정거래정책의 안정성과 중립성을 위한 것이지만, 나아가 이는 공정거래규범의 법적 안정성으로 대표되는 법치국가 원리에 대한 요구를 나타낸다는 의미를 갖기도 한다.[154)]

나. 경제적 측면의 기능

경제현실을 고려한 공정거래절차법의 기능은 문제되는 사안 및 관련된

---

154) 공정거래법상 법치국가 원리의 의미에 관해 이봉의, 공정거래법상 과징금 산정과 법치국가 원리, 경쟁법연구 제24권, 2011, 5-6면 참조.

경쟁상태의 사실관계를 파악하는 작업과 깊은 관련이 있다. 구체적 사안에서 경쟁기능 보호와 관련된 사실관계는 결코 단순하지 않다. 그 이유는 당사자뿐만 아니라 제3자의 사업 정보, 당해 관련시장뿐만 아니라 인접시장과 관련 산업의 현황, 나아가 필요한 경우 국민경제 차원의 정보가 필요하기 때문이다. 따라서 공정위는 공정거래절차를 통해 시장으로부터 광범위한 정보를 취득할 필요가 있다. 즉, 공정위의 결정·처분은 시장경제에 대한 정확한 이해를 바탕으로 내려져야 할 것이고, 공정거래절차법의 기능은 그 이해의 폭을 넓게 해주는 것에 있는 것이다.

공정거래절차법의 기능을 시장경제에 대한 폭넓은 이해로 상정한다면, 이를 위한 절차적 제도가 마련되어 있어야 한다. 무엇보다 시장에 관한 정보를 공정위가 단독으로 충분히 확보하는 데에는 한계가 있으므로, 절차에 참가한 당사자의 권리를 보장하고 제3자의 절차참여를 확대함으로써 시장참가자들이 보유하고 있는 정보를 공유하도록 절차를 설계할 필요가 있다.[155] 물론 판단의 객관성을 확보하기 위해 경제세력으로부터의 독립이 필요하고, 시장경제에 대한 전문성 또한 확보되어야 한다.

요컨대, 경제적 관점으로 파악한 공정거래절차법의 기능은 시장경제에 대한 폭넓은 이해를 확보한다는 기능이다. 이는 공정거래법 내지 경제법의 규율대상인 시장현상 내지 시장원리를 공정거래절차를 통하여 수용하는 의미를 가지므로, 법치국가 원리에 대응하는 시장원리 내지 시장경제원리를 반영한다고 정리할 수 있다.

3. 소결

공정거래절차법은 경쟁기능 보호를 목적으로 한다. 이는 공정거래절차법

---

155) 같은 맥락으로 공정위의 조사활동 또한 시장경제에 관한 정보획득으로 이해되어야 한다. 이에 관하여 본고 제4장 제2절 참조.

의 무게중심이 공정거래법의 법 목적인 국민경제적 관점의 경쟁기능을 보호하는 데에 있다는 것으로서, 공정거래절차법의 주된 성격이 주관적 권리구제보다는 객관적인 법 목적 실현에 있다는 것을 보여준다. 공정거래절차법의 기능은 법적 측면과 경제적 측면으로 구분해서 분석할 수 있는데, 전자의 핵심은 경쟁기능 보호정책의 안정성에 대한 요구이며 후자의 핵심은 복잡다양한 시장경제에 대한 정보 획득이다.

본 논의의 궁극적인 논의대상인 공정거래절차법의 지도원리 내지 규율원리도 이와 동일한 논리하에서 모색될 것이다. 특히, 공정거래절차법의 목적과 관련이 있으며 그 구체적인 제도를 아우르는 동법의 지도원리는 공정거래절차법의 기능으로부터 도출된다. 다음 절에서는 '신중한 법적 판단'과 '시장에 대한 폭넓은 이해'라는 공정거래절차법의 기능을 고려하면서, 공정거래절차법의 지도원리를 정립해보도록 한다.

제4절 공정거래절차법의 새로운 지도원리

Ⅰ. 법의 이원론과 공정거래절차법의 지도원리

앞서 정리한 바와 같이, 공정거래절차법의 지도원리는 공정거래절차법을 규율하는 근본원리이자 법원리이다. 공정거래절차법의 지도원리는 경제헌법으로부터 그 효력근거가 도출되어야 하며, 보다 구체적으로는 공정거래절차법과 공정거래절차 제도로부터 추출되어야 한다. 따라서 공정거래절차법의 지도원리는 헌법과 법률로부터 도출된 공정거래절차법의 목적과 이를 달성하기 위한 기능과 일관된 관련성을 가져야 한다. 즉, 공정거래절차법의 지도원리는 국민경제적 관점의 경쟁기능 보호를 실현하는 기능을 가져야 한다.

공정거래절차법의 지도원리와 관련해서는 다양한 이원론적인 평가들이 존재할 수 있다. 가장 대표적인 이원론은 공정거래절차법의 지도원리는 결국 법집행의 효율성과 공정성 내지 효과성과 공정성 사이의 문제라는 시각이다.[156] 나아가 공정거래절차법의 지도원리는 그것이 법 목적을 실현하는 객관적인 성격을 갖는지, 아니면 당사자 등의 권리구제를 위한 주관적인 성격을 갖는지의 구도로 이해할 수도 있으며, 동법 내에 존재하는 가치를 기준으로 법치국가 원리와 시장경제원리를 어떻게 조화할 것인지에 대한 문제로 파악할 수도 있다.[157]

---

156) Wouter PJ Wils, Efficiency and Justice in European Antitrust Enforcement, 2008 참조.
157) 사견에 의하면 공정거래절차법의 효율성과 공정성, 객관성과 주관성, 법치원리와 시장원리라는 이원주의적 사고는 동법을 바라보는 기준의 차이가 있을 뿐이지, 궁극적

공정거래절차법은 한편으로는 경제법 내지 공정거래법에 속하는 법규범이지만 다른 한편으로는 일반적인 절차법의 일종이기 때문에, 위에서 언급한 이원주의적 사고에서 완전히 자유롭지 못하다. 따라서 공정거래절차법의 지도원리를 법치주의 또는 시장원리와 같은 일반론적인 개념으로 상정하는 것도 충분히 가능하다. 그러나 본고에서는 이러한 일반법적인 한계를 인정하면서도 공정거래절차법의 목적과 기능을 가장 잘 반영할 수 있는 지도원리들을 도출하고자 한다. 원론적으로는 모든 법영역의 이념이 법적 안정성과 구체적 타당성, 합법성과 정당성, 법치와 민주 등의 이원론으로 이해될 수 있지만, 각 법영역만의 특수한 지도원리 내지 근본원리를 발굴하고 정착시킨 예를 본다면,158) 본고의 시도가 불가능해보이지만은 않는다.

본고가 제시하는 공정거래절차법의 지도원리는 일종의 시론적 성격을 갖는다. 본고의 논의는 지도원리의 구체적인 내용은 얼마든지 다양하고 상이하게 도출될 수 있다는 가능성을 배제하지 않으면서도, 지도원리를 도출하는 방법론 차원에서는 확실한 방향성을 제시한다. 즉, 본고는 공정거래절차법의 지도원리가 공정거래절차법의 고유성에 기반한 목적과 기능으로부터 직접 도출되어야 하고, 문제해결을 위한 단초가 될 수 있는 실천적 의미를 가져야 함을 보여주고 있다.

이하에서는 공정거래절차법의 기능을 법적 측면과 경제적 측면으로 구

으로는 그 의미가 서로 일맥상통한다. 다만 효율성과 공정성, 객관성과 주관성의 문제는 절차법의 일반론에 해당하지만 법치원리와 시장원리의 문제는 경제법 고유의 가치를 나타낸다는 차이가 있다.

158) 예컨대 행정법, 민사소송법, 형사소송법은 모두 각 법영역에 맞는 개념으로 지도원리를 설시하고 있다. 행정법의 지도원리는 민주국가원리와 법치국가의 원리로 구분하고 행정법 집행의 일반원칙에는 비례성 원칙, 신뢰보호, 평등, 신의성실, 권리남용금지, 부당결부금지가 있다. 민사소송법은 권리와 의무를 실현하는 절차와 방식에 관한 법으로서 그 기본이념으로는 적정, 공평, 신속, 소송경제, 신의칙이 상정된다. 형사소송법의 경우 실체진실주의, 적법절차, 신속한 재판의 원칙 등이 그 기본원리로 인정되고 있다.

분한 논리를 연장하여, 전자를 대변하는 지도원리와 후자를 대변하는 지도
원리를 각각 두 가지씩 제시하도록 한다.

II. 공정거래절차법의 새로운 지도원리

1. 제1원리 : 직권규제주의

공정거래절차법의 새로운 첫 번째 지도원리는, 공정거래절차법의 특성에
서 다룬 직권규제주의(Amtsermittlungsprinzip)이다.[159] 공정거래절차법의
지도원리로서의 직권규제주의는 형사소송법상의 직권주의 내지 직권탐지
주의와는 상이하게 이해되는데, 그 의미는 경쟁기능 보호에 대한 경쟁당국
의 역할과 의무, 그리고 이를 위한 권한과 재량으로 정리될 수 있다.

시장경제에서의 규범적 경쟁기능을 보호하는 것은 국가의 임무이며, 우
리나라의 경우 이를 전담하는 경쟁당국을 설치하여 관련 법률의 운영과 집
행을 맡기고 있다. 국가가 경쟁을 보호하는 역할을 담당한다는 것은 경쟁
이라는 공익적 가치를 위해서 경쟁당국이 최선의 정책적 수단을 운용한다
는 것을 뜻하고, 이를 위한 의무와 재량사항[160]이 법률로부터 부과된다는
것을 의미한다. 특히 직권규제주의를 경쟁당국의 의무 중심으로 이해하려
는 본고의 주장에 따르면,[161] 공정거래절차법은 필요한 경우 공정위의 경

---

159) 경쟁법 공적집행의 기본원리로서의 직권규제주의에 관해 Kamann/Ohlhoff/Völcker,
Kartellverfahren und Kartellprozess, 2017, §2, S. 12, Rn. 12 참조.
160) 유럽과 독일에서는 법 목적 실현을 위한 경쟁당국의 재량원칙을 나타내는 원리로
소위 Opportunitäsprinzip이 제시되는데 이는 형사소송법상의 기소 편의주의와 유사
한 의미로서, 경쟁당국이 경쟁보호를 위해 꼭 필요한 사건만 개시할 수 있다는 원칙
을 의미한다. 동 원칙에 관하여 Robert Maiazza, Das Opportunitätsprinzip im
Bußgeldverfahren unter besonderer Berücksichtigung des Kartellrechts, 2003, S. 8-23
참조.

쟁보호에 대한 의무를 부과할 수 있으며, 재량을 영(0)으로 수축시키는 예외규정을 얼마든지 둘 수 있다.

요컨대, 직권규제주의는 경쟁당국인 공정위를 경쟁기능 보호라는 동법의 목적에 구속시키는 지도원리이며, 경쟁보호의 의무를 부과하기 위한 절차제도들이 마련될 수 있다는 의미를 갖는다.

2. 제2원리 : 합의제 원리

공정거래절차법의 두 번째 지도원리는 바로 합의제의 원리(Kollegialitäts prinzip)이다.[162] 합의제 원리는 공정거래절차의 최종 단계인 위원회의 의결 단계에서 위원들의 평등한 합의에 의해 결정이 내려진다는 것을 의미한다.

합의제 원리는 크게 협의와 광의로 구분할 수 있다. 협의의 합의제 원리는 전술한 합의의 평등성 및 위원들의 중립성으로서 합의제 기구 내의 조직법적 문제를 말하고, 광의의 합의제 원리는 공정거래절차의 전체 과정에서 최종 합의과정에 이르기까지 적용되는 절차법상의 원칙을 말한다. 공정거래절차법의 지도원리로서의 합의제 원리는 후자를 의미한다. 즉, 이는 법에서 규정한 위원회의 의결사항에 있어서는 심사관이 내린 판단을 위원회가 중립적인 관점에서 다시 한번 검토하여 신중한 법적 판단을 내리도록 하는 요청을 나타내는 지도원리이다.

중립적인 관점에서 사안을 신중하게 재검토한다는 것은 다시 세 가지 차원으로 의미로 구분된다. 우선, 합의제 원리를 통해서 문제되는 사안의 사실관계를 보다 구체적으로 검토할 수 있다. 또한, 관련된 법 해석과 법 적용 문제를 다시 한번 고민할 수 있다. 마지막으로는 경쟁정책적 판단을 중

---

161) 본고 제2장 제3절 참조.
162) 경쟁당국이 최종적으로 내리는 결정과정의 원리로서의 합의제 원칙에 관하여 Kamann/Ohlhoff/Völcker, Kartellverfahren und Kartellprozess, 2017, §10, S. 179, Rn. 181 참조.

립적이고 국민경제적 관점에서 시행할 수 있다. 여기서 중요한 것은 공정
거래절차법의 합의제 원리를 법원의 재판절차와 동일하게 이해하는 것은
타당하지 않고, 공정거래절차법의 고유한 집행시스템으로 파악해야 한다는
점이다.

공정거래절차법은 합의제 원리와 관련된 여러 절차제도들을 마련하고
있다. 사건처리절차에 국한해서 살펴보면, 심사관이 심사보고서를 작성하
고 위원회에 회부하여 최종 결정을 내리게 한다는 체계 자체가 합의제 원
리에 의한 것이고, 보다 세부적으로는 심의절차에서의 대심적 요소들, 최종
결정에 있어 민주적인 합의절차 등이 합의제 원리를 실현하고 있는 제도적
장치들이다.

3. 제3원리 : 절차적 권리보장

공정거래절차법의 세 번째 지도원리는 절차참여자의 절차적 권리보장이
다. 이에 따르면 공정거래절차에서는 당사자 및 제3자를 포괄하는 절차참
여자의 절차권이 철저히 보호되어야 한다.

절차참여자의 절차적 권리보장은 일견 주권적 권리가 보호되어야 한다
는 절차법 일반에 해당하는 내용으로 보이기도 한다. 그러나 공정거래절차
법의 지도원리로서의 절차권 보장은 경쟁기능 보호라는 법 목적 실현을 위
해 관련 사실관계를 정확히 파악하고 경쟁기능의 영향 등의 시장경제의 모
습을 면밀하게 파악하는 제도적 측면으로 이해되어야 한다. 즉, 시장경제
및 경쟁기능과 관련된 구체적 사실관계를 파악하기 위해서는 공정거래절
차에 있어서 절차참여자들이 가진 정보가 폭넓게 공개 및 공유되어야 한
다. 정보의 공유를 가능하게 하는 것은 무엇보다 절차참여자들의 활발한
의견제시이고, 따라서 당사자 등의 활발한 의견제시를 보장하고 실현하는
지도원리가 필요하다. 요컨대, 공정거래절차에 있어 절차적 권리보장은 주

관적 권리보호 차원뿐만 아니라 경쟁기능 내지 경쟁질서를 보호한다는 객관적 차원의 의미도 함께 갖는다.

절차참여자의 권리보장은 일차적으로 공정거래절차법의 법원(法源)에 규율되어 있는 절차규정을 법 수범자가 엄격히 준수함으로써 가능하다.[163] 나아가, 경쟁기능을 보호함에 있어 중요한 절차적 권리임에도 불구하고 공정위의 규칙 및 고시수준에 규율되어 있는 경우라면, 그 중요성에 대해 검토한 후 법률이나 시행령 단계로 올리는 것이 타당하다.[164] 물론 그 판단기준은 공정거래절차의 목적인 경쟁기능의 보호에 있어야 함은 당연하다.

4. 제4원리 : 절차참여 원리

마지막 지도원리는 공정거래절차에 제3자의 참여를 확대해야 한다는 것으로서, 참여 원리 또는 절차참여 원리로 부를 수 있다.

실체적 차원의 시장경제의 경쟁기능은 거의 언제나 당사자와 더불어 제3자와 밀접한 관련성을 가지기 때문에, 그 관련성의 범위와 정도를 파악하여 경쟁기능에의 영향을 진단하기 위해서 공정거래절차에 제3자를 직접 절차에 참여시킬 필요성이 인정될 수 있다. 또한, 기능적인 차원에서 적극적인 제3자의 절차참여는 구체적인 사실관계를 확정하기 위한 최대한의 정보획득의 전제조건이 될 수 있다. 한편, 국민경제의 균형있는 발전이라는 궁

---

163) 사견으로는 실무에서 제기되고 있는 절차적 권리와 관련한 다양한 문제들은 현재 마련되어 있는 공정거래절차 관련 규정들을 체계화시키고 준수하는 것만으로도 상당 부분 해결될 수 있을 것이다.

164) 2018년 하반기에 국회에 제출된 「공정거래법 전부개정안」에서도 공정위의 조사결과에 대한 통지(개정법 제70조 제3항), 조사과정에서의 진술조서 작성의무(개정법 제80조 제5항), 변호인의 조력을 받을 권리(개정법 제81조), 조사권의 남용금지(개정법 제82조) 등, 절차권의 강화를 위한 사항에 대해 법률 단계로 규정을 상향한 바 있는데, 그 구체적인 내용의 타당성은 차치하더라도, 방법론적 차원에서는 긍정적인 평가를 내릴 수 있다.

극적 목적을 공정거래절차에서 고려하기 위해서는, 필요에 따라 사안과 밀접한 관련이 있는 제3영역의 사업자까지도 절차에 참여시킬 수 있어야 할 것이다.

공정거래법은 제52조의 의견진술·자료제출권 규정과 제52조의2 자료열람요구권 규정에서 이미 공정거래절차의 제3자를 뜻하는 이해관계인의 절차참여에 관한 규정을 마련하고 있다. 그러나 이와 관련하여 '누가, 어느 기준에 의해, 어떠한 절차로' 위원회 절차에 참여할 수 있는지에 대해서는 어디에서도 규율되어 있지 않기 때문에, 실질적인 제3자의 절차참여는 불가능한 실정이다.[165] 공정거래절차법의 마지막 지도원리를 실현하기 위해서는 관련 부분을 시급히 개선해야 할 것이다.[166]

III. 소결

이상으로 본고에서는 공정거래절차법의 지도원리를 직권규제주의, 합의제 원리, 절차적 권리보장, 절차참여 원리로 정리하고, 각 지도원리의 의미와 제도상의 요구사항을 밝혀보았다. 이하에서는 지도원리와 관련한 몇 가지 일반론만 추가로 언급하고 논의를 마무리하도록 한다.

공정거래절차법의 네 가지 지도원리 간에는 적용상의 우선순위는 존재하지 않는다. 본고에서는 제1원리, 제2원리, 제3원리, 제4원리라는 표현을 붙이기는 하였지만, 이는 지도원리를 네 가지로 제시했다는 것을 보여주기

---

165) 이와 동일한 문제는 행정절차법에도 나타난다. 행정절차법의 경우에도, 절차참여자로서 '당사자 등'을 '행정청이 행정절차에 참여하게 한 이해관계인'을 포함하여 정의하고 있는데, 구체적으로 어떤 이해관계인이 어떻게 절차에 참여토록 할 것인지에 대한 기준이 없다. 이러한 문제를 공백규정으로 보고 절차개선을 통해 이해관계인의 참여권을 보장해야 한다는 견해로 이원우, 경제규제법론, 2010, 124면 참조.
166) 본고 제5장 제1절 참조.

위함이고, 적용에 있어서 우선순위를 부여하려는 의도는 아니다.[167]

지도원리 간 충돌이 존재하는 문제에 대해서는 어떻게 해결해야 하는가? 지도원리란 규칙이 아니라 원리의 성격을 가지므로, 한쪽 지도원리가 중요하다고 해서 다른 지도원리가 무조건 후퇴해야 하는 것은 아니다. 여기서는 법원리 이론에 따라 문제의 해결을 위한 지도원리 간의 최적상태를 추구해야 한다고 결론 내리고, 그 방법으로 지도원리 간의 형량이 사용될 수 있음을 제시한다.

---

167) 다만 공정거래절차법에서 차지하는 규범의 중요성을 강조하기 위해 법적 측면을 나타내는 직권규제주의와 합의제 원칙을 절차권 보장과 절차참여보다 앞서서 제시한 것은 필자의 가치판단을 드러낸다고 할 것이다. 그러나 문제의 해결을 위해 특정 지도원리가 절대적 가치를 갖는 것은 아니고, 해결을 위한 적절한 방식으로 조화될 수 있다. 이는 법률의 해석을 위해 문리적 해석, 체계적 해석, 역사적 해석, 목적론적 해석을 적절히 동등하게 사용할 수 있다는 방법론과 일맥상통한다.

제5절 소결

이상으로 공정거래절차법의 지도원리를 새롭게 이해하기 위한 이론적 접근을 시도하였다. 그리고 결론적으로는 ① 직권규제주의, ② 합의제 원리, ③ 절차적 권리보장, ④ 절차참여 원리가 공정거래절차법의 새로운 지도원리로 정리될 수 있음을 보였다.

이를 위해서 이번 장에서는 공정거래절차법과 관련한 종래의 준사법 명제에 대해 비판적으로 접근하였으며, 이보다는 경쟁기능을 보호하는 공정거래법의 목적을 직접 고려한 지도원리를 새롭게 이해해야 한다는 주장을 전개하였다. 이러한 접근은 공정거래절차가 일반 행정절차나 법원의 재판절차 등에 수렴해야 한다는 것이 아니라, 공정거래절차만의 고유성에 따라 설계되어야 한다는 것을 의미하는 것으로서, 공정거래절차법을 인식하는 관점의 근본적인 변화를 요구한다. 다시 한번 강조하고자 하는 것은, 준사법 명제를 해체하는 작업이 공정거래절차의 중요성이나 위상을 평가절하하는 것이 아니고, 오히려 공정거래절차의 사법화(司法化)를 방지하여 공정거래절차만의 고유성을 인식하는 시발점이 될 수 있다는 점이다.

한편, 법학의 사명은 현실에서의 실제 문제를 해결하는 데에 있기 때문에 공정거래절차법에 관한 이론적 논의는 실천적 의미를 가지기 위해 발전되어야 할 것이다. 그리고 공정거래절차법의 실천적 의미는 구체적인 공정거래절차 제도의 현재 상태를 검토하고 평가하여, 합리적인 개선방안을 제시하는 것으로 실현 가능하다. 제4장과 제5장에서는 구체적인 제도운영과 관련한 당사자의 권리보장과 제3자의 절차참여 문제를 검토해보도록 한다.

한 가지 언급해야 할 것은, 당사자의 권리보장 및 제3자의 절차참여는

일견 본고에서 도출한 공정거래절차법의 지도원리 중 제3원리와 제4원리
의 일부에 해당한다는 것이다. 이는 한편으로는 당해 문제들이 공정거래절
차법의 목적 실현을 위한 원리로서 수용되어야 한다는 점을 역설하고, 다
른 한편으로는 당해 문제들과 관련된 구체적인 제도설계에 있어서 다른 지
도원리와의 관계를 고려하여야 함을 의미한다.

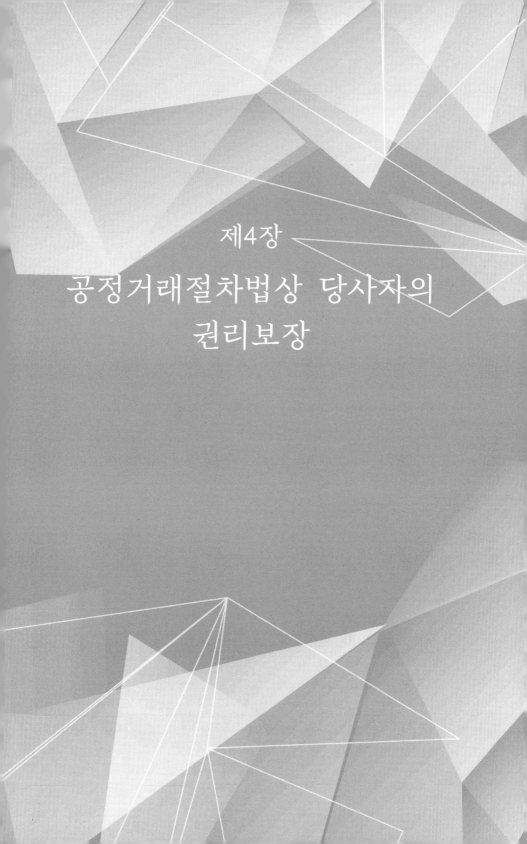

제4장

공정거래절차법상 당사자의
권리보장

이번 장에서는 먼저 공정거래절차법상 당사자의 권리보장에 대해 살펴본다. 우선, 논의의 기초로서 공정거래절차에서의 당사자의 개념과 당사자 권리보장의 의의를 살펴본다. 그 후 공정거래 사건처리절차에서의 당사자 권리보장과 공정거래 개별절차에서의 당사자 권리보장을 차례로 검토·평가하고, 공정거래절차법의 목적과 지도원리에 따른 개선방안을 정리하도록 한다.

제1절 논의의 기초

Ⅰ. 당사자의 개념

공정거래절차의 주된 기능을 법 위반 사업자에 대한 제재를 통한 경쟁기능의 보호로 이해한다면, 공정거래절차의 주요 참여자(Hauptbeteiligte)는 사건처리절차의 상대방인 법 위반 사업자 또는 사업자단체가 된다. 공정거래절차법은 이들을 일컬어 주로 '당사자'라는 표현으로 칭하고 있는데, 이에 대한 정의규정은 마련하고 있지 않기 때문에, 그 의미에 관하여 명확히 정리할 필요가 있다.

1. 법체계적 분석

전술한 대로 공정거래절차법상 당사자의 개념에 대해서는 법률상 정해진 바가 없다. 다만 다른 법영역에서의 사용례를 참조하여 당사자 개념의 의미는 다음과 같이 확정할 수 있다.[1]

우선, 「민법」, 「민사소송법」, 「형사소송법」, 「헌법재판소법」, 「행정소송법」에서도 당사자의 개념을 직접 정의하고 있지는 않지만, 통상적으로는 특정 사안과 직접적 관련성을 갖는 주체들을 일컫는 개념으로 '당사자'를 사용하고 있다.[2][3] 여기서 당사자는 사건 내지 절차의 일방을 나타내기도

---

1) 공정거래법상의 개념 중 다른 법영역에서 유래한 개념 중, 공정거래법에 별도의 개념 정의가 없는 경우에는 일견 타법에서의 정의를 원용할 수 있다는 견해로는 이봉의, 공정거래위원회의 재량통제, 규제연구 제11권 제1호, 2002, 18면 참조.

하고 쌍방을 나타내기도 한다.

당사자의 개념과 관련해서는 특히 행정절차법의 규정이 큰 의미를 갖는 다. 행정절차법 제2조 제4호에서는 '당사자 등'에 대한 정의조항을 마련하 고 있고, 여기서는 '당사자등'을 당사자와 이해관계인 즉, 행정청의 처분에 대하여 직접 그 상대가 되는 당사자와 행정청이 직권으로 또는 신청에 따 라 행정절차에 참여하게 한 이해관계인으로 구분하고 있다.

※「행정절차법」제2조 제4호

"당사자등"이란 다음 각 목의 자를 말한다
가. 행정청의 처분에 대하여 직접 그 상대가 되는 당사자
나. 행정청이 직권으로 또는 신청에 따라 행정절차에 참여하게 한 이해관계인

즉, 행정절차법에 따르면 행정절차에서의 당사자는 행정기관 처분의 대 상이 되는 처분상대방을 일컫는 것으로 해석된다. 이는 행정절차에 있어서 국민의 참여와 절차적 권리를 보다 강화하려는 동법의 목적4)에 따라 행정 절차의 초점을 국민에게 맞추려는 의도를 표현하는 것이다.

한편 이해관계인은 당사자는 아니지만 행정절차에 참여하게 한 자로서,

---

2) 민사소송법 제51조 (당사자능력·소송능력 등에 대한 원칙), 제52조 참조.
3) 예컨대 형사소송법 제121조에서는 "검사, 피고인 또는 변호인은 압수·수색영장의 집 행에 참여할 수 있다"고 규정하고 있고, 동법 제135조에서는 "전3조의 결정(압수결 정)을 함에는 검사, 피해자, 피고인 또는 변호인에게 미리 통지하여야 한다"고 규정하 고 있으며, 동법 제163조에서는 "검사, 피고인 또는 변호인은 증인신문에 참여할 수 있다"고 규정하여 당사자 개념 안에 '검사, 피고인, 변호인'을 포함시키고 있다. 관련 해서는 동법 제176조, 제274조, 294조, 제318조 등도 참조할 수 있다.
4) 행정절차법 제1조 참조. "이 법은 행정절차에 관한 공통적인 사항을 규정하여 국민의 행정 참여를 도모함으로써 행정의 공정성·투명성 및 신뢰성을 확보하고 국민의 권익 을 보호함을 목적으로 한다."

행정절차법은 이들에게도 '당사자등'에 해당하는 지위를 부여하고 일정한 절차적 권리를 보장하고 있는데, 이는 앞서 밝힌 행정절차법의 목적과 일 맥상통한다.5) 이러한 행정절차법의 목적과 '당사자 등'에 대한 정의는 일 견 공정거래절차에 있어서도 참조할만하다.

물론 행정절차법의 정의조항을 공정거래절차법에서도 준용할 수 있는지 에 대해서 의문이 있을 수 있다. 이에 대해서는 비록 행정절차법이 공정위 의 의결·결정을 거쳐 행하는 사항에 대해서는 적용제외하도록 규율6)하고 있지만, 행정절차법의 정의조항은 그 범위에서 엄연히 벗어나는 것이기 때 문에 공정거래절차법에서도 준용될 수 있다.

2. 소결

이상을 종합하면 공정거래절차에서 당사자라 함은, 일반적으로는 공정위 의사결정의 직접상대방을 말하고, 보다 구체적으로는 직접상대방은 법위반 사업자 내지 개별절차의 신청인 등이 될 것이라고 정리할 수 있다.

공정거래절차의 당사자는 사건절차의 단계에 따라 각기 다른 명칭과 지 위를 갖게 된다. 예를 들면, 사건처리절차상 신고절차에서는 '피신고인',7) 조사절차에서는 '피조사인'8) 또는 '피조사업체',9) 심의·의결절차에서는

---

5) 행정절차법은 개별 조항에서도 절차적 권리를 누리는 주체를 '당사자'와 '당사자등'으로 구분하고 있다. 예컨대 행정절차법 제22조(의견청취) 제3항은, "행정청이 당사자에게 의무를 부과하거나 권익을 제한하는 처분을 할 때 제1항 또는 제2항의 경우 외에는 당사자 등에게 의견제출의 기회를 주어야 한다."고 규정되어 있다.

6) 행정절차법 제3조 제2항 제9호, 행정절차법 시행령 제2조 제6호.

7) 사건절차규칙에서는 제13조와 [별표]의 경고의 기준, 그리고 별지서식으로 제공되는 신고서 양식에서 피신고인 개념을 사용하고 있다.

8) 피조사인 개념은 사건절차규칙 제10조의4 제2항, 제11조 제4항 및 제5항, 제12조 제2항, 제18조 제3항, 제20조, 제20조의2, 제20조의3, 제53조의2 제5항에서 사용되고 있다.

9) 조사절차규칙에서는 피조사업체라는 개념이 사용되며, 이는 공정거래위원회 소관 법률에 따라 조사를 받는 사업자 또는 사업자단체를 의미한다. 동 규칙 제2조 제2호

'피심인'10)의 지위를 갖는다.11)

또한, 공정거래 개별절차에서 당사자 내지 직접상대방은, 예컨대 기업결합 심사를 신청했는지 또는 동의의결과 같은 절차의 개시 여부에 따라, 각각 다른 법적 명칭을 가질 수 있다.12)13)

II. 당사자 권리보장의 의의

1. 당사자 권리보장의 개념

당사자 권리보장이 뜻하는 바가 무엇인지는, '권리'의 의미에 따라 확정될 수 있다. 이하에서는 당사자의 절차적 권리를 방어권, 수익적 절차에서의 권리, 그리고 제도적 차원의 권리로 구분하여 당사자 권리보장의 의미를 정리하도록 한다.

참조.

10) 피심인 개념은 공정거래절차에 있어서 당사자의 핵심지위라고 할 수 있으며, 이를 대변하듯 사건절차규칙에서 가장 많이 사용되고 있다. 사건절차규칙 제8조, 제11조의3, 제12조, 제28조, 제29조의2, 제30조의2, 제30조의3, 제30조의4, 제30조의5, 제30조의12, 제33조, 제33조의2, 제34조, 제35조, 제36조, 제38조, 제39조, 제40조, 제40조의2, 제41조, 제41조의2, 제43조, 제46조, 제47조 내지 제51조, 제54조 내지 제56조, 제58조, 제59조, 제62조, 제64조, 제65조 참조.

11) 한편, 공정위 일차적 결정에 대한 이의신청을 제기하거나, 이에 대한 집행정지를 신청하는 경우, 이의신청인 내지 집행정지신청인의 지위를 얻게 된다. 사건절차규칙 제12조, 제65조, 제67조, 제68조, 제71조에서 이들 개념을 명시하고 있다.

12) 예컨대 기업결합 심사절차에 있어서는 기업결합 신고인이 당사자의 지위를 갖게 될 것이다.

13) 예컨대 동의의결절차를 개시하는 경우, 당사자는 법 제51조의2 제1항에 따라 신청인 내지 동의의결 신청인의 지위를 갖게 된다.

가. 당사자의 방어권 보장

통상적으로는 당사자의 절차적 권리를 당사자의 방어권으로만 이해하는 경우가 많다. 이에 따르면 당사자의 권리보장 또한 당사자의 방어권 보장만으로 국한하여 파악된다.

방어권이라는 개념은 국가활동의 침익적 성격을 전제로 하는 것으로서, 사인(私人) 내지 국민이 국가의 침익적 행위로부터 자신을 방어한다는 의미가 담겨져 있다.14) 따라서 공정거래절차에서의 당사자 방어권은 공정위의 침익적 활동에 대한 당사자의 절차적 권리를 뜻한다. 공정거래법은 반경쟁행위에 대한 금지규정을 핵심 내용으로 하므로, 동법의 집행에 있어서는 당사자 권리에 대한 침해가 예외 없이 발생하게 된다. 따라서 공정거래법 위반 사건처리절차에서의 당사자의 권리보장은 주로 당사자의 방어권 보장으로 파악될 수 있다.

나. 수익적 절차에서의 권리보장

그러나 공정거래절차를 전체적으로 조망하면 당사자는 이하에서 보는 다른 차원의 절차적 권리도 추가로 보장받게 된다.

공정거래절차에는 법 위반 사건처리절차와 같은 침익적 성격의 절차뿐만 아니라 자진신고 감면절차, 동의의결절차 등의 수익적 절차가 포함되어 있다. 상술하였듯이 방어권은 국가기관의 침익적 활동을 전제 한다는 점에서, 수익적 절차에서 당사자가 갖는 권리는 방어권의 개념 안에 포섭될 수 없다.

한편, 수익적 절차에서의 당사자 권리는 단순히 행정기관에 의견을 표명하는 권리부터 특정한 처분을 청구하는 강학상 신청권까지 그 종류와 범위에 있어서 매우 다양하다. 수익적 절차에서 당사자가 갖는 권리가 이 중 어

---

14) 정혜영, 방어권과 기본권 보호의무: 보호의무사안의 방어권적 재구성에 관한 논의를 중심으로, 아주법학 제7권 제4호, 2014, 140면.; 한수웅, 헌법학, 2018, 433면 참조.

떠한 권리에 해당하는지는 일괄적으로 말할 수 없으며 각 절차의 목적 및
성격과 함께 이를 규율하고 있는 규정 등을 종합하여 판단되어야 한다.

다. 제도적 차원의 권리보장

위에서 언급한 당사자의 방어권, 수익적 절차에서의 권리는 주관적 성격
을 갖는 권리이다.[15] 그리고 이러한 주관적 권리가 절차적 권리의 개념을
구성한다는 것은 의문의 여지가 없다.

다만, 절차적 권리라는 개념을 가장 넓게 이해하면 국가 내지 공정위의
절차상 의무들까지도 절차적 권리의 범주 안에 포섭될 수 있다. 이러한 해
석은 기본권의 성격을 주관적 공권(subjektives Recht)과 객관적 가치질서
(Wertordnung)으로 구분하는 헌법학계의 논의를 통해 뒷받침될 수 있다.[16]
당해 논의에 따르면 주관적 권리로서의 기본권은 국가의 객관적 의무로 표
현되기도 하므로 기본권은 국민이 갖는 권리이자, 국가가 침해해서는 안
되는 의무사항을 동시에 표현하는 법개념이다.

사견으로는 사인의 주관적 권리와 국가의 객관적 의무의 상관관계를 나
타낸 당해 논의는 헌법학계 뿐만 아니라 경제법 학계에서도 수용할 만한
것이고, 절차적 권리 영역에서도 충분히 적용가능하다. 특히 공정거래절차
에 있어서는 당사자 등의 권리보장이 지도원리로서의 위상을 갖는다는 본
고의 논리에 의하면, 당사자의 절차적 권리를 보다 넓게 이해할 수 있게 하
는 당해 논의는 더욱 큰 의미를 갖는다.

요컨대, 본고에서는 공정거래절차규정에서 규율하고 있는 공정위의 절차
상 의무까지도 당사자에 대한 권리보장으로 해석하고자 한다.[17]

---

15) 주관적 권리의 개념에 관해 김도균, 법적 권리에 대한 연구 Ⅰ, 서울대학교 법학 제43
    권 제2호, 2002, 182-191면 참조; 여기서는 주관적 권리라는 용어가 '청구, 자유, 권능,
    면책'이라는 4가지 법률적 관계를 지칭하는 것으로 사용된다고 설명한다.
16) 한수웅, 헌법학, 2018, 425-427면 참조.
17) 同旨 Karsten Schmidt, Drittschutz, Akteneinsicht und Geheimnisschutz im

라. 소결

정리하면, 본고는 공정거래절차법상 당사자 권리보장의 개념을 당사자의 방어권 보장뿐만 아니라 수익적 절차에서의 권리보장, 나아가 공정위의 절차상 의무사항까지를 포함하는 것으로 정의한다.

한편 본고에서 말하는 당사자의 절차적 권리는 법적 권리이다. 법적 권리란 법규범에 의해서 부여된 권리를 의미한다. 결국, 공정거래절차에서의 당사자의 권리보장을 살펴보는 것은, 앞에서 정리한 공정거래절차법에서 규율하는 절차적 권리가 어떻게 보장되는지의 내용을 검토하는 것과 동일하다.

2. 공정거래절차법상 당사자 권리보장의 기능

가. 주관적 기능

공정거래절차법상 당사자의 권리보장의 일차적 기능은 당사자의 방어권 보장이다. 주지하다시피 공정거래절차는 주로 법 위반 사업자인 당사자에게 제재를 내리기 위한 절차이므로, 공정위의 침익적 절차에 있어서 당사자의 방어권을 보장하는 것은 주관적 법치주의를 실현하기 위한 기본권적 요청을 반영한다. 즉, 당사자의 방어권을 보장하는 것은 당사자 권리보장의 주관적 기능을 나타낸다.

나. 객관적 기능

공정거래절차법상 당사자의 권리보장은 공정거래절차법의 목적을 달성함으로써 절차의 정당성을 확보하는 객관적인 기능도 수행한다. 이러한 객관적인 기능 중 대표적인 것은 당사자 권리보장을 통한 시장경제에 대한

Kartellverfahren, 1992, S. 31 참조.

정보공유, 절차의 투명성 확보, 집행의 효율성 확보 등이다.

　당사자의 절차적 권리를 보장하는 것이 당사자가 보유하고 있는 정보를 공유함으로써 공정위로 하여금 사안의 사실관계를 구체적으로 파악하여 올바른 판단을 내리게 하는 전제조건이라는 점은 상술한 바와 같다. 또한, 경쟁당국의 법집행절차에 있어서 당사자의 절차적 권리를 보장하는 것은 무엇보다 절차의 투명성을 보장해주는 기능을 수행한다. 예를 들어, 당사자 등의 자료열람·요구권이 실현되고 그들의 의견이 적극적으로 진술된다면, 공정위의 이른바 밀실행정적 관행들이 투명하게 공개되는 효과가 나타날 수 있다. 이렇게 공정위의 의사결정에 있어 투명성을 제고하는 것은 공정위가 갖는 절차상 재량을 합리적으로 통제할 수 있는 기능을 수행한다.[18)19)] 공정거래법은 경쟁당국인 공정위에게 넓은 재량영역을 보장하고 있는데 이는 경쟁보호라는 법 목적을 달성하는 데에 필수적이긴 하지만, 이를 적절히 통제하는 것 또한 법 목적의 실현을 위해 반드시 필요하다.

3. 소결 : 공정거래절차의 목적달성을 위한 당사자 권리보장

　공정거래절차법의 목적을 경쟁기능의 보호로 설정하고, 그 성격도 마찬가지로 당해 목적을 달성하기 위한 객관적 절차로 파악하는 본고의 논리에 의하면, 공정거래절차상 당사자 권리보장의 의미도 이와 동일한 맥락으로 파악되어야 한다. 앞서 살펴보았듯이, 절차참여자의 절차적 권리보장을 공정거래절차법의 지도원리 중 하나로 바라보는 것은 절차적 권리보장의 객

---

18) 이하 이봉의, 공정거래위원회의 재량통제, 규제연구 제11권 제1호, 2002, 24-26면 참조.
19) 예컨대, 사건처리절차 영역의 공정위의 재량은 넓지만, 공정거래법 제52조 제1항에 따르면 법 위반사항에 대하여 시정조치 또는 과징금납부명령을 내리기 전에는 당사자 또는 이해관계인에게 의견을 진술한 기회를 주어야 한다고 하여, 이 부분에 있어서는 공정위의 재량을 제거하고 있다.

관적 기능을 견지해야 하는 근거로 제시될 수 있으며, 이는 당사자의 경우
도 마찬가지일 것이다.

　요컨대, 공정거래절차에서의 당사자 권리보장의 궁극적인 의미는 당해
절차의 정당성을 확보하는 것이다. 다만, 상술하였듯이 공정거래규범은 주
로 반경쟁적 행위들에 대한 금지규정으로 이루어져 있기 때문에, 일견 당
사자의 권리보장을 주관적 기능의 차원으로 이해하는 것도 자연스럽다.[20]
따라서 사건처리절차와 같이 침익적 성격을 갖는 공정거래절차상 당사자
권리보장의 구체적인 논의를 위해서는 일차적으로는 당사자의 방어권을
보장해야 한다는 관점을 갖되, 궁극적으로는 이것이 공정거래절차의 목적
실현을 위해 어떻게 작동해야 하는지를 고민해야 할 것이다.

　이하에서는 공정거래절차 제도 중 법 위반 사건처리절차(이하 '사건처리
절차')와 그 이외의 절차(이하 '공정거래 개별절차')를 구분하여 당사자 권
리보장 문제에 대해서 구체적으로 살펴본다. 한편, 당사자의 권리보장과 제
3자 절차참여를 살펴봄에 있어 이번 장과 다음 장에서 분석하고자 하는 절
차제도들은 동일하다. 따라서 각 절차제도의 의의와 관련규정, 절차의 진행
과정 등으로 구성된 절차의 개요는 이번 장에서 정리하고, 다음 장에서는
이를 생략한 채 절차별 핵심 쟁점만 다루도록 한다.

---

20) 경쟁법 집행에서의 제3자의 절차참여는 중요한 의미를 갖지만, 무엇보다 당사자의 권
　　리보장이 최우선적으로 고려되어야 한다는 견해로 Schmidt, Drittschutz, Akteneinsicht
　　und Geheimnisschutz im Kartellverfahren, 1992, S. 19.

제2절 공정거래 사건처리절차에서의
당사자 권리보장

Ⅰ. 사건개시절차

1. 절차의 개요

가. 의의 및 관련 규정

(1) 사건개시절차의 의의

공정거래 사건처리절차의 개시절차(이하 '사건개시절차')는, 사인에 의한 신고절차와 공정위에 의한 직권인지절차를 통칭하는 개념이다.[21][22] 종래의 논의에서는 사건개시절차를 따로 구분하여 다루는 경우가 많지 않은데, 본고는 신고절차와 직권인지절차가 공정거래절차의 목적 및 당사자 권리보장 및 제3자 절차참여 관점에서 중요한 의미를 갖는다는 취지로 이를 별도로 살펴보고자 한다.

사건개시절차에 관해 우선적으로 검토되어야 할 것은 이것이 공정거래절차에서 갖는 의미 내지 기능이다. 사건처리절차의 기능을 경쟁기능의 보호라는 공정거래설차의 목적 내에서 파악되어야 한다는 본고의 주장에 의

---

[21] '사건의 개시절차'라는 개념을 사용한 문헌으로는 황태희, 독점규제법 집행시스템의 개선방안, 저스티스 통권 제123호, 2011, 189면.
[22] 사건처리절차의 개시가 직권인지절차와 신고절차로 구분된다는 견해로 홍명수, 공정위 사건처리절차의 효율화를 위한 개선 방안, 경쟁법연구 제13권, 2006, 263-264면.

하면, 사건개시절차의 궁극적인 기능은 경쟁기능을 보호해야 하는 사건을 효과적으로 인지하는 것으로 파악될 수 있다. 당해 해석은 경쟁당국의 정보획득이라는 공정거래절차의 고유한 시각에 의한 것인데, 이는 사건개시절차를 법 위반 혐의에 대한 단서를 포착하는 것으로 파악하는 형사소송법적 시각보다 그 범위가 넓다.

(2) 신고절차와 직권인지절차

사건개시절차 중 신고절차는 공정거래법 위반 혐의에 대한 사인의 신고를 통하여 절차가 개시된 경우, 신고가 접수되고 심사관 등에 의한 정식조사절차로 나아가기 이전까지의 절차를 일컫는다. 신고의 의미에 대해서는 법률과 시행령에서 규율하는 바가 없지만, 신고절차 관련 규정인 「공정거래법 등 위반행위 신고자에 대한 포상금 지급에 관한 규정」[23] 제2조 제1항을 참조하면, '공정거래법 등의 위법행위를 신고하거나 제보하고, 해당 신고 또는 제보의 입증에 필요한 증거자료를 제출'하는 행위로 이해할 수 있다.[24] 한편, 사건개시절차로서의 법위반신고는 후술하는 부당한 공동행위의 자진신고절차에서의 신고, 그리고 기업결합 신고절차의 신고와는 엄밀히 구분되는데, 그 차이점에 대해서는 후술한다.

직권인지절차는 공정위 직권인지 사건에서의 개시절차 즉, 공정위가 직접 공정거래법 위반 혐의를 직접 인지하여 조사로 나아가는 사건의 개시절차를 의미한다. 즉, 직권인지절차는 공정위의 직권인지 이후 심사관 등의 정식 조사행위로 나아가기 이전까지의 절차를 의미한다. 공정위가 처리하는 사건 중 상당수가 공정위의 직권인지로 개시된다. 또한, 실무적으로는 이러한 직권인지가 곧바로 사업자에 대한 현장조사로 직결되는 경우가 많

---

23) 공정위 고시 제2018-11호, 2018.7.3.

24) 한편, 사건절차규칙에는 '이미 처리한 사건과 동일한 위반사실에 대한 신고' 즉, 재신고를 허용하고 있는데, 이에 대해서는 필요한 부분에서 간단하게 언급한다.

다. 따라서 공정위의 직권인지절차에 있어서 당사자의 절차적 권리를 보장
하는 것이 매우 중요한데, 그에 비해 이에 관한 종전의 논의가 없었다는 것
은 큰 문제이다.

(3) 관련 규정

　신고절차를 규율하고 있는 규정으로는 법위반신고의 근거규정인 공정거
래법 제49조 제2항이 있고, 그 구체적인 방법에 대해 규율하고 있는 시행
령 제54조가 있다. 또한, 사건절차규칙 제10조, 제10조의2, 제10조의3, 제11
조, 제12조, 제13조가 신고절차의 기본 틀을 정하고 있다. 한편, 2018년 5월
에 있었던 동 규칙의 개정에 의해 제74조의 신고인 의견진술 규정이 신설
되었는데 여기서도 신고절차와 관련한 내용을 담고 있으며,25) 동 규칙 제
76조는 사건처리과정 전체에 있어 신고인의 관련 정보에 대한 비밀유지를
규정하고 있다.26)27)

　신고절차와 달리 공정위의 직권인지절차에 관해서는 이를 직접적으로
규율하는 법규정을 거의 찾아보기 힘들다. 비록 공정거래법 제49조 제1
항28)이 공정위의 직권인지절차의 근거조항으로 이해되고 있지만, 시행령
이하 규정에서는 공정위의 직권인지에 대한 명확한 규정을 찾기 어렵다.
사건절차규칙에서는 제10조 제1항, 제4항, 동 규칙 제10조의2 제1항, 제10

---

25) 공정거래위원회 2018.5.15. 보도자료, 개정 사건절차규칙 시행 - 재신고사건 심사위
　　원회 민간 중심 개편, 신고인 의견 진술 보장, 참고인 신문 관련조항 명확화 등.
26) 재신고절차에 대해서는 「재신고사건 처리지침」이 규율하고 있다. 공정거래위원회
　　2018.2.26. 제정 훈령 제259호.
27) 법 제64조의2, 시행령 64조의7에서는 법 위반사항을 신고한 자에 대한 포상금 지급과
　　관련하여 정하고 있고, 이에 대해서는 「공정거래법 등 위반행위 신고자에 대한 포상
　　금 지급에 관한 규정」에서 자세히 규정하고 있다.
28) 공정거래법 제49조 (위반행위의 인지·신고 등)
　　① 공정거래위원회는 이 법의 규정에 위반한 혐의가 있다고 인정할 때에는 직권으로
　　필요한 조사를 할 수 있다.

조의3, 제11조 제1항, 제3항, 제12조에서 인지사건의 경우를 별도로 규율하고 있기는 하다. 그러나 이마저도 상술한 신고절차와 함께 규율하고 있는 경우가 많아, 직권인지절차가 실질적으로 어떻게 진행되는지에 관해서는 규정상으로 명확하게 파악하기는 어려운 실정이다.

[표 4-1] 사건처리절차 중 신고절차 관련 규정

규범	조문 번호	내용
법률	§ 49 ②	신고의 근거규정
시행령	§ 54	위반행위의 신고방법 (원칙적 서면신고)
사건절차규칙	§ 10	신고보완, 사실에 대한 조사 내지 사전심사 여부 결정, 심사절차 불개시 사유 여부 결정
	§ 10의2	신고사건에 있어서 조사개시일
	§ 10의3	사실에 대한 조사, 사전심사에 대한 사건등록
	§ 11	신고절차 종료 : 사건심사 착수보고 (기간)
	§ 12	신고절차 종료 : 심사절차 불개시 결정
	§ 13	재신고사건 관련 처리절차
	§ 74 ①	사건심사 착수보고된 신고사건에 대한 신고인 의견진술
	§ 76	신고자 보호

[표 4-2] 사건처리절차 중 직권인지절차 관련 규정

규범	조문 번호	내용
법률	§ 49 ①	직권인지의 근거규정
사건절차규칙	§ 10	사실에 대한 조사 내지 사전심사 여부 결정
	§ 10의2	인지사건에 있어서 조사개시일
	§ 10의3	사실에 대한 조사, 사전심사에 대한 사건등록
	§ 11	직권인지절차 종료 : 사건심사 착수보고 (기간)
	§ 12	직권인지절차 종료 : 심사절차 불개시 결정

나. 절차의 진행과정

사건개시절차는 총 세 단계로 진행된다. 신고절차는 법 위반사실을 아는 사업자 내지 사인이 공정위에 사건을 신고하는 단계로 시작하여, 심사관 등이 신고사실에 대한 일정한 사전판단을 내리는 단계, 그리고 마지막으로 신고사실에 대해 조사를 개시할 것인지 아니면 심사절차를 개시하지 않을 것인지 결정을 내리는 단계를 거치게 된다. 직권인지절차의 경우에는 전체적인 절차의 진행흐름은 신고절차와 유사하지만, 사인의 신고 대신 경쟁당국의 직권인지, 그리고 신고사실 대신 인지사실이 문제가 되며, 조사개시일, 사건의 등록, 사건심사 착수보고까지의 기한 등에서만 차이를 보인다.29)

이하에서는 신고절차를 중심으로 사건처리 개시절차의 진행과정을 살펴보고, 직권인지절차의 경우 필요한 경우에만 따로 서술하도록 한다.

(1) 신고서 제출 또는 직권인지

신고를 하고자 하는 자는 법 제49조 제2항, 시행령 제54조, 사건절차규칙 제10조 제2항에 따라 신고서를 공정위에 제출해야 한다. 사건절차규칙은 [별지]에 각 위반사항에 대한 신고서 서식을 마련하고 있다. 당해 신고서 양식에 의하지 아니한 신고 또는 내용이 충분하지 않은 신고의 경우 동 규칙 제10조 제3항에 따라 심사관이 신고인에 대해 보완을 요구할 수 있다.

공정위가 법 위반 혐의가 있는 사안을 어떠한 방식으로 직권인지하는지에 관해서는 공정거래절차법에서 규율하는 바가 없다. 이는 공정위의 직권인지에는 공정위의 폭넓은 재량이 인정되기 때문이다. 실무적으로는 공정거래법 관련한 언론 보도, 타 정부 부처에서의 통지, 또는 공정위 자체적인 정책분석의 결과로 법 위반을 인지하는 경우가 많다.30)

---

29) 직권인지절차 또한 경쟁당국이 법 위반혐의에 대해 직권으로 인지하는 단계, 인지사실에 대해 일정한 심사를 하는 단계, 마지막으로 정식조사를 개시할 것인지 아니면 개시하지 않을 것인지에 대한 결정을 내리는 단계로 파악될 수 있다.

(2) 사실에 대한 조사 및 사전심사

신고사건이 접수되거나 법 위반 혐의사건이 인지되면, 사건의 성격과 공정위 직제의 규정[31]에 따라 담당 심사관이 지정된다. 지정된 담당 심사관은 신고사건 및 인지사건과 관련한 사실에 대한 조사 및 사전심사를 행할 것인지 여부를 판단하게 된다.

사실에 대한 조사 및 사전심사에 관해서는 사건절차규칙 제10조 제1항, 동조 제4항에 규정되어 있다. 당해 규정에 따르면, 사실에 대한 조사 및 사전심사는 심사절차의 개시에 앞서 행할 수 있고, 당해 권한은 원칙적으로 사무처장에게 있지만 심사관 및 조사공무원에게 위임될 수 있다. 다만, 사건절차규칙 제10조 제4항은 신고사건의 경우에는 사실조사 및 사전조사의 실시 여부를 반드시 심사관 소속 각 과장 또는 팀장이 직접 결정하도록 하고 있다.

한편, 동 규칙 제10조의3은 심사관으로 하여금 제10조 제1항에 따른 조사와 사전심사를 함에 있어 일정한 기한 내에 사건등록을 하도록 정하고 있다. 심사관은, 신고사건의 경우는 신고접수일부터 10일 이내에, 인지사건의 경우에는 공정거래법 제50조 제1항에 따른 최초 자료제출요청일, 당사자 또는 이해관계인에 대한 최초 출석요청일, 최초 현장조사일 중 가장 빠른 날 이내에 사건등록을 해야 한다. 또한, 인지사건의 경우, 동 규칙 제11조 제3항[32]에 의하여 사건 등록과 동시에 심판관리관으로부터 사건번호가 부여되어야 한다.

---

30) 임영철, 공정거래위원회의 사건처리절차와 불복절차 – 공정거래법 위반사건을 중심으로, 기업소송연구 통권 제3호, 2005, 349-350면 참조.

31) 이는 「공정거래위원회와 그 소속기관 직제」를 의미한다. 총리령 제1498호, 2018.11.7. 일부개정.

32) 사건절차규칙 제11조 제3항에 따르면, 심판관리관은 인지사건 또는 자진신고 사건의 경우 제10조의3에 의하여 사건으로 등록한 때에, 신고사건의 경우 제1항의 규정에 의한 사건심사 착수보고가 있는 때에는 사건번호를 부여하여야 한다.

(3) 심사관의 심사개시 여부 결정

이상의 절차를 거쳐 심사관은 신고 내지 직권인지에 대해 사건심사 착수보고를 하거나 심사절차 불개시 결정을 내려야 한다.

사건심사 착수보고는 신고 또는 직권인지에 의해 개시된 사건이 심사관에 의해 심사절차 불개시 사유에 해당하지 않는다고 인정되어 정식조사절차로 전환되는 중요한 절차이다. 사건심사 착수보고에 관해서는 사건절차규칙 제11조 제1항에서 정하고 있다. 동 규정에 의하면 사건심사 착수보고를 해야 하는 기한 즉, 사건처리 개시절차의 종료기한과 그 기한의 연장절차 등이 신고사건과 인지사건에 대해 각각 상이하게 규정되어 있다.[33]

반면, 신고 내지 인지된 사실이 사건절차규칙 제12조 제1항 각호에 규정된 사유에 해당하면, 심사관은 심사절차 불개시 결정을 내릴 수 있다.[34] 특징적인 것은, 사건심사 착수보고와는 달리 심사절차 불개시 결정에 관해서는 규칙에서 정해진 기한이 없다는 점이다.

---

33) 사건절차규칙 제11조 제1항에 따르면, 신고사건은 신고접수일로부터 15일 이내에 사건심사 착수보고를 하되, 사실관계가 복잡한 사건인 경우에는 1회에 한하여 15일 연장할 수 있으며, 인지사건 또는 자진신고 사건은 공정거래법 제50조 제1항에 따른 최초 자료제출요청일, 당사자 또는 이해관계인에 대한 최초 출석요청일, 최초 현장조사일 중 가장 빠른 날부터 30일 이내에 사건심사 착수보고를 하되 불가피한 사유가 있는 경우 사전에 사무처장 전결로 연장사유와 연장기한을 명시하여 사건심사 착수보고 기한을 연장할 수 있다.

34) 심사절차 불개시 결정사유에는 공정거래법상 '사업자' 요건을 충족하지 아니하는 경우(동조 동항 제1호), 공정거래법상 적용제외규정에 해당하는 경우(제2호), 공정거래법 제49조 제4항의 기간이 경과된 경우(제3호) 등이 있고, 신고사건의 특수한 사유로는 무기명, 가명 또는 내용이 분명하지 아니한 신고로서 심사관이 보완요청을 할 수 없는 경우, 기간을 정한 보완요청을 받고도 이에 응하지 아니한 경우 또는 보완내용이 분명하지 아니하거나 허위로 기재된 경우(제26호), 신고인이 신고를 취하한 경우(제27호), 사망, 해산, 폐업 또는 이에 준하는 사유가 발생한 사업자를 신고한 경우(제30호), 이미 처리한 사건과 동일한 위반사실에 대하여 직권으로 인지하거나 다시 신고하여 온 경우(제31호)가 있다.

2. 당사자의 권리보장

가. 신고절차

신고절차에서는 신고의 대상이 된 사업자 즉, 피신고인이 절차의 당사자가 된다. 현행 사건절차규칙에서 신고절차상 당사자의 권리를 보장해주는 규정은 동 규칙 제12조 제2항이다. 동 규정에 따르면 심사관은 심사절차 불개시 결정이 내려진 경우에 15일 이내에 신고인 및 피조사인 에게 그 사실을 서면으로 통지하여야 한다.

한편 재신고 사건의 경우, 사건절차규칙 제13조 제5항에서 재신고사건심사위원회가 심사를 위하여 필요한 경우 해당 사건의 신고인이나 피신고인의 의견을 들을 수 있다고 규율하고 있다.

[표 4-3] 신고절차상 당사자의 권리보장

근거규정	권리보장의 내용
사건절차규칙 §12 ②	심사절차 불개시 결정 서면 통보 (15일 이내)
사건절차규칙 §13 ⑤	재신고사건심사위원회에서의 의견진술 (재량)

나. 직권인지절차

직권인지절차상 당사자는 공정위로부터 법 위반 혐의를 받는 사업자가 된다. 그러나 위에서 언급한 바와 같이 직권인지절차에서의 당사자의 절차적 권리와 관련된 규정은 사실상 존재하지 않는다. 따라서 현행 규정상으로 당사자는 공정위가 자신과 관련된 사항을 인지하였다는 사실과 사실조사 및 사전심사의 실시 여부는 전혀 알 수가 없다.

다만 당사자는 사건절차규칙 제12조 제2항 및 제3항에 의해 직권인지절차가 심사불개시 결정으로 종료되는 경우에, 신고절차와 마찬가지로 이를 통지받을 수 있다. 따라서 넓은 의미에서는 당해 규정을 직권인지절차에서의 당사자 권리보장을 위한 것으로 이해할 수 있다.

[표 4-4] 직권인지절차상 당사자의 권리보장

근거규정	내용
사건절차규칙 §12 ②, ③	심사절차 불개시 결정 서면 통보 (15일 이내)

3. 문제점 및 평가

가. 신고절차

신고절차에 관해서는 신고의 주체인 신고인에게 논의의 초점이 맞춰져 있었던 나머지, 당사자 내지 피신고인의 절차적 권리보장에 대한 종래의 논의는 거의 찾아보기 힘들다.

현행 사건절차규칙상으로는 피신고인이 자신의 행위에 대한 신고가 공정위에 접수되었다는 사실을 알 수 있는 방법이 없다. 즉, 피신고인은 자신과 관련된 사실에 관한 조사 및 사전조사가 이미 진행되고, 최종적으로 심사착수보고가 이루어지거나 심사불개시 결정이 내려진 후에 이르러서야 자신에 대한 신고사실을 알게 된다.

법 위반에 대한 신고가 공정위의 심사절차로 이어지는 경우는 상당하다. 따라서 신고절차에서부터 당사자가 심사절차 내지 심의·의결절차에 대비할 수 있게 하는 것이 당사자의 주관적 권익을 보호할 뿐만 아니라 구체적 사실관계를 최대한 세밀하게 파악하여 경쟁기능을 보호하려는 공정거래절차법의 목직에도 다당하다. 또한, 신고인의 절차참여권에 대한 규정이 사건처리절차규칙에 도입되는 등 신고절차의 중요성이 강화되는 흐름을 고려한다면, 피신고인의 절차적 권리 또한 그에 상응하게 보장될 필요가 있다.

나. 직권인지절차

(1) 직권인지절차에 대한 규범적 통제 부족

상술하였듯이 공정거래절차법은 신고절차에 비하여 공정위의 직권인지절차에 대해서는 규정해놓은 바가 거의 없다. 따라서 직권인지절차에 있어서의 당사자의 절차적 권리와 관련된 직접적인 규정 또한 존재하지 않다는 점은 물론이다.

이러한 상황은 공정위의 직권인지절차가 최대한 비밀리에 진행되는 경우에 법 위반 사업자를 보다 효과적으로 적발할 수 있다는 측면을 감안한다면 타당한 것으로 평가할 수도 있다. 그러나 실무에서는 직권인지절차는 자연스럽게 정식 심사절차로 이어져 갈 가능성이 매우 높고, 따라서 향후 당사자 내지 피조사인의 절차적 권리를 강하게 침해할 가능성이 상당히 높기 때문에, 관련한 최소한의 규정이 마련되고 이를 통하여 공정위의 재량이 통제되어야 할 것이다.

(2) 사실조사 내지 사전심사 관련 문제

직권인지절차에서 당사자의 권리보장과 관련하여 가장 문제가 될 수 있는 부분은 사실에 대한 조사 내지 사전심사이다. 상술하였듯이, 사건절차규칙은 직권인지절차상 사실에 대한 조사 내지 사전심사와 심사착수보고 이후의 정식조사를 개념적으로는 구분하고 있지만, 공정위 실무상으로는 그렇지 못하다는 문제가 있다. 또한, 정책적 이유로 실시되는 각종 서면실태조사와 직권인지절차상의 사실조사도 당사자의 입장에서는 잘 구분되지 않고 있다.

이러한 상황은 사건심사 착수보고 시기과 관련된 사건절차규칙의 규정상으로도 드러난다. 사건심사 착수보고 시기를 규정한 동 규칙 제11조 제1항 후단에 의하면, 인지사건의 경우 법 제50조 제1항의 정식조사에 따른 최초 자료제출요청일·출석요청일·현장조사일 중 가장 빠른 날부터 30일 이내에 사건심사 착수보고를 하도록 되어 있다. 이에 따르면, 일견 직권인지절차의 종료를 의미하는 사건심사 착수보고가 이미 정식조사가 시작된 이후에 이루어진다는 뜻이 되어 사건개시절차와 정식조사절차 사이에 혼동이 오게 된다. 사견으로는 이것이 직권인지절차에서의 조사와 정식 심사절차에서의 조사를 명확히 구분하지 않고 있는 실무에서의 잘못된 실태가 그대로 반영하고 있다고 본다.

사건절차규칙에서 규율하고 있는 공정위의 사실에 대한 조사 및 사전조사는 일견 검찰수사절차의 내사(內査)절차를 연상케 한다. 내사란, 수사기관이 범죄사실을 인지하기 이전의 조사활동을 뜻하고, 범죄사실을 인지한 이후의 조사활동인 수사와 구분되는 개념이다.[35] 사건절차규칙에서 정한 사전조사절차 또한, 법 제50조에서 정한 정식조사절차 이전의 조사이기 때문에 검찰수사절차의 내사와 매우 유사하다고 볼 수도 있다.

그러나 공정거래절차가 경쟁기능을 보호하는 절차 즉, 사업자의 법 위반 사항을 색출하여 그에 상응하는 제재를 내린다는 차원보다 더 높은 차원의 절차로 이해되어야 함을 고려하면, 공정위의 사전심사는 검찰수사의 내사와 같이 운영되어서는 아니 된다. 즉, 경쟁기능 보호절차의 궁극적인 목적은 법 위반 사업자에 대한 처벌이 아니기 때문에, 사실에 대한 조사 및 사전심사의 목적이 그에 맞게 재설정되어야 하고 그 범위 또한 조정될 필요가 있다.

생각건대 공정위는 사전심사단계에서 단지 사건절차규칙 제12조의 심사절차 불개시 결정사유에 해당하는지 여부만 심사해야 하고, 이 단계에서 현장조사를 행하거나 자료제출요구를 해서는 아니 된다.

---

35) 조광훈, 내사절차에서 피내사자의 인권보호에 관한 연구, 법학연구(연세대학교) 제19권 제2호, 2009, 301-302면.

4. 개선방안

가. 신고절차

(1) 피신고인 지위에 대한 인식제고

신고절차의 경우, 당해 절차에서의 피신고인의 지위에 대해 인식하고 피신고인의 권리를 보장해야 하는 필요성에 대해 재고해보는 것이 최우선적으로 제안될 수 있다.

피신고인의 절차적 권리에 대한 인식은 신고인의 절차참여가 확대되어가는 흐름에서 절차의 균형성을 확보해야 한다는 차원에서도 필요하고, 심사절차를 사전에 대비하여 당사자의 권리구제와 절차의 효율성을 제고한다는 차원에서도 필요한 것이다. 나아가 당사자의 권리보장이 공정거래절차법의 지도원리 중 하나에 해당한다는 차원에서도 사건개시절차에서의 피신고인에 대한 인식을 제고하는 것은 규범적으로도 타당하다.

(2) 피신고인에 대한 신고사실 통보제도 마련

이렇게 피신고인의 절차적 지위가 보다 중요하게 파악될 수 있다면, 신고절차에서의 피신고인의 절차적 권리도 마찬가지로 종전의 상태보다 두텁게 보장되어야 할 것이다.

생각해볼 수 있는 것은, 신고를 받은 사업자에게 피신고인의 지위를 부여하고, 신고 사실을 피신고인에게 통보하는 제도를 마련하는 것이다. 이를 통해 피신고인은 자신을 대상으로 정식으로 개시될 수 있는 조사 및 심의 절차를 대비할 수 있게 된다. 현행 규칙상 사건개시절차가 종료된 후에만 피신고인이 자신의 신고사실을 알게 되는데, 그 시점을 자신에 대한 신고가 접수된 시점으로 앞당길 필요가 있다.

요컨대, 사건절차규칙에 피신고인 지위의 확인 및 신고사실에 대한 피신고인 통보에 대한 규정을 마련할 필요가 있다. 다만, 사건의 특성상 비밀리에 신고절차 및 심사절차가 진행되어야 하는 카르텔 사안에 있어서는 예외 조항을 둘 수도 있을 것이다.

나. 직권인지절차

(1) 직권인지절차 관련 규정 마련

직권인지절차에 관해서는 무엇보다도 공정위의 직권인지절차를 규율하는 규정을 마련해야 한다. 이는 직권인지절차에서 당사자의 절차적 권리를 보호할 수 있을 뿐만 아니라, 공정위의 직권인지절차의 투명성과 공정성을 확보하여 바람직한 경쟁질서를 형성한다는 직권규제원리의 궁극적 목적을 실현하는 첫 단계일 것이다. 당해 규정은 사건처리절차 내에 신설되어도 되지만, 생각건대 직권인지절차에 대한 별도 규정 내지 가이드라인을 새롭게 마련하는 것이 투명성 및 명확성 차원에서 보다 타당해 보인다.

신설되는 직권인지규칙에는 직권인지의 개념 및 직권인지절차의 진행사항 등이 최소한이나마 규율되어야 한다. 직권인지를 공정위가 직접 사건처리절차의 개시를 하는 개념으로 설정하고,[36] 사실조사 내지 사전심사, 그리고 심사개시까지의 절차를 어느 정도 규율하여, 직권인지 절차에서의 공정위 재량을 규범적으로 통제할 필요가 있는 것이다.

(2) 사전심사 관련 규정 마련

나아가 공정위의 직권인지에 있어서 행할 수 있는 사실에 관한 조사 내지 사전심사에 관한 규정을 마련해야 한다. 무엇보다 직권인지 단계에서의

---

36) 이는 본고에서 공정위 조사의 종류를 구분해야 할 필요성을 강조하는 것과 밀접한 관련이 있다.

사전심사는 오직 당해 사안이 심사불개시 사항에 해당하는지 여부를 심사하기 위한 내부적 조사활동으로 제한되어야 하고, 현장조사 및 소환조사는 사건심사 착수보고 이후의 정식조사절차 단계에서만 가능하도록 해야 할 것이다. 사전심사와 정식조사를 엄격히 구분하는 것은 공정위 조사절차의 공정성과 투명성을 제고하고 당사자의 절차적 권리를 효과적으로 보장하는 중요한 장치가 될 것이다.

공정위 조사 유형이 실무적으로 구분되지 않기 때문에 이러한 내용을 규칙상 규정으로 명시하는 것이 필요하고, 법적 안정성 측면에서 타당하다. 따라서 직권인지절차를 규율하는 규칙에 사전심사의 내용과 범위·방법을 규율하는 규정이 신설되어야 한다. 또한, 현재 인지사건에 있어서의 사건심사 착수보고 기한을 정식조사 이후로 규정해 놓은 사건절차규칙 제11조 제1항 후단을 개정하여, 정식조사는 언제나 사건심사 착수보고 이후에만 가능하도록 제한해 놓을 필요가 있다.

당해 문제는 궁극적으로 공정위의 조사활동을 유형화하여, 각 조사활동별로 공정위의 권한을 상이하게 규율할 필요성을 상기시키는데, 이에 관해서는 다음 항에서 살펴보도록 한다.

Ⅱ. 심사절차

1. 절차의 개요

가. 의의 및 관련 규정

(1) 의의

공정거래 사건처리절차에서 심사절차란, 사건심사 착수보고가 된 법 위반 사건에 대해 경쟁당국의 심사관 등이 소환조사 내지 현장조사 등을 통하여 자료를 수집하고, 법 위반 사실에 대해 심사를 하여 관련 사건을 전원회의나 소회의에 회부할지 여부를 결정하는 절차를 일컫는다.

일각에서는 조사와 심사의 의미상 차이가 거의 없는 것으로 보기도 하지만, 조사와 심사의 개념은 엄밀한 의미에서는 구분되는 것이다.[37] 공정위 심사절차의 궁극적인 기능은 최종 처분을 위해 위원회에 상정할 수 있는지 여부를 검토하는 것에 있으므로, 이하에서는 당해 절차 전체를 심사절차라는 개념으로 부르도록 하고, 소환조사 및 현장조사의 경우에만 한정하여 조사 내지 조사절차의 개념을 사용하도록 한다.

(2) 관련 규정

공정위 심사절차에 관해서는 공정거래법 제49조, 제50조, 제50조의2, 제50조의3, 공정거래법 시행령 제55조, 제56조, 제57조, 제57조의2에서 규율하고 있다.[38] 나아가 공정위 고시 중에서는 사건절차규칙의 제3장 제1절 '조사 및 심사절차'의 관련 규정, 2016년에 제정된 조사절차규칙, 그리고 디지털 증거조사와 관련하여 최근 제정된 「디지털 증거의 수집·분석 및 관리 등에 관한 규칙」[39] (이하 '디지털 조사규칙')이 심사절차에 대해 규율하고 있다.

---

37) 국립국어원 표준국어대사전에 의하면 '조사하다'의 의미는 '사물의 내용을 명확히 알기 위하여 자세히 살펴보거나 찾아보다'이고, '심사하다'의 의미는 '자세하게 조사하여 등급이나 당락 따위를 결정하다'이다. 이를 보면, 심사의 의미가 조사의 의미보다 넓다.

38) 법 제50조의4와 시행령 제57조의3은 조사절차에 있어서 사업자 또는 사업자단체가 보고, 자료·물건 제출명령 불이행시 받을 수 있는 이행강제금에 대해 규율하고 있는 바, 이는 조사절차를 직접 규율하는 규정으로는 볼 수 없다.

39) 공정위 고시 제2018-4호, 2018.4.3. 제정.

[표 4-5] 사건처리절차 중 심사절차 관련 규정

규범	조문 번호	내용
법률	§ 49 ③	당사자에 대한 조사결과 통보 (심사보고서 통지)
	§ 50	소환조사, 현장조사에 대한 규정
	§ 50의2	조사권의 남용금지
	§ 50의3	조사 등의 연기신청
	§ 66 ①	조사방해에 관한 형벌규정 (제11호)
	§ 67	조사방해에 관한 형벌규정 (제9호, 제10호)
	§ 68	허위 감정에 관한 형벌규정 (제5호)
	§ 68의2	소환조사 불응에 대한 과태료 규정 (제5호)
시행령	§ 55	소환조사에 관한 규정
	§ 56	현장조사에 관한 규정
	§ 57	소환조사에 응한 이해관계인·참고인, 감정인에 대한 경비지급 규정
사건절차 규칙	§ 10의2	조사개시일에 관한 규정
	§ 11	사건심사 착수보고에 따른 심사절차 개시
	§ 14	소환조사, 현장조사시 진술조사를 위한 출석요구서
	§ 15	소환조사, 현장조사시 진술조사 이후의 진술조서
	§ 16	소환조사에 있어서 보고·제출명령서
	§ 17	소환조사, 현장조사에 있어서 영치조서
	§ 18	감정인의 지정 및 감정위촉
	§ 19	조사공무원의 증표

※. 조사절차규칙 (「공정거래위원회 조사절차에 관한 규칙」) - 현장조사 관련

※. 디지털 조사규칙 (「디지털 증거의 수집·분석 및 관리 등에 관한 규칙」)
 - 포렌식 조사 관련

나. 절차의 진행과정

(1) 심사절차의 개시

공정위 심사절차는 심사관이 위원장에게 사건심사 착수보고를 하면서

시작된다. 심사절차 개시와 관련하여서는 심사절차 개시까지의 기한과 조사 개시일이 중요한 의미를 가질 것이다. 심사절차 개시까지의 기한은 앞서 살펴본 사건개시절차의 기한과 동일하므로, 여기서는 조사개시일을 살펴본다.

신고사건의 경우 사건절차규칙 제10조의2에 의하여 신고접수일이 조사개시일이 되고, 인지사건 또는 자진신고 사건의 경우에는 법 제50조 제1항에 따른 자료제출 요청일, 당사자 또는 이해관계인에 대한 출석 요청일, 현장조사일 중 가장 빠른 날이 조사개시일이 된다. 이에 따르면, 신고사건의 경우 실제 조사가 개시된 날과 형식적 조사개시일 사이에 괴리가 존재할 것인데, 이에 관해서는 문제점과 평가 부분에서 후술한다.

(2) 소환조사와 현장조사

심사절차가 개시되면 심사관 또는 조사공무원은 법 위반 혐의가 있는 피심사인에 대한 조사활동을 벌일 수 있다. 본고에서는 공정위의 조사는 크게 소환조사와 현장조사로 구분하고자 한다.[40]

소환조사는 공정거래법 제50조 제1항 각호에 따라 당사자, 이해관계인 또는 참고인을 출석시켜 진행하는 조사이다.[41] 조사공무원은 당사자 등을 출석시켜 진술을 확보하고 사업자 및 사업자단체 또는 이들의 임직원에 대하여 원가 및 경영상황에 관한 보고명령, 기타 필요한 자료 내지 물건의 제출명령을 내릴 수 있으며, 제출된 자료·물건의 영치를 행할 수 있다. 즉, 소환조사에서의 조사방법은 ① 진술조사, ② 보고·제출명령, ③ 자료·물건의 영치이다.

현장조사는 공정거래법 제50조 제2항에 의하여 심사관 또는 조사공무원이 사업자 또는 사업자단체의 사무실 또는 사업장에 출입하여 조사를 벌이

---

40) 공정거래절차상 소환조사라는 표현에 관해 신동권, 독점규제법, 2016, 1002면 참조.
41) 아울러 법 제50조 제1항 제2호에 의하면 심사관 또는 조사공무원이 필요하다고 인정할 때에는 감정인의 지정 및 감정의 위촉을 할 수 있다.

는 활동을 의미한다. 심사관 또는 조사공무원은 현장조사에서 업무 및 경영상황, 장부·서류, 전산자료·음성녹음자료·화상자료 그 밖에 시행령에서 정하는 자료나 물건을 조사할 수 있고, 지정된 장소에서 당사자, 이해관계인 또는 참고인의 진술을 확보할 수 있으며, 법 제50조 제3항에 의해 자료 내지 물건의 제출명령 및 영치를 할 수 있다.42) 최근에는 현장조사에서 행해지는 자료조사활동이 피조사인의 정보처리시스템의 자료를 대상으로 하는 경우가 많은데, 이른바 '포렌식 조사'에 대해서는 「디지털 증거의 수집·분석 및 관리 등에 관한 규칙」의 규정을 따라야 한다.43)

(3) 심사절차의 종료

심사절차는 심사관이 전결로 심사절차를 종료하거나, 심사관이 전원회의 또는 소회의에 심사보고서를 제출하는 경우에 종료된다. 심사관 전결처리 등에 대해서는 사건절차규칙 제53조의2에서 규율하고 있고, 심사관은 일정한 요건이 충족되는 경우 심사절차종료, 무혐의, 종결, 조사 등 중지, 경고, 시정권고를 전결로 처리할 수 있다.44) 이에 반해 심사관은 소회의 또는 전원회의의 심의절차를 거쳐야 하는 사건에 대해서는 심사보고서를 작성하여 각 회의에 제출하게 된다. 심사보고서 작성 및 제출은 심사절차의 종료를 의미하면서 심의·의결절차의 개시를 뜻하는바, 관련 쟁점은 심의·의결

---

42) 여기서 말하는 '지정된 장소'는 '사업자 또는 사업자단체의 사무소나 사업장 및 공정위 출석요구서에 지정된 장소'를 의미하고(시행령 제56조 제1항), 현장조사시 제출명령 및 제출된 자료·물건의 영치는 증거인멸의 우려가 있는 경우에 한한다(시행령 제56조 제2항).

43) 공정거래절차상 디지털조사에 관해 강승훈, 공정거래위원회의 디지털증거 수집의 적법성 강화 방안, 경쟁법연구 제39권, 2019, 407-436면 참조.

44) 사건절차규칙 제53조의2는 심사관 대신 사무처장이 전결할 수 있는 경우 또한 규율하고 있는데, 이는 공정거래법 제3조의2 제1항에 해당하고 당해 시장의 연간 매출액 규모가 1,000억 원 이상인 경우 또는 기존 선례가 없는 새로운 유형의 경우의 심사절차 종료 및 무혐의(동조 제1항), 그리고 시정권고사항(동조 제2항)이다.

절차 부분에서 살펴보도록 한다.

2. 당사자의 권리보장

가. 심사개시단계

심사절차의 개시단계는 심사관의 사건심사 착수보고가 이루어지는 단계를 뜻한다. 당해 단계에서 심사관 또는 조사공무원은, 피심사인에게 당해 사건에 대한 심사착수보고가 이루어진 사실을 15일 이내에 통지하여야 한다(사건절차규칙 제11조 제4항). 또한, 피심사인과 신고인은 사건심사 착수보고 후 3개월 내에 조사진행 상황을 서면 등으로 통지받을 수 있다(사건절차규칙 제11조 제5항).[45)]

[표 4-6] 심사개시단계에서의 당사자의 권리보장

근거규정	내용
사건절차규칙 § 11 ④	사건심사 착수보고에 대해 통지받을 권리
사건절차규칙 § 11 ⑤	조사 진행상황에 대해 통지받을 권리 (3개월 내)

나. 조사진행단계

(1) 조사절차의 일반원칙

공정거래질차법은 심사절차 중 조사활동의 전 과정에서 고려되어야 하

---

45) 사건심사 착수보고사건에 대한 신고인의 의견진술권 및 조사진행 사항을 통지받을 권리는 조사개시 단계에 해당하는 것인지 조사진행 단계에 해당하는 것인지 일견 불분명할 수 있지만, 본고에서는 전자에 해당하는 것으로 파악하여 정리하도록 한다.

는 일반원칙을 규율하고 있는데, 조사권의 남용금지(법 제50조의2, 사건절
차규칙 제3조)와 비밀엄수의 의무(조사절차규칙 제4조)가 바로 그것이다.[46]
또한, 법 제50조의3과 시행령 제57조의2에서 규율하는 조사 등의 연기신청
에 관한 규정 또한 경쟁당국의 조사를 받는 사업자 내지 사업자단체가 공
통적으로 적용 및 신청할 수 있는 사항이므로 당사자의 권리보장을 위한
장치로 볼 수 있다.

무엇보다 조사절차규칙 제1조는 동 규칙의 목적을 밝히면서, '조사의 공
정성, 투명성, 효율성 확보'를 천명하고 있는바, 당해 조항도 현장조사절차
에서의 절차적 권리를 보장하기 위한 것으로 파악될 수 있다.

[표 4-7] 조사절차 일반원칙에 의한 당사자의 권리보장

근거규정	내용
법 § 50의2 조사절차규칙 § 3	조사권의 남용금지
조사절차규칙 § 4	비밀엄수의 의무
법 § 50의3 시행령 § 57의2	조사 등의 연기신청
조사절차규칙 § 1	조사의 공정성, 투명성, 효율성

(2) 소환조사

소환조사에서의 당사자의 권리보장에 관해서는 시행령과 사건절차규칙
에 보다 상세한 내용이 규율되어 있다. 따라서 소환조사에서 사용될 수 있
는 조사방법인 ① 진술조사, ② 보고·제출명령, ③ 자료·물건의 영치 등에

---

46) 조사절차규칙상 규정된 '변호인의 조사참여' 조항은 현장조사에만 적용되는 것이므
로, 당해 규정이 공정거래절차법상 조사절차 전반의 일반원칙에 해당된다고 볼 수 없
고, 오히려 헌법상 절차원칙에 의해 소환조사과정에서도 변호인의 조력을 받을 권리
가 인정될 수 있을 것이다.

있어서 공정거래절차법에 마련된 당사자 권리보장과 관련된 규정들을 정리할 필요가 있다.

진술조사의 경우, 조사를 위한 출석을 요구받은 당사자 내지 피조사인과 이해관계인은 출석요구서를 발부받을 권리가 있다(시행령 제55조 제1항, 사건절차규칙 제14조). 또한, 당사자는 필요한 경우에 진술자의 성명, 진술일시, 진술내용 등을 기재한 진술조서를 확인하고 서명·날인할 권리가 있다(사건절차규칙 제15조). 다만 현행 사건절차규칙에는 심사관 또는 조사공무원이 필요하다고 인정하는 경우에 한하여 진술조서를 작성하도록 규정하고 있는바, 이에 관해서는 비판적인 검토가 필요하다.

보고·자료제출명령과 영치조사에 관한 당사자의 권리보장을 살펴보면 다음과 같다. 즉, 시행령 제55조 제3항 및 사건절차규칙 제16조에 의해 보고·자료제출명령의 대상이 되는 사업자, 사업자단체 또는 이들의 임직원은 보고명령서 내지 제출명령서를 교부받을 권리가 있다. 자료·물건의 영치에 있어서 해당 자료·물건을 제출한 사업자 또는 사업자단체는, 사건절차규칙 제17조 제1항 및 제2항에 의하여 사건명, 영치물의 내역, 영치일자, 소유자 또는 제출자의 성명과 주소가 기재된 영치조서를 교부받을 권리를 갖는다. 또한, 사건절차규칙 제17조 제3항에 의해 영치물의 소유자 또는 제출자는 영치물 반환청구권이 보장된다.

한편, 보고·제출명령 및 영치에 있어서 그 대상이 되는'사업자 또는 사업자단체'가 당사자에 한한 것인지, 이해관계인까지 포함되는 것인지 불명확한데, 보다 넓은 권리보장을 위해 소환조사에 있어 조사를 받은 대상을 모두 뜻하는 것으로 해석되어야 할 것이다.

[표 4-8] 소환조사에서의 당사자의 권리보장

근거규정	내용
시행령 § 55 ① 사건절차규칙 § 14	진술조사시 출석요구서를 발부받을 권리
사건절차규칙 § 15	진술조사시 진술조서를 확인할 권리
시행령 § 55 ③ 사건절차규칙 § 16	보고명령서 및 자료제출명령서를 교부받을 권리
사건절차규칙 § 17 ①, ②	영치조서를 교부받을 권리
사건절차규칙 § 17 ③	영치물의 반환청구권

(3) 현장조사

현장조사는 피조사인의 절차적 권리가 침해될 가능성이 가장 높은 조사로서, 법률, 시행령, 그리고 사건절차규칙 이외에도 공정위가 제정한 조사절차규칙이 이에 대해 규율하고 있다. 현장조사와 관련해서는 현장조사에서의 일반원칙을 우선 정리하고, 자료·증거수집, 진술조사, 물건·자료의 영치 순으로 당사자의 절차적 권리보장을 검토하도록 한다.[47] 한편, 조사절차규칙은 조사종료에 따른 조치 등에 대해서도 규율하고 있는바, 이 또한 함께 살펴본다.

우선, 조사절차규칙 제2장은 '현장조사'라는 제목으로 되어 있으므로, 규정의 체계적 해석상 그 하위규정들은 현장조사에 한하여 적용되는 것으로 해석되어야 한다. 해당 조항들 중 현장조사의 일반원칙을 규정한 조항들을

---

47) 현장조사의 제출명령에 대해서는 이것이 가능하다는 법 제50조 제3항을 제외하고는 그 절차를 구체적으로 규율한 규정이 없는 실정이다. 소환조사의 보고명령서 내지 제출명령서 관련 규정을 직접 적용하는 것은 문언상 불가능해 보이는 바, 이에 대해서는 비판적인 검토가 필요하다.

살펴보면, 현장조사 개시를 위한 조사공문 교부 및 자료 보존요청서 교부
(동 규칙 제6조),[48] 조사증표제시(제7조), 조사장소(제8조), 조사범위(제9
조), 조사공무원의 자세(제10조), 변호인의 조사과정 참여(제13조), 조사시
간 및 기간(제15조)가 있다.[49]

　현장조사의 핵심활동인 자료 및 증거수집활동에 있어서는 조사절차규칙
제11조에서 피조사인의 절차적 권리를 보장하고 있다. 동조 제1항은 현장
조사 전 "피조사인의 조사대상 부서책임자 또는 이에 준하는 임직원에게
협조를 구한 후 조사를 실시"하도록 규율하고 있다. 또한, 동 규칙 동조 제
2항은 디지털 조사분석업무, 소위 포렌식 조사를 시행함에 있어서는 디지
털 조사 규칙의 규정들을 따르도록 하고 있다. 마지막으로 조사절차규칙
제11조 제3항은 조사공무원이 수집한 자료를 복사할 권리를 피조사인에게
부여하고 있다.

　현장조사에서 실시하는 진술조사와 관련해서는 소환조사와 마찬가지로
당사자 또는 이해관계인에게 출석요구서를 교부하여야 하고 진술조서를
작성하여 확인하게 해야 한다(시행령 제55조 제1항, 사건절차규칙 제14조,
사건절차규칙 제15조). 다만, 조사절차규칙은 현장조사의 진술조사와 관련
하여 진술 또는 확인을 강요받지 않을 권리(조사절차규칙 제12조 제1항)와
진술조서 내지 확인서를 복사할 권리(조사절차규칙 제12조 제3항)를 피조
사인에게 추가적으로 보장하고 있다.

---

48) 조사절차규칙 제6조 제1항 각호는 조사공문에 기재되어야 하는 사항을 규율하고 있는
데, 특히 제6호 "조사의 범위를 벗어난 조사에 대해서는 거부할 수 있다는 내용" 및
제7호 "조사단계에서 피조사업체가 공정거래위원회 또는 그 소속 공무원에게 조사와
관련된 의견을 제시하거나 진술할 수 있다는 내용"은 당사자 등의 절차적 권리보장에
매우 중요한 의미를 갖는다 할 것이다.
49) 다만 해당 규정들 중, '피조사업체'로 한정하여 규율한 규정들이 존재하는데, 이 경우
에 다른 절차참여자에 대해서도 현장조사 일반원칙이 적용될 수 있는지에 대해 의문
이 있을 수 있다.

현장조사 중 제출된 자료·물건의 영치와 관련해서는 시행령 제56조 제2항에서 증거인멸의 우려가 있는 것에 한하여 영치가 가능하다는 한계를 정해놓고 있다. 또한, 조사절차규칙 제14조 제5항이 '조사과정에서 영치한 모든 물건 및 자료의 내역과 반환 여부, 반환일자 등'에 관한 영치물 목록을 작성하게 규정한 점도 특징적이다. 기타 영치조서 작성(사건절차규칙 제17조 제1항 내지 제2항, 조사절차규칙 제11조 제4항), 소유자 및 제출자의 영치물 반환청구권(사건절차규칙 제17조 제3항)은 소환조사의 경우와 동일하다. 영치와 관련된 절차적 권리는 피조사인에게 해당되는 경우가 대부분일 것이다.

조사절차규칙은 현장조사의 종료 시 구체적인 조사과정과 사건심사를 기록하고, 피조사인에 대한 일정한 조치를 하도록 규율하고 있다. 즉, 조사절차규칙 제14조는 조사공무원으로 하여금 조사과정확인서를 작성하고 피조사인의 확인을 받도록 하고 있고(동조 제1항), 수집·제출자료목록을 작성하여 피조사인에게 교부하도록 하고 있다(동조 제2항). 나아가 위원회 소관 사건의 조사 및 심사과정에서 피조사업체가 제출한 자료, 조사 및 사건 담당 공무원 등이 작성한 자료 등 사건의 조사 및 심사와 관련된 일체의 자료인 사건심사목록을 작성하도록 정하고 있으며(동조 제3항, 제4항), 영치물 목록을 사건심사목록 뒷면에 함께 편철하도록 하고 있다(동조 제5항). 조사절차규칙 제16조 제1항은 현장조사 종료 후 이후의 법위반 사건처리절차에 대하여 피조사인에게 충분히 설명하여 피조사인의 방어권이 보장될 수 있도록 한다고 규정하고 있고, 제2항은 피조사인에게 현장조사 후 3개월 이내로 조사 진행상황을 통지하도록 한다. 동조 제3항은 피조사인으로부터 현장조사 시의 애로사항 등에 대해 사건담당부서장이 듣도록 정하고 있으며, 제4항은 감사담당관에 대한 직접적 건의가 가능하도록 보장하고 있다.

[표 4-9] 현장조사에서의 당사자의 권리보장

근거규정	내용
조사절차규칙 § 6	조사공문을 교부받을 권리
조사절차규칙 § 7	조사 증표를 제시받을 권리
조사절차규칙 §§ 8 내지 9	일정한 조사장소, 조사범위에서 조사받을 권리
조사절차규칙 § 10	조사공무원의 자세 관련 규정
조사절차규칙 § 13	변호인과 조사과정에 함께 참여할 권리
조사절차규칙 § 15	일정한 조사시간 및 기간에서 조사받을 권리
조사절차규칙 § 11 ①	자료·증거 수집시 협조요청을 받을 권리
조사절차규칙 § 11 ③	자료·증거 수집시 수집된 자료 등을 복사할 권리
시행령 § 55 ① 사건절차규칙 § 14	진술조사시 출석요구서를 받을 권리
사건절차규칙 § 15	진술조사시 진술조서를 확인할 권리
조사절차규칙 § 12 ①	진술조사시 진술 및 확인을 강요받지 않을 권리
조사절차규칙 § 12 ③	진술조사시 진술조서 내지 확인서를 복사할 권리
사건절차규칙 § 17 ①, ② 조사절차규칙 § 11 ④	영치조서를 받을 권리
사건절차규칙 § 17 ④	영치물에 대한 반환청구권
조사절차규칙 § 11 ④	영치물 목록을 받을 권리

조사절차규칙 § 14 ①	현장조사종료 후 조사과정확인서를 확인할 권리
조사절차규칙 § 14 ②	현장조사종료 후 수집·제출 자료목록을 교부받을 권리
조사절차규칙 § 16 ①	현장조사종료 후 사건처리절차에 대해 안내받을 권리
조사절차규칙 § 16 ②	현장조사종료 후 조사의 진행상황을 통보받을 권리
조사절차규칙 § 16 ③, ④	현장조사종료 후 현장조사시의 애로사항을 건의할 수 있는 권리

(4) 디지털 조사

마지막으로 디지털 조사 규칙상 피조사인의 절차적 권리를 간단히 살펴보면 다음과 같다. 디지털 조사분석업무는 원칙적으로 경쟁정책국 디지털 조사분석과에서 시행하며 디지털조사분석관이 전담하여 행한다. 디지털 자료수집활동은 자료의 범위를 정하여 조사현장에서 출력 또는 이미징 방식으로 수집하거나(디지털 조사 규칙 제12조 제1항), 공정위 디지털조사분석과로 운반된 디지털 저장매체 또는 디지털 자료 전부에 대해 증거수집을 하는 방식(동 규칙 제12조 제2항, 제3항)으로 구분된다.[50]

디지털 조사 규칙에서는 디지털 자료의 수집과정에서 피조사인의 절차적 권리가 일부 보장되어 있는데, 피조사인은 디지털자료의 수집확인서를 확인할 권리(동 규칙 제12조 제4항), 디지털 자료 수집과정에 참관할 권리, 자료를 선별할 권리 및 수집한 이미지 파일에 대한 복사본의 교부를 요청할 권리(동 규칙 제13조 제1항)를 갖는다.[51]

---

50) 디지털 조사규칙 제12조 제2항은 "전문인력에 의한 기술적 조치가 필요한 경우, 수집 대상 디지털 자료의 대량성으로 자료수집에 시간이 과도하게 소요되는 등 조사현장에서 자료의 범위를 정하여 이미징하는 것이 어려울 경우에는 디지털 저장매체를 영치하거나 디지털 자료 전부를 이미징할 수 있다"고 규정하고 있다.

다. 심사종료단계

상술한 바와 같이 심사관이 심사보고서를 작성하여 소회의 또는 전원회의에 제출하거나 전결사항에 대하여 전결결정을 내리는 때에 심사절차가 종료된다. 심사보고서의 작성 및 제출은 심의·의결절차의 개시단계로 이해되므로 다음 항에서 살펴보도록 하고, 여기서는 심사관 전결 시 보장되는 당사자 의 절차적 권리에 대해 검토하도록 한다.

사건절차규칙 제53조의2 제5항은 심사관 또는 사무처장이 심사절차종료, 무혐의, 종결처리, 조사 등 중지, 경고, 시정권고, 과태료 부과, 고발을 전결하는 경우, "심사관은 15일 이내에 피조사인 및 신고인 등에게 처리결과와 그 이유가 구체적으로 기재된 문서로 통지하여야 하며, 필요하다고 인정되는 경우에는 이해관계인 등에게도 통지할 수 있다"고 규정하고 있다.[52] 또한, 동조 제6항 단서에 의하면, "신고인에게 해당하는 사유로 인하여 조사중지나 종결처리를 한 경우에는 피조사인에게 통지"하여야 한다. 마지막으로, 심사관 전결에 의해 경고를 받은 당사자는 법위반 여부 등에 관하여 심의를 요청할 수 있는 권리를 갖고 있으며, 이 경우 심사관은 심사보고서를 작성하여 소회의에 상정하여야 한다(동 규칙 동조 제7항).

---

51) 나아가 공정위가 수집한 디지털 자료의 등록, 관리 및 폐기 등에 관한 세부사항을 정하고 있는 「피조사업체에서 수집한 디지털 자료의 관리 등에 관한 규정」(공정거래위원회 2018.4.3. 제정 예규 제297호) 제3조 제1항은, 피소사업체가 증거로 사용되는 디지털 자료에 포함된 개인정보, 영업비밀 등의 보호를 공정위에 요청할 수 있다고 규정하고 있다.

52) 여기서 말하는 '신고인 등'과 '이해관계인 등'에 대한 개념정립이 필요하다. 전자는 사건절차규칙 제12조 제2항에 의해 신고인·임시중지명령요청인·심사청구인을 말하지만, 후자는 사건절차규칙에 어떠한 설명도 되어 있지 않으므로 이에 대한 개선이 필요하다고 할 것이다.

[표 4-10] 심사절차 종료단계에서의 당사자의 권리보장

근거규정	내용
사건절차규칙 § 53의2 ⑤	심사관 전결처리결과 및 이유를 통지받을 권리
사건절차규칙 § 53의2 ⑥	신고인과 관련된 사유로 인한 조사중지 내지 종결처리의 경우 이를 통지받을 권리
사건절차규칙 § 53의2 ⑦	심사관 전결로 인해 경고를 받은 경우, 법위반 여부 등에 관하여 심의를 요청할 수 있는 권리

3. 문제점 및 평가

가. 법리적 차원

(1) 중복된 조문으로 인한 복잡한 규범체계

심사절차에 관해서는 관련 규정의 중첩적 존재가 문제점으로 지적될 수 있다. 즉, 공정위 심사절차상 당사자의 권리를 보장하는 역할을 해야 하는 관련 규정들이 법률과 시행령, 공정위 규칙에 중복되어 존재하는 문제가 있는 것이다.

예컨대 조사절차의 일반원칙에 해당하는 조사권의 남용금지는 법 제50조의2에도 규율되어 있지만, 조사절차규칙 제3조에도 규정되어 있다. 또한, 소환조사에서 피조사인이 보고명령서 내지 자료제출명령서를 교부받을 수 있는 권리에 대해서는 시행령 제55조 제3항과 사건절차규칙 제16조가 중첩적으로 규율하고 있다.

무엇보다 문제되는 것은 사건절차규칙과 조사절차규칙의 중첩적 관계이다. 2016년에 조사절차규칙이 제정되고 공정위의 현장조사에 관해서는 조사절차규칙이 적용되어야 할 것인데, 사건절차규칙에서도 여전히 현장조사

절차에 대해 규율하고 있는 것이 문제이다. 즉, 사건절차규칙 제14조, 제15조, 제17조는 현장조사와 관련한 내용을 담고 있는데, 이 경우 조사절차규칙과의 충돌이 발생할 수도 있어 투명성과 법적 안정성 차원의 문제를 야기한다.

(2) 공정위 조사활동의 법적 성격에 대한 논쟁

통설은 공정위의 정식조사활동의 법적 성격에 대하여 간접적 강제조사의 성질을 갖는다고 본다.[53] 즉, 공정위 조사활동은 강학상 행정조사에 해당하고,[54] 공정위의 조사권에 불응하는 자에 대해서는 이행강제금[55]과 형벌[56] 및 과태료[57]를 부과할 수 있기 때문에 간접적 강제조사로 파악된다.

그러나 실무적으로는 공정위의 조사가 실질적인 강제조사로 진행된다는 견해가 많다. 특히 공정위의 현장조사는 적지 않게 강압적으로 행해지는 경우가 많고, 조사 불응 시 사업자가 부담하게 되는 이행강제금과 과태료

---

53) 권오승·서정, 독점규제법 - 이론과 실무, 2018, 691면; 조성국, 독점규제법 집행론, 2011, 74면 참조.
54) 행정조사의 개념과 법적 성질에 관해 김동희, 행정법 I, 2018, 503-510면 참조.
55) 공정거래법 제50조의4 제1항은 공정위의 보고 또는 자료나 물건의 제출명령을 이행하지 아니하여 소회의가 재차 내린 제출명령을 이행하지 아니한 자에게는 매 1일당 대통령령으로 정하는 1일 평균매출액의 1000분의 3의 범위에서 이행강제금을 부과할 수 있도록 규정하고 있다.
56) 공정거래법 제66조 제1항 제11호는, 현장조사 시 폭언·폭행, 고의적인 현장진입 저지·지연을 통하여 조사를 거부·방해 또는 기피한 자에 대해 3년 이하의 징역 또는 2억원 이하의 벌금에 처할 수 있도록 규율하고 있고, 제67조 제9호는 공정위 소환조사에 따른 보고 또는 필요한 자료나 물건을 제출하지 아니하거나 거짓의 보고 또는 자료나 물건을 제출한 자에 대해 2년 이하의 징역 또는 1억 5천만원 이하의 벌금을, 제68조 제5호는 소환조사에 있어서 허위의 감정을 한 자를 1억원 이하의 벌금에 처할 수 있도록 규율하고 있다.
57) 공정거래법 제69조의2 제1항 제5호는 공정위 소환조사에 있어 정당한 사유없이 출석을 하지 아니한 자에 대하여 1천만원 이하의 과태료를 부과할 수 있도록 규정하고 있다.

의 규모 또는 제66조 제11호에 규정된 조사방해죄 등으로 인하여 사업자가 공정위의 조사에 협력하지 않는 것은 거의 불가능하기 때문에 그 실질은 강제조사라는 것이다. 즉, 공정위 조사의 법적 성격에 대해 이론과 실무의 괴리가 발생하고 있는 것이다.[58][59]

종합적으로 보면 공정위 조사활동의 법적 성격에 관한 논쟁은, 한편으로는 공정위 조사가 간접적 강제력만을 갖는 것의 한계에 관한 문제이며, 다른 한편으로는 현재 공정위 조사가 이미 강제조사적인 성격을 충분히 갖고 있고 오히려 이에 대한 통제가 필요하지는 않은 것인지에 관한 문제이다.[60] 이에 대한 합리적인 평가를 위해서는, 문제되는 조사활동의 유형을 정확히 파악한 후, 경쟁기능의 보호라는 공정거래절차의 목적과 지도원리를 고려하면서 고민할 필요가 있다.

(3) 공정위 조사활동 유형의 불명확성

필자가 생각하는 공정위 조사활동과 관련된 법리적 차원의 가장 큰 문제는 다음과 같다. 즉, 개념적으로는 공정위의 조사활동이 다양하게 구분되지만 그것이 현실에서는 그렇지 않다는 것이다. 공정위 조사는 규범적으로는 사건개시절차에서의 사실조사 내지 사전심사, 심사절차에서의 소환조사, 현장조사, 그리고 정책적 목적을 갖는 서면실태조사 등으로 구분될 수 있지만, 공정위 조사를 받는 사업자의 입장에서는 모두 비슷하거나 동일한

---

58) 공정위 조사의 법적 성질에 관한 논쟁에 관해 서울대 경쟁법센터, 2018년 전문가 좌담회 - 제2차 제2세션, 경쟁과 법 제10호, 2018, 69면, 75-76면 참조.

59) 이와 관련하여 제기되는 또 다른 문제는, 공정위가 소환조사나 현장조사를 함에 있어 압수수색영장이 필요한지에 관한 논의이다. 관련된 대표적인 논의로서 홍대식·최수희, 공정거래법 위반행위에 대한 공정거래위원회의 사건처리절차에 관한 검토, 경쟁법연구 제13권, 2004, 296-297면 참조.

60) 同旨 서울대 경쟁법센터, 2018년 전문가 좌담회 - 제2차 제2세션, 경쟁과 법 제10호, 2018, 76면(이호영 교수 발언 부분).

조사로 느낀다는 것이 문제이다.

그 원인으로는 두 가지를 꼽을 수 있다. 첫 번째 이유는 공정거래절차법의 규정에서 이들을 충분히 명확하게 구분하고 있지 않기 때문이다. 앞서 검토하였듯이, 사실조사 내지 사전심사의 경우 그 구체적인 범위나 방법이 규율되어 있지 않아 정식 소환조사나 현장조사와의 구분이 불명확하다. 또한, 서면실태조사의 경우 현행 공정거래법상 근거규정이 존재하지 않은 상태에서 상당 부분 공정위의 재량에 따라 광범위하게 행해지고 있는 실정이다.[61] 두 번째 이유는 실무적으로도 공정위가 어떤 목적의 조사활동인지를 특정하지 않고, 사업자를 대상으로 조사활동을 해왔다는 점이다.

생각건대 공정위 조사절차의 투명성과 공정성을 제고하고, 조사절차과정에서의 피조사자의 절차적 권리를 보장하여 공정거래절차법의 지도원리를 실현하기 위해서는 공정위의 조사를 그 목적별로 유형화하여, 각 조사에 해당하는 공정위의 권한을 알맞게 규정해야 할 필요가 있다.

(4) 조사개시일 관련 문제

사건절차규칙 제10조의2 제1항은, 법 위반 사건처리의 시효를 규정하고 있는 법 제49조 제4항 제1호상의 조사개시일에 대해 정의하고 있다.[62] 즉, 사건절차규칙은 신고사건과 직권인지·자진신고사건을 구별하여, 전자의 경우 신고접수일, 후자의 경우 법 제50조 제1항 자료제출 요청일, 당사자

---

61) 공정거래법에는 서면실태조사에 대한 법적 근거조항이 마련되어 있지 않지만 공정위 소관의 다른 법률에서는 최근 법의 제·개정에 의하여 관련 법규정이 존재하고 있다. 「방문판매 등에 관한 법률」 제43조의2, 「하도급거래 공정화에 관한 법률」 제22조의2, 「가맹사업거래의 공정화에 관한 법률」 제32조의2, 「대규모 유통업에서의 거래 공정화에 관한 법률」 제30조, 「대리점거래의 공정화에 관한 법률」 제27조의2가 그 예이다. 한편, 현재 국회에 계류 중인 공정거래법 전부개정안에서는 제85조에서 공정거래법상 서면실태조사 규정을 마련하였다.

62) 공정거래법의 처분시효에 관해 서정, 공정거래법상 처분시효 관련 개정안의 검토, 경쟁과 법 제11호, 2018, 25-30면 참조.

또는 이해관계인에 대한 출석요청일, 현장조사일 중 가장 빠른 날을 조사
개시일로 본다고 규정하고 있다.

조사개시일과 관련해서는 다음 두 가지 문제를 지적할 수 있다. 첫 번째
문제는 신고사건의 조사개시일의 개념과 관련된 것이다. 즉, 신고접수일을
신고사건의 조사개시일로 보는 현행 사건절차규칙상의 규정은 사건개시절
차에서의 사실조사와 조사절차에서의 정식절차의 차이를 인식하지 못한
것으로 보이며, 이러한 규정은 앞서 언급했던 공정위 조사활동 개념의 모
호성 문제를 심화시킬 수 있다.

두 번째 문제는 조사개시일과 관련된 불확실성 문제인데, 법 제49조 제4
항 제1호의 조사개시일과 제2호의 위반행위 종료일의 관계, 조사개시일의
정의조항을 법률이 아닌 사건절차규칙에서 규정하고 있는 문제, 법 위반행
위자가 다수인 경우에 조사개시일을 어떻게 정할지의 문제 등이다.[63]

조사개시일 관련 문제는 기존의 논의에서도 꾸준히 제기되었고 최근에
는 공정거래법 전면개편을 위한 특별위원회에서 다룬 바 있다. 그러나 결
과적으로는 특별위원회의 권고안과 정부가 국회에 제출한 전부개정안에는
약간의 내용상의 차이가 발생하였다는 점이 특징적이다.[64] 즉, 공정거래법
처분시효 기준점을 조사개시일이 아닌 위반행위의 종료일로 통일하려는
것이 특별위원회의 취지였던 것으로 보이지만, 현재 국회에 계류 중인 전
부개정안에는 부당한 공동행위의 경우 현재 기준을 그대로 유지하도록 되

---

63) 서정, 위의 글, 26-27면 참조.
64) 상술하면, 우선 특별위원회에서는 공정위의 조사개시 여부에 따라 이원화되어 있는
   처분시효 기준일을 일원화하고, 그에 따라 조사개시일 개념을 법률에서 제외하는 것
   을 권고하였지만, 정부의 공정거래법 전부개정안 제79조 제4항과 제5항은 법 위반행
   위에 따라 처분시효 기준일을 이원화하여, 부당한 공동행위가 아닌 행위에 대해서는
   위반행위의 종료일로부터 7년으로 설정하고, 부당한 공동행위의 경우에는 위반행위
   의 종료일로부터 7년 및 조사개시일로부터 5년이라는 지금의 기준을 그대로 유지하
   였다. 서정, 위의 글, 27-28면 참조.

어 있는 실정이다.[65]

나. 제도적 차원

(1) 피조사기업의 변호인이 가진 자료에 대한 조사 문제

최근 들어 실무에서는 공정위 현장조사가 피조사기업의 법적 업무를 담당하는 부서에 대해 이루어지고, 당해 기업과 사내변호인 간의 자문내용 내지 협의내용이 자료제출명령 등의 대상이 되는 것에 대한 문제가 제기되고 있다. 즉, 변호인과 의뢰인 간의 신뢰 있는 의사소통은 헌법상 기본권인 변호인 조력권의 기본 전제임에도 불구하고, 공정위 조사에서 변호인이 갖고 있는 자문자료 등이 공개되거나 공정위에 영치되는 경우가 생긴다면, 변호인 제도에 대한 신뢰뿐만 아니라 변호인 조력권 자체도 본질적으로 위협받을 수 있다는 것이다.[66] 따라서 미국법에서 인정되는 소위 '변호인-의뢰인 특권'(attorney-client privilege)이 우리나라에도 도입되어야 하고, 공정위 현장조사 실무에 있어 변호인의 조사거부권이나 비밀유지권 등이 보장되어야 한다는 주장이 대두되는 실정이다.

당해 문제는 본질적으로는 검찰의 압수수색과 관련된 문제로서 압수수색의 대상이 기업 법무팀, 나아가 대형 법률사무소까지 포함되는 것에 대한 실무상의 우려를 반영한 것이다. 다만 공정위 현장조사가 검찰의 압수

---

65) 사견에 의하면, 법 위반행위를 구분하여 처분시효를 달리하는 것은 그 근거가 부족하므로 타당하지 않고, 오히려 유럽이나 프랑스처럼 처분시효는 일원화시키고, 조사개시나 소송제기 등에 의한 시효정지 규정을 두는 것이 보다 합리적이다. 처분시효 관련 개선방안에 관해 서정, 공정거래법상 처분시효 관련 개정안의 검토, 경쟁과 법 제11호, 2018, 30면; 박세환, 토론문: 경쟁법 위반행위에 대한 EU와 프랑스의 처분시효 제도(비교법적 고찰), 경쟁과 법 제11호, 2018, 33-36면 참조.

66) 관련한 대표적인 신문 기사로 "로펌·회사법무팀 압수수색 남발… '기업 방어권 털어가나'", 매일경제 2019.1.8. 인터넷 기사.

수색과 다름없는 강제조사의 형태로 진행된다는 비판론과 함께, 동일한 문제가 공정거래절차와 관련해서도 제기되고 있는 것이다.

공정위 사건처리절차가 진행되는 과정에서 변호인이 차지하는 역할이나 비중은 매우 크다. 대부분의 피심인들이 외부 변호인을 대리인으로 지정하여 공정위의 사건처리에 대응하는 실정이며, 최근에는 공정위의 현장조사 과정 전반에 걸쳐 변호인의 조력을 받을 수 있다는 규정이 최근 조사절차규칙 제정과 함께 명문화된 바 있다. 그러나 이에 비해「형사소송법」이나「민사소송법」에 규율되어 있는 변호인의 압수거부, 증언거부가 공정거래조사 있어서도 가능한지 등에 관해서는 그동안 거의 논의되지 않았는데, 이는 공정거래절차에서의 변호인의 역할을 생각하면 바람직하지 못한 측면이 있다. 따라서 공정위 조사활동에 있어서의 변호인과 관련된 문제를 공정거래절차의 목적과 기능 측면에서 검토하고, 바람직한 개선방안을 성찰해볼 필요가 있다.

(2) 현장조사공문의 기재사항 관련 문제

앞서 정리하였듯이 현장조사를 하는 공무원은 공정거래법 제50조 제4항에 의해 그 권한을 표시하는 증표를 관계인에게 제시하여야 한다. 이에 따르면 현장조사를 받는 피조사인은 조사공무원으로부터 조사공문을 제시받을 권리를 갖는다.

그러나 조사공문에 기재되어야 할 사항에 대해서는 사건절차규칙과 조사절차규칙에서 상이하게 규정하고 있다는 문제가 있다. 즉, 사건절차규칙 제19조는 조사공무원의 증표에 관해 규율하면서, 피조사인에게 제시되어야 하는 증표는 공무원증과 조사기간, 조사대상업체, 조사근거, 조사를 거부·방해 또는 기피하는 경우 등의 법률상의 제재내용을 담은 공문서이어야 한다고 규정하고 있다. 그러나 조사절차규칙 제6조 제1항에 따르면 조사공문에는 조사기간, 조사목적, 조사대상, 조사방법, 조사를 거부·방해 또는 기피하는 경우 공정거래위원회 소관 법률상의 제재내용, 제1호 내지 제4호의 범위를 벗어난 조사에 대해서는 거부할 수 있다는 내용, 그리고 조사단계에서 피조사업체가 공정위 또는 그 소속 공무원에게 조사와 관련된 의견을 제시하거나 진술할 수 있다는 내용이 기재되어야 한다.

앞서 검토하였듯이 사건절차규칙과 조사절차규칙은 모두 대외적 구속력을 갖는 공정위 규칙이다. 동일한 법적 효력을 갖는 법규범 사이에 서로 상이한 내용의 규정을 갖고 있는 것은 매우 어색한 것이며, 이는 조사를 받는 사업자뿐만 아니라 조사권한을 가진 공정위도 조사 공문에 기재되어야 하는 사항이 어떤 것인지 명확히 알지 못하게 하는 문제를 야기한다.

조사공문에 기재되는 사항들이 얼마나 자세히 기술되어야 하는지에 대한 문제도 실무적 차원에서 제기되는 경우가 많다. 조사절차규칙 제6조 제2항은, 조사공문에 기재되는 조사목적에는 관련 법 조항과 법 위반혐의를 함께 기재하여야 하고 조사대상에는 피조사업체의 명칭과 소재지를 특정하여 구체적으로 기재하여야 한다고 규정하고 있다. 그러나 실무상으로는 조사목적을 '법 제19조 제1항 위반' 등으로 적시하고 조사대상을 '피조사업체의 사업장 전부'로 나타내는 경우가 많아, 공정위의 조사가 지나치게 넓게 진행되는 경우가 많다는 문제가 있다. 당해 문제는 공정위의 현장조사의 궁극적인 목적과 현행 조사절차규칙의 규정을 고려하여 합리적인 개선책을 모색해야 할 것이다.

(3) 피조사인 출석요구 장소의 문제

법 제50조 제2항 후단은 조사공무원의 현장조사상 '지정된 장소'에서의 진술조사권한을 규율하고 있다. 시행령 제56조는 여기서의 '지정된 장소'라 함은 사업자 또는 사업자단체의 사무소나 사업장과 공정위의 출석요구서에 지정된 장소를 말한다고 규정하고 있다. 그리고 출석요구서에 대한 규정인 사건절차규칙 제14조에 따르면 '지정된 장소'는 사무소 또는 사업장 이외의 장소를 의미하지만, 그 지리적 범위나 한계에 대해서는 그 이상 규정된 바가 없다.

피조사인 출석요구 장소에 관해서는 당해 규정들의 '지정된 장소'의 개념이 구체적이지 않은 탓에 그 경계가 모호하다는 문제가 있다. 즉, 법문언 상으로는 자칫 출석요구서에 적시만 되면 공정위가 피조사인을 어느 곳이든 출석시킬 수 있는 것으로 해석될 수 있는 것이다. 이렇게 피조사인 등의 출석요구 장소에 대해 공정위에게 너무 넓은 재량이 부여되게 되면, 공정위 조사권이 남용되어 당사자의 절차적 권리가 침해될 위험이 있기 때문에 당해 개념에 대한 합리적인 해석이 필요하다.

(4) 진술조서 작성의 임의성

현 사건절차규칙은 공정위의 소환조사 내지 현장조사 시 조사공무원이 당사자 또는 이해관계인의 의견을 들을 경우, 필요한 경우에만 진술조서를 작성하도록 규율하고 있다(사건절차규칙 제15조 제1항). 조사절차규칙상에도 진술조서를 반드시 작성해야 한다는 규정은 존재하지 않기 때문에, 현재로서는 진술조사를 하는 경우 진술조서를 작성하여 피조사자에게 확인을 받는 절차의 시행 유무는 공정위의 재량에 맡겨져 있다.

피조사자가 조사과정에서 진술한 내용은 심사관이 작성하는 심사보고서에서 법 위반 혐의를 입증하는 중요한 증거로 사용되는 경우가 많다. 따라서 피조사자 입장에서는 자신이 진술한 내용이 무엇이었는지, 공정위 조사공무원이 자신의 진술내용을 정확하고 투명하게 작성하였는지 확인할 필요가 있다. 결국 당사자의 절차권 보장과 공정위의 정확한 정보획득을 위해서는, 진술조사를 할 경우 진술조서를 반드시 작성하도록 할 필요가 있을 것이다.[67]

---

67) 공정거래법 전부개정안에는 진술조서를 반드시 작성하도록 하는 규정이 포함되어 있

4. 개선방안

가. 법리적 차원

(1) 중복된 심사절차 관련 규정 정비

심사절차에 관해서는 우선, 내용이 중복되는 관련 규정들을 정비해야 할 것이다. 즉, 법률과 시행령, 사건절차규칙과 조사절차규칙에서 혼란스럽게 중첩되어 있는 내용을 정리하여, 공정위 조사권한의 한계와 피조사인의 절차권을 보다 명확히 할 필요가 있다.

특히, 사건절차규칙과 조사절차규칙의 관계를 정리하여야 하는데 본고는 다음과 같은 방향을 제시하고자 한다. 즉, 조사절차규칙이 제정된 배경과 목적을 고려하여 현장조사뿐만 아니라 소환조사나 서면실태조사를 포함한 모든 공정위 조사활동과 관련해서는 조사절차규칙에서 규율하고, 사건절차 규칙에는 심사개시와 조사 이외의 심사과정, 그리고 심사종료절차와 관련된 규정만 남기는 것이 타당하다.

같은 맥락에서 바라보면 현재 국회에 제출된 공정거래법 전부개정안은 나름의 긍정적인 의미를 갖는다. 공정거래법 전부개정안에는 진술조서 작성, 영치조서 작성, 조사공문 교부, 현장조사에서의 변호인 조력권 등의 내용이 법률에 상향되어 규정되었다. 비록 사건절차규칙과 조사절차규칙이 대외적 구속력을 갖는 법규이고 따라서 대외적 구속력 측면에서는 큰 차이가 없다고 하더라도, 조사절차의 핵심적인 내용을 법률로 정하는 것은 그 중요성을 강조할 수 있다는 측면과 내용의 명확성을 제고할 수 있다는 측면에서 긍정적이다.

요컨대 조사절차 관련된 내용을 정비하여 중요한 내용은 법률이나 시행

다(전부개정안 제80조 제5항).

령에 규율하면서, 세부적인 사항은 원칙적으로 조사절차규칙에 규율하는 방향으로 관련 규정들을 정비해야 할 것이다.

[표 4-11] 공정거래법 전부개정안에서의 심사절차 개정사항

규범	조문 번호	내용
공정거래법 전부개정안 (18.11.)	§ 79 ③	당사자에 대한 조사결과 통보 (처분을 하지 아니하는 경우에 대한 서면통지)
	§ 80 ④	심의단계에서의 현장조사 금지
	§ 80 ⑤	진술조서 작성 규정
	§ 80 ⑥-⑧	영치조서 규정 및 영치물 반환규정
	§ 80 ⑨	현장조사시 조사공문 교부 규정
	§ 80 ⑩	피조사자의 의견제출권 및 진술권 규정
	§ 81	현장조사에서의 변호인 조력권 규정
	§ 85	서면실태조사 규정

(2) 공정위 조사활동의 유형화

다음으로는 공정위 조사를 그 목적과 기능에 맞게 유형화해야 한다. 공정위 조사를 유형화하는 방법으로는 법 위반사건처리를 위한 조사와 그 밖의 정책적 목적을 위한 조사를 구분하고, 전자에 대해서는 사건의 개시절차상의 사전심사와 조사절차상의 정식조사를 구별하는 것을 생각할 수 있다. 또한, 공정위의 정식조사는 공정거래법 제50조 제1항의 소환조사와 동조 제2항의 현장조사로 구분하여 그 목적에 맞게 알맞게 시행되어야 한다.[68] 정책 목적의 조사의 경우는 다시 법 제3조상의 독과점적 시장구조

---

[68] 한편, 여기서 공정위의 소환조사와 현장조사 사이에 우선순위를 둘 수 있는지, 그리고 그것이 가능하다면 어떤 조사가 우선되어야 하는지의 문제가 상정될 수 있다. 당해 문제 또한 공정거래절차법의 목적 내지 지도원리에 의해 그 해답이 모색될 수 있는

개선책을 위한 조사와 공정거래법 전부개정안에 규정된 서면실태조사 등
으로 구분할 수 있다.

공정위 조사활동을 명확히 구별하기 위해서는 이들 조사활동의 개념을
법규범에 명시하고 그 범위와 내용, 구체적인 수단을 규율해야 할 것이다.
앞서 언급한 바와 같이, 공정거래법 전부개정안 제85조에서 서면실태조사
의 목적과 개념, 구체적인 계획수립 및 조사방법들을 규율한 것은 좋은 모
범이 될 수 있다.

(3) 공정위 조사활동의 법적 성질 확립

앞서 공정위 조사활동을 목적별로 유형화하는 것은, 현재 논쟁이 되고
있는 공정위 조사의 법적 성질을 정리할 수 있는 단초가 된다. 사견으로는
공정위 조사활동의 법적 성질은 각 조사활동의 목적을 명확히 정리한 후,
그 구체적인 목적에 맞게 개별적으로 정리되어야 하기 때문이다. 물론 공
정위가 행하는 모든 조사행위는 경쟁기능의 보호라는 전체 차원의 목적을
갖는다. 그러나 조사활동에 있어서 법적 성질과 그에 따른 공정위의 권한
에 대한 혼란을 정리하기 위해서는, 각 절차의 세부적인 목적을 고려해야
할 것이다.

사건에 의하면, 우선 법 위반 사건처리를 위한 조사절차와 그 이외의 목
적을 가진 조사절차의 법적 성질이 구분되어야 한다. 생각건대, 사건처리절

데, 법 목적의 실현을 위한 공정위의 재량과 의무를 나타내는 직권규제주의에 의하면
원론적으로 공정위는 소환조사와 현장조사 중 어느 것을 선택하는지에 대한 폭넓은
재량이 인정된다. 그러나 현장조사의 남용에 대한 우려의 목소리가 대두되고, 현장조
사에서의 피조사인의 권리보장에 대한 요구가 강하게 나타남에 따라 당사자 권리보
장의 관점의 정책적 조율이 필요한 상황이다. 사견으로는, 모든 사건에 있어서 현장조
사만이 최선의 조사방법이라는 관행적 사고를 전환하여 부당한 공동행위와 같은 사
안을 제외하고는 자료제출명령 등의 소환조사를 우선적으로 실시하고 여기에 피조사
인이 성실하게 대응하게 한 후, 현장조사는 필요한 경우에 한하여 보충적으로 실시하
는 것이 타당하다.

차 중 조사절차에서 행해지는 정식조사는 사업자의 행위가 법 위반사항에 해당하는지 확인하고 관련된 정보를 획득하는 절차로서, 사업자의 방해 등으로 그 목적을 달성하지 못하는 것을 방지하기 위해 당해 조사에 불응하는 경우 이행강제금이나 과태료를 부과하는 것은 타당하다. 따라서 공정위 정식조사의 법적 성격은 통설과 같이 간접적 강제조사로 정리될 수 있다. 그러나 사건개시절차에서의 사전심사는 문제되는 사안이 사건절차규칙에서 정한 심사불개시 요건에 해당하지는 않은지 검토하기 위한 것으로서, 원칙적으로 내부조사의 형식으로 이루어져야 할 것이다. 따라서 사전심사의 법적 성질은 그 목적에 맞게 순수한 임의조사로 파악되어야 할 것이다.

서면실태조사 등의 공정위 정책적 목적을 위한 조사활동은 시장에 대한 정보를 획득하려는 조사로서 이것이 순수한 강제조사의 성격을 가져서는 안 될 것이지만, 자료요구명령 등의 실효성을 위하여 이를 거부하였을 때 가할 수 있는 제재수단을 마련할 필요가 있다. 예컨대 「대규모유통업에서의 거래 공정화에 관한 법률」에서는 사업자가 서면실태조사상의 자료요구명령에 따르지 않거나 거짓의 자료를 제출한 경우에 과태료를 부담하도록 규정하고 있는데, 이에 따르면 서면실태조사 또한 간접적 강제조사로 파악될 수 있다.

현행 공정거래절차법에서는 공정위의 간접적 강제조사의 실효성을 담보하기 위해 관련한 이행강제금, 과태료 및 형벌규정을 마련하고 있는데, 사건으로는 조사방해를 원인으로 형벌을 내리는 것은 공정위 조사의 법적 성질 측면에서나 비례의 원칙 측면에서도 타당하지 않다고 본다. 생각건대, 간접적 강제조사의 성질을 갖는 공정위의 정식조사에 불응하는 경우에는 이행강제금이나 과태료를 부과하는 것이 타당하고, 사전심사의 경우에는 제재수단을 따로 규정하지 않아야 하며, 정책적 목적을 위한 조사의 실효성은 당해 조사에 협조했을 경우 일정한 인센티브를 주는 방식으로 그 운영의 패러다임이 변화되어야 할 것이다.

(4) 조사개시일 개념 일원화

앞에서 살펴보았듯이, 공정거래법상 조사개시일의 개념은 존속될 것으로 보인다. 그렇다면 최소한 사건절차규칙에서 규정하고 있는 조사개시일의 정의조항을 일원화해야 할 필요가 있다. 나아가 신고사건에서의 조사개시일 문제를 개선해야 하는데, 이는 사전심사가 조사절차의 일환이 아닌 사건개시절차의 일환인 점을 명확히 해야 할 필요성과 관련된 것이다. 이에 따르면, 조사개시일을 정함에 있어 신고사건과 인지사건 및 자진신고사건을 구분하지 않고, 모두 최초 현장조사일 내지 최초 자료제출요구일을 조사개시일로 일원화해야 한다.

한편, 조사개시일은 공정거래법 처분시효의 기산점과 시효완성기간을 정하는 기준이 되므로, 이는 처분시효 문제의 핵심적인 요건이 되고, 따라서 사건절차규칙이 아닌 법률에서 정하는 것이 타당하다.[69][70]

나. 제도적 차원

(1) 공정위 조사에 대한 변호인의 조사거부권 신설

공정위 조사절차에서 변호인 및 변호인과 의뢰인이 주고받은 문서 등이 조사대상이 되는 문제에 대한 법리적인 해결방법을 모색하자면 아래와 같다.

당해 문제와 관련된 국내의 법규정을 살펴보면, 헌법 제12조 제4항의 변호인 조력권, 「변호사법」 제26조의 변호사의 비밀유지의무를 위시하여, 「형사소송법」 제34조의 변호인 접견, 제112조의 압수거부권, 제149조의 증

---

69) 同旨 양대권, 토론문 : 제척기간/처분시효 관련 개정안에 대한 검토, 경쟁과 법 제11호, 2018, 31면.

70) 한편, 공정거래법 전면개편 특별위원회에서 검토된 방안 중에서도, 처분시효의 기준일을 현행처럼 유지한다면 조사개시일의 정의를 법률에 신설하는 것이 제안된 바 있다. 공정거래위원회, 공정거래법제 개선 특별위원회 최종보고서, 2018, 43면 참조.

언거부가 있고, 「민사소송법」 제315조의 증언거부조항이 있다. 이 중 공정
거래절차상 문제와 직접적인 연관관계를 가진 것으로는 「형사소송법」 제
112조[71]를 생각할 수 있는데, 이에 따르면 변호사는 그 업무상 위탁을 받
아 소지 또는 보관하는 물건으로서 타인의 비밀에 관한 것은 압수를 거부
할 수 있다.

그러나 현행법 규정의 해석론으로 소위 변호인-의뢰인 특권제도를 인정
하는 것은 불가능하다. 이에 관한 대표적인 판례에서도 「형사소송법」 제
112조와 제149조는 변호사와 의뢰인 사이의 비밀을 일정한 범위에서 보호
하고 있는 것이지만, 수사나 공판 등 형사절차가 개시되지 아니한 상황에
서의 법률자문에 대한 '변호인-의뢰인 특권'을 도출하는 것은 타당하지 않
다고 판시한 바 있다.[72]

다만, 헌법상 변호인 조력권의 실질화를 위해 입법론적으로 변호인-의뢰
인 특권제도를 도입하자는 주장이 제기될 수 있는데, 필자는 이에 대해서
도 다음과 같은 이유로 찬성할 수 없다. 즉, 비교법적으로 미국에서 광범위
하게 인정되는 변호인-의뢰인 특권제도는 이른바 증거개시제도(discovery)
를 기반으로 진행되는 미국 소송제도의 특징으로부터 발전된 것으로서,[73]
이와는 상이한 제도를 가지는 우리나라 현실상 미국과 동일한 변호인-의뢰
인 특권제도를 도입하는 것은 타당하지 않다.

오히려 동 제도와 관련해서는, 의뢰인의 권리를 항변하기 위한 목적이라

---

71) 형사소송법 제112조 (업무상 비밀과 압수)
    변호사, 변리사, 공증인, 공인회계사, 세무사, 대서업자, 의사, 한의사, 치과의사, 약사,
    약종상, 조산사, 간호사, 종교의 직에 있는 자 또는 이러한 직에 있던 자가 그 업무상
    위탁을 받아 소지 또는 보관하는 물건으로 타인의 비밀에 관한 것은 압수를 거부할
    수 있다. 단, 그 타인의 승낙이 있거나 중대한 공익상 필요가 있는 때에는 예외로 한다.
72) 대법원 2012.5.17. 선고 2009도6788 전원합의체 판결.
73) 박현성, 미국법상 변호사-의뢰인 특권, 소송준비자료의 개시면책에 관한 연구, 법조
    제61권 제2호, 2012, 288면 참조.

는 내용적 요건과 사내변호사가 아닌 독립적인 변호사이어야 한다는 형식적 요건을 제시한 유럽 경쟁법상 판례로부터 보다 나은 시사점을 얻을 수 있다.[74][75] 왜냐하면 유럽 판례는 변호인과 의뢰인 간 주고받은 정보는 일정한 보호를 받아야 할 필요가 있다는 것을 인정하면서도, 그 범위에 대해서는 각국의 소송제도나 특정 법영역의 목적 등을 고려하여 판단해야 한다는 것을 보여주었기 때문이다.

따라서 공정거래절차에 있어서도 변호인 비밀유지와 관련된 문제는 우리나라의 제도와 당해 법 목적에 따라 다뤄질 필요가 있다. 공정거래절차에서의 당사자의 권리보장이 하나의 지도원리로서 존중되어야 한다는 점에서는 변호인의 비밀유지권이 일정 부분 인정될 필요가 있지만, 공정위 조사의 궁극적인 목적이 공정거래법상 경쟁질서의 실현을 위한 것임을 함께 고려하면 그 범위는 그에 맞게 설정되어야 한다.

보다 구체적으로는 조사절차규칙 제13조에 현장조사에서의 변호인 조력권을 규정한 것에 대응하여 변호인의 조사거부권을 일정한 요건과 함께 명문화할 필요가 있다. 그리고 변호인의 조사거부권의 세부적인 요건에 대해서는 인적 요건, 시적 요건, 그리고 내용적 요건을 생각할 수 있을 것이다.[76] 즉, 여기에는 사내변호인들이 외부 변호인들만큼 독립적으로 사무를 처리하지 못하는 우리나라의 실정,[77] 사건처리절차 개시 이전에도 바람직

---

74) 남희경, 스티븐 슈츠, 사내변호사에 대한 변호인-의뢰인 특권 적용에 대한 연구, 법과 사회 제43권, 2012, 347-349면 참조.

75) 이와 관련한 유럽법원의 판례는 1982년의 AM&S 판결과, 2010년의 Akzo Nobel 판결이 대표적이다. EuGH, Rs. 155/79, AM&S Europe, Slg. 1982; EuGH, C-550/07 P. Akzo Nobel Chemicals, Slg. 2010.

76) 유럽위원회의 경쟁법 위반 조사에 있어 변호인-의뢰인 특권의 범위를 인적 범위, 내용적 범위, 시적 범위로 구분하여 서술하는 문헌으로는 Kamann/Ohlhoff/Völcker, Kartellverfahren und Kartellprozess, 2017. S.120-124, Rn. 13-24 참조.

77) Akzo Nobel 사건의 1심 판결에서는 사내변호인에 대한 변호인 특권 인정여부가 다뤄졌다고 하는데, 재판부는 사내변호인이 외부 변호인과 동일하게 엄격하고 독립적인

한 경쟁질서 형성을 위한 법률자문이 충분히 가능하고 오히려 촉진되어야
한다는 필요성, 자문내용을 법률적 내용과 사업적 내용으로 구분될 수 있
다는 미국의 판례[78] 등이 고려될 수 있다. 결론적으로 공정거래조사에 있
어서는 사건개시시점과 관계없이, 외부 변호인과 주고받은 법률적 내용에
대해서는 의뢰인과 변호인이 조사를 거부할 수 있어야 하며, 이는 「형사소
송법」과 「민사소송법」의 요건과는 상이한 것[79]이므로 공정거래절차법에
명문화되어야 할 것이다.

요컨대, 우리나라 공정거래조사에 있어 미국과 영국에서 인정되는 변호
인-의뢰인 특권제도를 전면적으로 도입하는 것은 타당하지 않지만, 공정위
조사활동에 대한 변호인의 거부권 등을 일정한 요건 하에 조사절차규칙에
신설하는 것이 필요하다.

(2) 현장조사공문 기재사항 일원화

현장조사 시 조사공무원이 피조사자에게 제시하는 조사공문에 기재되어
야 할 내용을 사건절차규칙과 조사절차규칙이 상이하게 규정하는 문제는
상술한 바와 같다. 또한, 조사공문에 어느 정도의 조사목적 내지 조사대상
이 규율되어야 하는지가 불명확하므로, 이를 개선할 필요가 있다.

이에 관해 우선적으로 전제되어야 하는 것은 공정위의 정식조사, 특히
현장조사에 있어서는 조사절차규칙이 우선 적용되어야 한다는 점이다. 이

업무규정 하에서 일하는지 여부를 검토해야 한다고 하였다. Jürgen Schwarze,
Grundzüge des europäischen Kartellverfahrensrechts, 2004, S. 85, § 5., Rn. 30 참조.
78) 대표적인 판례로 Rossi v. Blue Cross & Blue Shield, 540 N.E.2d 703 (N.Y. 1989);
이에 관해 남희경, 스티븐 슈츠, 사내변호사에 대한 변호인-의뢰인 특권 적용에 대한
연구, 법과 사회 제43권, 2012, 346-347면 참조.
79) 형사소송법 제112조에 따르면, 변호사가 압수수색에 대한 거부를 행사할 수 있는 대
상은 '업무상 위탁'을 받아 '소지 또는 보관'하고 있는 물건 중 '타인의 비밀에 관한
것'에 한한다.

는 조사절차규칙이 공정거래법 위반사건처리절차 중 조사절차에 대한 특별규정의 성격을 갖고 있고, 그 목적 또한 그에 한정되어 있기 때문이다. 따라서 조사공문에는 조사절차규칙 제6조 제1항에 따른 내용이 기재되어야 할 것이다. 이는 당사자의 절차권 보장이라는 지도원리에 비추어보아도 조사절차에 있어서의 피조사자의 절차적 권리가 보다 두텁게 보장될 필요가 있다는 측면에서 바람직하다. 앞서 언급했듯이 궁극적으로는 조사공문에 관한 규정상의 혼란을 없애기 위해 사건절차규칙상 관련 규정을 삭제해야 할 것이다.[80]

조사공문에 기재되는 내용의 정도에 관해서는, 조사절차규칙 제6조 제2항이 참조될 수 있다. 조사목적에는 관련 법 조항과 법위반혐의가 상세히 기재되어야 하고, 조사대상에는 피조사업체의 명칭과 소재지뿐만 아니라, 파악이 가능한 경우 조사를 받은 부서 등을 특정할 수 있도록 개정할 필요가 있다. 중요한 것은, 조사공무원은 조사공문의 내용을 최대한 상세히 기재해야 할 것이고 실제 현장조사에서도 기재내용의 한계 내에서 조사활동을 해야 한다는 점이다.

(3) 출석요구 장소의 합리적 제한

진술조사를 위한 피조사인 출석요구장소 즉, '지정된 장소'의 문제는 관련 규정들을 해석함으로써 정리될 수 있다. 관련하여 문제가 되는 규정은 법 제50조 제2항, 시행령 제56조 제1항, 사건절차규칙 제14조, 조사절차규칙 제8조와 제12조이다.

우선, 문제해결의 시작점은 법 제50조 제2항 및 시행령 제56조 제1항의 '지정된 장소'의 개념과 관련된 진술조사는 현장조사의 일환이라는 점이다. 피조사인을 출석시켜 의견을 청취 내지 진술하게 하는 조사는 법 제50조

---

80) 이는 조사절차 관련 내용이 중복되어 있는 규정상의 문제와 연관되어 있다고 할 것이다.

제1항과 제2항에 모두 규율되어 있지만, 제1항과 제2항의 조사를 소환조사와 현장조사로 구분해야 한다는 본고의 해석에 따르면 각 진술조사 또한 별도로 해석되어야 한다.

조사절차규칙 제8조에 따르면, 현장조사는 원칙적으로 공문에 기재된 사업장의 소재지에 한정하여 실시되어야 한다. 그러나 현장조사과정에서 피조사업체 임직원 등이 진술조사에 응하게 어려운 부득이한 사정이 있는 경우에는 조사절차규칙 제12조 제2항에 의거하여 추후 조사일정과 장소를 협의하여 조사를 진행하도록 규정하고 있다. 이와 함께 공정위 조사권의 남용문제를 규율한 법 제50조의2와 조사절차규칙 제3조를 함께 참조하면, 법 제50조 제2항 후단의 '지정된 장소'는 일견 진술조사 대상인 '피조사인과 협의된 장소'로 해석할 수 있다.

요컨대, 피조사인을 출석시켜 조사하는 진술조사는 법 제50조 제1항의 소환조사와 동조 제2항의 현장조사에서 모두 가능한데, 현장조사에서의 진술조사는 원칙적으로 사업장 내지 사무소에서 행해져야 한다.[81] 예외적인 경우에는 조사절차규칙에 따라 피조사인과 협의하여 사업장 이외의 장소에서 진술조사를 진행할 수 있다.

(4) 진술조서 작성 필수화

심사관의 심사보고서 및 위원회의 의결서를 살펴보면, 피조사자의 진술 내지 증언은 심사관이 법 위반혐의를 입증하는 데에 있어 가장 중요한 증거가 된다. 예컨대, 부당공동행위 사건에서 공동행위를 할 합의가 존재하였는지와 관련해서는, 관련 담당자들의 진술이 가장 핵심적인 증거자료로 제출되고 있다.

---

81) 생각건대 법 제50조 제1항 제1호의 출석요구장소는 공정위 본청 내지 지방사무소로 해석되어야 한다.

이러한 상황에서 공정위의 소환조사 내지 현장조사 시 당사자와 이해관계인의 진술을 기록하고 보관하는 서류를 필수적으로 작성하지 않게 하는 것은 당사자의 절차권 보장 측면에서나, 조사절차의 공정성 측면에서나 모두 타당하지 않다. 따라서 당사자 내지 이해관계인이 의견을 진술한 경우에는 반드시 진술조서 및 확인서를 작성하고 그 사본을 피조사자에게도 공유하는 것이 필요하다.[82]

III. 심의·의결절차

1. 절차의 개요

가. 의의 및 관련 규정

(1) 의의

공정거래 사건처리절차의 심의절차와 의결절차는 다음을 의미한다. 즉, 심의절차는 공정위의 상임위원과 비상임위원으로 구성된 전원회의 또는 소회의가 사건에 관한 심사관의 심사보고를 받은 후, 당해 사건의 사실관계를 공정하게 확인하기 위하여 당사자 등의 진술을 청취하여 심사관이 제안한 처분을 내릴지 여부를 토의하는 과정을 뜻하고, 의결절차는 각 회의가 심의과정을 거친 후 법 위반에 대한 결론을 결정하여 시정조치·과징금

---

82) 현재 국회에서 계류 중인 공정거래법 전부개정안 제80조 제5항은 당사자의 진술을 들었을 경우에는 반드시 진술조서를 작성해야 한다고 규정하고 있어 필수적으로 진술조서가 작성되어야 하는 제도적 장치를 마련하였다는 점에서는 긍정적인 평가를 내릴 수 있지만, 추가적으로 이해관계인 내지 참고인의 진술에 대해서도 진술조서가 작성되어야 한다는 내용이 추가되어야 할 것이다. 나아가 조사절차규칙 별표로 진술조서 및 확인서 서식을 추가하여 그 형식에 따르도록 해야 하는 것이 보다 타당하다.

등의 일정한 법률효과를 부여하는 행위를 의미한다.[83] 공정위의 의결은 공
정위의 처분의 형태로 발효되며, 사건처리절차의 최종 결과물이라 할 수
있을 것이다.

공정위의 회의는 소회의와 전원회의로 구분되는데, 이하에서는 전원회의
의 심의·의결절차를 중심으로 검토하고, 소회의 절차에 대해서는 필요한
부분에서만 간략하게 언급만 하도록 한다.

(2) 관련 규정

공정위의 심의·의결절차와 관련해서는, 법률과 시행령, 그리고 공정위
규칙에서 매우 복잡하게 규율되어 있는데, 규정의 내용을 기준으로 심의·
의결기구에 관한 조직법적 규정과 심의·의결절차에 관한 절차법적 규정으
로 구분할 수 있다. 양자는 공정거래규범 내에서 명확히 구분되어 있지 않
은 실정인데, 그 이유와 문제점에 대해서는 후술한다. 심의·의결절차에 관
한 절차법적 규정은 당해 절차의 일반원칙을 규율한 조항과 절차의 방법,
당사자 등의 절차적 권리를 개별적으로 정한 조항으로 나눌 수도 있다.

심의·의결절차의 관련 규정을 열거하면 아래 [표 4-12] 및 [표 4-13]과
같다.

[표 4-12] 심의·의결절차 관련 규정 (법률·시행령)

규범	조문 번호	내용
법률	§ 37의2	회의의 구분 (조직)
	§ 37의3	전원회의, 소회의 관장사항 (조직)
	§ 42	회의의사 및 의결정족수
	§ 43	심리·의결의 공개 및 합의의 비공개
	§ 43의2	심판정의 질서유지

---

83) 권오승·서정, 독점규제법 – 이론과 실무, 2018, 683면 참조.

	§ 44	위원의 제척·기피·회피
	§ 45	의결서 작성 및 경정
	§ 46	법 위반행위의 판단시점
	§ 52	의견진술기회의 부여
	§ 52의2	자료요구열람 등
시행령	§ 58	시정권고절차
	§ 49 (조직)	소회의의 구성
	§ 50 (조직)	소회의 업무분장
	§ 51	위원의 기피·회피

[표 4-13] 심의·의결절차 관련 규정 (사건절차규칙)

규범	조문 번호	내용
사건절차규칙	§ 4 (조직)	전원회의의 심의 및 결정·의결사항
	§ 5 (조직)	소회의의 심의 및 결정·의결사항
	§ 6	의사 및 의결정족수
	§ 7 (조직)	간사 등
	§ 8 (조직)	의안의 구분
	§ 9	사건처리절차의 준용
	§ 29	심의절차의 개시 및 심사보고서의 작성·제출 및 송부
	§ 29의2	심사보고서의 첨부자료 열람·복사 등
	§ 30	주심위원의 지정 및 임무 등
	§ 30의2	의견청취절차의 개시
	§ 30의3	의견청취절차의 일시 지정 등
	§ 30의4	의견청취절차 참석
	§ 30의5	의견청취절차의 진행
	§ 30의6	심판관리실 소속 공무원의 의무
	§ 30의12	심판관리실 소속 공무원의 제척·기피·회피
	§ 31	심의부의
	§ 32	심의부의의 연기·철회
	§ 33	심의기일지정 및 통지

§ 33의2	심의의 공개
§ 33의3	심판정 질서유지
§ 34	심사관 및 피심인의 회의출석
§ 35	인정신문
§ 36	대리인
§ 37	참고인
§ 38	모두절차
§ 39	석명권, 질문권
§ 40	진술의 제한
§ 40의2	영업비밀 등의 보호를 위한 조치
§ 41	증거조사의 신청 등
§ 41의2	참고인신문 방식
§ 42	감정인의 출석
§ 43	심사관 등의 의견진술
§ 44	심의의 분리·병합 및 재개
§ 45	재심사명령
§ 46 - 53	심의절차종료, 무혐의, 종결처리, 심의중지, 경고, 시정권고, 시정명령 등 의결, 고발 등 결정
§ 54	의결서 및 결정서의 작성 등
§ 55	의결서 등의 경정
§ 56	의결 등의 조치 및 통지
§ 74	신고인 의견진술
§ 76	신고자 보호

※ 소회의 약식절차와 관련해서는 § 28, §§ 59-63에서 규율하고 있음

나. 절차의 진행과정

(1) 심의절차개시 및 의견청취절차

사건절차규칙 제29조는 "심사관이 심사보고서와 그 첨부자료를 전원회의 또는 소회의에 제출하였을 때 심의절차를 개시"한다고 규정하고 있고,

따라서 심의·의결절차는 심사보고서가 위원회에 제출됨으로써 개시된 다.[84] 심사관은 위원회에 심사보고서를 제출함과 동시에 피심인에게도 심 의절차의 개시를 고지하면서 심사보고서와 그 첨부자료 및 첨부자료 목록 을 송부하고, 3주의 기간 내에 이에 대한 의견을 제출하도록 한다.[85]

심의절차의 개시단계에서 중요한 사항 중 하나는 사안의 주심위원을 지 정하는 것이다. 사건절차규칙 제30조 제1항은, "전원회의의 의장은 심사보 고서를 제출받은 경우 상임위원 1인을 당해 사건의 주심위원으로 지정"한 다고 규정하고 있다. 또한, 당해 단계에서는 심의절차의 공정성을 보장하기 위한 제도인 위원의 제척·기피절차가 진행될 수 있다. 제척·기피절차는 법 제44조에 규율되어 있는데, 여기에는 피심인이 위원기피를 신청할 수 있는 절차도 함께 정해져 있다(법 제44조 제2항, 시행령 제51조).

사건절차규칙은 본격적인 심의에 들어가기 전에 필요한 경우, 의견청취 절차를 실시할 수 있다고 정하고 있다.[86] 즉 사건절차규칙 제30조의2 제1 항은 주심위원 또는 소회의 의장이 의견청취절차를 실시할 수 있는 경우를 규율하고 있고,[87] 동 규칙 제30조의3 내지 제30조의5는 의견청취절차의 일 시지정 및 당사자 등에 대한 통지, 참석 및 진행에 대해 정하고 있다. 당해 의견청취절차는 종래의 심의준비절차를 대체한 것으로서 절차의 효율화와

---

84) 홍대식·최수희, 공정거래법 위반행위에 대한 공정거래위원회의 사건처리절차에 관한 검토, 경쟁법연구 제13권, 2006, 303면 참조.

85) 심사보고서에는 사건의 개요, 시장구조 및 실태, 제도개선사항의 유무, 사실의 인정, 위법성 판단 및 법령의 적용, 자율준수 프로그램 또는 소비자불만 자율관리 프로그램 운용상황의 조사여부, 심사관의 조치의견, 피심인 수락여부(전원회의 소관사건은 제 외), 첨부자료가 기재 및 첨부된다. (사건절차규칙 제29조 제1항 각호)

86) 공정위 의견청취절차에 관하여 권오승, 경제법, 2019, 415-416면 참조.

87) 사건절차규칙 제30조의2 제1항 각호는 피심인이 심사보고서의 사실관계, 위법성 판단 등을 다투는 경우, 사실관계가 복잡하거나 쟁점이 많은 경우, 전원회의 안건의 경우, 피심인이 의견청취절차 진행을 요청한 안건으로서 피심인의 방어권 보장, 심의의 효 율적 진행을 위해 필요하다고 인정되는 경우를 의견청취절차를 실시할 수 있는 경우 로 정하고 있다.

더불어 적법성과 투명성을 제고하기 위한 제도로 이해되고 있다.[88]

(2) 심판정에서의 심의

각 회의의 의장은 일정한 기간 이후 당해 사건을 심의에 부의한다. 그리고 각 회의의 의장은 심의부의가 이루어지면, 심의개최의 일시, 장소 및 사건명, 심의 공개 여부 등을 회의 구성원 및 피심인, 신고인에게 통지하여 심의기일에 참석하도록 한다. 공정거래사건의 심의는 구술심리가 원칙인데(법 제43조 제2항), 이는 당사자 등의 절차적 권리보장 및 심의절차의 절차적 정당성 확보를 위한 것이다.

심판정에서의 심의는 위원장 및 위원들이 심판정으로 입장하면서 시작된다.[89] 전원회의 의장인 위원장은 개의를 선언한 후, 심의기일에 출석한 피심인 또는 참고인에 대하여 본인임을 확인하기 위한 인정신문을 한다(사건절차규칙 제35조). 의장은 심사관에게 심사보고서의 내용을 기반으로 심사결과의 요지를 진술하게 하고(동 규칙 제36조 제1항), 그 이후 피심인에게 사건에 대한 의견을 진술하게 한다(동 규칙 제36조 제2항).[90] 피심인 의견진술이 끝나면 심사관은 피심인의 의견에 대한 반박진술을 할 수 있으며, 심사관과 피심인은 직접 상대방에게 질문하여 상대방의 진술의 취지를 명백히 하게 할 수 있다(동 규칙 제39조 제2항).[91] 또한, 위원들도 질문권을 행사할 수 있는데, 모든 위원이 피심인과 심사관 모두에게 질문하는 경우가 일반적이므로 상당히 길고 상세한 내용의 질의절차가 진행된다.

만일 필요한 경우 피심인과 심사관은 증거조사 또는 신청을 통해 참고인

---

88) 공정거래위원회, 2018년 공정거래백서, 42면 참조.
89) 이하 심판정 심의절차에 대한 설명은, 필자가 2018.5.9. 공정위 전원회의 참관을 통해 현장에서 본 실제 절차와 사건절차규칙 규정들을 종합하여 서술한 것임을 밝힌다.
90) 피심인이 복수인 경우, 모든 피심인에게 의견진술기회를 부여한다.
91) 중요한 사건의 경우, 심사관의 심사결과 요지진술, 피심인의 의견진술, 심사관의 피심인 의견검토, 심사관과 피심인의 질문권 행사로 상당한 시간이 소요된다.

신문을 할 수 있다(동 규칙 제41조 제1항, 제2항).[92] 또한, 의장은 필요한 경우 감정인을 출석시켜 사안에 대한 전문적인 의견을 진술하게 할 수 있다(동 규칙 제42조).

심의절차를 종료하기 전, 의장은 심사관에게 시정조치의 종류 및 내용, 과징금 부과, 고발 등에 관한 의견을 진술하게 하고, 피심인들에게 최후진술을 할 수 있게 한다(동 규칙 제43조). 그리고 의결 사항의 통지, 속기록 삭제 요청 등을 공지한 후, 의장 및 위원들이 퇴정하면서 심판정에서의 심의절차는 종료된다.

(3) 의결

심판정에서의 심의를 거친 후, 각 회의는 위원들의 합의를 통해 당해 사건에 대한 의결을 내리게 된다. 전원회의는 재적위원 과반수의 찬성, 소회의는 출석위원 전원의 찬성으로 의결하며(법 제42조), 의결의 합의과정은 공개하지 아니한다(법 제43조 제3항). 또한, 각 회의는 의결 내용 및 그 이유를 명시한 의결서로 의결하여야 하고, 의결에 참여한 위원이 의결서에 서명·날인하여야 한다(법 제45조 제1항, 사건절차규칙 제54조). 의결서가 피심인, 권한 있는 기관의 장, 심사관에게 통지되고, 신고인 및 이해관계인에게도 의결서의 요지가 통지되면 심의·의결절차가 종료되어, 공정거래법 위반사건 처리절차가 모두 마무리되게 된다.

한편, 각 회의가 내릴 수 있는 의결 및 결정의 종류로는 심의절차종료의결(사건절차규칙 제46조), 무혐의의결(제47조), 종결처리의결(제48조), 심의중지의결(제49조), 경고의결(제50조), 시정권고(제51조), 시정명령·과징금납부명령·과태료납부명령 의결(제52조), 고발·입찰참가자격제한요청·영업정

---

[92] 참고인신문은 이를 신청한 심사관 또는 피심인이 먼저하고, 그 다음에 다른 당사자가 하게끔 되어 있고, 각 회의의 의장 및 위원은 심사관 및 당사자 등의 신문이 끝난 후에 신문할 수 있다(사건절차규칙 제41조의2 제1항, 제2항).

지요청 결정(제53조)이 있다.[93)]

2. 당사자의 권리보장

가. 심의절차 개시단계

현행 공정거래절차법상 심의절차 개시단계에서 보장되는 당사자 내지 피심인의 절차적 권리는 다음과 같다. 우선 피심인은 심의절차 개시사실을 고지받을 권리가 있고, 심사보고서·첨부자료목록·첨부자료를 송부받아 이에 대한 의견을 문서로 제출할 수 있는 권리를 보장받는다(법 제49조 제3항, 사건절차규칙 제29조 제10항, 제12항, 제14항). 또한, 부득이한 사정으로 의견서 제출기간의 연장이 필요한 경우 피심인은 이에 대한 연장신청을 할 수 있다(사건절차규칙 제29조 제16항).

나아가 심사보고서에는 첨부되지 않았지만, 심사관이 조사절차에서 획득한 첨부자료를 당사자가 특정하여 위원회에 열람·복사를 신청할 수 있다(사건절차규칙 제29조의2 제1항). 또한, 피심인은 위원회의 위원에게 심의·의결의 공정을 기대하기 어려운 사정이 있는 경우에는 기피신청을 할 수 있는 권리를 갖는다(법 제44조 제2항, 령 제51조). 이와 유사하게 사건절차규칙 제30조의12 제1항은 심의·의결업무를 보좌하는 심판관리실 소속 공무원의 제척·기피제도를 마련하고 있으며, 동조 제2항에서는 심사관과 피심인의 기피신청권을 보장하고 있다.

---

93) 공정위의 의결의 종류는 절차적 사항에 관한 의결과 실체적 판단에 관한 의결로 유형화할 수 있다는 유력한 견해가 있는바 경청할 만하다. 이에 따르면 조사 등 중지, 종결처리, 심의절차종료가 전자에 해당하고, 무혐의결정, 경고, 시정명령 등, 고발 등이 후자에 해당한다. 윤성운, 공정거래법 위반사건 심판절차의 절차적 적법성과 개선방향, 인권과 정의 제330호 2004, 144-145면 참조.

[표 4-14] 심의절차 개시단계에서의 당사자의 권리보장

근거규정	내용
사건절차규칙 § 29 ⑩	심의절차 개시사실을 고지받을 권리
법 § 49 ③ 사건절차규칙 § 29 ⑩	심사보고서·첨부자료목록·첨부자료를 송부받을 권리
법 § 52 사건절차규칙 § 29 ⑯	심사보고서에 대한 의견을 제출할 권리
사건절차규칙 § 29 ⑯	의견서 제출기한 연장을 요청할 권리
법 § 52의2 사건절차규칙 § 29의2 ①	심사보고서에서 공개되지 않은 첨부자료를 특정하여 열람·복사를 신청할 권리
법 § 44 ② 령 § 51.	위원에 대한 기피 신청권
사건절차규칙 § 30의12 ②	심판관리관실 소속 공무원에 대한 기피신청권

나. 의견청취절차

상술한 바와 같이 피심인이 심사보고서의 사실관계, 위법성 판단 등을 다투는 경우 등의 사유가 있으면 주심위원 또는 소회의 의장은 의견청취절차를 실시할 수 있다.

의견청취절차가 실시되는 경우, 당사자 내지 피심인은 의결청취절차의 일시와 장소를 통지받을 권리를 보장받고, 의견청취절차 기일을 연장할 권리를 가진다(사건절차규칙 제30조의3 제1항, 제2항). 나아가 피심인은 의견청취절차에서 구술로 변론할 수 있는 권리가 보장되어 있고, 중립적이고 공평한 절차진행을 받을 수 있다(사건절차규칙 제30조의5 제1항, 제2항).

[표 4-15] 의견청취절차상 당사자의 권리보장

근거규정	내용
사건절차규칙 § 30의3 ①	의견청취절차 일시·장소를 통지받을 권리
사건절차규칙 § 30의3 ②	의견청취절차 기일 변경을 신청할 권리
사건절차규칙 § 30의5 ①	의견청취절차에서 구술로 변론할 권리
사건절차규칙 § 30의5 ②	중립적이고 공평한 의견청취절차를 받을 권리

다. 공정위 심판정에서의 심의절차

공정위 심판정에서의 심의절차상 당사자의 절차적 권리는 그동안 적법절차 원리에 부합되게 개선되어 왔다.[94]

우선, 피심인은 심의기일이 지정되면 이를 통지받을 수 있고, 필요한 경우 심의기일을 변경하도록 신청할 수 있다(사건절차규칙 제33조 제1항, 제3항). 또한, 피심인이 심사보고서 내용, 의견청취절차, 심의과정에서 드러나지 않은 새로운 주장을 하거나 새로운 증거자료를 제출하여 이에 대한 확인이 필요한 경우, 참고인·이해관계인 진술의 진정성에 다툼이 있거나 사실관계가 복잡하고 쟁점이 많아 이에 대한 확인이 필요한 경우에는 피심인이 추가적인 심의기일의 지정을 의장에게 신청할 수 있다(사건절차규칙 제33조 제4항). 나아가 피심인은 심리공개통지를 받은 후, 참관석의 우선배정을 심판관리관에게 신청할 수 있으며(사건절차규칙 제33조의2 제2항), 변호사 또는 피심인인 법인의 임원 등 기타 각 회의의 허가를 얻은 자를 대

---

94) 현재 공정위의 전원회의 및 소회의가 열리는 장소는 '심판정'으로 불리고 있는데, 필자는 당해 개념을 변경해야 한다는 견해를 갖고 있다. 관련해서는 이하 '문제점 및 평가'에서 상술한다.

리인으로 선임할 수 있는 권리를 갖는다(사건절차규칙 제36조 제1항).

본격적인 심의절차에 있어서 피심인은 당해 사건에 대해 의견을 진술할 권리를 갖고(법 제52조, 사건절차규칙 제38조 제2항), 심사관의 진술의 취지가 명백하지 않을 때에는 의장의 허락을 얻어 심사관에게 직접 질문할 수 있는 권리를 보장받는다(사건절차규칙 제39조 제2항). 또한, 피심인이 심판정에서 자신의 사업상 비밀이 포함된 사항에 대해 발언하고자 하는 경우에는 분리 심리 또는 다른 참가자 등의 일시 퇴정 등의 영업비밀 보호조치를 요청할 수 있다(사건절차규칙 제40조의2 제1항). 사건절차규칙은 이외에도 피심인의 증거조사 신청권(제41조 제1항), 참고인 신문 신청권과 기존 신문사항 외의 사항에 대한 신문을 의장에게 요청할 수 있는 권리(제41조 제2항, 제41조의2 제7항), 그리고 심의종료 전에 최후진술을 할 수 있는 권리를 보장하고 있다(제43조 제2항).

[표 4-16] 심판정 심의절차에서의 당사자의 권리보장

근거규정	내용
법 § 52	의견진술권 및 자료제출권
법 § 52의2	자료열람·복사 요구권
사건절차규칙 § 33 ①	의견진술권심의기일을 통지받을 권리
사건절차규칙 § 33 ③	심의기일 변경요청을 신청할 수 있는 권리
사건절차규칙 § 33 ⑥	추가적인 심의기일을 지정하도록 신청할 수 있는 권리
사건절차규칙 § 33의2 ②	참관석 우선배정을 신청할 수 있는 권리
사건절차규칙 § 36 ①	대리인 선임권
사건절차규칙 § 38 ②	의견진술권

사건절차규칙 § 39 ②	심사관에 대한 직접 질문권
사건절차규칙 § 40의2 ①	영업비밀 등의 보호조치 요청권
사건절차규칙 § 41 ①	증거조사 신청권
사건절차규칙 § 41 ②	참고인 신문 신청권
사건절차규칙 § 41의2 ⑦	신문사항 외의 사항에 대한 신문요청권
사건절차규칙 § 43 ②	심의절차 종료 전 최후진술권

라. 의결절차

법 제43조 제3항은, "공정거래위원회의 사건에 관한 의결의 합의는 공개하지 아니한다"고 규정하고 있어, 심의 이후 의결결정에 이르는 위원들 간의 합의는 비공개로 하는 것이 원칙이다. 따라서 의결절차에 있어 당사자는, 시정명령, 과징금 납부명령 등의 의결이 결정된 후에 의결서를 통지하는 단계에서 그 절차적 권리를 보장받는다.

사건절차규칙 제56조 제1항은 의결 등의 합의가 있는 날로부터 40일(과징금 부과금액의 확정을 위해 필요한 자료의 제출을 명하는 경우 75일) 이내에 피심인에게 의결서 등의 정본을 송부하도록 규율하고 있다. 심사관은 신고인에게도 의결 등의 요지를 통지하여야 하는데(사건절차규칙 제56조 제2항), 이해관계인 등에게는 의결서 요지를 통지하는 것이 재량사항으로 규정되어 있다(사건절차규칙 제56조 제2항). 신고인·이해관계인에 대한 의결서 통지에 관해서는 다음 장에서 살펴본다.

한편, 법 제45조 제2항은 "공정거래위원회는 의결서 등에 오기, 계산착오, 그 밖에 이와 유사한 오류가 있는 것이 명백한 때에는 신청에 의하거나 직권으로 경정할 수 있다"고 규정하고 있어, 당사자 등은 의결서 경정을 신청할 수 있다. 이에 대해서는 사건절차규칙 제55조에서 보다 상세히 규율하고 있지만, 의결서 경정신청을 할 수 있는 주체의 범위가 어디까지인지 정해져 있지 않은 문제가 있다.[95]

한편, 의결절차에 있어서 가장 중요한 당사자의 절차적 권리는 바로 공정위 의결에 대해 불복할 수 있는 권리이다. 법 제53조와 제54조는 각각 이의신청제도와 행정소송제도에 대해 규율하고 있으며, 일반적으로 처분상대방인 당사자에게는 공정위 처분에 대해 불복할 수 있는 권리가 인정되는 바이다. 법 제53조의2는 시정조치명령을 받은 자가 이의신청을 제기한 경우에 일정한 요건이 충족되면, 당사자의 신청이나 직권에 의하여 집행정지를 결정할 수 있도록 규율하고 있다.

[표 4-17] 의결절차에서의 당사자의 권리보장

근거규정	내용
사건절차규칙 § 56 ①	의결서 등의 정본을 송부받을 권리
사건절차규칙 § 55 ②	의결서 경정결정에 대한 정본을 송부받을 권리
법 § 45 ②	의결서 오류경정을 신청할 수 있는 권리
법 § 53	공정위 처분에 대해 이의신청할 수 있는 권리
법 § 53의2	시정조치명령에 대한 집행정지를 신청할 수 있는 권리
법 § 54	공정위 처분에 대해 행정소송을 제기할 수 있는 권리

---

95) 다만 사건절차규칙 제55조 제2항에는 의결서 정본에 경정결정을 부기할 수 없는 때에 결정의 정본을 작성 후 송부해야 하는 대상으로는 '피심인'이 적시되어 있다.

3. 문제점 및 평가

가. 법리적 차원

(1) 심의·의결 개념의 문제

공정위의 심의·의결절차는 종종 '심리절차'라는 개념과 혼동되어 사용된다. 이러한 현상은 법률 차원에서부터 발견될 수 있는데, 공정거래법 제37조의3, 제44조, 제45조, 제51조의2, 제51조의3, 제51조의4에서는 심의·의결이라는 개념을 사용하고 있지만, 법 제43조에서는 '심리·의결'을, 법 제43조의2에서는 '심판'이라는 개념을 명시하고 있다. 학계에서도 공정위 심의·의결절차에 대해 심결절차 또는 심리절차라는 개념을 별다른 비판의식 없이 혼동하여 사용하고 있는 실정이다.

심의(審議)·의결(議決)과 심결(審決), 그리고 심리(審理)는 최종적인 판단 이전에 사안을 살핀다는 측면에서는 공통되지만, 엄밀하게는 각 개념의 의미는 상이하다. 나아가 심의·의결과 심결·심리의 개념이 상정하고 있는 전제 및 내재하고 있는 지향점도 다르기 때문에, 이를 정리하고 공정거래 절차에 맞는 개념을 사용할 필요가 있다.

(2) 조직규정과 절차규정의 혼재

심의절차와 관련해서는 법규정의 체계와 관련된 문제가 있다. 이는 바로 심의·의결절차와 관련된 조직규정과 절차규정이 법률 차원에서 혼재되어 있다는 점이다.

이렇게 양 규정이 분리되지 않은 이유는 공정위가 경제기획원에서 독립하여 하나의 독립위원회로 설치·운영되어 온 변화에도 불구하고, 과거 경제기획원 내의 자문기구로 존재했던 공정거래위원회의 심의·의결과 관련된 규정과 경제기획원의 조사 및 처분과 관련된 규정이 분리되어 있었던 법체계를 아무런 비판의식 없이 그대로 유지해왔기 때문이다. 그리고 당해 문제는 공정위가 국회에 제출한 공정거래법 전부개정안에도 개선되지 않고 그대로 남아있다.

당해 문제에 대해서는 지금까지 학계와 실무 어디에서도 크게 주목하지 않았다.[96] 그러나 과거 공정위가 경제기획원 내의 자문기구로 운영되었을 때의 법조문 체계가 수정되지 않았다는 것은 다음 세 가지 측면에서 바람직하지 않다. 즉, 역사적으로는 이후 공정위가 독립위원회로 발전하였다는 의의를 반영하지 못하고, 방법론적으로는 조직과 절차에 대해 기능적으로 분리하여 검토할 수 없게 할뿐더러, 법치주의적 관점에서는 절차규정이 사건처리절차 진행 순서대로 마련되어 있지 않아 투명성과 법적 안정성 측면에서 바람직하지 않다.

(3) 절차의 공정성 문제

(가) 심사기능과 심의·의결기능 미분리

공정위 심의·의결절차와 관련하여 종래 학계와 실무에서 가장 많이 비판되었던 점은 다음과 같다. 즉, 조사 및 소추기능을 하는 심사부서와 심판기능을 하는 합의제 기구가 공정위라는 하나의 기관 안에 존재하고, 이것이 심의·의결절차의 공정성, 나아가 사건처리절차 전체의 정당성을 해친다는 것이다. 이에 대해 일찍이 헌법재판소 소수의견은 조사기관과 심판기관이 분리되어야 한다는 사법절차상의 원칙을 제시하면서, 공정위의 경우 당해 원칙이 지켜지지 않고 있다는 문제점을 지적한 바 있다.[97] 그리고 당해

---

96) 학계의 유일한 논의로 권오승, 공정거래위원회의 독립성과 전문성, 공정거래와 법치 (권오승 편), 2011, 989면 참조.

97) 헌법재판소 2003.7.24. 전원재판부 결정 2001헌가25 재판관 한대헌, 권성, 주선회의 반대의견. 관련 판결내용은 다음과 같다. "사법절차에서는 사실을 조사하고 증거를

문제는 외국 경쟁법 절차에서도 오랜 기간 논쟁의 대상이 되어 왔다.[98]

비교법적으로는 경쟁법 집행을 행정기관에게 맡기도록 하는 정책적 결정이 내려진 경우에 심사·소추기능과 심판기능의 융합은 불가피한 것이며, 이것이 적법절차의 본질을 해치는 문제는 아니라는 것으로 당해 논쟁은 어느 정도 정리되었다. 미국의 경우 과거 연방대법원 판결[99]에서 독립규제위원회의 경우 양 기능이 하나의 기관에 융합되어 있다고 하더라도 이것이 적법절차를 부정할 만큼의 문제는 아니라고 한 바 있다.[100] 유럽의 경우에도 2011년 유럽인권재판소(European Court of Human Rights)의 Menarini 판결[101]에서 경쟁법 절차가 일견 형사법적 성격을 갖지만, 경쟁법의 경우 완전한 사법심사가 보장된다면, 조직상의 문제는 없다고 판시한 바 있다.[102] 정리하면, 미국과 유럽의 경우 경쟁법에 있어 조사기능과 심판기능의 융합의 불가피성을 인정하면서 그 한계를 극복하고 절차의 공정성을 확보하기 위한 제도적인 노력에 매진하고 있다.

생각건대 관련 문제에 대해서는 사법절차의 관점에서만 평가하여 양 기능의 융합 자체를 비판하기보다는, 사법규제주의가 아닌 행정규제주의적

수집하는 '조사기관'과 수집한 증거를 조사하고 변론을 듣고나서 결정을 내리는 '심판기관'이 서로 분리되어 있는데 이러한 기관의 분리는 조사의 전문성과 판단의 공정성을 함께 확보하기 위한 불가결의 조치이고 이는 사법절차의 기본적, 핵심적 요소의 하나이다. 그런데 공정거래법상으로는 조사권과 심판권이 모두 공정거래위원회에 귀속되어 있을 뿐, 그 분리가 전혀 이루어지고 있지 않다. … (중략) … 이와 같이 조사기관과 심판기관을 분리하지 아니한 것은, 「심판기관은 조사기관과 피규제기업 사이에서 중립적으로 판단하여야 한다는 원칙」을 원천적으로 배제하고 있는 것이다."

98) 조성국, 독점규제법 집행론, 2011, 22-26면 참조.

99) Withrow v. Larkin, 421 U.S. 35 (1975).

100) 조성국, 전게서, 25면 참조.

101) ECtHR, Judgment of 27 September 2011, A Menarini Diagnostics SRL v Italy.

102) 유럽집행위원회 경쟁법 집행절차의 공정성을 둘러싼 관련 최근의 논쟁에 관해 Brei, Due Process in EU antitrust proceedings ‑ causa finita after Menarini?, ZWeR 1/2015, S. 34-54.

관점에서 공정위에 심사기능과 심판기능을 함께 부여한 목적 및 기능을 존중하면서 공정거래절차법의 특성에 맞춰 근본적으로 고민하는 것이 필요하다. 다만 본고가 도출한 합의제 원리라는 두 번째 지도원리에 의하면, 당해 논쟁과 무관하게 위원회 심의·의결절차는 중립성과 공정성을 갖춰야 한다. 따라서 현재 위원회의 구성원 및 심의·의결절차의 운영이 중립성과 공정성을 충분히 갖지 못한다는 비판적 시각은 가져야 할 필요가 있다.[103]

정리한다면, 공정위에 대한 심사기능과 심판기능의 융합에 대한 근본적인 문제제기는 더 이상 큰 의미가 없으며, 오히려 양 기능을 한 기관에 부여한 목적을 제대로 인식하는 것이 필요하다. 나아가 기능적 융합으로 인해 발생하는 절차상의 한계를 보완할 수 있는 제도적인 방법을 고안하면서, 공정거래절차법의 지도원리에 맞는 심의·의결제도의 바람직한 모습을 마련하는 것이 보다 중요하다.

(나) 청문감독절차의 부재

미국과 유럽에서는 상술한 심사기능과 심판기능의 융합에 따른 공정성 문제를 해결하기 위한 제도를 마련하였는데, 미국 FTC의 행정법판사(Administrative Law Judge; ALJ)제도와 유럽집행위원회의 청문주재관(Hearing Officer) 제도가 바로 그것이다. 양자는 그 취지에서는 일맥상통한다 볼 수 있지만 구체적인 역할은 엄밀히 구분된다. 미국 FTC의 행정법판사 제도는 사건의 사실인정 및 일차적 결정을 내리기 위해 심의절차 전반에 걸친 것인 반면,[104] 유럽집행위원회의 청문주재관 제도는 경쟁법 집행에 있어 절차상의 문제가 없었는지 확인하기 위한 청문제도와 관련된 것이

---

103) 공정위의 문제점에 대해 지적하고 있는 대표적인 문헌으로 김하열·이황, 공정거래위원회 법적 성격과 사건처리 및 불복의 절차, 고려법학 제75권, 2014, 194-197면 참조.
104) 미국 FTC 내의 행정법판사 제도에 관하여 조성국, 독점규제법 집행론, 2011, 155-160면 참조.

라는 차이가 있다.[105)

우리나라에서도 같은 맥락의 문제가 제기되고 있다. 즉, 위원장 또는 주심위원이 아닌 조사 내지 심사절차와 독립적인 관계를 가진 자에 의해 심의절차가 관리될 수 있도록, FTC의 행정법판사 내지 EU의 청문주재관과 유사한 제도를 도입해야 한다는 견해가 오래 전부터 제시되고 있는 것이다.[106) 이는 무엇보다 공정위 심의·의결절차가 전반적으로 공정하지 못하다는 인식을 반영하는 것으로 이해할 수 있다.

당해 문제는 공정거래절차법과 행정절차법과의 관계에서도 접근할 수 있다. 행정절차법 제28조에서는 독립적으로 직무를 수행하는 청문주재자가 청문을 주재하도록 하고 있고, 제34조에서는 청문주재자의 청문조서 작성, 제34조의2는 청문주재자의 의견서를 작성하도록 규정하고 있다. 공정거래절차법이 행정절차법과 동일하거나 그보다 더 높은 수준으로 당사자 등의 절차권을 보장하는 것이 행정절차법에서 적용제외되는 정당성을 갖는 것임은 앞서 살펴본 바와 같다. 따라서 이 관점에서 보더라도 사건처리절차에 있어 독립적인 청문주재자와 같은 제도가 마련되어 있지 않은 것은 문제가 있다.

---

105) 유럽집행위원회의 청문주재관 제도에 관하여 이호선, 유럽경쟁법의 절차적 권리의 보호자로서의 청문관의 역할과 기능 소고, 법학연구(인하대) 제15권 제2호, 2012, 449-478면; 조성국, 독점규제법 집행론, 2011, 271-272면 참조.
106) 대표적으로 김하열·이황, 공정거래위원회 법적 성격과 사건처리 및 불복의 절차, 고려법학 제75권, 2014, 198-199면; 이호선, 위의 글, 474면; 조성국, 전게서, 317-319면; 황태희, 독점규제법 집행시스템의 개선방안, 저스티스 통권 제123호, 2011, 199면 참조.

나. 제도적 차원

(1) 피심인의 자료열람·복사요구권 관련

당사자인 피심인은 법 제52조의2에 따라 공정위에 자료열람·복사요구를 할 수 있다. 보다 구체적으로는 현행 사건절차규칙에 의해 피심인은 심사관이 심사보고서 송부 시 제공한 첨부자료 이외의 자료에 대해 원하고자 하는 자료를 특정하여 열람·복사를 신청해야 하고, 이를 주심위원이 다시 검토하여 열람·복사 자료를 결정하는 구조로 제도가 마련되어 있다(사건절차규칙 제29조 제10항, 제29조의2). 이에 따르면 당사자에 의해 자료열람 및 복사가 실질적으로 요구될 수 있는 단계는 심사보고서 송부 이후인 심의절차 단계이며, 그 대상은 심사보고서 첨부자료가 된다.[107]

공정거래법 제52조의2가 보장하는 당사자 및 제3자의 자료열람·복사요구가 시기적으로 심의·의결절차에 한정되고 그 대상도 심사보고서상의 첨부자료만으로 이해되는 것이 타당한지에 대해서는 검토가 필요하다. 법 제52조의2의 문언상으로는 그 어느 곳에도 자료열람·복사 요구의 시기나 대상을 제한하지 않고 있기 때문이다. 오히려 문서열람신청권의 행사 기간을 청문기간으로 명시적으로 한정한 행정절차법 제37조 제1항보다 공정거래법 제52조의2는 이를 제한하지 않으려는 의도가 있었던 것으로 보아야 한다. 최근에는 피심인이 열람·복사할 수 있는 자료의 범위를 공정위가 조사과정에서 취득한 모든 정보로 확대해야 한다는 견해가 실제로 유력하게 제기된 바 있다.[108]

---

107) 같은 견해로 대법원 2018.12.27. 선고 2015두44028 판결.

108) 예컨대 2018년에 활동한 공정거래법제 개선 특별위원회에서는 공정거래법 전부개정안 제92조로 개정되는 자료열람·복사요구권과 관련하여, 조사공무원은 사건의 조사과정에서 수집한 자료 전체를 목록화하고 이를 피심인에게 송부해야 하고, 피심인은 '처분과 관련된 모든 자료'의 열람·복사를 요구할 수 있으나, 심의절차에 제출되지 않은 자료에 대해서는 예외적인 경우(자료제출자 보호의 필요성, 증거인멸 우려, 관

(2) 의견청취절차의 문제점

사건절차규칙 제30조의3 제1항에 의하면 당사자는 의견청취절차가 진행될 기일 5일 전에 내용을 통지받게 되어 있다. 그러나 동 규칙 제30조의4 제2항에 따르면, 정당한 사유의 소명 없이 불출석한 경우에는 피심인 없이 의견청취절차가 진행될 수도 있다. 물론, 제30조의3 제2항에 따라 기일변경신청이 가능하지만, 의견청취절차의 공정성을 확보하는 측면에서는 5일의 기한은 지나치게 짧은 기간이라는 문제가 있다.

나아가, 사건절차규칙 제30조의3 제1항은 의견청취절차 개시에 대해 상임위원에게만 통지되도록 규정하고 있고, 따라서 비상임위원은 당해 절차에 참석하지 못할 가능성이 열려 있다. 그러나 비상임위원이 갖는 전원회의와 소회의에서 그 역할의 비중도 상당하기 때문에 의견청취절차에서 배제될 근거는 없다고 할 것이다.

일견 의견청취절차는 정식 심리절차에 앞서 관련 사안의 정보를 적극적으로 파악하고, 다양한 의견을 들을 수 있다는 점에서 바람직한 측면이 있는 제도이다. 그러나 당해 절차의 전신인 심의준비절차처럼 그 실효성이 의문시되거나 위원들의 심사관에 대한 비공식적 면담으로 여겨지던 관행이 계속 유지된다면, 의견청취절차 자체에 대해 문제제기가 있을 수 있다. 따라서 결국 의견청취절차에 관해서는 그 신뢰성이 가장 중요한 것으로 볼 수 있는데, 이를 확보하기 위한 방안이 마련되어야 한다.

런사건의 심의·의결에 장애 야기 등)에 열람·복사의 제한이 가능하도록 법조항이 개편되어야 한다는 논의가 진행된 바 있다. 공정거래위원회, 공정거래법제 개선 특별위원회 최종보고서, 2018. 7., 46면 참조.

4. 개선방안

가. 법리적 차원

(1) 심의·의결 개념의 확립

당해 문제의 해결을 위해서는 심의, 의결, 심리, 심결의 의미를 정확히 파악할 필요가 있다. 표준어대사전에 의하면 심리란, 재판의 기초가 되는 사실관계 및 법률관계를 명확히 하기 위하여 법원이 증거나 방법 따위를 심사하는 것을 의미하고, 심결은 행정기관의 심판에서 심리의 결정을 이르는 말이다. 반면에 심의는 심사하고 토의하는 것, 그리고 의결은 의논하여 결정한다는 의미를 가진다. 이를 보건대 심리와 심결은 재판 또는 심판을 전제로 하는 개념이지만, 심의·의결은 그러한 전제 없이 일견 중립적인 개념으로 이해된다.

공정위의 심의·의결절차를 심결절차 내지 심리절차로 부르는 것은 공정거래절차를 행정심판 절차 또는 법원의 재판절차와 동일하게 파악하고, 나아가 그 목적 또한 주관적 권리구제에 한정할 위험이 있다. 따라서 공정위 심의·의결절차를 심리 또는 심판으로 칭하는 무의식적 관행을 수정해야 할 필요가 있다. 즉, 심의·의결과 심리·심판은 본질적 의미와 기능 측면에서 큰 차이를 보이는 바이며, 공정위의 심의·의결절차를 심리·심판절차로 표현하는 것은 공정거래절차를 준사법절차로 이해하여 법원의 재판절차와 유사해져야 한다는 주장과 관계가 없지 않다.

공정거래절차의 지향점과 기능을 고려하고, 심의·의결절차의 고유성을 강조하기 위해서는 당해 절차는 '심의·의결절차'라는 개념으로 지칭해야 할 것이다. 따라서 뒤늦게 도입된 법 제43조와 제43조의2에서 사용되고 있는 '심리·의결' 및 '심판'이라는 표현은 수정되어야 할 것이고, 공정위 심판정이라는 표현도 다른 명칭으로 바꾸어 부르는 것을 고민해야 할 것이다.[109]

(2) 심의·의결절차 규정의 정비

무엇보다도 심의·의결절차와 관련된 법규정이 제9장과 제10장에 따로 규정되어 있는 법률의 체계를 정비하는 것이 필요하다. 생각건대, 제9장에서는 경쟁당국으로서의 공정위, 심의·의결기구로서의 위원회 내지 각 회의, 조사·정책·행정조직으로서의 사무처를 명확히 구분하고, 경쟁당국과 심의·의결기구와 기타 주요 조직에 관한 내용을 규율하되, 사무처 등 그 외의 조직과 관련된 내용은 현재와 같이 대통령령인 「공정거래위원회와 그 소속기관 직제」에 규율하는 것이 타당해 보인다.

제10장에는 원칙적으로 사건처리절차의 진행순서대로 절차법적 법규정을 마련할 필요가 있다. 따라서 현행 법 제43조(심리·의결의 공개 및 합의의 비공개), 제43조의2(심판정의 질서유지), 제45조(의결서 작성 및 경정) 등을 법 제52조의2(자료요구열람 등)의 뒤에 배치해야 할 것이다.

(3) 심의·의결기능의 합리적 개선

(가) 심의·의결절차의 목적 재정립

공정위 심의·의결절차를 올바르게 설계하고 그 기능을 합리적으로 개선하는 것은 매우 중요하다. 공정위 심의·의결제도는 공정거래절차의 핵심절차인 사건처리절차가 공정거래법의 목적과 기능에 맞게 운영되기 위한 필요충분조건이자, 전체 절차의 정당성을 부여하는 것이기 때문이다.

다만, 공정위 심의·의결제도를 법원의 재판절차와 비교하면서, 그에 맞게 개선되어야 한다는 종전의 견해들은 재고되어야 한다. 앞서 살펴본 바와 같이, 사법절차의 경우와의 비교를 통해서 그에 상응하는 위원회의 독

---

109) 상술하면 현재 공정위의 전원회의 내지 소회의가 열리는 장소를 '심판정'이라고 불리는데, 이 또한 공정위 회의의 기능을 심판 내지 재판으로 오해하게 하는 이유가 된다. 따라서 당해 명칭의 변경이 요구된다.

립성과 중립성을 갖춰야 하고 재판절차와 같은 대심구조를 가진 심의·의결제도를 형성해야 한다는 주장은, 공정거래절차법의 특수성 내지 고유성을 간과한 측면이 있기 때문이다.

따라서 결론적으로 심의·의결제도는, 본고에서 도출한 두 번째 지도원리인 합의제 원리를 실현하는 것으로 이해되어야 한다. 즉, 심의·의결절차는 당사자 및 제3자의 절차참여와 더불어 심사관의 심사보고서를 다시 한번 검토하는 절차임을 인식하고, 이에 맞는 개선사항을 고안해야 하는 것이다. 관련한 개선사항은 보다 구체적으로 조직적 측면과 절차적 측면으로 구분할 수 있을 것인데, 아래에서 살펴본다.

(나) 조직적 측면 – 위원회의 기능적 분리

경쟁기능의 보호라는 목적을 달성하기 위하여 보다 정확한 사실관계를 파악하고, 공정거래사건과 관련된 이해관계를 파악하기 위한 차원에서도, 공정위 내의 심사기능과 심의·의결기능은 분리되어야 할 것이다. 왜냐하면 심사관이 파악한 사실을 조사과정과는 직접적 관계가 없는 자가 문제 되는 사안을 객관적으로 다시 한번 살피는 것이 사실관계를 객관적인 시각에서 구체적으로 파악하기 위한 전제가 되기 때문이다.

당해 문제는 조직법적 논의이므로 본고의 범위를 벗어나는 것이다. 따라서 여기서는 당해 문제가 이제는 조직적 분리가 아닌 기능적 분리를 어떻게 할 것인지의 문제로 접근되어야 하며, 결국 위원회가 처분을 내리기 전에 정확한 사실관계의 이해를 위해서는 심사와 심의·의결의 기능적 분리가 어떻게 이루어져야 하는지의 문제로 귀결된다는 점만 정리하도록 한다.

(다) 절차적 측면 – 심의감독절차 도입

절차적 측면으로는 독립적인 청문주재자 제도의 도입이 필요하다. 이는 사실관계의 구체적 파악을 위한 합의제 원칙이라는 지도원리와는 직접적

관계를 갖지는 않지만, 절차상 공정성의 문제가 지속적으로 제기되는 이상
이를 해결하기 위한 방법으로 고안될 만한 것이다. 다른 한편으로는 행정
절차법상 규정되어 있는 독립된 청문주재자 제도를 공정거래절차에서 운
영하지 않고 있는 현재 상황은 법리적으로도 타당하지 않다는 것은 상술한
바와 같으므로, 공정거래절차에서도 공정한 심의절차를 보장할 수 있는 이
와 유사한 제도를 마련하여야 한다.

　공정거래절차상 청문주재자 제도는 그 특성에 맞게 적절히 운영되어야
한다. 무엇보다 공정거래절차의 심의·의결절차에 대해서는 이미 위원장 내
지 주심위원이 당해 절차를 주재하도록 되어 있는 규정의 존재를 고려해야
한다(법 제42조). 생각건대, 공정거래절차에서는 청문과정을 주재하는 청문
주재관이나 심리·판단을 모두 관장하는 미국의 행정법판사와 같은 제도가
아닌, 유럽의 청문관제도와 같이 심의과정의 절차적 측면을 객관적으로 감
독하는 제도가 도입되어야 한다. 본고에서는 이를 '심의감독관' 제도로 명
명하는 것을 제안하고자 한다.

　사견으로는 현재 심판관리관 및 심판관리관실 소속 공무원의 역할을 확
대한다면 심의감독관의 역할을 수행할 수 있을 것으로 본다. 현재 심판관
리관은 부위원장을 보좌하면서, 위원회 전원회의 및 소회의 상정안건의 종
합관리, 의사일정의 수립 및 회의록의 작성·유지, 상정 안건에 대한 심리·
의결의 보좌 및 의결서의 작성·통지, 과징금, 시정조치, 법 위반 사실의 공
표 등 위원회 소관 법령에 대한 공적 집행수단의 관리 등을 맡고 있다(「공
정거래위원회와 그 소속기관 직제」제9조 제2항 각호). 나아가 심판관리관
실 소속 공무원은 의견청취절차와 관련하여 주심위원을 보좌하도록 되어
있으며(사건절차규칙 제30조의6), 심결 보좌업무와 관련한 제척·기피·회피
제도도 기존에 마련되어 있는바(사건절차규칙 제30조의12), 공정한 심의·
의결절차를 위한 역할이 이미 일부분 부여되어 있는 것이다. 따라서 행정
절차법 제34조의 청문조서, 제34조의2의 청문 주재자의 의견서 등과 같은

심의감독보고서(가칭)를 심판관리관이 작성할 수 있는 권한을 부여하여 심의감독관의 역할을 수행하게 하고, 공정위 심의절차의 절차적 공정성에 대한 객관적 평가를 내릴 수 있게 하는 것이 바람직하다.[110]

나. 제도적 차원

(1) 자료열람·복사요구권 관련

자료열람·복사요구권과 관련한 개선방안을 모색함에 있어서 궁극적으로 고려되어야 하는 것은 공정거래절차에 있어 당해 제도의 목적 및 기능이라 할 것이고, 사견으로는 이는 위원회 단계에서의 무기평등의 원칙[111]을 실현하기 위한 것으로 파악되어야 한다. 따라서 당사자가 요구할 수 있는 자료가 심사보고서상의 첨부자료에 한정되는지, 아니면 공정위 심사관 및 조사공무원이 조사과정에서 수집한 자료 전체로 볼 것인지는 무기평등의 원칙을 완전히 실현하는 차원에서 후자로 확대하는 것이 타당하다.[112][113] 그러나 이 경우, 공정위가 조사과정에서 취득한 자료를 당사자 내지 이해관

---

110) 심판관리관에게 중립적인 심의감독관 역할을 부여하기 위해서는 현재 심판관리관의 담당 업무를 정비할 필요가 있다. 가장 대표적으로는, 부위원장에 대한 보좌업무는 그 중립성 내지 독립성을 해칠 직접적 위험이 있는 것이기 때문에 심판관리관의 업무에서 제외하는 것이 타당하다.

111) 이는 유럽경쟁법 절차에 있어서 자료열람권(Recht auf Akteneinsicht)을 인정하게 된 법원리이다. Jürgen Schwarze, Grundzüge des europäischen Kartellverfahrensrechts, 2004, S. 76-77, Rn. 15-16 참조.

112) 同旨 공정거래위원회, 공정거래법제 개선 특별위원회 최종보고서, 2018. 7., 46면.

113) 이에 대해 공정거래위원회는 국무회의에 제출했던 전부개정안 초안에서는 '이 법의 규정에 의한 처분을 위해 당해 심의절차에 제출된 자료의 목록 및 그 자료'로 한정하였다가, 국무회의를 통과하면서 다시 현행대로 유지하도록 하였다. 공정위는 그 취지에 대해 "문구를 수정한 것이 현행 규정과 다르게 해석될 소지가 있다는 의견을 감안했다"고 설명하고 있다. 공정거래위원회 2018.11.27. 보도자료, 공정거래법 전부개정안 국무회의 의결, 3면 참조.

계인이 어떻게 파악할 수 있는가의 문제가 제기될 수 있다. 현행 조사절차 규칙에 따르면 현장조사 후 조사자료목록을 당사자에게 교부하게 되어있는 바, 이를 활용하는 것이 고려될 수 있다. 이렇게 된다면, 심의절차 뿐만 아니라 조사절차 중에도 조사과정에서의 의견진술을 위한 자료열람이 가능하게 된다.

요컨대, 법 제52조의2로 요구할 수 있는 자료는 사건처리절차와 관련된 모든 자료로 이해되어야 하고, 요구자료에 따라 그 시기 또한 유연하게 확정되어야 할 것이다. 한편, 공정위가 보유하는 기타 자료에 대한 접근은 「공공기관의 정보공개에 관한 법률」에 의한 공개청구로 가능하다.[114]

(2) 의견청취절차의 신뢰성 확보

위원회가 의견청취절차를 통하여 정식심리절차에 앞서 심사관과 피심인의 의견을 들을 수 있고 이를 통해 관련 사안에 대한 정보를 사전적으로 취득하는 것은 일견 바람직하다. 위원회가 사안과 관련된 정보를 다양하게 습득할수록 정확한 판단을 내릴 수 있는 가능성이 높고, 그 판단의 정당성도 함께 확보할 수 있기 때문이다.

그러나 이를 위해서는 앞서 언급했듯이 의견청취절차의 공정성 및 신뢰성이 확보되어야 한다. 의견청취절차의 공정성은 당해 절차에 심사관과 피심인이 동시에 참여하여 위원회의 균형있는 시각을 보장하는 것으로 확보되고, 신뢰성은 당해 절차에 최대한 많은 위원들이 참여하여 그 실효성을 제고하는 것으로 확보된다.

보다 구체적으로는, 의견청취절차 기일을 피심인에게 알려주는 기간을 10일 정도로 늘려서, 당해 절차에 원칙적으로 피심인이 참석할 수 있도록

---

114) 공정위는 당해 법률에 의해 공정위의 행정정보를 공개하는 데에 필요한 사항들을 「공정거래위원회 행정정보공개지침」이라는 훈령을 통해 상세히 규정하고 있다. 공정위 훈령 제210호, 2015.2.5. 일부개정.

하고 피심인에게 준비기간을 충분히 마련하는 것이 필요하다. 그리고 사건 절차규칙 제30조의4 제2항에서 피심인 없이 의견청취절차를 진행할 수 있는 사유를 보다 구체화하여 위원회와 심사관이 피심인을 일부러 배제한다는 느낌을 주지 않을 필요가 있다. 또한, 의견청취절차와 관련하여 상임위원에게만 통지되도록 규정하고 있는 규칙 제30조의3 제1항을 개정하여, 원칙적으로 모든 위원에게 통지되도록 하고, 비상임위원의 참석여부만 재량으로 정해야 할 것이다.

의견청취절차의 문제는 일견 사안에 대한 판단 역할을 담당하는 위원회의 공정성과 관련된 것이므로 위원회의 독립성 및 공정성이라는 지도원리와 밀접하게 맞닿아 있는 것으로 파악되어야 한다. 그리고 그 지도원리의 지향점에 따라 구체적인 개선방안이 마련되어야 할 것으로 보인다.

제3절 공정거래 개별절차에서의 당사자 권리보장

Ⅰ. 자진신고 감면절차

1. 절차의 개요

가. 의의 및 관련 규정

(1) 의의

자진신고 감면절차는 공동행위에 참여한 사업자가 당해 공동행위의 사실을 공정위에 자진신고하거나 이를 입증하는데 필요한 증거를 공정위에 제공하여, 시정조치 또는 과징금 등을 감면받을 수 있는 절차를 말한다. 당해 절차는 흔히 리니언시 프로그램(Leniency Programm)이라고도 불린다.

부당한 공동행위는 사업자들 간의 경쟁을 제거하는 가장 용이한 방법으로서 경쟁법이 전통적으로 강하게 제재를 하는 금지행위이다. 그러나 부당한 공동행위의 금지요건을 이루는 사업자들의 합의는 그 성질상 은밀하고 암묵적으로 이루어지므로 경쟁당국으로서는 이를 자체적으로 적발하고 제재하는 것이 매우 어렵다.115) 따라서 각국의 경쟁당국은 부당 공동행위에 참여한 사업자가 부당 공동행위 사실과 참여 사업자에 대해 자진신고하고, 조사과정에 협조하는 경우, 제재를 감면받을 수 있는 이른바 '당근'제도를

---

115) 同旨 홍명수, 자진신고자 감면제도에 있어서 적용제외 사유에 관한 검토, 경쟁법연구 제26권, 2012, 48면.

운영하고 있다.

카르텔에 대한 강력한 법집행에 맞서 사업자들은 점점 더 치밀하고 암묵적으로 공동행위를 합의함으로써,[116) 리니언시 제도는 그 중요성이 더욱 강조되고 있는 실정이다. 그러나 당해 감면제도에 대해서는 공정위의 자의적인 제도운영, 그에 따른 당사자 등의 절차적 권리의 불충분한 보장 등의 비판이 줄곧 제기되어 왔다. 또한, 최근 공정거래법 형사벌에 대한 논의와 관련하여서도 리니언시 정보에 대한 공정위의 독점 등에 대해 검찰과 공정위가 실무적인 마찰을 빚는 등, 자진신고 감면절차는 공정거래절차와 관련하여 큰 이슈가 되고 있다. 따라서 자진신고 감면절차를 이론적으로 검토하는 것이 매우 필요하다.

한편, 공정거래법은 자진신고 감면절차의 당사자에 대해서 '자진신고자'와 '조사협조자'를 구분하고 있다. 즉, 법 제22조의2 제1항은 부당한 공동행위의 사실을 자진신고한 자와 증거제공 등의 방법으로 조사에 협조한 자를 구분하고 있고, 공정위의 「부당한 공동행위 자진신고자 등에 대한 시정조치 등 감면제도 운영고시」[117)(이하 '자진신고 감면고시' 또는 '감면고시')에서는 양자를 공정위의 조사개시 전후로 구별한다. 자진신고자는 조사협조자보다 시정조치 또는 과징금의 감경·면제수준에 있어서 유리한 대우를 받는다.

(2) 관련 규정

공정거래법상 자진신고 감면절차를 규율하고 있는 규정은 법률 제22조의2, 시행령 제35조, 그리고 공정위의 자진신고 감면고시이다. 법 제22조의

---

116) 최근에는 사업자 간의 정보교환행위가 부당한 공동행위에 있어 갖는 법리적 의미에 대한 논쟁이 진행되고 있다. 이에 관해 강지원, 경쟁사업자 간 가격정보 교환 행위의 규제 법리에 관한 연구, 서울대학교 법학박사논문, 2018 참조.

117) 공정위 고시 제2017-20호, 2017.11.14. 타법개정.

2는 자진신고자와 조사협조자의 시정조치 또는 과징금의 감면, 나아가 고
발의 면제(제1항), 감면절차 적용의 한계(제2항), 자진신고 관련정보의 보호
(제3항) 등을 규정하고 있고, 시행령 제35조는 감면에 대한 세부적인 기준
(제1항 제1호 내지 제3호), Amnesty Plus 제도(제1항 제4호), 자진신고 감면
에의 적용제외(제1항 제5호),[118] 자진신고 관련정보의 제공 요건(제2항), 자
진신고 사건의 분리심리·의결(제3항) 등에 대해 규율한다.

한편, 자진신고 감면고시는 법률과 시행령의 위임을 받은 것으로서, 대
외적 구속력이 있는 법률보충적 고시의 성격을 갖는다.

[표 4-18] 자진신고 감면절차 관련 규정

규범	조문 번호	내용
법률	§ 22의2 ①	자진신고 감면절차의 개요, 자진신고자·조사협조자
	§ 22의2 ②	감면절차 적용의 한계
	§ 22의2 ③	자진신고 관련정보의 보호
	§ 22의2 ④	시행령 위임 규정
시행령	§ 35 ①	시정조치·과징금에 대한 감면기준
	§ 35 ②	자진신고 관련정보의 타자 제공 요건
	§ 35 ③	자진신고 관련 사건의 분리심리·의결
	§ 35 ④	자진신고 감면고시 위임 규정
공정위 고시	「부당한 공동행위 자진신고자 등에 대한 시정조치 등 감면제도 운영고시」	

나. 절차의 진행과정

자진신고 감면절차는 총 2단계, 감면신청절차→감면결정절차로 구분할

---

118) 홍명수, 자진신고자 감면제도에 있어서 적용제외 사유에 관한 검토, 경쟁법연구 제
26권, 2012, 48-65면 참조.

수 있다.

(1) 감면신청절차

자진신고 감면절차는 시정조치 또는 과징금의 감면조치를 받고자 하는 자가 감면고시 별지 제1호에 제공되어 있는 감면신청서를 공정위에 제출하면서 개시된다(감면고시 제7조 제1항).[119]

다만, 증거자료 수집 등에 상당한 시간이 걸리거나 신청서와 동시에 증거자료를 제출할 수 없는 특별한 사정이 있는 경우, 신청인은 기재사항 중 일부를 생략한 간이신청서를 제출할 수 있고(감면고시 제8조 제1항), 나아가 신청인이 공정위에 서면으로 감면신청을 하기 곤란한 사유가 있는 경우에는 구두로 감면신청을 할 수 있다(감면고시 제8조의2 제1항). 한편, 감면신청서를 제출하는 곳은 공정위 카르텔총괄과로 일원화되어 있고, 자진신고를 위한 전용 이메일 주소와 팩스 번호를 정해놓고 있어, 사업자들의 부당공동행위 자진신고를 용이하게 하고 있다.

자진신고 감면신청서가 제출되면, 공정위는 증거제공의 순서 및 접수순위를 부여한다. 증거제공의 순서 내지 접수순서는 시정조치 또는 과징금의 감면정도에 큰 영향을 미치는 바, 사업자들에게는 민감한 사항일 수밖에 없다. 이에 감면고시에서는 증거제공의 순서 판단기준(감면고시 제9조 제1항), 임·직원의 확인서 또는 진술서 제출 시 감면신청 인정(동조 제2항), 접

---

119) 자진신고 감면고시는 신청인이 감면신청서에 기재할 사항을 다음과 같이 규정하고 있다. (고시 제7조 제1항 각호)
  1. 자진신고자 등의 명칭, 대표자 이름, 주소, 사업자등록번호(또는 주민등록번호) 및 연락처, 신청서를 제출하는 자의 성명, 근무부서, 연락처
  2. 자진신고자 등이 참여한 공동행위의 개요
  3. 당해 공동행위를 입증하는데 필요한 증거 및 증거의 목록
  4. 당해 공동행위에 대한 위원회의 심의가 끝날 까지 성실하게 협조하겠다는 내용
  5. 당해 공동행위의 중단 여부

수순서의 승계(동조 제3항, 제4항), 공동 감면신청의 경우 접수순위 부여방법(동조 제6항)에 대해 자세히 규정하고 있다.

감면신청서 등을 제출받은 조사공무원 등은 신청서 부본에 접수 일시와 접수 순위를 기재하고 서명·날인한 후 신청인에게 교부한다(감면고시 제10조 제1항). 이는 감면신청서 접수절차라 할 수 있으며, 구두 감면신청의 경우, 별도 서면을 준비하여 신청인에게 교부한다(동조 제2항). 접수시점에 대해서는 감면고시가 제10조 제3항에서 상세히 정하고 있다.

(2) 감면여부 결정절차

감면신청이 접수되면, 심사관 등이 자진신고자 감면결정을 위한 심사보고서를 별도로 작성하여 위원회에 제출하게 된다(감면고시 제11조 전단). 당해 심사보고서는 감면신청자가 동의한 경우를 제외하고는 공개하지 않도록 되어 있다(동조 후단).

위원회는 부당한 공동행위 사건을 심의·의결하면서, 제출받은 자진신고 관련 심사보고서를 바탕으로 자진신고자 등 지위 결정을 위한 심의·의결을 함께 진행하여 자진신고자 등의 지위결정을 내리게 된다. 감면고시는 제12조 제2항에서 위원회가 자진신고자 지위를 부여하지 않을 요건들을 정할 뿐,120) 구체적인 지위인정 결정절차는 위원회의 재량에 맡겨놓고 있다. 한

---

120) 감면고시 제12조(자진신고자 지위 결정)
　　② 위원회는 다음 각 호의 어느 하나에 해당하는 경우 자진신고자 지위를 부여하지 아니한다.
　　1. 부당한 공동행위와 관련된 사실을 모두 진술하지 않고, 관련 자료를 제출하지 않는 등 위원회의 심의가 끝날 때까지 성실하게 협조하지 않는 경우
　　2. 고의로 허위 자료를 제출한 경우
　　3. 감면신청 후 즉시 또는 심사관이 정한 기간 종료 후 즉시 공동행위를 중단하지 않았거나, 공동행위 중단 상태를 유지하지 않은 경우
　　4. 다른 사업자에게 그 의사에 반하여 당해 부당한 공동행위에 참여하도록 강요하거나 이를 중단하지 못하도록 강요한 사실이 밝혀진 경우

편, 감면고시에 의하면 위원회는 자진신고자 지위를 인정하지 않는 경우라도 접수된 증거서류를 반환하지 않으며, 추후에 공동행위 입증에 필요한 자료로 활용할 수 있다(감면고시 제12조 제3항).

위원회는 자진신고자 내지 조사협조자의 지위 결정을 의결한 경우, 별개의 의결서를 작성하여 신청인에게 교부해야 한다(감면고시 제12조 제4항).[121] 실무상으로는 자진신고자 등에 대해서도 일단은 다른 담합 참여자들과 함께 시정조치 등의 처분을 내리고, 자진신고자 등에 대해서 별도의 감면처분을 내리는데,[122] 이에 대한 규정은 존재하지 않는다.

2. 당사자의 권리보장

가. 감면신청 단계

감면신청 단계에서 당사자는 일정한 경우 간이 신청서를 제출할 수 있는 권리(감면고시 제8조 제1항), 구두로 감면신청을 할 수 있는 권리(감면고시 제8조의2 제1항)를 갖는다. 그리고 당사자는 서면신청과 구두신청의 경우 모두, 자진신고 접수증을 교부받을 수 있고(감면고시 제10조 제1항), 자진신고 접수증에는 감면신청 접수 일시 및 접수 순위가 기재되어 있어야 한다.

---

5. 제출된 증거자료가 공동행위 사실을 입증하는 것으로 인정되지 않은 경우
121) 감면고시 제12조 제4항
　　④ 위원회는 시행령 제35조 각 호의 자진신고자 등 지위 결정을 의결한 경우, 이에 대한 의결서를 작성하여 신청인에게 교부하여야 하며, 동 의결서에는 다음 사항이 기재되어야 한다.
　　1. 신청인의 명칭, 대표자 이름, 주소
　　2. 공동행위 사건 명칭
　　3. 신청인이 시행령 제35조 제1항 각 호의 자진신고자 등에 해당한다는 취지의 내용 및 자진신고 감면 인정 순위(감면을 인정하지 않는 경우, 감면신청이 시행령 제35의 요건에 해당하지 않는다는 취지의 내용 및 그 이유)
122) 권오승·서정, 독점규제법 – 이론과 실무, 2018, 367면 참조.

나. 감면여부 결정 단계

감면여부가 결정되는 단계에서 당사자는, 자신의 신원이 공개되지 않도록 하기 위해 자진신고 관련 사건을 분리하여 심리·의결하도록 신청할 수 있다(시행령 제35조 제3항). 신청인에게 자진신고자 지위결정이 난 경우, 신청인의 명칭 등의 개인정보, 공동행위 사건 명칭, 신청인이 자진신고자 등에 해당한다는 취지의 내용 및 자진신고 감면 인정 순위가 기재된 의결서를 교부받을 수 있다(감면고시 제12조 제4항 각호).

한편, 법 제22조의2 제3항은 자진신고 관련 정보 및 자료 즉, 자진신고자 또는 조사협조자의 신원·제보 내용 등을 사건처리와 관계없는 자에게 제공하거나 누설하여서는 아니된다고 규정하고 있는바, 감면절차 전부에 걸쳐 자진신고자는 자신과 관련된 정보를 보호받을 권리를 갖는다. 이에 대해서는 감면고시 제15조가 재차 규율하고 있다.

[표 4-19] 자진신고 감면절차상 당사자의 권리보장

근거규정	내용
감면고시 § 8 ①	간이 신청서를 제출할 수 있음
감면고시 § 8의2 ①	구두 감면신청을 할 수 있음
감면고시 § 10 ①	자진신고 접수증을 교부받아야 함
시행령 § 35 ③	자진신고 관련 사건에 대한 분리된 심리·의결을 신청할 수 있음
감면고시 § 12 ④	자진신고 지위결정 의결서를 교부받아야 함
법 § 22의2 ③ 감면고시 §15	자진신고 관련 정보를 보호받을 권리

3. 문제점 및 평가

가. 자진신고의 법적 성질의 문제

자진신고절차는 카르텔 사건에 한하여 운영되는 사건개시절차의 특별절차라 할 수 있다. 그러나 법 위반 혐의가 인정되는 경우에 공정위에 신고할 수 있다고 한 법 제49조 제2항의 신고절차와는 사건개시라는 측면에서는 동일하지만, 최종적으로 과징금 또는 시정조치에 대한 감면·감경받을 수 있기 때문에 이러한 법적 효과로 인해 법적 성격 측면에서 다분히 상이하다 할 것이다. 사건절차규칙에서도 자진신고사건은 직권인지사건과 함께 취급됨으로써 신고사건과 구분되어 있다.[123]

나. 자진신고제의 실효성 문제

유력한 견해에 의하면 자진신고 제도가 부당한 공동행위를 효과적으로 적발하고 관련 증거를 조사하는 수단으로써 실효성을 갖기 위해서는 다음 세 가지 요건이 필요하다고 한다.[124] 첫째, 카르텔에 가담한 사업자가 자진신고를 하지 않았을 경우에 경쟁당국으로부터 받을 제재가 충분히 강력해야 하며, 둘째 사업자가 자진신고하지 않았을 경우에도 자신의 카르텔 행위가 적발될 가능성이 높다고 느껴야 하며, 셋째 자진신고를 하는 경우 당해 제도를 통해 자신이 얻게 되는 혜택을 명확히 알 수 있어야 한다는 것이다. 요컨대, 카르텔에 대한 제재수준, 경쟁당국의 조사능력, 자진신고 제도의 투명성과 예측가능성이 자진신고제의 실효성을 확보하는 세 가지 요소이다.[125]

---

123) 예컨대 사건절차규칙 제10조의2는 인지사건과 자진신고의 경우 조사개시일을 정하는 기준을 동일하게 규정하고 있다.
124) 이하 박성범, 현행 부당한 공동행위 자진신고 제도의 문제점 및 개선방안 - 자진신고자 관점에서의 고찰, 경쟁법연구 제26권, 2012, 4면 참조.

공정위는 자진신고의 건수가 증가하고 이에 따른 카르텔 적발 및 관련 과징금 부과금액이 증가하였기 때문에, 자진신고 제도가 상당히 실효성 있게 운영된다는 평가를 내리고 있는 듯하다. 그러나 이와 같은 현상적 평가는 원천적으로 객관적일 수 없으므로,126) 위에서 살펴본 자진신고제 실효성 확보를 위한 세 가지 요소에 따라 공정거래절차법상 자진신고 제도를 평가해볼 필요가 있다. 우선, 공정위가 부과하는 과징금 부과액수는 시간이 흐름에 따라 점점 더 높아지고 있으며, 따라서 카르텔 적발시 부과되는 제재의 정도는 상당히 강력하다고 보인다. 그러나 공정위의 조사역량 부분에 있어서는 실무적으로 의문을 표하는 의견이 다수이다. 특히 공정위가 자진신고 제도에 지나치게 의존하고 있으며, 이에 따라 공정위 자체적으로 부당 공동행위 사실 여부를 적발할 수 있는지에 대해서는 부정적인 견해가 많다. 또한, 자진신고 제도의 투명성 및 예측가능성에 대해서도 감면신청시 필요한 증거, 지속적이고 성실한 협조 여부, 공동행위 중단 여부 등의 감면 요건에 대한 불확실성 또는 자진신고자에 대한 비밀보호 문제 및 자진신고 사업자의 신고내용의 신빙성127) 등의 실체적·실무적인 문제가 해결되지 않고 있는 바, 아직 미흡한 부분이 많다는 평가가 가능하다.

다. 기타 절차적 권리 관련 문제

자진신고 제도에 관해서는 실체적 요건에 관한 비판이 다양하게 제기되고 있지만, 본고에서는 절차적 문제에만 초점을 맞추어 살펴보도록 한다.

---

125) 同旨 서정, 적법절차 원리에 비추어 본 현행 자진신고자 감면제도의 문제점과 개선방안, 선진상사법률연구 통권 제70호, 2015, 79면.

126) 자진신고 제도의 현상적인 평가가 객관적이기 위해서는 자진신고제 시행 유무에 따른 카르텔 수의 차이 내지 적발된 카르텔 수의 차이를 검토해야 할 것인데, 이는 실제로 불가능하다.

127) 자진신고 제도의 문제점에 관해 서정, 적법절차 원리에 비추어 본 현행 자진신고자 감면제도의 문제점과 개선방안, 선진상사법률연구 통권 제70호, 2015, 82-96면 참조.

자진신고 감면절차는 위에서 구분했듯이 감면신청절차와 감면결정절차를 별도로 검토할 수 있을 것이다. 감면신청절차의 경우 감면신청의 방법이 다를 경우 접수시점의 판단에 혼란이 있을 수 있다는 지적이 있었지만,[128] 지금은 감면고시 제10조 제3항 각호에 의해 위원회 방문, 전자우편, 팩스, 구두 감면신청의 경우 접수시점이 구체화되어 있는 등, 상당 부분 개선되었다고 할 수 있다. 따라서 이하에서는 감면결정절차에 관해서만 검토하도록 한다.

앞서 언급했듯이 자진신고 관련 감면결정절차에서는 별도의 심사보고서가 작성되고 위원회에 상정된다. 그러나 현행 감면고시에는 감면 심사보고서가 어느 시점에 작성되어 위원회에 상정되는지, 신청인에게 이를 함께 통지하는지 등에 대한 규정이 마련되어 있지 않고, 심사관 및 위원회의 재량에 맡겨놓고 있다. 나아가 시행령 제35조 제3항에 의해 자진신고자 등의 신청이 있으면 자진신고자 등의 신원이 공개되지 아니하도록 해당 사건을 분리 심리하거나 분리 의결할 수 있다는 규정만 있고, 감면 심사보고서에 대한 심의·의결절차가 어떻게 진행되는지에 대한 규정도 전혀 마련되어 있지 않다. 따라서 감면 여부 심사에 있어 당사자인 신청인이 어떠한 방식으로 의견진술을 할 수 있는지, 심사보고서 관련 자료를 어떻게 열람할 수 있는지 여부에 대해서는 정해진 바가 없어, 당사자의 절차권 문제가 전혀 정리되어 있지 않다고 평가할 수 있다. 이는 자진신고 제도가 활성화되고, 감면결정여부가 중요해질수록 문제될 수 있는 부분일 것이다.

또한, 자진신고자 등의 지위 결정에 있어, 특히 감면을 인정하지 않는 경우에 감면고시 제12조 제4항 제3호는 감면신청이 시행령 제35조 요건에 해당하지 않는다는 취지의 내용 및 그 이유를 의결서에 적시하여 신청인에게 교부하도록 하고 있다. 그러나 여기서 이유제시의 정도가 어느 정도여야

---

128) 황태희, 독점규제 및 공정거래에 관한 법률상 카르텔 자진신고자 감면제도의 법적 검토, 인권과 정의 제374호, 2007, 188면 참조.

할지는 추가적인 논의가 필요하다.

한편, 감면결정 이후의 문제도 다음과 같이 생각해 볼 수 있다. 감면고시 제15조는 공정위의 자진신고 관련 증거자료에 대한 비밀엄수의 의무를 규율하고 있다. 즉, 동조 제5항은 "당해 사건에 대해 행정소송이 제기된 때에는 위원회는 자진신고자 등의 신원사항이 기재된 자료를 법원에 제출할 수 있다."고 하고 있는데, 자진신고자 등의 입장에서는 이에 대해 대비할 필요가 있을 수 있다. 또한, 최근 들어 공정위 단계에서는 자진신고하여 감면을 받은 사업자가 행정소송 단계에서 진술을 번복하는 등의 실무상 문제가 불거지고 있는 바, 이에 대한 대비책이 필요하다.

4. 개선방안

가. 자진신고 감면절차의 목적 및 기능에 대한 정립

자진신고 감면제도는 부당한 공동행위 사건의 개시 및 처리를 위한 중요한 제도로 자리 잡았다. 생각건대 자진신고 제도에 대한 개선방안을 구체적으로 모색하기에 앞서, 공정거래절차법상 자진신고 제도의 목적과 기능을 재정립해야 한다.

종래에는 자진신고 제도의 목적이 카르텔 사건의 적발에 있고, 그 맥락에 따라 동 제도는 목적 달성을 위해 카르텔 범죄를 저지른 사업자에게 일시적 면죄부를 주는 것으로 이해되었다.[129] 자진신고 제도에 대해서는 한편으로는 자진신고 제도의 불가피성 내지 정당성에 관한 논쟁이 진행되었고, 다른 한편으로는 담합행위를 하는 대기업 내지 주도자들에게 지나친 감면혜택이 주어진다는 비판이 지속적으로 제기되었는데,[130] 이러한 논쟁

---

129) 서정, 적법절차 원리에 비추어 본 현행 자진신고자 감면제도의 문제점과 개선방안, 선진상사법률연구 통권 제70호, 2015, 79면 참조.
130) 이러한 평가에 관해 김재신, 공동행 자진신고 감면제도 평가와 개선방향, 경쟁법연구

의 구도 또한 동일한 관점에서 비롯되었음을 이해할 수 있다.

그러나 본고에서 도출한 공정거래절차의 목적 및 지도원리에 의하면 자진신고 감면절차에 대한 평가는 이와는 상이하게 내려질 것이다. 시장경제에서의 카르텔에 따른 폐해는 상당한 것이어서 공정거래법이 이를 적극적으로 규제해야 함은 인정하더라도, 경쟁기능의 보호라는 궁극적 목적과 및 이를 위한 정확한 사실관계의 파악이라는 절차적 목적 측면에서 보면, 자진신고 제도는 카르텔과 관련된 구체적 사실관계를 정확히 파악하고 관련된 이해관계를 밝히기 위한 제도로 이해되어야 한다. 카르텔과 관련한 사실관계가 주로 은밀하게 감추어져 있기 때문에, 이를 위반한 사업자에 대한 처분을 내리기 위한 강력한 조사가 필요하다는 사정은, 이것과 병행하여 운영되는 자진신고 제도의 필요성을 강조하는 논리가 될 수도 있다. 또한, 자진신고 제도는 문제되는 카르텔과 경제적 이해관계를 갖는 제3자들의 관계를 보여줄 수 있는 효과를 가질 수 있기 때문에 제3자의 절차참여 촉진이라는 측면에서도 긍정적으로 평가될 수 있다.

자진신고 제도에 대한 종래의 평가는 카르텔 금지규제를 단편적으로 파악하면서, 경쟁기능의 보호라는 공정거래법 전체의 목적을 간과한 측면이 있다. 이하에서는 자진신고 제도의 목적 및 기능을 카르텔 사건에서의 구체적 사실관계에 대한 정보 제공 및 이에 대한 인센티브 제도로 이해하고, 이러한 기능을 제고할 수 있는 개선방안을 제시해보도록 한다.

나. 자진신고의 실효성 확립

경쟁기능의 보호 및 정확한 사실관계의 확인이라는 관점에서도 앞 장에서 살펴보았던 자진신고 제도의 실효성을 위한 세 가지 요소 즉, 카르텔 적발 시 높은 제재수준, 경쟁당국에 의한 높은 적발가능성, 자진신고 제도의

제26권, 2012, 383-385면 참조.

투명성과 예측가능성은 유효한 것으로 보인다. 카르텔 사건의 성격이 본질적으로 암묵적이고 은폐되어 있기 때문에, 그 정보를 공정위가 제공받아 공정위 의결을 위한 구체적 사정을 파악하게끔 하기 위해서는 상술한 세 가지 요소가 모두 충족될 수 있게 노력해야 할 것이다. 전반적으로 과징금 수준이 높아지고 다양한 시정조치가 내려지도록 제재가 강화되고 있는 흐름이므로 첫 번째 요소에 대해서는 긍정적으로 평가할 수 있다. 자진신고제의 투명성과 예측가능성은 결국 제도의 절차적 문제와 관련되어 있는 것이므로 항을 바꾸어 서술하고, 여기서는 공정위 조사역량에 대한 개선방안을 간단히 제시하도록 한다.

  카르텔 사건에 있어 공정위는 자진신고 제도에 상당히 의존하는 모습을 보이고 있다. 자진신고제에 대한 공정위의 의존적인 모습은 자진신고에 따른 과징금 부과액수의 증가 등의 통계자료뿐만 아니라 최근에 있었던 검찰과 공정위 간의 자진신고정보를 공유하는 문제에 대한 논쟁에서도 드러난 바 있다. 전속고발권 폐지가 논의되고 있는 흐름에서 공정위가 지나치게 자진신고정보의 공유시점이나 범위에 대해 현재 상태를 지키고자 하는 모습이 나타났기 때문이다.

  문제는 이것이 역설적으로 공정위의 자체적인 적발역량에 대한 회의적인 시각을 갖게 한다는 점이다. 따라서 공정위는 자진신고 제도가 카르텔 적발을 보완하는 제도임을 인식하고, 공정위 자신이 자체적으로 카르텔을 적발하는 능력을 향상시키는 방안에 대해 고민해야 한다. 예컨대 카르텔 사건의 특수성을 고려한 현장조사 기법이나 디지털 포렌식 조사의 정확성 등을 제고하거나 위에서 언급한 조사 관련 규정을 정비하고, 투명하고 정확한 조사활동을 지향하는 등의 노력이 필요하다. 그렇게 함으로써 카르텔 사건의 사실관계를 더욱 정확히 확인할 수 있다는 효과와 사업자의 공정위에 대한 자진신고의 유인을 높일 수 있는 효과를 모두 누릴 수 있을 것이다.

16

다. 제도적 차원의 개선방안

여기서는 절차적 측면의 자진신고 감면절차에 대한 제도적 개선방안을 모색해본다. 이는 당해 절차의 당사자인 감면신청인의 절차적 권리를 보장하면서, 동시에 감면절차의 정당성을 확보하는 효과를 가질 것이다.

이전에도 지적된 바 있듯이, 자진신고를 하고자 하는 사업자가 공정위의 협조를 받을 수 있는 제도개선이 필요하다. 현재는 이것이 어느 정도 개선되어 공정위 카르텔총괄과를 방문하거나 전자우편 또는 팩스를 통해 제출할 수 있게 되어 있는데(감면고시 제7조), 담당공무원을 지정하여 전화번호를 고시하는 등 신청자가 감면신청서를 송부하기 이전 단계에서 보다 구체적인 협조절차를 마련할 필요가 있다.[131] 나아가 감면고시 제8조의2 제1항에 의하면 구두로 감면신청을 할 경우 동조 제2항에 따라 조사공무원이 이를 녹음 또는 녹화파일로 보존하도록 되어 있다. 이에 더하여 조사공무원은 당해 파일을 문서화하여 일정 기간 보관하고, 구두감면신청자가 원할 경우 이를 공유하는 제도를 마련하는 것이 절차의 투명성 차원에서 바람직하다.

감면결정절차와 관련해서는 신청인이 감면결정절차의 개시 등을 알기 위해서 감면 심사보고서가 위원회에 상정되는 경우에 감면 심사보고서 복사본이 신청인에게도 송부되도록 고시에 규정을 마련해야 할 것이다. 나아가 위원회가 감면에 관한 사항을 심의·의결하는 과정에서, 신청인이 원할 경우 관련한 의견진술 내지 자료제출을 가능하게 하는 규정을 고시에 제정하여 법률상 보장하고 있는 의견진술권을 구체화할 필요가 있다. 나아가 자진신고자 지위 불인정결정을 위한 의결서에는 시행령 제35조 또는 감면고시 제12조 제2항의 사유 중 어느 것에 해당하는지 정확한 이유를 제시하여 자진신고 감면절차의 투명성과 정당성을 확보해야 할 것이다.

---

131) 同旨 황태희, 독점규제 및 공정거래에 관한 법률상 카르텔 자진신고자 감면제도의 법적 검토, 인권과 정의 제374호, 2007, 191면.

감면결정 이후의 자진신고 관련 자료의 비밀보호 문제에 대해서는 법 제
22조의2 제3항, 시행령 제35조 제2항 각호, 감면고시 제15조의 규정의 의
미를 감안하여 접근해야 할 것이다. 법률과 시행령 규정에 의하면 해당 사
건과 관련된 소송의 제기, 수행 등에 필요한 경우에는 자진신고 자료가 사
건처리와 관련 없는 자에게도 제공될 수 있는데, 이는 주로 카르텔 피해자
들의 손해배상청구소송의 경우가 될 것이다. 당해 문제에 관해서는 자진신
고 제도의 실효성과 공정거래법 사적 집행의 실효성을 모두 존중하기 위해
리니언시 자료의 유형을 구분하여, 비밀보호의 정도의 차이를 두거나 공개
방법 등을 제한해야 한다는 견해[132]를 참조할 필요가 있다. 한편, 감면결정
이후 행정소송에서 진술을 번복하는 문제와 관련해서 공정거래법 전부개
정안 제43조 제3항에 이에 대한 대비책이 마련되어 있는 점은 앞서 살펴본
바와 같다.

II. 동의의결절차

1. 절차의 개요

가. 의의 및 관련규정

(1) 의의

공정거래절차상 동의의결은 법 위반혐의를 받는 사업자의 신청에 의하
여 공정위가 당해 사안에 대한 조사 또는 심의절차를 중단하고, 당해 신청
인이 공정위에 제시한 시정방안과 같은 취지로 내려지는 의결을 의미한다

---

132) 이선희, 유럽연합의 리니언시 자료의 비밀보호에 관한 검토, 경쟁법연구 제33권,
2016, 248면 참조.

(법 제51조의2 제3항). 동의의결은 위원회가 법 위반 행위에 대한 위법성 판단을 하지 않고 사건을 신속히 종결시키는 제도로서, 미국의 동의명령(consent order 또는 consent decree),[133] EU의 동의의결(commitment decision), 독일의 의무부담확약(Verpflichtungszusagen)과 유사한 제도이다.[134][135] 동의의결제도의 목적은 경쟁제한상태 등의 자발적 해소, 소비자 피해구제, 거래질서의 개선 등이다(법 제51조의2 제1항).

공정거래법상 동의의결제도는 2011년 12월의 법 개정을 통하여 도입되었는데, 한·미 FTA 체결을 위한 협상과정에서 미국 측에서 요구한 동의명령제도를 우리나라 사정에 맞게 수정·보완하여 도입하였다는 것이 통상적인 견해이다.[136] 한편, 「표시·광고의 공정화에 관한 법률」에도 제7조의2 내지 제7조의4에서 동의의결제도가 도입되어 있는데, 여기서는 공정거래법상의 동의의결제도만 살피도록 한다.

동의의결제도에 관해서는 그 법적 성격과 동의의결의 제외대상, 그리고 동의의결제의 실효성 확보수단에 대해 간략히 정리할 필요가 있다. 우선, 동의의결의 법적 성격에 관하여 이것을 공법상 계약으로 볼 것인지, 공정위의 행정행위로 볼 것인지에 대한 논의가 있다. 그러나 사견으로는 이하

---

133) 미국 FTC법에서는 이를 consent order라고 부르지만, DOJ를 거쳐 법원을 통해 내려지는 동의명령은 consent decree라고 부른다. 조성국, 독점규제법 집행론, 2011, 125-126면, 175-182면 참조.

134) 권오승·서정, 독점규제법 – 이론과 실무, 2018, 710면.

135) 동의의결제도의 비교법적 소개에 관한 문헌은 다음과 같다. 미국의 동의명령제도에 관해서는 신영수, 미국 독점금지법상의 동의명령 제도에 관한 고찰, 기업법연구 제19권 제4호, 2005, 489-515면; 김두진, 공정거래법상 동의명령제 도입방안 연구, 비교사법 제1권 제4호, 2009, 312-345면; 유럽연합의 동의의결제도에 관해 최난설헌, 공정거래법상 동의의결제도에 대한 불복절차와 관련한 비교법적 검토, 경쟁법연구 제26권, 2012, 176-185면; 독일 GWB상의 의무확약제도에 관하여 이봉의, 독일경쟁법, 2016, 297면 참조.

136) 김윤수, 공정거래법상 동의의결제 도입 및 향후 운용방향, 경쟁저널 제160호, 2012, 10-11면 참조.

에서 살펴볼 관련 법규정 및 동의의결의 결정·취소절차를 종합하면 행정행위 내지 처분으로 보는 것이 타당하다.[137] 또한, 법 제51조의2 제1항 단서 각호에 의하면, 해당 행위가 부당한 공동행위에 해당하는 경우, 법 제71조 제2항에 따른 고발요건에 해당하는 경우에는 동의의결을 할 수 있는 대상에서 제외된다.[138] 한편, 공정거래법 제51조의5는 동의의결을 이행하지 아니한 자에 대해 이행강제금을 부과할 수 있도록 규정하여 동 제도의 실효성 확보를 위한 제도를 마련하고 있다.

(2) 관련 규정

공정거래법상 동의의결을 규율하고 있는 법규정은 법 제51조의2, 제51조의3, 제51조의4, 그리고 공정위 고시인 「동의의결제도 운영 및 절차 등에 관한 규칙」[139](이하 '동의의결규칙')의 규정들이다. 제2장에서 살펴본 바와 같이, 동의의결규칙은 직접 법률의 위임을 받아 제정된 것이기 때문에 외부적 구속력이 있는 법률보충적 행정규칙의 성격을 갖는다.

[표 4-20] 동의의결제도 관련 규정

근거규정	내용
법 § 51의2	동의의결의 목적, 대상, 신청방법, 요건, 효과
법 § 51의3	동의의결의 절차
법 § 51의4	동의의결의 취소
법 § 51의5	동의의결 관련 이행강제금
※ 공정위 고시 -「동의의결제도 운영 및 절차 등에 관한 규칙」	

---

137) 권오승·서정, 독점규제법 - 이론과 실무, 2018, 711면 참조.
138) 법 제51조의2 제1항 제3호에 따르면, 동의의결이 있기 전 동의의결 신청인이 신청을 취소하는 경우에도 동의의결대상에서 제외된다.
139) 공정위 고시 제2017-7호, 2017.6.21. 일부개정.

나. 절차의 진행과정

동의의결절차의 진행과정은 총 세 단계, 동의의결 절차의 개시, 동의의 결안 작성 및 의견수렴, 그리고 동의의결 확정으로 구분될 수 있다.

(1) 동의의결 절차개시

동의의결 절차는 법 위반혐의가 있는 행위를 한 사업자 내지 사업자단체 (이하 '신청인', 법 제51조의2 제1항)가 조사 또는 심의를 받는 중에 심사관 에게 서면으로 동의의결을 신청함으로써 개시된다. 동의의결 신청단계에서 신청인은 해당 행위를 특정할 수 있는 사실관계, 해당 행위의 중지, 원상회 복 등 경쟁질서의 회복이나 거래질서의 적극적 개선을 위하여 필요한 시정 방안 등을 기재한 동의의결 신청서를 서면으로 제출해야 한다(법 제51조의 2 제2항 각호). 또한, 동의의결 신청서는 공정위 심의일 전까지 공정위에 도달되어야 한다(동의의결규칙 제4조 제2항).[140]

동의의결 신청을 받은 심사관은 동의의결규칙 제5조 제1항 각호의 사항 을 기재한 동의의결 보고서와 이에 첨부한 신청인의 동의의결 신청서를 각 회의에 보고한다. 그리고 각 회의는 동의의결 개시를 인용할 것인지에 대

---

140) 동의의결규칙 제4조 제3항 각호는 다음과 같이 동의의결 신청서에 기재되어야 하는 사항을 보다 상세히 규율하고 있다.
　　1. 시정방안의 내용이 명확하고 제3자의 조력없이 단독으로 실행가능하다는 소명자 료. 다만, 제3자의 조력이 시정방안의 마련에 필수적이라고 인정되는 경우에는 제3 자의 조력을 입증할 수 있는 증거자료를 첨부하여야 한다.
　　2. 시정방안이 신속하고 실효성 있게 경쟁질서를 회복하거나 거래질서를 적극적으 로 개선할 수 있다는 소명자료
　　3. 금전적 피해가 발생하고 피해자 및 피해금액이 특정될 수 있는 경우 피해자의 범위 확정 및 피해액 산정의 방법과 절차, 피해보상에 사용될 비용의 계산액, 피해 보상의 기간 등
　　4. 기타 구체적인 시정방안의 이행계획. 이행계획은 최소한 월 단위로 구체적으로 기재되어야 하며 시정방안의 이행기간이 1년 이상인 경우 등 이행기간이 장기인 경 우에는 분기 또는 반기 단위로 작성할 수 있다.

해 판단하게 된다. 여기서 문제 되는 개시요건은 신속한 조치의 필요성, 소비자 피해의 직접 보상 필요성 등이고(법 제51조의3 제1항), 보다 구체적으로는 해당 행위의 중대성, 증거의 명백성 여부 등 사건의 성격, 시간적 상황에 비추어 적절한 것인지 및 소비자 보호 등 공익에의 부합하는지 여부이다(동의의결규칙 제5조 제2항).

동의의결 절차가 개시되는 결정은 해당 사건의 조사·심의절차를 중단시키는 효과를 가진다. 이하에서 살펴보겠지만, 이는 동의개시절차 개시 결정을 동의의결 최종 결정과 엄밀히 구분해야 하는 이유가 된다.

(2) 동의의결안 작성 및 의견수렴

동의의결 절차가 개시되면 심사관은 신청인과의 협의를 통하여 잠정 동의의결안을 작성한다(동의의결규칙 제8조 제1항). 당해 잠정 동의의결안은 의견수렴절차를 진행하기 위해 작성하는 것으로서, 개시결정이 있은 날로부터 30일 이내에 위원장에게 보고되고 신청인에게 송부되어야 한다. 동의의결규칙 제8조 제2항 각호에는 잠정 동의의결안에 기재되어야 하는 사항이 상세히 규율되어 있으며, 동조 제4항에 의하면 잠정 동의의결안에는 당초 신청인이 제출한 시정방안이 수정되어 기재될 수 있다.

잠정 동의의결안이 작성된 후 심사관은 이에 대한 의견수렴절차를 거치게 된다. 이때 의견을 받는 대상은 당해 사건의 신고인, 검찰총장 및 관계행정기관의 장, 그리고 이해관계인이다. 즉, 심사관은 법 제51조의2 제2항 각호의 사항을 신고인 및 관계행정기관의 장에게는 통보하고, 이해관계인에 대해서는 관보 또는 공정위 인터넷 홈페이지에 공고하는 방법으로 의견제출 기회를 주어야 한다(동의의결규칙 제9조 제1항). 특히 검찰총장과는 서면으로 협의하도록 규율되어 있다.

의견수렴절차가 모두 마무리되면 심사관은 의견수렴의 결과와 이에 대한 심사관의 종합의견이 포함된 최종 동의의결안을 작성하여 각 회의에 제출하게 된다(동의의결규칙 제10조).

(3) 동의의결 확정 및 통보

각 회의는 심사관이 제출한 최종 동의의결안과 의견수렴결과 등을 고려하여 동의의결의 인용 여부를 결정한다. 이를 위해서 각 회의는 동의의결규칙 제5조 제2항의 자문을 구할 수도 있고, 신청인의 동의가 있는 경우에는 동의의결을 수정할 수도 있다(동의의결규칙 제11조).

법 제51조의2 제3항 각호는 동의의결이 인용되기 위해 신청인의 시정방안이 갖춰야 할 두 가지 요건을 정하고 있다. 이에 따르면 당해 시정방안은 해당 행위가 이 법을 위반한 것으로 판단될 경우에 예상되는 시정조치, 그 밖의 제재와 균형을 이루어야 하고, 공정하고 자유로운 경쟁질서나 거래질서를 회복시키거나 소비자, 다른 사업자 등을 보호하기에 적절하다고 인정되어야 한다.

동의의결 결정은 위원회의 심의·의결을 통해 확정되어야 한다(법 제51조의3 제4항). 각 회의의 심의기일에는 해당 사건의 심사관 및 신청인이 의무적으로 출석해야 하고, 신청 또는 직권으로 이해관계인, 관계행정기관 등을 심의에 참가시킬 수 있다(동의의결규칙 제12조).

각 회의는 동의의결을 하는 경우 의결이 있은 날로부터 30일 이내에 동의의결서를 작성하여야 하고(동의의결규칙 제13조 제1항), 심판관리관은 40일 이내에 신청인에게 동의의결서의 정본을 송부하고 해당 심사관에게 그 사본을 송부하여야 한다(동의의결규칙 제14조 제1항). 나아가 심사관은 동의의결 결정의 요지를 신고인 등 이해관계인과 관계 행정기관의 장, 그리고 검찰총장에게 통지하여야 한다(동의의결규칙 제14조 제2항).

(4) 동의의결의 취소

공정위는 공정거래법 제51조의4 제1항 각 호에 해당하는 경우[141]에 동의의결을 취소할 수 있다. 동의의결 취소의 법적 성격은 적법하게 성립된 동의의결을 후발적 사유에 의하여 장래적으로 그 효력을 상실시키는 성격을 가진 강학상 철회에 해당한다고 할 것이다.[141)142)143)](#)

동의의결규칙 제15조는 동의의결의 취소 또는 변경을 해야 하는 경우, 이를 구하는 심사보고서를 심사관이 위원회에 제출해야 한다고 규율하고 있으며, 동의의결의 취소 또는 변경을 위한 의견수렴 및 심의를 거쳐 결정을 내리도록 하고 있다. 동의의결이 취소된 경우에는 중단되었던 조사·심사 및 심의절차가 재개된다.

2. 당사자의 권리보장

가. 동의의결 절차개시 단계

당사자인 동의의결 신청인은 동의의결을 신청할 권리를 가지며(법 제51조의2 제1항), 신청인이 심사보고서를 송부받기 전에 동의의결을 신청한 경우에는 심사관으로부터 개략적인 조사결과를 서면으로 통지받을 수 있

---

141) 공정거래법 제51조의4 제1항은 동의의결을 취소할 수 있는 사유를 다음과 같이 정하고 있다.
  1. 동의의결의 기초가 된 시장상황 등 사실관계의 현저한 변경 등으로 인해 시정방안이 적정하지 아니하게 된 경우
  2. 신청인이 제공한 불완전하거나 부정확한 정보로 인하여 동의의결을 하게 되었거나, 신청인이 거짓 또는 그 밖의 부정한 방법으로 동의의결을 받은 경우
  3. 신청인이 정당한 이유 없이 동의의결을 이행하지 아니하는 경우
142) 강학상 철회의 개념에 관해 김동희, 행정법Ⅰ, 2018, 364면 참조; 동의의결을 철회하는 것이 철회사유에 해당하는지 문제가 있을 수 있는데, 공정거래법상 동의의결의 철회는 법적 근거가 명확히 규정되어 있는 경우이므로, 학설·판례상 인정되고 있는 철회사유에 해당한다 할 것이다.
143) 법률상으로는 동의의결을 '취소할 수 있다'고 규율하는 반면, 그 위임을 받은 동의의결규칙 제15조에서는 '동의의결의 취소 또는 변경'이 규율되어 있는 바, 그 일관성 부분에서 문제가 있을 수 있는데, 이에 대해서는 후술하도록 한다.

다(동의의결규칙 제4조 제1항). 동의의결 개시여부가 결정될 경우, 이를 통지받을 권리를 갖는다(동의의결규칙 제5조 제3항).

[표 4-21] 동의의결 개시절차상 당사자의 권리보장

근거규정	내용
법 § 51의2 ①	동의의결을 신청할 권리
동의의결규칙 § 4 ①	심사보고서 송부 이전에 동의의결을 신청하는 경우, 개략적인 조사결과를 서면으로 통지받을 수 있음
동의의결규칙 § 5 ③	동의의결 개시 결정 통지를 받을 권리

나. 동의의결안 작성 및 의견수렴 단계

당사자는 잠정 동의의결안 작성 시 심사관과 협의할 수 있는 권리를 가지며, 잠정 동의의결안을 송부 받을 권리를 갖는다(동의의결규칙 제8조 제1항). 나아가 잠정 동의의결안 작성 기간을 연장할 필요가 있는 경우, 연장 사실 및 이유를 통지받을 권리도 함께 보장받는다(동의의결규칙 제8조 제1항 단서).

또한, 당사자는 심사관의 잠정 동의의결안 작성 시, 당초 제출했던 시정방안에 대한 수정이 필요한 경우, 이에 동의할 수 있는 권리를 갖는다(법 제51조의2 제3항 후문, 동의의결규칙 제8조 제4항). 한편, 동의의결규칙은 의견수렴절차에 있어서 공개가 곤란한 정보의 내용에 관한 의견을 제출할 수 있는 권리를 당사자에게 보장하여 당사자의 비밀정보를 보호하는 장치를 마련해놓고 있다(동의의결규칙 제9조 제3항).

[표 4-22] 동의의결 작성 및 의견수렴절차상 당사자의 권리보장

근거규정	내용
동의의결규칙 § 8 ①	잠정 동의의결안 작성시 심사관과 협의할 수 있는 권리
동의의결규칙 § 8 ①	잠정 동의의결안을 심사관으로부터 송부받을 권리
동의의결규칙 § 8 ① 단서	잠정 동의의결안 작성기간의 연장 사실 및 이유를 심사관으로부터 통지받을 권리
법 § 51의2 ③ 규칙 § 8 ④	심사관이 기제출된 시정방안을 수정하여 잠정 동의의결안을 작성하는 경우 동의·협의할 권리
동의의결규칙 § 9 ③	의견수렴절차에 있어서 공개가 곤란한 정보의 내용에 관한 의견을 제출할 수 있는 권리

다. 동의의결 확정 단계

당사자는 최종 동의의결안에서 시정방안을 다시 수정하게 되는 경우 잠정 동의의결안과 마찬가지로 이에 동의할 수 있는 권리를 갖는다(법 제51조의2 제3항, 동의의결규칙 제11조).

동의의결을 위한 심의절차에서는 당사자는 출석할 권리를 부여받는다(동의의결규칙 제12조). 동의의결이 확정된 경우, 당사자는 동의의결서 정본을 일정한 기간 내에 송부받을 권리를 갖는다(동의의결규칙 제14조 제1항).

[표 4-23] 동의의결 결정절차상 당사자의 권리보장

근거규정	내용
법 § 51의2 ③ 규칙 § 11	최종 동의의결안 수정 시 동의할 수 있는 권리
동의의결규칙 § 12 ①	동의의결 심의절차에 출석할 권리
동의의결규칙 § 14 ①	동의의결 결정 후 동의의결서 정본을 받을 권리

라. 동의의결 취소·변경

동의의결이 취소 또는 변경될 경우가 발생하면, 심사관은 동의의결의 취소 또는 변경을 구하는 심사보고서를 위원회에 제출할 수 있는데, 이 경우에는 동의의결 취소·변경 심사보고서는 절차의 당사자인 신청인에게도 송부되어야 한다(동의의결규칙 제15조 제1항). 나아가 동의의결규칙은 동의의결 취소·변경 여부를 심의하기 위한 심의일을 정하여 신청인과 심사관의 의견을 듣도록 규정하고 있다(동의의결규칙 제15조 제3항).

[표 4-24] 동의의결 취소·변경절차상 당사자의 권리보장

근거규정	내용
동의의결규칙 § 15 ①	동의의결의 취소·변경 심사보고서를 송부받을 권리
동의의결규칙 § 15 ③	동의의결 취소·변경 심의절차에 출석할 권리
동의의결규칙 § 15 ③	동의의결 취소·변경 심의절차에서 의견을 개진할 권리

3. 문제점 및 평가

가. 동의의결제도의 목적

공정거래법상 동의의결제도의 목적은 공정거래법의 크게 두 가지로 파악될 수 있다. 즉, 한편으로는 공적 집행의 신속성 및 유연성 확보라는 의미로 이해되거나,[144] 다른 한편으로는 동 제도를 통해 공정거래법 위반으로 인하여 피해를 입은 소비자의 피해를 전보해줄 수 있다는 것으로 파악

---

144) 김두진, 공정거래법상 동의명령제 도입방안 연구, 비교사법 제1권 제4호, 2009, 353-355면 참조.

되고 있는 것이다.[145)

　동의의결제도가 명실상부한 공정거래절차 제도로 도입되어 시행된 지 곧 10년이 되어가고, 관련한 실제 심결례도 축적되고 있는 중이다. 따라서 이제는 우리나라 공정거래법의 고유성을 고려한 동의의결제도의 목적을 근본적으로 고민하고, 이를 통해 앞으로의 제도운영의 지향점을 재정립해야 할 때가 되었다. 생각건대, 동의의결제도의 목적은 경쟁기능의 보호 내지 경쟁상태의 회복이라는 관점에서 바라보아야 할 것이다.

　한편, 이와 관련해서는 현재는 사업자의 신청으로만 개시될 수 있는 동의의결절차가 경쟁기능의 보호라는 목적을 위해 공정위의 직권으로는 개시될 수는 없는지 여부에 대한 이론적인 검토가 필요하다.[146)

나. 동의의결 개시요건과 결정요건의 문제

　신청인에게 동의의결이 내려지기 위해서는 두 가지 실체적 요건이 만족되어야 한다. 하나는 위원회가 동의의결을 개시할 수 있도록 하는 요건이고, 다른 하나는 최종적으로 위원회가 신청인의 시정방안을 채택하여 동의의결을 내릴 수 있는 요건이다. 전자는 법 제51조의3 제1항에 규정되어 있고, 후자는 법 제51조의2 제3항 각호에 규정되어 있다. 이에 따르면 개시요건은 해당 사안이 동의의결로 처리되는 것이 좋을지 여부를 판단하는 기준이고, 결정요건은 신청인이 제시한 시정방안이 경쟁상태의 회복 또는 소비자피해의 전보에 적합한 것인지 판단하는 기준이 된다.[147) 사건에 의하면 양자는 엄밀히 구분되어야 한다. 특히 동의의결 절차가 개시되는 경우 해당 사건의 조사·심의절차가 중단되는 효과가 발생한다는 점을 고려하면 더

---

145) 조성국, 동의의결제 운용에 대한 제언, 경쟁저널 제160호, 2012, 23-26면 참조.
146) 同旨 이봉의, 공정거래법상 동의의결제의 주요 쟁점과 개선방안, 경쟁과 법 제6호, 2016, 52-53면.
147) 이봉의, 공정거래법상 동의의결제의 주요 쟁점과 개선방안, 경쟁과 법 제6호, 2016, 58면 참조.

욱 그렇다.

그러나 법률상·실무상으로 이러한 규범적 구분이 지켜지는지는 의문이다. 법 제51조의3 제1항은 동의의결 절차 개시요건을 '신속한 조치의 필요성, 소비자 피해의 직접 보상 필요성' 등으로 제시하고 있지만, 실제 제출되는 신청서 및 공정위의 개시여부 판단을 위한 심사관의 서면 등에는 이와 직접적인 관련이 없는 사항이 포함되는 실정이다. 또한, 법 제51조의2 제2항은 동의의결 신청서에 기재되어야 하는 사항으로 해당 문제의 사실관계와 '경쟁질서의 회복이나 거래질서의 적극적 개선을 위하여 필요한 시정방안'과 '소비자, 다른 사업자 등의 피해를 구제하거나 예방하기 위하여 필요한 시정방안'을 규정하고 있는데, 이는 동의의결 개시요건을 검토할 수 있는 사안과는 일견 거리가 있는 것이다.148) 더욱이 동의의결규칙 제5조 제1항 제4호 다목에 의해 심사관이 작성하는 동의의결 개시에 대한 검토의견 내용에는 '공정거래법 제51조의2 제3항에 따른 동의의결의 타당성 여부 및 그 사유'가 기재되어야 하는데, 이는 상술한 바와 같이 동의의결 개시요건이 아닌 결정요건에 해당하는 것이다. 나아가 동의의결규칙 제5조 제2항은 위원회가 동의의결 개시를 인용할 것인지 여부를 판단함에 있어 '해당 행위의 중대성, 증거의 명백성 여부 등 사건의 성격, 시간적 상황에 비추어 적절한 것인지 여부 및 소비자 보호 등 공익에의 부합성을 고려하여야 한다'고 규정하여 다시 동의의결 개시요건을 검토하도록 되어 있지만, 앞서 살펴보았듯이 동의의결 신청서와 심사관의 검토의견과는 괴리된 것이다.149)

---

148) 물론 동의의결규칙 제4조 제3항 각호에서 다시 동의의결 신청서에 기재될 사항들을 규율하고 있고, 여기서 규정된 내용들은 일견 신속한 조치의 필요성 또는 소비자 피해의 직접 보상 필요성과 맞닿아 있는 것으로 보인다.

149) 이를 엿볼 수 있는 공정위 심결례를 종종 발견할 수 있다. 예컨대, 엘에스 기업집단 계열회사의 부당한 지원행위에 대한 건 관련 동의의결 절차 개시신청에 대한 건을 살펴보면, 공정위는 "해당 사건의 성격, 해당 사건으로 인해 피해를 입은 소비자 등을 특정하거나 구체적인 피해규모를 확인하기 어렵고, 그 피해가 확산되고 있다고

요컨대, 현재 규정상의 동의의결 개시요건과 결정요건은 명백히 구분되지 못하고 혼재되어 있는 상황이다. 즉, 위원회가 동의의결 개시여부를 결정함에 있어 제출되는 신청인의 신청서와 심사관의 검토의견에는 동의의결 개시요건의 내용이 담겨져 있는 것이 아니라, 동의의결 결정요건의 내용이 들어가도록 규정되어 있다. 동의의결 개시절차부터 그 시정방안의 신빙성을 검토해야 하는 필요성 여부에 대해서는 논외로 하더라도, 두 요건의 내용이 혼재되어 정리되지 못한 상태에 있는 것은 큰 문제로 지적할 만하다.

다. 동의의결제도의 실효성 문제

동의의결제도의 취지가 실현되기 위해서는 동 제도의 실효성이 확보되어야 한다. 동의의결제도의 실효성 문제는 크게 당사자 관점의 실효성과 경쟁당국 관점의 실효성으로 구분될 수 있다.

당사자 입장에서 동의의결제도가 실효적으로 작동하기 위해서는, 무엇보다도 동의의결된 사안의 당사자는 법 위반 사업자가 아니라는 인식이 분명해져야 한다. 법 제51조의2 제4항은 "공정거래위원회의 동의의결은 해당 행위가 이 법에 위반된다고 인정한 것을 의미하지 아니하며, 누구든지 신청인이 동의의결을 받은 사실을 들어 해당 행위가 이 법에 위반된다고 주장할 수 없다"고 규정하여 이를 명문화하고 있지만 실무상으로는 아직 동의의결을 받은 사업자를 범법자로 취급되는 경향이 남아있다. 동의의결제도가 법 위반 제재의 회피수단이라고 비판하는 목소리도 마찬가지로 이와

보기도 어려운 점, 현재 관련시장의 시장구조도 비교적 안정적으로 유지되고 있는 등 신속한 처리의 필요성도 낮은 점 등"을 고려하여 동의의결 개시신청을 기각하였는데, [별지]에 첨부된 신청인의 동의의결절차 개시 신청안을 보면 그 내용이 동의의결 결정절차에서 다뤄져야 할 시정방안으로 채워져 있다는 것을 확인할 수 있다. 공정거래위원회 2018.7.2. 결정 제2018-51호 참조.

같은 맥락으로 이해된다.

경쟁당국 입장에서의 동의의결제도의 실효성은 동의의결로 인해 시행되어야 할 시정방안의 철저한 이행에서 보장된다. 현재 마련되어 있는 시정방안의 실질적 이행을 위한 제도는 법 제51조의5상의 이행강제금이 유일한데, 이것이 충분한지에 대해서 고민할 필요가 있다. 이에 관해서는 예컨대 동의의결을 제대로 이행하지 않은 사업자에 대해서 과징금을 부과해야 한다는 등의 견해가 있어 왔다.[150] 한편, 국회에 제출된 공정거래법 전부개정안에는 동의의결이 제대로 이행되고 있는지를 검토하는 이행감독인 제도가 마련되어 있는데, 이는 그 내용적 당부를 차치하더라도 실효성 확보라는 취지에 있어서는 나름의 의미가 있다.

4. 개선방안

가. 동의의결절차의 목적 재정립

동의의결절차가 공정거래절차법상의 제도로 도입되고 운영되고 있는 이상, 그 목적이나 취지도 공정거래절차법의 목적과 같은 맥락으로 이해되어야 한다. 이에 따르면 동의의결절차가 공정위 공적 집행의 효율성 확보 내지 소비자 피해전보라는 목적을 갖는다는 종전의 견해들은 동의의결제의 기능을 이해하는 데에는 도움이 될지 몰라도, 공정거래절차를 종합적으로 파악하지 못하고 단편적으로만 접근한다는 비판에서 벗어나기 힘들다.

생각건대 동의의결절차의 목적은 공정거래절차의 목적인 경쟁의 보호, 보다 구체적으로는 경쟁기능의 보호로 동일적으로 이해되어야 한다. 그리고 동의의결제도에 대해서도 공정거래절차법의 지도원리에 의해 평가되어야 한다. 즉, 동의의결절차는 국민경제의 균형있는 발전이라는 목적을 위한

---

150) 이봉의, 공정거래법상 동의의결제의 주요 쟁점과 개선방안, 경쟁과 법 제6호, 2016, 59면 참조.

경쟁기능을 보호하기 위한 제도로서 여기에 필요한 복잡한 사실관계와 이해관계를 정확하게 파악하고, 경쟁질서를 회복하기 위한 것이다.[151] 동의의결규칙은 동의의결 절차개시 신청에 대한 평가절차가 관련 사안의 조사를 마친 후에 진행되도록 규정하고 있는데, 이는 관련 사안의 구체적인 사실관계를 공정위도 선제적으로 파악하고, 그 후에는 신청사업자, 신고인, 이해관계인 등의 의견진술 등으로 사실관계를 추가적으로 파악하게끔 하는 것으로 이해할 수 있다.

같은 맥락으로 동의의결제도는 공정거래법 사건처리절차 중 심의·의결절차의 특별절차로 이해될 수 있다. 요컨대, 동의의결절차는 언제나 경쟁기능의 보호 내지 경쟁질서의 회복과 관련 있는 것이고, 공정거래절차법의 목적 및 취지, 그리고 지도원리와 일맥상통하는 제도로 운영되어야 할 것이다.

한편, 이에 따르면 동의의결절차가 오직 사업자의 신청만으로 개시될 수 있는 현 제도에 대해 재고할 수 있는 여지가 생긴다. 공정거래절차법의 지도원리 중 직권규제주의에 의하면, 경쟁기능을 보호하고 그에 맞는 최적의 수단을 찾는 의무는 경쟁당국인 공정위에 부여되어 있다. 따라서 사안의 성격에 따라 심사관이 판단하여 동의의결절차를 밟는 것이 경쟁기능의 보호 내지 경쟁질서의 회복에 더 도움이 되는 경우에는, 공정위 차원에서도 동의의결을 개시할 수 있도록 하는 방안이 고려될 만하다.[152] 물론 이에 관해서는 공정위가 까다로운 심의절차를 피해가기 위하여 동의의결제도를 이용할 것이라는 반론이 제기될 수도 있지만, 심사관이 동의의결 개시신청을 할 수 있는 사유들을 명확히 하는 등 이를 방지할 제도적 장치를 마련하면서 동 제도의 목적에 맞는 제도개선을 추진하는 것이 보다 타당하다.

---

151) 同旨 이봉의, 공정거래법상 동의의결제의 주요 쟁점과 개선방안, 경쟁과 법 제6호, 2016, 52-53면.
152) 同旨 이봉의, 위의 글, 52-53면.

나. 동의의결절차의 체계 정립

모든 절차적 제도는 그것이 체계화되고 각 단계를 정확히 구분하여 운영되어 투명성 및 예측가능성, 그리고 궁극적으로는 그 실효성까지 보장하는 것을 추구해야 한다. 동의의결절차의 경우 규범적으로는 절차개시→작성 및 의견수렴→최종결정이라는 3단계로 구분될 수 있지만, 각 단계를 구성하는 실체적 요건과 관련한 문제들이 그 경계를 애매하게 만들고, 이론과 실제의 괴리를 야기한다는 문제가 있다.

당해 문제를 해결하기 위해서는, 동의의결 개시단계에서는 개시요건과 관련된 사항들만 고려되고, 동의의결 결정단계에서는 결정요건과 관련된 부분만 문제될 수 있도록 제도를 설계해야 한다. 보다 구체적으로는 동의의결 절차 개시를 결정하는 단계에서는 당해 사안이 신속한 조치가 필요한 것인지, 소비자 피해의 직접 보상이 필요한 것인지를 판단할 수 있는 자료가 위원회에 제출되어야 하고, 이에 맞게 동의의결 신청서 기재내용과 심사관 검토의견의 내용이 수정될 필요가 있다. 그리고 신청인이 제시하는 시정방안과 관련된 검토 및 수정은 철저히 동의의결안의 작성절차와 결정 절차에서 행해져야 한다. 요컨대, 동의의결 개시 단계에서는 당해 사안의 성격 및 특성이 파악되고, 동의의결안 작성 및 결정단계에서는 경쟁기능 및 소비자피해가 회복될 수 있는 시정방안이 마련되어야 할 것이다.

다. 동의의결 실효성 확보방안

마지막으로 동의의결제도의 실효성 확보방안을 다음과 같이 제안하고자 한다. 우선, 동의의결안에는 관련 사안의 경쟁기능을 회복하기 위한 구체적인 시정방안이 시정조치에 상응하는 수준으로 마련되어야 할 것이고, 이것이 오직 소비자피해를 전보하거나 재단설립이나 기금 조성 등의 면피성 시정방안에 머무르지 않도록 할 필요가 있다.

동의의결 시정방안에 대한 검토를 위해 도입될 필요가 있는 것이 바로 이행감독인 제도이다. 공정거래법 전부개정안에 동의의결에 대한 이행감독인 규정이 추가되었다는 것은 앞서 살펴본 바와 같다. 이행감독인 제도의 필요성은 시정방안 중에는 단시간에 실현될 수 있는 것도 있지만, 그 성격 상 몇 년에 걸쳐 시행되어야 하는 시정방안이 있을 수 있는데, 이에 대한 체계적인 감독시스템이 필요하다는 것에서 찾을 수 있다.153) 이행감독인 제도를 도입하는 것은, 동의의결 이후의 사후관리라는 의미도 갖지만, 실질적인 이행감독이 가능한 시정방안이 주로 마련될 것이라는 측면에서는 시정방안의 현실화 측면에서 사전적인 의미도 가질 것으로 예측할 수 있다.154)

사업자가 동의의결을 이행하지 않을 경우에 내려질 수 있는 제재는 동의의결이 취소와 이행강제금이다(법 제51조의4 제1항, 법 제51조의5). 그러나 사안에 따라 동의의결을 취소하는 것보다 사업자로 하여금 동의의결을 이행하도록 하는 것이 경쟁기능 차원에서 바람직할 수 있을 것인데, 이 경우 이행강제금 제도만으로 제재효과가 충분한지에 대해 고찰해 보아야 한다. 이에 관해서는 이행강제금 제도란 사전규제의 경우에 알맞은 제재수단이고, 동의의결이 시정조치처분과 유사한 효과를 갖는 측면을 고려하면 과징금 제도를 마련해야 한다는 견해가 경청할만하다.155)

---

153) 관련한 지적으로는 서울대 경쟁법센터, 서울대 경쟁법센터 제2차 전문가 간담회(제2세션), 경쟁과 법 제10호, 82면(김남근 변호사 발언부분) 참조.
154) 공정거래법 전부개정안에는 제88조 제5항 내지 제10항에서 동의의결제도의 이행감독인 제도를 도입하였다. 이에 따르면 필요하다고 인정되는 동의의결에 있어서는 이행감독인을 공정위가 선임해야 하고, 이행감독인은 동의의결 신청인에 대한 자료제출요구권을 갖는다. 나아가 이행감독인은 이행감독 현황을 반기별로 공정위에 보고하고, 이행감독에 문제가 있는 경우 공정위에 통보해야 한다.
155) 이봉의, 공정거래법상 동의의결제의 주요 쟁점과 개선방안, 경쟁과 법 제6호, 2016, 59면 참조.

Ⅲ. 기업결합 신고절차

1. 절차의 개요

가. 의의 및 관련 규정

(1) 공정거래법상 기업결합 규제의 개관

공정거래법 제7조는 경쟁제한적인 기업결합을 금지하고 있다. 이는 사업자들 간의 기업결합은 경영의 합리화 또는 가격인하·품질향상에는 도움이 될 수 있지만, 이를 통해 사업자 수가 감소하여 실질적 독과점이 형성되거나 사업자들 간의 담합의 가능성이 높아지는 등, 시장의 경쟁에 부정적 영향을 끼칠 수도 있기 때문이다.[156] 따라서 공정거래법은 개별 시장의 유효경쟁적인 구조를 유지하려는 목적으로 경쟁제한적인 기업결합에 대한 규제를 마련하고 있다.[157][158]

한편, 기업결합 규제는 기업결합으로 인해 장래에 발생할 시장구조의 변화를 기준으로 행해지기 때문에 미래 예측적이며 사전규제적인 성격을 가진다.[159] 따라서 당해 규제는 공정거래법상 기타 규제들, 시장지배적 지위남용, 부당한 공동행위, 불공정거래행위규제와는 그 성격이 이질적이다.[160]

---

156) 곽상현·이봉의, 기업결합규제법, 2012, 3면 참조.
157) 권오승·서정, 독점규제법 – 이론과 실무, 2018, 184면; 곽상현·이봉의, 전게서, 4면 참조.
158) 다른 입법례에서는 기업결합에 관한 규제가 경쟁법 제정 이후 추가적으로 도입되는 경우가 많은데, 공정거래법에는 제정 당시부터 경쟁제한적인 기업결합에 대해 규율하고 있었고, 꾸준한 법 개정으로 제도적 개선을 해나가고 있다. 공정거래법상 기업결합규제의 연혁에 관해 곽상현·이봉의, 전게서, 5-6면 참조.
159) 권오승·서정, 전게서, 185면 참조.
160) 同旨 이봉의, 방송·통신시장에 있어서 기업결합의 규제, 경제규제와 법 제3권 제2호, 2010, 8면; 권오승·이봉의 등 8인 공저, 독점규제법, 2018, 77면(신영수 교수 집필부분).

또한, 첨예한 분석 끝에 내려진 경쟁당국의 판단에 사업자들이 이의를 제기하는 경우가 많지 않기 때문에 공정위 심결례를 중심으로 실무가 형성되어 있다.[161]

공정위가 마련한 기업결합 관련 고시에서는 기업결합이 두 종류로 구분되어 있다. 즉, 간이신고 내지 간이심사 대상 기업결합과 일반신고 내지 일반심사 기업결합이 각각 규정되어 있는데, 전자를 간이기업결합, 그리고 후자를 일반기업결합으로 통칭할 수 있다.[162] 기업결합 간이절차는 경쟁제한성이 없는 것으로 추정되는 기업결합에 대한 신고 및 심사절차인 반면, 기업결합 일반절차는 경쟁제한성에 대한 판단이 필요한 기업결합의 신고 및 심사절차이다.[163]

(2) 기업결합 신고절차의 의의

기업결합 규제절차 중 심사절차 이후는 앞서 살펴본 사건처리절차와 유사한 측면이 많기 때문에, 본고에서는 법 위반 신고와는 다른 특성을 갖는 기업결합 신고절차만 검토하도록 한다. 기업결합 신고절차는 여러 가지 측면에서 특수한 모습을 갖고 있는데, 특히 기업결합 신고절차는 일정한 요건을 갖추면 필수적으로 이루어져야 하는 신고라는 점, 그 대상에 따라 간이신고와 일반신고 두 가지로 구분된다는 점이 특징적이다.

기업결합에 해당할 수 있는 주식취득 등의 행위는 사업자들 사이에서 수시로 행해지고 매우 복잡한 기업정보를 기반으로 하기 때문에, 공정위가 기업결합 관련 정보를 항상 인지하고 있는 것은 불가능하다. 경쟁질서에

---

161) 권오승·서정, 독점규제법 - 이론과 실무, 2018, 185면; 권오승·이봉의 등 8인 공저, 독점규제법, 2018, 83면(신영수 교수 집필부분) 참조. 또한, 기업결합규제에 있어서는 공정위와 사업자들이 대립적인 관계가 아닌, 주로 협력적인 관계를 보이는 특성이 여기에 기여한다고 볼 수도 있다.
162) 곽상현·이봉의, 기업결합규제법, 2012, 23면 참조.
163) 「기업결합 심사기준」 II.1. II.2., 참조.

문제가 될 수 있는 기업결합을 적시에 파악하는 것은 동 규제의 실효성에 직접적 영향을 주는 바, 공정거래법은 일정한 요건을 넘어서는 기업결합에 대해서는 공정위에 신고를 하도록 규정하고 있다.[164] 따라서 기업결합 신고절차는 문제되는 기업결합과 관련된 사실관계에 대한 정보를 경쟁당국이 획득할 수 있는 매우 중요한 역할을 한다.

기업결합 신고절차에는 신고의무자, 기업결합의 유형별 신고요건 등의 복잡한 실체적 내용이 함께 포함되어 있다. 그러나 본고에서는 기업결합신고의 실체적 요건 등에 관한 내용은 생략하고, 신고 시기 및 신고방법과 같은 절차법적 내용만을 분석하도록 한다.[165]

(3) 관련 규정

기업결합 신고절차와 관련해서는 공정거래법 제12조와 제12조의2의 규정이 그 중심이 된다. 법 제12조는 기업결합의 신고에 관해 전반적으로 규율하고 있고, 제12조의2는 기업결합 신고절차의 특례에 관한 규정이다. 나아가 시행령 제18조는 법 제12조를 보충하는 내용을 규율하며, 시행령 제19조는 기업결합 신고대리인의 지정 등을 정하고 있다. 한편, 시행령 제12조는 법 제12조상의 자산총액과 매출액의 개념을 설명하는 내용을 담고 있다.

한편, 기업결합 신고절차 관련해서는 공정위의 「기업결합의 신고요령」[166]과 「기업결합 심사기준」[167]이 마련되어 있다.[168] 앞에서 분석하였듯이, 기

---

164) 곽상현·이봉의, 전게서, 23면 참조.
165) 기업결합 신고의무자, 신고요건 등에 관한 개관으로는 권오승·서정, 독점규제법 – 이론과 실무, 2018, 192-198면.
166) 공정위 고시 제2018-8호. 2018.5.31. 일부개정.
167) 공정위 고시 제2019-1호, 2019.2.27. 일부개정.
168) 한편, 기업결합 시정조치와 이행강제금 및 과태료 관련하여 「기업결합 시정조치 부과기준」, 「기업결합 시정조치 부과지침」, 「기업결합 관련 시정조치 불이행에 따른 이행강제금 부과기준」, 「기업결합 신고규정 위반사건에 대한 과태료 부과기준」이 마련되어 있지만, 그 내용은 절차적 내용이 아닌 부과기준 등에 대한 것이다.

업결합 심사기준은 대외적 구속력을 갖는 법률보충적 규칙이지만, 기업결
합 신고요령은 대외적 구속력을 갖지 않는다.

[표 4-25] 기업결합 신고절차 관련 규정

규범	조문 번호	내용
법률	§ 12	기업결합의 신고
	§ 12의2	기업결합 신고절차의 특례
시행령	§ 12	자산총액·매출액 기준
	§ 18	기업결합 신고 등
	§ 19	기업결합 신고대리인의 지정 등
공정위 고시	「기업결합의 신고요령」 (※ 대외적 구속력을 갖지 않음)	
	「기업결합 심사기준」 (※ 대외적 구속력을 가짐)	

나. 간이신고절차의 진행과정

(1) 개요

기업결합 간이신고절차는 간이절차에 해당하는 기업결합의 신고절차이
다. 즉, 기업결합 간이절차는 경쟁제한의 우려가 거의 또는 전혀 없는 기업
결합에 대해서 신고 및 심사를 신속하게 처리할 수 있도록 함으로써, 경쟁
당국과 기업결합당사자들 모두 절차상 부담을 덜 수 있는 취지의 제도이
고, 간이신고절차는 이와 관련된 신고절차이다.[169]

기업결합 간이절차에 대해서는 법률과 시행령 어디에도 근거규정이 마
련되어 있지 않고, 공정위가 마련한 기업결합 규제 관련 고시 차원으로 규
율되고 있다. 현재 관련 고시에서 규율되고 있는 간이신고절차에는 여러
가지 특징이 발견된다. 예를 들어 간이신고절차와 심사절차가 각각 다른

---

169) 곽상현·이봉의, 기업결합규제법, 2012, 23면 참조.

고시에서 규율되어 있다는 점,[170] 간이신고부터 간이심사까지 마무리되는 기간이 15일로서 매우 짧다는 점, 간이심사결과는 외부에 알려지지 않고 당사회사만 알게 된다는 점 등이 있다. 그러나 동 제도의 가장 본질적인 부분은 간이절차의 경우 실질적으로는 신고절차와 심사절차가 결합되어 있다는 점이다.

(2) 간이신고의 접수

기업결합 신고요령에 의하면 다음 다섯 가지의 경우에는 기업결합 간이신고를 해야 한다. 즉, ① 기업결합 신고의무자와 기업결합의 상대회사가 특수관계인인 경우,[171] ② 상대회사 임원총수의 3분의 1미만의 임원을 겸임하는 경우,[172] ③ 「자본시장과 금융투자업에 관한 법률」 제9조 제19항 제1호의 규정에 따른 경영참여형 사모집합투자기구의 설립에 참여하는 경우, ④ 「자산유동화에 관한 법률」 제2조 제5호의 규정에 따른 유동화전문회사를 기업결합하는 경우, ⑤ 「선박투자회사법」에 따른 선박투자회사의 설립에 참여하는 경우에는 공정위에 그 기업결합에 대해 간이신고를 해야 한다. 이렇게 공정위에 간이신고를 해야 하는 기업결합을 '간이신고대상 기업결합'이라 한다.

간이신고대상 기업결합을 하려는 사업자는 기업결합 신고요령에 마련되어 있는 기업결합유형별 신고서에 [별표 6]의 간이신고대상 기업결합의 보조자료를 첨부하여 신고하도록 되어 있다. (기업결합 신고요령 Ⅱ.3.) 간이신고는 보다 신속한 신고를 위해 공정위 홈페이지를 통해서도 가능하다.

---

170) 이봉의, 독점규제법상의 간이기업결합 심사기준 및 절차, 공정경쟁 제70호, 2001, 38면 참조.
171) 다만, 특수관계인 중 경영을 지배하려는 공동의 목적을 가지고 당해 기업결합에 참여하는 자는 제외된다.
172) 대표이사를 겸임하는 경우는 제외된다.

(3) 간이신고의 심사 및 결과통지

현행 기업결합 간이절차에서 특징적인 것은, 간이신고대상과 간이심사대상의 범위가 상이하다는 것이다. 기업결합 심사기준에 따른 간이심사대상은 다음과 같다. 즉, ① 기업결합 당사자가 서로 특수관계인에 해당하는 경우, ② 당해 기업결합으로 당사회사 간에 지배관계가 형성되지 아니하는 경우, ③ 대규모회사가 아닌 자가 혼합형 기업결합을 하는 경우 또는 관련시장의 특성상 보완성 및 대체성이 없는 혼합결합을 하는 경우, ④ 지침에서 정하는 경우173)로서 경영목적이 아닌 단순투자활동임이 명백한 경우에는 간이심사대상이 되는데, 이는 위에서 살펴본 간이신고대상 기업결합과 동일하지 않다(소위 '간이심사대상 기업결합', 기업결합 심사기준 Ⅲ.). 간이절차 신고대상과 심사대상이 상이하다는 문제에 대해서는 후술한다.174)

상술하였듯이 간이절차대상 기업결합의 경우에는 적법한 서류가 접수되었는지 여부와 신고내용이 맞는지 여부만 심사하고 경쟁제한성 여부에 대해서는 심사하지 않는다. 적법한 서류를 통해 신고되었는지, 그리고 신고내용이 맞는지 여부가 확인되면 공정위는 곧바로 신고인에게 그 결과를 통보한다. 신고→심사→결정까지의 모든 절차는 15일 이내에 완료되어야 한다.

한편, 기업결합 당사회사들이 원하는 경우에는 임의적 사전심사를 신청

---

173) 다음 3가지 경우를 일컫는다.
　① 「자본시장과 금융투자업에 관한 법률」 제9조 제18항 제7호의 규정에 따른 사모투자전문회사의 설립에 참여하는 경우
　② 「자산유동화에 관한 법률」 제2조 제5호의 규정에 따른 유동화전문회사를 기업결합한 경우
　③ 기타 특정 사업의 추진만을 위한 목적으로 설립되어 당해 사업 종료와 함께 청산되는 특수목적회사를 기업결합한 경우
174) 기업결합의 신고대상과 심사대상이 불일치하다는 점에 대한 비판적 견해로 이봉의, 디지털경제와 기업결합 신고의무의 개선방안, 경쟁법연구 제39권, 2019, 254면 참조. 당해 견해는 특히 국제적 기업결합에 있어 양자의 불일치가 심각한 문제를 야기할 수 있다고 지적한다.

할 수 있는데(법 제12조 제9항), 그 결과로 공정위로부터 법 제7조 제1항에
위반되지 아니한 것으로 통지받은 기업결합을 법 제12조 제1항에 따라 신
고한 경우는 간이심사대상 기업결합으로 분류된다.

다. 일반신고절차의 진행과정

(1) 개요

간이심사대상이 아닌 일반심사대상 기업결합의 경우, 일반신고절차에 따
라 기업결합 신고를 해야 한다. 기업결합 일반신고는 원칙적으로 사후신고
이지만, 기업결합의 당사회사 중 1 이상의 회사가 대규모회사인 경우[175]에
는 필수적 사전신고를 해야 한다(법 제12조 제6항 단서).

(2) 신고의 접수

법 제12조 제1항에 따라 기업결합 신고를 해야 하는 자는 기업결합일로
부터 30일 이내에 공정위에 신고해야 하고(법 제12조 제6항), 이때 기업결
합 신고서와 관련 첨부서류를 함께 제출해야 한다(시행령 제18조 제4항).
기업결합 신고서에는 신고의무자 및 상대방 회사의 명칭, 매출액, 자산총
액, 사업내용과 당해 기업결합의 내용 및 관련시장 현황이 기재되어 있어
야 하고, 관련 첨부서류는 신고내용 입증에 필요한 관련서류를 의미한다.

만일 신고서 내지 첨부서류가 미비된 경우, 공정위는 기간을 정하여 해
당 서류의 보정을 명할 수 있다(시행령 제18조 제5항). 이상의 신고접수절
차는 사전신고에 있어서도 마찬가지이다.

---

[175] 이 경우에는 공정위의 심사결과를 통지받기 전까지 주식소유, 합병등기, 영업양수계
약의 이행행위 또는 주식인수 행위를 할 수 없다(공정거래법 제12조 제8항).

(3) 신고내용의 심사 및 결과통지

공정위는 신고일로부터 30일 이내에 당해 기업결합이 법 제7조에 해당하는 기업결합인지 여부를 심사하고, 그 결과를 해당 신고자에게 통지하여야 한다. 다만, 공정위가 필요하다고 인정할 경우에는 그 기간의 만료일 다음 날부터 계산하여 90일까지 그 기간을 연장할 수 있다.

2. 당사자의 권리보장

가. 간이신고절차

기업결합 간이신고절차를 규율하는 기업결합 신고요령은 대외적 구속력이 없기 때문에 당해 고시에 의해서는 그 어떠한 절차적 권리도 보장되지 않는다.

그렇지만 기업결합 심사기준은 대외적 구속력이 있는 규범으로서, 당해 심사기준에 규정된 절차적 권리는 보장되어야 할 필요가 있다. 기업결합 심사기준에 따르면 간이절차를 15일 이내에 마무리 지을 수 있고 간이심사가 종료된 후에 그 결과를 통지받을 권리가 당사자에게 인정된다.

[표 4-26] 기업결합 간이신고절차상 당사자의 권리보장

근거규정	내용
기업결합 심사기준 Ⅲ. 본문	간이심사절차를 15일 이내에 종료될 수 있도록 요구할 권리
기업결합 심사기준 Ⅲ. 본문	간이심사종료 후, 그 결과를 통보받을 수 있는 권리
법 §12 ⑨ 심사기준 Ⅲ.5.	임의적 사전심사를 신청하여 공정위로부터 기업결합 승인을 받은 경우, 간이심사절차를 밟을 수 있는 권리

나. 일반신고절차

기업결합 일반신고절차상 당사자의 권리보장과 관련된 규정은 다음과

같다. 즉, 일반심사절차의 기한이 30일 또는 120일 이내라는 점, 심사결과를 통보 받을 수 있다는 점 등이 당사자의 절차적 권리로서 보장된다.

[표 4-27] 기업결합 일반신고절차상 당사자의 권리보장

근거규정	내용
법 § 12 ⑦	일반심사절차를 30일 이내(또는 120일 이내)에 종료될 수 있도록 요구할 권리
법 § 12 ⑦	일반심사종료 후, 그 결과를 통보받을 수 있는 권리

3. 문제점 및 평가

가. 신고절차 규정의 미비

앞에서 살펴본 바와 같이 기업결합 신고절차는 그 요건과 내용이 매우 복잡하지만, 관련 규정이 전혀 정비되어 있지 않은 상태이다. 예컨대 법률상의 규정은 신고대상 등의 실체적 내용과 신고방법, 기간 등의 절차적 내용이 모두 법 제12조에 함께 규율되어 있는데, 이를 통해 신고절차를 체계적으로 이해하기는 쉽지 않다. 기업결합 신고요령이나 심사기준에서도 신고절차를 체계적으로 규율한 규정을 어디에서도 찾을 수 없는데, 이는 당해 절차의 투명성과 예측가능성에 있어 매우 큰 문제이다.

사실 규정의 혼란스러운 상황은 기업결합규제 전반에 걸쳐 지적될 수 있는 것이다. 관련 규정인 법 제7조와 법 제12조 사이에 경제력 집중 규제 관련 규정들이 삽입되어 있고, 그에 따라 규범적으로 기업결합 금지규정을 명확히 파악하기에는 매우 어렵다. 이러한 상황에서 기업결합 절차에 있어 당사자의 절차적 권리는 매우 취약한 수준으로 머무를 수밖에 없을 것이다.

나. 기업결합 신고의 법적 성질에 대한 혼란

기업결합 신고의 법적 성질을 심도 있게 다룬 기존의 논의는 거의 찾아보기 힘들다. 다만, 기업결합의 신고의무와 기업결합의 위법성 여부가 직접적인 관련이 없다는 점, 신고대상이나 신고시점과는 관계없이 공정위가 직권으로 기업결합 관련 문제를 심사할 수 있다는 점 등의 견해가 실무적으로 인정되어 온 것으로 보이고,176) 따라서 기업결합 신고가 공정위에 대한 단서제공의 의미를 갖는 것으로 파악한 것이 통설적 견해였다고 정리할 수 있다.177) 이에 따르면 공정거래법 제49조 제2항의 법위반신고와 법 제12조의 기업결합신고는 그 법적 성격이 동일하다.

이에 반해 기업결합 신고와 일반 법위반신고의 법적 성격을 상이하게 파악하는 견해가 있다.178) 동 견해는 후자가 과거의 법위반에 대해 누구나 신고할 수 있는 성격을 갖는 반면, 전자는 장래에 이루어질 기업결합에 대해 당해 사업자가 공정위에 그 승인을 구하는 의사표시의 성격을 갖는다고 한다. 이에 따르면 공정거래법상 기업결합 신고의무를 갖지 않는 당사자들은 공정위의 기업결합 승인을 받을 필요가 없는 것이고, 이러한 기업결합에 대해 공정위가 자체적으로 심사하여 조치해서는 안 된다.

생각건대, 일반 법위반신고와 기업결합신고의 법적 성격을 동일하게 파악하는 데에는 무리가 있다고 본다. 일반 법위반신고에는 그 신고주체의 제한이 없는 반면, 기업결합신고는 신고요건에 해당하는 사업자로 그 주체가 제한되고 반드시 신고가 이루어져야 하는 의무의 성격을 갖는다는 차이가 있다. 또한, 전자는 과거의 행위에 대한 신고이고, 후자는 미래에 있을 기업결합에 대한 신고이다.179) 따라서 일반 법위반신고와 기업결합신고는 동일하게 취급한 종래의 견해는 타당하지 않으며, 기업결합규제의 취지에

---

176) 권오승·이봉의 등 8인 공저, 독점규제법, 2018, 86면 참조(신영수 교수 집필부분).
177) 권오승·서정, 독점규제법 - 이론과 실무, 2018, 192면 참조.
178) 이봉의, 공정거래법상 국제적 M&A에 대한 역외적 관할권, 경쟁법연구 제33권, 2016, 170면 참조.
179) 사업자 간의 기업결합이 종국적으로 완성되기 위해서는 공정위의 기업결합 승인이 필요한 것이고, 이는 사전신고 및 사후신고 관계없이 성립하는 명제이다.

맞는 기업결합 신고의 법적 성격을 정립해야 할 것이다.[180]

다. 신고시기에 관한 문제

현재 공정거래법은 기업결합 신고에 대해 사후신고를 원칙으로 하고, 대규모회사가 주식취득이나 영업양수, 합병, 새로운 회사설립에의 참여가 문제되는 경우에만 예외적으로 사전신고하도록 정하고 있다.[181] 즉, 기업결합 신고는 '원칙적 사후신고 - 예외적 사전신고'로 운영되고 있는데, 이에 관하여 모든 기업결합 신고의 시기를 사전신고로 통일할 필요가 있다는 견해가 지속적으로 제기되고 있다.[182][183]

생각건대 신고시기를 일원화시키는 것은 기업결합 신고절차를 간명하게 할 수 있어 당사자의 권리를 간접적으로 보장하여 공정거래절차법의 지도원리에 부합하는 측면이 있다. 그러나 당해 문제는 기업결합 신고시기의 연혁, 사후신고의 의의, 외국의 예 등을 고려하여 신중히 검토되어야 한다.

180) 현행법상 기업결합신고는 사전신고와 사후신고로 구분되므로, 기업결합신고의 법적 성격을 일원적으로 파악할 수 있는지에 대한 문제제기가 가능하다. 사전신고는 경쟁당국의 승인을 요구하는 것으로 이해되지만, 사후신고는 승인절차가 아니라 이미 완료된 기업결합에 대한 제재가 내려질지 여부를 결정하기 위한 절차이기 때문이다. 그러나 기능적인 측면에서는 그것이 승인이든 제재이든 간에 신고의무가 있는 기업결합에 대한 경쟁당국의 규범적 조치를 의미하는 것이기 때문에, 이러한 기능적 측면에서는 사전신고와 사후신고가 동일하고, 따라서 기업결합신고의 법적 성격은 단일하게 파악될 수 있을 것이다.
181) 기업결합의 신고시점에 관해 권오승·이봉의 등 8인 공저, 독점규제법, 2018, 90면 참조(신영수 교수 집필부분).
182) 권오승·이재우·이봉의·차성민, 기업결합 심사제도의 개선방안에 관한 연구, 공정거래위원회 용역과제, 2000, 50-53면; 김용상·신영욱, 기업결합 신고 및 심사절차에 관한 연구, 공정거래위원회 용역과제, 2016, 137-139면 참조.
183) 한편, 기업결합 실무는 실제로 대규모기업집단을 중심으로 형성되기 때문에 주요 기업결합에 대해서는 사실상 사전신고가 중심이 된다는 견해로 권오승·이봉의 등 8인 공저, 독점규제법, 2018, 86면 참조(신영수 교수 집필부분).

라. 간이신고절차 관련 문제

간이신고절차와 관련해서는 다음 두 가지 문제가 제기될 수 있다.

우선, 간이신고대상과 간이심사대상의 범위가 상이하다는 점이다. 기업결합 신고요령상의 신고대상과 심사기준상의 심사대상은 엄연히 상이하며, 일견 후자의 범위가 넓다. 간이기업결합의 경우에는 경쟁제한성에 대한 추가적인 판단 없이 신고의 형식에 대한 판단만 내려지는 바, 기업결합에 대한 신고내용이 곧 심사내용이 되고, 따라서 신고와 심사가 함께 진행되는 특징을 갖는다. 이를 보건대 신고대상과 심사대상이 상이한 현 상태는 타당하지 않으며 제도상의 혼란을 가져올 위험이 있으므로 개선이 필요하다.

다음으로, 간이신고절차 관련 규정이 부재하다는 점이다. 간이신고절차의 구체적인 운영은 전적으로 공정위의 재량에 맡겨져 있다. 이는 한편으로는 신속한 기업결합 승인이라는 간이절차의 취지와는 맞는 것으로 생각될 수 있지만, 다른 한편으로는 관련 규정이 정비되고 절차적인 제도들이 마련되어야 하는 것은 아닌지 고민하게 한다. 특히 특수관계인이 관련된 기업결합에 대해서는 기존의 지배관계가 강화되는 경우에는 간이절차를 중단하고 경쟁제한성 심사를 할 필요가 있을 것인데,[184] 이 경우에 있어서는 보다 구체적인 판단기준을 공정위가 마련하여 대외적 구속력 있는 고시 형태로 규율할 필요가 있을 것이다.

---

184) 특수관계인과의 기업결합은 이미 지배관계를 갖고 있는 자와의 기업결합이므로, 기왕에 존재하지 않는 지배관계를 새로이 형성하는 일반 기업결합과는 일견 다른 점이 있지만, 이것이 기존 지배관계를 강화하는 결과를 가져오는 경우에는 공정위가 간이심사에 의한 추정을 복멸하여 경쟁제한성 심사를 실시해야 한다는 견해가 있다. 홍명수, 독점규제법상 특수관계인과의 기업결합에 대한 규제가능성 검토, 경쟁법연구 제19권, 2009, 1-15면 참조.

4. 개선방안

가. 기업결합 관련 규정의 정비

기업결합 규제와 관련된 개선방안으로 가장 먼저 생각될 수 있는 것은 법률상 기업결합 규정들을 정비하는 것이다. 이는 당해 규제의 투명성과 예측가능성, 그리고 정당성을 제고하여 당사자의 권리를 보장하기 위한 필수적인 작업이다. 또한, 이를 통하여 공정거래법상 기업결합규제의 목적과 기타 금지행위와의 차이점, 그리고 구체적인 세부내용의 적합성을 검토할 수 있고, 나아가 제도와 관련된 전반적인 개선방안을 모색할 수 있는 것이다.

생각건대, 현재 기업결합규제 규정과 경제력 집중규제 규정이 혼재되어 있는 제3장을 정비하여 각각 개별의 장에 규율하는 형식으로 개정되어야 한다.[185] 또한, 현재 단 3개의 법조항에 모든 내용이 담겨져 있는 기업결합 관련 규정들을 세분화하여 별개의 법조항들을 마련할 필요가 있는데, 이때 실체적 내용과 절차적 내용을 엄밀히 구분하는 방법을 생각할 수 있다.

나아가 현재의 기업결합 심사기준은 실체적 내용에 관한 구체적인 내용만을 규정하도록 하고, 기업결합 신고요령의 이름을 「기업결합 절차규칙」 등으로 변경하면서 대외적 구속력을 가질 수 있게 법률에 위임규정을 두는 것이 필요하다. 그리고 당해 규칙을 참조하면 기업결합 신고절차와 관련된 시기, 방법 등을 명확히 파악할 수 있도록 그 내용을 규율해야 할 것이다. 여기서 간이기업결합과 일반기업결합을 엄밀히 구분하여 각각 상세내용을 규정해야 함은 물론이다.

나. 기업결합 신고의 법적 성질 정립

기업결합 신고의 법적 성질을 정립하는 것은, 기업결합 규제의 성격을

---

185) 공정거래법 전부개정안에는 제3장 기업결합의 제한, 제4장 경제력 집중의 억제로 구분하여 법규정을 정비하였다.

파악하고 제도를 그에 맞게 체계화시키는 것의 시발점이 된다. 기업결합 신고의 성격을 어떻게 이해하느냐에 따라 기업결합 신고제도와 심사제도의 관계, 신고시기의 문제, 심사대상의 문제, 나아가 외국사업자에 대한 기업결합 심사의 문제가 상이하게 조망될 것이기 때문이다.

생각건대 기업결합 신고를 일반 법위반신고와 동일하게 파악하는 통설의 견해와 공정위 실무는 타당하지 않고, 따라서 반드시 재고되어야 한다. 무엇보다 신고의 주체, 대상, 목적 등에 있어서 양자의 차이가 너무나 크기 때문이다. 사견으로는 기업결합 신고의 성격은 당해 기업결합에 대해 공정위의 승인을 구하는 성격을 갖는다고 보는데,[186] 그 근거는 다음 두 가지 측면에서 파악될 수 있다. 즉, 규범적으로는 기업결합 신고가 법률상 의무로 규정되어 있고 당해 의무위반에 대한 제재수단도 마련되어 있다는 점,[187] 그리고 실제로도 신고된 기업결합이 최종적으로 성립하려면 현재 법제도상으로는 반드시 공정위의 경쟁제한성에 대한 심사 및 승인이 필요하다는 점이다.

기업결합 신고의 법적 성격을 새롭게 이해하게 되면 그에 맞게 기업결합 규제의 많은 부분이 재정비되어야 한다. 예컨대 기업결합 신고에 있어서는 신고시기를 사전신고로 통일시키는 것 등을 생각할 수 있는데, 이에 관해서는 항을 바꾸어 서술한다.

다. 신고시기를 사전신고로 일원화

기업결합 신고시기는 사전신고로 일원화하는 것이 타당하다. 이것은 이

---

186) 공정위의 기업결합 승인의 법적 성질이 강학상 허가, 특허, 인가 중 어느 것에 해당하는지에 대해서는 행정법 이론에 따른 검토가 필요하고, 마지막으로는 경쟁기능 보호라는 공정거래법의 목적이 함께 고려되어야 한다.

187) 법 제69조의2 제1항 제2호는 기업결합의 신고를 하지 아니하거나 허위의 신고를 한 자 또는 사전신고에 있어 '대기기간'을 지키지 않은 자에 대해 법인에게는 1억원 이하, 자연인에게는 1천만원 이하의 과태료를 부과하도록 규정하고 있다.

론적으로는 이미 실행된 기업결합을 원상으로 되돌리는 것이 불가능하다
는 사후신고의 문제를 해결해주는 측면이 있고,[188] 절차적으로는 신고의
시기를 사전신고로 통일해 신고절차의 명확성과 예측 가능성을 제고할 수
있다는 장점이 있다. 또한, 주요 외국의 입법례가 사전신고를 따른다는
점,[189] 당초 공정거래법은 기업결합의 사전신고의 대상을 넓게 규정하고
있었다는 점[190] 등을 고려하더라도 기업결합의 신고시점은 사전신고를 원
칙으로 하는 것이 보다 타당하다.[191]

한편, 기업결합 신고의 법적 성격을 공정위에 당해 기업결합의 승인을
구하는 것으로 파악하는 경우에는 기업결합 신고시기를 기업결합이 성립
되기 전으로 설정하는 것이 논리적으로 합당하다는 측면도 사전신고를 원
칙으로 해야 한다는 주장을 뒷받침하는 근거가 될 수 있다.

라. 간이신고절차 관련 개선방안

간이신고절차에 관해서는 그 도입취지나 이를 운영함으로써 얻는 절차
의 효율성에 비해 제도적 개선이나 관련 논의조차 이루어지지 않았다. 우
선, 기업결합 간이절차의 유용성을 재인식하여 이를 별도로 규율하는 규정
을 마련하여 당해 제도에 대한 투명성과 예측가능성을 제고하여야 한다.
그리고 간이신고대상과 간이심사대상을 별도로 규율하고 있는 현재 상태
를 개선하여 양자를 단일한 규정에 규율하고 그 내용을 통일시키는 것이

---

188) 同旨 권오승·이재우·이봉의·차성민, 기업결합 심사제도의 개선방안에 관한 연구, 공
　　　정거래위원회 용역과제, 2000, 50-53면.
189) 미국, EU, 일본, 중국 등 주요 외국의 기업결합 신고절차에 관해 신상훈, M&A에
　　　대한 각국의 기업결합 신고 및 심사제도와 사례, 국제거래법연구 제20권 제2호,
　　　2011, 3-12면 참조.
190) 우리나라 기업결합 신고제도의 변천에 관해 한용호, 한국의 기업결합 신고제도에 관
　　　한 연구, 서울대학교 행정학석사논문, 2018, 39-41면 참조.
191) 同旨 김용상·신영욱, 기업결합 신고 및 심사절차에 관한 연구, 공정거래위원회 용역
　　　과제, 2016, 138면.

필요하다.

나아가 간이기업결합에서는 실질적으로 신고와 심사가 동시에 진행된다는 특성을 생각한다면 절차의 기간을 조금은 여유 있게 규정할 필요가 있다.[192] 유럽의 경우 간이절차의 기간이 1개월인 반면, 우리나라는 15일로 정해져 있는데, 이 기간 내에 당해 기업결합에 대한 승인이 내려진다는 측면에서는 15일이라는 기간이 지나치게 짧다.

또한, 간이심사절차가 개시되면 관보나 인터넷 홈페이지에 공개하여 외부에 알려야 하고, 일정한 기간 동안에는 관련하여 제3자의 의견을 수렴할 필요가 있다. 그리고 간이심사를 통해 기업결합이 승인되면, 이에 대해서도 홈페이지 등에 공지하여 절차의 투명성을 확보하는 것이 필요하다.

---

192) 이하 이봉의, 독점규제법상의 간이기업결합 심사기준 및 절차, 공정경쟁 제70호, 2001, 43-45면 참조.

제4절 소결

이상으로 공정거래절차 제도에서 당사자의 권리가 어떻게 보장되고 있는지 살펴보고, 문제점을 지적한 후 개선방안을 제시해보았다. 본고의 논의는 공정거래절차 제도를 공정거래 사건처리절차와 공정거래 개별절차로 구분하여 사건처리절차뿐만 아니라 자진신고 감면절차, 동의의결절차, 기업결합 신고절차에서의 당사자 권리보장을 검토하였다는 점, 절차제도의 관련 규정을 상세히 분석하여 각 절차의 진행단계별로 보장되는 당사자의 권리를 정리하였다는 점이 특징이다. 그렇게 함으로써 본고에서는 당사자의 개별적인 절차적 권리를 적시하였다는 장점도 갖지만, 각 절차의 단계, 관련 규정의 체계를 정리하여 각 절차제도의 투명성과 명확성을 제고하는 방법으로 당사자의 권리를 보장하고자 했다는 특징을 갖는다.

당사자의 권리보장과 관련하여 마지막으로 재차 강조해야 하는 부분은 다음과 같다. 즉, 공정거래절차법상 당사자의 권리보장의 문제는 준사법 명제에 의해 주관적 법치주의에 국한되어 논의되어서는 안 되고, 국민경제적 관점의 경쟁기능 보호라는 공정거래절차법의 고유한 목적을 달성하려는 지도원리의 일환으로 이해되어야 한다. 이는 한편으로는 이번 장에서 다뤄졌던 구체적인 논의들이 절차참여자의 절차적 권리보장이라는 지도원리의 틀 안에서 이해되어야 한다는 점과 다른 한편으로는 개선방안을 모색함에 있어 무조건적인 당사자 권리보장의 강화가 아니라 공정거래절차법의 목적 달성을 위해 지도원리 간의 형량이 행해져야 한다는 점을 보여준다. 그러나 여기서 가장 중요한 것은, 공정거래절차법상 당사자 권리보장과 관련된 논의가 공정거래절차의 고유성과 특수성을 고려하여 독자적이고 자유로운 논의가 진행될 수 있다는 점이다.

다음 장에서는 공정거래절차법상 제3자의 절차참여에 관하여 살펴본다. 제3자의 절차참여는 당사자 권리보장과 마찬가지로 위에서 도출한 공정거래절차법의 지도원리인 참여원리와 직접 관련되어 있는 것으로서, 공정거래절차법의 목적을 달성하기 위한 것으로 파악될 수 있다. 이러한 관점에서 공정거래절차법의 제3자 절차참여의 현황과 문제점, 개선방안을 살펴보도록 한다.

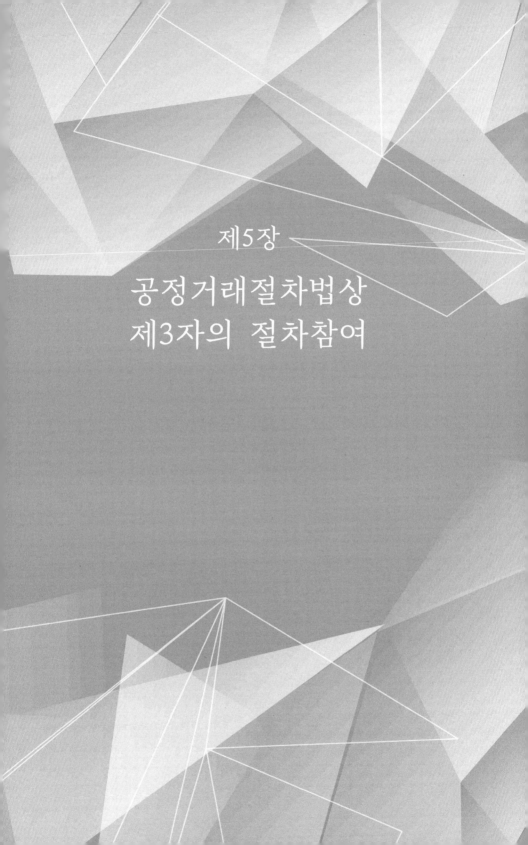

제5장

공정거래절차법상
제3자의 절차참여

제1절 논의의 기초

Ⅰ. 공정거래절차법상 제3자

1. 의의

공정거래절차법에서의 제3자는 공정거래절차의 절차참여자 중 경쟁당국과 당사자를 제외한 모든 자를 뜻한다. 공정거래절차법상 제3자의 범위는 매우 다양하게 파악될 수 있다. 따라서 이를 두 가지 차원 즉, 실체적 차원과 규범적 차원으로 유형화할 필요가 있다.

실체적 차원의 제3자는 공정거래절차가 직면하는 실제 문제사안에 비추어 개념화한 것이다. 이에 따른 공정거래절차법상 제3자는 당사자의 반경쟁행위로 인해 직접 피해를 입은 피해자, 당해 사건과 일정한 이해관계를 가진 자, 그리고 이해관계를 아예 갖지 않는 대중으로 구분할 수 있다.[1] 규범적 차원의 제3자는 공정거래절차법상 규정된 제3자 개념을 의미한다. 즉, 현행 규정상으로는 신고인과 이해관계인, 참고인, 감정인 등이 공정거래절차법상 제3자가 된다.

본고에서는 규범적 개념을 중심으로 제3자를 유형화하되, 실체적 차원의 제3자 개념과의 연관성을 유지하면서 살펴보고자 한다.

---

[1] 同旨 OECD Report, Trade and Competition–From Doha to Cancún, 2003, pp.13-14.

2. 유형

가. 신고인

(1) 공정거래절차법상 신고인의 의의

규범적으로 신고인은 공정위에 일정한 사항을 신고함으로써 확정되는 법적 지위이다.[2] 공정위에 신고를 하는 경우는 크게 두 가지이다. 즉, 법 제49조 제2항에 따라 사인이 법위반사건을 신고하는 경우와 사업자가 일정한 지위를 인정받기 위한 지주회사 설립·전환의 신고, 기업결합의 신고, 주식소유 현황 등의 신고가 있다.[3] 다만, 공정거래법상 신고인 개념은 법 제51조의3에 의해 전자에 한하여 규율되어 있으므로[4] 본고에서도 법 위반 신고를 한 자에 한하여 신고인이라는 개념을 사용하도록 한다.

공정거래법 제49조 제2항은 "누구든지 이 법의 규정에 위반되는 사실이

---

2) 여기서는 법 제49조 제2항의 '신고'가 수리를 요하는 신고인지 아니면 수리를 요하지 않는 신고인지에 대한 논의가 필요할 것이다. 법 위반 사건에 대한 신고는 수리를 요하지 않는 신고라고 보는 견해가 통설이므로 신고인은 신고서를 접수한 즉시 '신고인'의 법적 지위를 갖게 된다.

3) 전자의 신고를 '법위반 행위 여부에 관한 조사·결정을 구하는 행위' 내지 '궁극적으로는 법 위반이 혐의가 있음을 전제로 그에 대한 시정조치명령·과징금부과·고발 등의 조치를 구하는 행위'로 규정하고, 후자의 신고를 '행정정보 취득을 위한 제도로서의 신고'로 규정하여 양자를 구분하는 견해로는 박정훈, 공정거래법의 공적 집행, 공정거래와 법치(권오승 편), 2004, 1014-1015면, 1041-1043면 참조. 사견으로는 후자는 사업자의 관점에서 보면 공정위로부터 수익적 처분 내지 강학상 확인(確認)을 얻기 위한 신고로 정의하는 것도 가능하다고 보고, 전자는 본인이 아닌 타자에 대한 행정청의 처분을 구하는 신고인 반면, 후자는 본인과 직접 관련된 신고이므로, 절차의 구도가 본질적으로 다르다고 할 수 있을 것이다.

4) 공정거래법상 신고인 개념은 동의의결제도의 절차를 규율하는 법 제51조의3 제2항에서 명시적으로 언급되고 있다. 즉, 동 규정은 공정위가 동의의결을 하기 전에 30일 이상의 기간 동안 '신고인 등 이해관계인'에게 통지하거나 공고해야 하며, 이들에게 의견을 진술할 기회를 주어야 함을 정하고 있다.

있다고 인정할 때에는 그 사실을 공정거래위원회에 신고할 수 있다"고 규율하고 있다. 따라서 신고인의 지위는 법위반사항을 공정위에 신고함으로써 획득할 수 있다. 공정거래법상 법 위반 신고의 특징은 '누구든지' 신고를 할 수 있다는 것인데, 이는 한편으로 경쟁사업자 내지 거래상대방, 기타 경제주체까지 신고주체가 될 수 있다는 것을 의미하고, 다른 한편으로는 피해자뿐만이 아닌 그 이외의 자에게 신고권한을 부여했다는 의미를 갖는다. 공정거래절차법상 법 위반 신고는 형사소송법상의 고소제도를 넘어서서 고발제도까지 함께 규정한 것으로서 공정거래절차의 궁극적 목적이 법목적의 실현이라는 객관적 법치주의에 있다는 점을 뒷받침해주는 요소 중 하나로 파악할 수 있다.

(2) 신고인 개념의 유형화 문제

현행 공정거래절차법은 신고인의 개념을 특별히 구분하고 있지 않고 있다. 그러나 이에 관해서는 피해자의 신고와 일반적인 제3자의 신고를 동일하게 취급할 수 있는지의 문제가 있다.[5] 신고인의 유형을 고발을 목적으로 하는 신고인과 피해구제를 목적으로 하는 신고인으로 구분하여야 하며, 보다 구체적으로는 '법률상 이해관계가 있는 자'의 요건을 두는 방법이 가능하다는 견해[6]는 이와 같은 맥락의 문제제기로 파악할 수 있다.[7]

사건으로는 자신의 신고로 인하여 공정위의 사건이 정식으로 개시된 경우, 당해 신고인은 사건과의 이해관계와 관계없이 기본적으로 공정거래절차의 참여자로 인정되어야 한다. 그리고 신고인의 지위에 따른 일정한 절

---

5) 同旨 황태희, 독점규제법 집행시스템의 개선방안, 저스티스 통권 제123호, 2007, 189면.
6) 서울대 경쟁법센터, 서울대 경쟁법센터 2018년 전문가 좌담회 – 제2차 제2세션, 경쟁과 법 제10호, 2018, 69면 참조(김남근 변호사 발언부분)
7) 사건처리절차상 신고인의 지위에 관해 홍대식·최수희, 공정거래법 위반행위에 대한 공정거래위원회의 사건처리절차에 관한 검토, 경쟁법연구 제13권, 2006, 303-305면 참조.

차적 권리를 인정해야 할 것이다. 즉, 신고인이라는 법적 지위는 사건과의 이해관계 유무가 아닌, 자신이 신고된 사안에 대해 사건심사 착수보고가 이루어졌는지에 따라 부여될 필요가 있다.

나. 이해관계인

(1) 공정거래절차법상 관련 규정

이해관계인의 개념에 대한 공정거래법률상의 정의는 존재하지 않는다.[8] 다만, 동의의결제도와 관련된 심사지침, 이해관계인 등에 대한 경비를 지급하는 기준을 규정한 공정위 심사지침에 이를 정의한 규정이 등장하기 때문에, 이를 우선적으로 살펴볼 필요가 있다.

공정거래법상 동의의결제도와 관련된 공정위 고시인 동의의결규칙 제2조 제8호에서는 이해관계인을 '신고인, 거래상대방, 경쟁사업자 등 해당 행위에 대해 법률적·경제적 이해관계를 가지는 자 또는 단체'로 규율하고 있다. 동의의결규칙이 외부적 구속력을 갖는 고시이므로 당해 이해관계인에 대한 개념정의는 공정거래절차의 이해관계인에 대한 일반적인 정의조항으로 인정될 수도 있다. 다만, 당해 규정은 내용상으로 '이 규칙에서의 이해관계인'이라는 한계를 갖고 있기 때문에, 추가적인 검토가 필요하다.

---

8) 반면, 이해관계인의 개념과 범위에 대해 법률이나 시행령에서 직접 규율하는 법률도 존재한다. 예컨대 「행정절차법」 제2호 제4호, 「산지관리법」 제18조의5, 「민사집행법」 제90조, 「상가건물 임대차 보호법 시행령」 제3조의2, 「식품안전기본법 시행령」 제10조, 「식품위생법 시행령」 제5조, 제7조, 제11조, 「자본시장과 금융투자업에 관한 법률 시행령」 제4조, 「축산물 위생관리법 시행령」 제18조의5, 제26조의6, 「해양 사고의 조사 및 심판에 관한 법률」 제2조 제3조의2호 등이 있다.

> ※ 「동의의결제도 운영 및 절차 등에 관한 규칙」 제2조 제8호
>
> 이 규칙에서 "이해관계인"이라 함은 신고인, 거래상대방, 경쟁사업자 등 해당 행위에 대해 법률적·경제적 이해관계를 가지는 자 또는 단체를 말한다.

또한, 공정위의 절차 관련 규정 중, 「독점규제 및 공정거래에 관한 법률 등에 의한 이해관계인 등에 대한 경비지급규정」9) (이하 '경비지급규정')에 따르면, 제2조 제1항에서 "공정거래법 및 약관법 위반사건과 직접적인 이해관계를 가진 자 중 피심인을 제외한 자로서 위원회로부터 출석요구를 받은 자"가 이해관계인에 속한다고 규정하고 있다.10) 당해 고시는 대외적 구속력이 없는 내부적 규칙이고 여기서도 적용상의 한계를 규율해 놓은바, 이 정의조항의 의미를 바로 받아들일 수는 없다 할 것이다. 다만, 동 규정에서의 이해관계인 개념은 공정위 절차에 참가한 자를 의미하는 것으로서 동의의결규칙상의 이해관계인 개념과는 상이하다는 점은 유의할 만 하다.

> ※ 「독점규제 및 공정거래에 관한 법률 등에 의한 이해관계인 등에 대한 경비규정」 제2조 제1호
>
> 이 규정에서 이해관계인이라 함은 공정거래법 및 약관법 위반사건과 직접적인 이해관계를 가진 자 중 피심인을 제외한 자로서 위원회로부터 출석요구를 받은 자를 말한다.

한편, 상술한 바와 같이 행정절차법 제2조 제4호에서는 이해관계인이 '당사자 등'에 포함되는 개념이고, 동법은 이를 '행정청이 직권으로 또는

---

9) 공정위 고시 제2015-15호, 2015.10.23. 일부개정.

10) 동 고시 제2조 제2항과 제3항은 참고인 및 감정인에 대한 정의조항도 함께 마련하고 있다. 사건으로는 경비지급규정에서 정의하는 이들에 대한 정의조항을 참조할 수는 있지만, 이론적인 검토를 통하여 개념을 재정립할 필요가 있다고 판단된다.

신청에 따라 행정절차에 참여하게 한 자'로 정의하고 있다. 당해 규정도 마찬가지로 절차에 참여한 자를 이해관계인으로 정의하는 것으로서, 해당 행위에 대해 이해관계를 가지는 자와는 의미가 동일하지 않다.

(2) 이해관계인 개념의 2차원

이상의 논의는 공정거래절차법상 이해관계인 개념이 실질적으로는 각각 상이한 의미를 갖는 두 개의 관념으로 사용되고 있음을 확인해 준다. 동의의결규칙상의 이해관계인은 해당 행위 내지 관련 행위와 법률적·경제적 이해관계를 가진 자 또는 단체를 말하며, 여기에는 신고인, 거래상대방, 경쟁사업자 등이 포함될 수 있다. 그러나 경비지급규정에 의하면, 이해관계인은 공정거래법 위반사건과 직접적인 이해관계를 가져야 하는데 무엇보다도 위원회로부터 출석요구를 받은 자를 의미하는 것이다.11) 즉, 두 규정에서 말하는 이해관계인의 개념은 ① 문제되는 행위와의 어느 정도의 이해관계를 갖는지 및 ② 공정위 절차참여를 전제하고 있는지 여부에서 차이를 보인다.

두 관념의 차이를 이해하는 데에는 유럽연합차원의 행정절차법 제정 프로젝트인 ReNEUAL 모델법상 당사자 개념을 참조할 수 있다.12) 당해 프로

---

11) 경비지급규정은 공정거래법 제50조 제1항 및 시행령 제57조의 소환조사절차상 공정위가 이해관계인을 출석시켜 의견을 청취하는 경우에 경비를 지급하는 사항을 규율하는 것으로서, 위원회의 출석요구를 받는 것과 공정거래절차에 참여하는 것의 의미는 엄밀하게는 다를 것이지만, 공식 절차에 참여했는지의 차원에서는 동일한 것으로 해석될 수 있다고 판단된다.

12) 이하 Paul P., Craig, et al.(ed.), ReNEUAL Model Rules on EU Administrative Procedure, 2017, pp.26-54 참조. EU 행정절차에 관한 ReNEUAL 모델법 프로젝트는 행정법 연구네트워크인 Research Network on Administrative Law에서 수행하는 것으로서, 유럽연합의 절차와 관련된 헌법적 가치와 현재 '파편화'되어 있는 유럽연합의 행정절차와 관련된 규정들의 기본 원리를 법전화하여 단일한 유럽행정절차법으로 전환하려는 목적을 가진다.

젝트는 총 6편으로 구성된 모델법을 제정하였는데,[13] 특히 제3편의 개별결
정 내지 처분절차와 관련된 내용은 공정거래절차와 관련해서도 유의미한
시사점을 던져준다.

※ ReNEUAL Model Rules Ⅲ-2 Definitions

(3) 'Party' means the addressee of the intended decision and other persons who are
adversely affected by it and who request to be involved in the procedure. (…)
(4) 'Interested public' for the purposes of Article Ⅲ-25 (Consultation of the interested
public) means every natural or legal person and other associations, organizations or
groups expressing an interest in the administrative procedure.

적시한 ReNEUAL 모델법 제Ⅲ-2조는 행정처분절차에 관한 정의조항으
로서, 제3항과 제4항에서 '당사자'(party) 및 '이해관계를 갖는 공중'(interested
public)에 대해 규율하고 있다.[14] 이에 따르면 행정처분절차의 당사자는 ①
행정결정의 상대방, ② 행정결정으로 인해 침익적 영향을 받으면서 절차에
참여를 요청하는 제3자(other persons)가 해당된다. 반면, 제4항의 이해관계
를 갖는 공중은 행정절차에 대해 이해관계를 가지는 모든 자연인, 법인, 협
회, 기관 또는 단체를 의미한다. 이해관계를 갖는 공중은 때로는 행정결정
이 매우 큰 파급효과를 가져 공동체의 전체 이익에 영향을 미치는 경우가
있고, 이 경우 이해관계를 갖는 공중에 대한 의견청취 내지 공청회를 실시
하여야 한다는 고려에 의해 규율된 것이다.[15]

---

13) 제1편은 일반조항, 제2편은 행정입법, 제3편은 개별결정 내지 처분, 제4편은 공법상
계약, 제5편은 상호협력절차, 제6편은 정보관리에 대해 규율하고 있다.
14) 이하 Paul P., Craig, et al.(ed.), ReNEUAL Model Rules on EU Administrative Procedure,
2017, p.85, pp.99-100 참조.
15) 이는 유럽연합조약 제11조와 관련이 있는 조항이다.

유럽연합 차원의 일반 행정절차법 제정의 필요성과 그 내용상의 의미는 차치하더라도, 본고에서는 절차에 참여를 요청하는 제3자와 당해 행정결정과 이해관계를 갖는 공중으로서의 제3자를 구분한 것에 주목하려 한다. 나아가 전자의 경우, 만일 행정기관에 의해 요청이 받아들여지는 경우에는 '당사자등'에 속하여 처분의 사전통지 및 청문에서의 의견진술 등을 할 수 있는 구체적인 절차적 권리가 인정될 것이지만, 후자는 그렇지 않다.

(3) 공정거래절차법상 이해관계인 개념의 구분

정리하면, 처분당사자를 제외한 공정위의 사건처리절차에 있어서의 제3자는 크게 두 차원 즉, 절차에 참여한 제3자와 이해관계를 갖는 대중으로서의 제3자로 구분할 수 있다. 그러나 공정거래절차법에서는 이를 '이해관계인'이라는 단일한 개념으로 사용하여 혼란을 야기하고 있는 것이다. 이하에서는 공정거래절차법상 사용되는 이해관계인의 개념을 위에서 구분한 두 개의 관념을 나타내는 개념들로 분류해보도록 한다.

(가) 절차참가자로서의 이해관계인

본고가 분류하고자 하는 첫 번째 개념은 '절차참가자'로서의 이해관계인이다. 이는 공정거래절차, 특히 전원회의 또는 소회의의 심의절차에 직접 참가한 제3자를 의미하는 개념이고, 당해 의미로 이해관계인을 사용하는 법률상 규정은 아래와 같다. 즉, 아래 법규정들은 모두 이해관계인이라는 개념을 사용하고 있지만, 내용상으로는 공정거래절차에 직접 참가한 자를 지칭하는 것으로 파악된다.

※ 공정거래법 제43조의2 (심판정의 질서유지)

전원회의 및 소회의의 의장은 심판정에 출석하는 당사자·이해관계인·참고인 및 참관인 등에 대하여 심판정의 질서유지를 위하여 필요한 조치를 명할 수 있다.

※ 공정거래법 제52조 제1항, 제2항 (의견진술기회의 부여)

① 공정거래위원회는 이 법의 규정에 위반되는 사항에 대하여 시정조치 또는 과징금 납부명령을 하기 전에 당사자 또는 이해관계인에게 의견을 진술할 기회를 주어야 한다.
② 당사자 또는 이해관계인은 공정거래위원회의 회의에 출석하여 그 의견을 진술하거나 필요한 자료를 제출할 수 있다.

※ 공정거래법 제52조의2 (자료열람요구 등)

당사자 또는 이해관계인은 공정거래위원회에 대하여 이 법의 규정에 의한 처분과 관련된 자료의 열람 또는 복사를 요구할 수 있다. 이 경우 공정거래위원회는 자료를 제출한 자의 동의가 있거나 공익상 필요하다고 인정할 때에는 이에 응하여야 한다.

(나) 이해관계가 있는 공중

두 번째 개념은 '이해관계가 있는 공중' 또는 '대중'으로서의 이해관계인이다. 이는 공정거래절차에 직접 참가하지는 않았지만, 관련 사건과 일정한 이해관계를 갖는 제3자를 말한다. 이들은 향후 공정위의 심결절차에 참가할 가능성이 있는 잠재적 절차참가자이기도 하지만, 분명한 것은 공정거래절차에 참가했다는 것을 전제로 하는 절차참가자와는 명백히 구분된다는 점이다.

이해관계가 있는 공중으로서의 이해관계인을 언급한 공정거래절차법상 법률규정은 다음과 같다.

> ※ 공정거래법 제50조 제1항 제1호 (위반행위의 조사 등)
>
> 공정거래위원회는 이 법의 시행을 위하여 필요하다고 인정할 때에는 대통령령이 정하는 바에
> 의하여 다음 각호의 처분을 할 수 있다.
> 1. 당사자, 이해관계인 또는 참고인의 출석 및 의견의 청취

> ※ 공정거래법 제50조 제2항 (위반행위의 조사 등)
>
> 공정거래위원회는 이 법의 시행을 위하여 필요하다고 인정할 때에는 (…) 대통령령
> 이 정하는 바에 의하여 지정된 장소에서 당사자, 이해관계인 또는 참고인의 진술을
> 듣게 할 수 있다.

> ※ 공정거래법 제51조의3 (동의의결의 절차) 제2항 본문, 제4호
>
> 공정거래위원회는 동의의결을 하기 전에 30일 이상의 기간을 정하여 다음 각 호의 사
> 항을 신고인 등 이해관계인에게 통지하거나, 관보 또는 공정거래위원회의 인터넷 홈
> 페이지에 공고하는 등의 방법으로 의견을 제출할 기회를 주어야 한다.

(다) 검토

위 내용을 살펴보면 공정거래절차법상 이해관계인은 ① 절차참가자로서
의 제3자와 ② 이해관계가 있는 공중으로서의 이해관계인으로 구분할 수
있다는 결론이 내려진다. 절차참가자로서의 이해관계인은 일견 심의절차에
참가한 제3자에 해당하고,[16) 이해관계가 있는 공중으로서의 이해관계인은

---

16) 절차참가자로서의 이해관계인이 주로 공정위 심결절차에 문제된다는 점은, 이 개념이
   소송법상의 소송참가와 밀접한 관련을 가질 수 있다는 판단을 가능하게 한다. 무엇보
   다 행정소송법상의 제3자의 소송참가가 고려될 수 있지만, 행정소송법에서는 소송의
   결과에 따라 권리 또는 이익의 침해를 받을 제3자만 소송에 참가할 수 있게 하고 있

심의절차에 직접 참여하지는 않았지만 조사절차와 동의의결절차 등의 사건과 직·간접적으로 관련된 제3자에 해당한다 할 것이다. 그리고 양자를 명확히 구분해야 하는 필요성을 인식하는 것이 공정거래절차법상 이해관계인 개념을 정리하는 초석이 된다.

본고에서는 종래 이해관계인으로 명명된 제3자의 관념을 두 가지로 구분하여 절차에 직접 참가하는 제3자에 대해서는 심의참가인이라는 개념을 도입하고, 이해관계가 있는 공중으로서의 제3자만을 이해관계인으로 칭하는 것을 제안하고자 한다. 심의참가인 및 심의참가제도에 대한 자세한 내용은 항을 바꾸어 서술하도록 한다.[17]

다. 참고인 및 감정인

공정거래절차에 참가하는 제3자로는 신고인, 절차참가인 이외에도 참고인과 감정인이 있다. 참고인과 감정인의 개념에 대해서는 법률 및 시행령 차원에서 정한 바가 없고, 하위 규칙의 내용에 의해 개념이 확정되어야 할 것이다.

(1) 참고인

법률 및 사건절차규칙의 내용에 의하면 참고인은 조사절차에서의 참고인과 심의절차에서의 참고인으로 구분할 수 있다. 전자에 대해서는 동법 제50조 제1항 제1호(위반행위의 조사 등), 동 규칙 제14조, 제15조에서 규율하고 있고, 후자에 대해서는 동 규칙 제33조(심의기일지정 및 통지), 제35조(인정신문), 제37조(참고인), 제40조의2(영업비밀 등의 보호를 위한 조치), 제41조(증거조사의 신청 등), 제41조의2(참고인신문 방식)에 규정되어

다. 행정소송의 소송참가에 관해 김동희, 행정법 I, 2018, 753-754면 참조.
17) 본고 제5장 제2절 공정거래절차의 심의참가 참조.

있다. 생각건대, 조사절차에서의 참고인은 당해 조사 분야의 전문가 또는 당해 조사와 관련된 자[18]를 말하고, 심의절차에서의 참고인은 위원회에 상정되는 안건과 관련하여 출석을 요구받은 증인[19][20]을 가리킨다.

조사절차 참고인의 범위에서 절차참가인이 제외된다는 것은 명확하지만, 심의절차에서는 양자가 중첩될 수 있다. 즉, 사건절차규칙 제37조는 "각 회의는 신청 또는 직권으로 심의결과에 대한 이해관계인, 자문위원, 관계행정기관, 공공기관·단체, 전문적인 지식이나 경험이 있는 개인이나 단체 등을 참고인으로 하여 심의에 참가시켜 의안에 대한 설명·의견을 듣고 신문할 수 있다"고 규정하여 이해관계인 중에서 참고인을 선정할 수 있다고 규정하고 있다.[21]

(2) 감정인

감정인은 조사절차에서의 감정인과 심의절차에서의 감정인이 동일한 개념으로 파악된다. 즉, 공정거래법 제50조 제1항 제2호(위반행위의 조사 등), 시행령 제55조 제2항(공정거래위원회의 조사 등), 사건절차규칙 제18조(감정인의 지정 및 감정위촉)는 감정인의 지정 및 감정의 위촉행위가 조사절차에서 행해진다고 규정하고 있는데, 사건절차규칙 제42조(감정인의 출석)는 "의장은 필요한 경우 감정인을 출석시켜 의견을 들을 수 있다"고 정하고 있다. 나아가 양자를 다르게 규정한 조항도 없는 점을 종합하면, 사건처

---

18) 「무역위원회 기술설명회 운영에 관한 규정」 (무역위원회고시 제2013-1호, 2013.9.9. 제정) 제3조 참조.
19) 「전기위원회 운영·재정 등의 관리에 관한 규정」 (산업통상자원부고시 제2016-203호, 2016.11.2. 일부개정) 제2조 참조.
20) 이는 '공정거래법 및 약관법 위반사건과 관련된 의견이나 증언 등을 듣기 위하여 위원회가 출석요구를 한 자로서 이해관계인을 제외한 자'로 참고인을 규정한 경비지급규정 제2조 제2항과도 일맥상통한다 할 것이다. 즉, 경비지급규정상의 참고인은 심의절차에 있어서의 참고인에 대해 정의하고 있다.
21) 당해 규정의 이해관계인은 이해관계를 갖는 대중으로서의 제3자를 의미한다.

리절차에서의 감정인은 단일한 개념으로 존재한다고 결론내릴 수 있다.

따라서 공정거래절차에 있어서 감정인은 '당해 사건과 관련한 전문적인 지식이나 경험이 있는 개인 또는 단체 중 공정위의 지정을 받은 자'[22]를 의미한다.[23]

II. 제3자 절차참여의 의의

1. 제3자 절차참여의 개념

공정거래절차에의 절차참여는 문언 그대로 공정위의 결정 과정에 참여하여 최종 결정에 일정한 영향을 미치는 것을 의미한다. 절차참여의 주체는 경쟁당국이 아닌 당사자와 제3자인데, 당사자는 처분상대방으로서 기본적인 참여가 자동으로 보장되지만, 제3자의 경우 그렇지 못한 경우가 대부분이어서 절차참여의 의미가 더욱 부각된다. 요컨대, 절차참여는 절차의 제3자에 관한 논제이다.

절차참여의 개념을 보다 명확히 하기 위해서는 이와 유사한 개념인 절차참가와 심의참가와의 비교분석이 필요하다. 우선 절차참여(Partizipitaion)는 경쟁당국의 결정에 영향을 미치는 모든 활동을 뜻하는 포괄적인 개념인 반면, 절차참가(Beteiligung)는 실제 경쟁당국의 결정절차에 직접 참가하여 의견진술 등을 하는 보다 구체적 참가를 의미한다. 절차참가의 종류로는 일견 법률에 의한 참가와 경쟁당국의 결정에 의한 참가를 상정할 수 있는데, 심의참가(Beiladung)는 일정한 요건을 충족하여 경쟁당국의 참가결정에 따

---

22) 사건절차규칙 제18조 제1항 참조.
23) 이는 감정인에 관해'특정분야의 전문적인 지식과 경험을 가진 자로서 위원회로부터 감정인으로 지정된 자'로 규정한 경비지급규정 제2조 제3항과도 동일하다.

라 위원회의 심의절차에 참가하는 것을 의미한다. 요컨대, 절차참여보다는 절차참가가 더 구체적인 개념이고, 절차참가보다는 심의참가가 보다 세부적인 개념이다.

마지막으로 절차참여의 방법을 정리한다. 생각건대 절차참여는 총 세 단계로 진행되며, 이는 '통지-의견제출-불복'이다. 우선 통지는 당해 절차의 진행과정이나 절차에서 다뤄지는 내용에 대해 알게 되는 것을 의미하고, 실행시점에 따라 사전통지와 사후통지, 그리고 통지대상에 따라 개별통지와 전체통지가 있을 수 있다. 의견제출은 통지된 절차의 진행 및 내용에 대해 절차참여자가 자신의 의견을 피력하는 것인데, 서면에 의한 의견제출과 구술에 의한 의견제출로 구분할 수 있다. 불복은 경쟁당국의 결정 또는 처분에 대한 사법심사를 청구하는 것으로서, 이는 공정거래절차의 문제보다는 공정거래쟁송과 관련된 문제로 이해된다.

2. 공정거래절차법상 제3자 절차참여의 기능

가. 주관적 기능

가장 먼저 공정거래절차에 제3자가 참여하는 것을 통해 피해자의 권리구제가 가능해진다. 특히 법 위반 행위로 인한 피해를 입은 자가 법 제49조에 따른 신고를 한 경우, 신고인으로서 절차에 참여하고 자신이 입은 피해에 합당한 처분이 내려지게 함으로써 간접적 권리구제를 받게 된다. 나아가 자신이 참여한 공정위 처분을 법 제56조에 정해진 손해배상청구소송에서 활용하게 되면 직접적으로도 권리구제를 받을 수 있을 것이다. 이것이 공정거래절차법상 제3자 절차참여의 주관적 기능이다.

나. 객관적 기능

그러나 공정거래절차법상 제3자의 절차참여의 핵심 기능은 주로 객관적 측면에서 파악될 수 있다. 우선, 제3자의 절차참여는 공정위로 하여금 시장경제에 대한 정보를 폭넓게 획득할 수 있게 하여, 구체적 사실관계를 확정하여 정당한 결정을 내리게 하는 기능을 수행한다.24) 이러한 기능은 복잡한 경쟁질서에 대한 정보획득이라는 경제법적 특수성에 의해 설명되기도 하지만, 다원화된 이익에 대한 법 담론이 절차참여를 통해 실현되어야만 정당한 결정이 내려진다는 법이론적 설명으로도 타당성을 획득할 수 있다. 이것이 공정거래절차법상 제3자 절차참여의 객관적 기능이다.

한편, 공정거래절차의 제3자 절차참여는 공정위의 결정에 민주적 정당성을 부여한다는 의미를 갖는다. 민주법치국가에서 민주적 정당성이 규범적 정당성을 보장한다는 명제를 수용한다면,25) 공정거래절차에 있어서의 민주적 정당성 또한 공정거래절차법의 목적 달성을 위한 일정한 역할을 수행할 수 있을 것이다. 특히 공정위는 국무총리소속의 행정기관이고, 공정위 위원장은 국무총리의 제청으로 대통령이 임명하도록 되어 있음으로써 민주적 정당성은 상대적으로 약한 국가조직이라고 평가할 수 있기 때문에 제3자의 절차참여를 통해 민주성을 제고하는 것은 공정위의 결정의 정당성을 확보한다.26) 요컨대, 공정거래절차의 제3자 절차참여는 결정과정에 민주적 참여를 제고시킴으로써 규범의 정당성을 보장하는 기능을 갖는다.

3. 소결

공정거래절차법상 제3자의 절차참여는 본고 제3장에서 정리한 공정거래절차법의 지도원리 중 제4원리인 참여원리를 구성하는 요소라 할 것이다.

---

24) 同旨 박정훈, 행정법의 구조변화로서의 '참여'와 '협력', 행정법의 체계와 방법론, 2005, 256면.
25) 행정절차가 행정의 민주화에 긍정적 영향을 미치고, 이것이 바람직한 것이라는 평가로는 김동희, 행정법 I, 2018, 376면 참조.
26) 사견으로는 이것이 공정거래절차법이 경제민주화에 기여하는 방법이 될 것이다.

그리고 제3자의 절차참여가 공정거래절차법의 지도원리로 이해된다는 것은 그것이 공정거래절차의 목적 달성을 위한 기능 중심으로 설계되어야 함을 뜻한다. 따라서 앞서 제3자 절차참여의 기능 중 피해자 권리구제라는 주관적 기능을 언급하긴 했지만, 궁극적으로는 절차의 정당성 확보를 통한 경쟁기능 보호를 목적으로 한 객관적 기능이 보다 중시되어야 할 것이다.

제2절 공정거래절차에서의 심의참가제도

Ⅰ. 심의참가제도의 필요성

공정거래절차법상 심의참가 제도를 명시적으로 도입하고 심의참가인 개념을 명시적으로 상정하는 것은, 공정거래절차에 있어 제3자의 절차참여를 확대하는 데에 있어 이론적 기초로서의 의미를 갖는다.[27]

앞서 언급하였듯이 현행 공정거래절차법에는 이해관계인이라는 개념에 두 가지 상이한 관념이 혼용되고 있다. 절차에 참가하는 이해관계인과 그렇지 않은 일반 공중으로서의 이해관계인은 엄밀히 다른 개념이고, 그에 따라 부여되는 절차적 권리도 상이하기 때문에, 이를 동일한 개념으로 사용하는 것은 바람직하지 않다.

양자를 구분하기 위해서는 공정거래절차에 제3자가 참가하는 제도가 선제적으로 마련되어야 할 것이다. 실제로 공정거래절차법은 절차에 참가하는 제3자가 어떠한 방식으로 참가결정을 받는 것인지에 대해서 규정하고 있지 않다. 예컨대 법 제52조 제2항에 의해 공정위 회의에 출석하여 의견을 진술하거나 필요한 자료를 제출할 수 있는 이해관계인은 그 이전에 절

---

27) 사건절차규칙의 최근 개정 이전까지만 해도 당해 규칙에는 "심의참가"라는 개념이 존재하였다. 즉, 현행 사건절차규칙 제37조는 [참고인]이라는 제목으로 규율되어 있는데, 구(舊) 규칙 동조는 같은 내용의 조항을 [심의참가]라는 제목으로 규정하고 있었다. 내용적으로는 이것이 심의참가제도를 직접 규정하고 있는 것은 아니었지만, 이는 공정거래절차에 심의참가제도를 도입하는 것을 뒷받침해줄 수 있는 연혁적 사실이라 평가할 수 있다.

차참가에 대한 결정을 통하여 특정될 필요가 있는 것으로 보이지만, 그러한 절차에 대해서는 법률, 시행령 및 공정위 고시 어디에도 규정하고 있지 않고 있다. 이 부분에 있어 공정거래절차에서의 심의참가제도 도입의 필요성을 도출할 수 있다.

공정거래절차상 심의참가제도에 관해서는 법체계적으로 소송법상의 소송참가 개념[28]을 참조할 수 있을 것이고, 비교법적으로 독일 GWB의 보조참가 제도(Beiladung)을 참조할 만하다. 이하에서는 양자를 적절히 참조하여 공정거래 심의참가제도를 설계해보도록 한다.

II. 개념 및 요건

1. 심의참가의 개념

본고는 공정거래절차의 심의참가 개념을 독일 GWB의 보조참가 개념을 참조하여 정의하고자 한다. 각종 소송법상의 소송참가 개념은 공정거래절차가 행정절차적 성격을 갖는다는 점과의 차이점으로 인해 참조하기 어렵고, 행정절차법에서도 이와 유사한 제도는 도입되어 있지 않기 때문이다.

GWB 제54조 제2항 제3호에 따르면 자신의 이해관계가 연방카르텔청의 결정에 의해 상당한 영향을 받는 자는 신청을 통하여 절차에 참여할 수 있다.[29] 따라서 공정거래절차의 심의참가는 공정위의 결정에 의해 자신의 이

---

28) 민사소송법 제71조, 행정소송법 제16조 참조.

29) GWB § 54. Einleitung des Verfahrens, Beteiligte

(2) An dem Verfahren vor der Kartellbehörde sind beteiligt,

3. Personen und Personenvereinigungen, deren Interessen durch die Entscheidung erheblich berührt werden und die die Kartellbehörde auf ihren Antrag zu dem Verfahren beigeladen hat; Interessen der Verbraucherzentralen und anderer

해관계가 상당한 영향을 받는 제3자가 경쟁당국에 절차참가를 신청하고 이것이 인용됨으로써 심의절차에 참가할 수 있는 제도로 규정할 수 있다.

2. 심의참가의 요건

상술한 개념을 살펴보건대 심의참가를 위해서는 두 가지 요건이 만족되어야 한다. 즉, 문제되는 사안 내지 예상되는 공정위 처분 내지 결정과의 ①'일정한 이해관계'가 존재해야 하고, 궁극적으로는 공정위의 ②'심의참가 결정'이 내려져야 한다. 이번 항에서는 심의참가를 위한 이해관계의 개념과 정도를 살펴보고, 심의참가 결정에 대해서는 항을 바꾸어 검토한다.

가. 독일 GWB의 경우 : 경제적 이해관계

GWB 제54조 제2항 제3호에 따르면, 절차에 참가하고자 하는 자는 절차참가 신청을 해야 하며, 나아가 경쟁당국의 처분과 관련한 '상당한 이해관계'라는 법률상 요건을 만족해야 한다.

독일 GWB상 이해관계의 개념과 상당성의 기준은 판례에 의해 보다 구체적으로 형성되었다. 여기서의 이해관계라 함은 '경제적 이해관계' (wirtschaftliche Interesse)로서, 독일 행정절차법 내지 법원조직법상 법적 이해관계나 주관적 공권보다 넓은 개념으로 정립된 것이다.[30][31] 판례에 의하

Verbraucherverbände, die mit öffentlichen Mitteln gefördert werden, werden auch dann erheblich berührt, wenn sich die Entscheidung auf eine Vielzahl von Verbrauchern auswirkt und dadurch die Interessen der Verbraucher insgesamt erheblich berührt werden.

30) 이봉의, 독일경쟁법, 2016, 289면; Kamann/Ohlhoff/Völcker, Kartellverfahren und Kartellprozes, 2017, S. 390. §17, Rn. 21.; 여기서는 다음의 판례를 언급하고 있다.BGH Beschl. v. 7.11.2006 ‐ KVR 37/05, WuW/E DE-R 1857 (1858) - pepcom; OLG Düsseldorf Beschl. v. 2.10.2002 ‐ Kart 24/02 (V), WuW/E DE-R 1029 ‐ E.ON/Ruhrgas: Greenpeace.

면 여기에는 직접적·간접적 이해관계가 모두 포함된다.[32] 그러나 처분 그 자체로 인해 영향을 받아야 하고,[33][34] 당해 이해관계는 '경쟁과 관련된 이해관계'이어야 한다.[35] 즉, 경쟁의 자유 또는 관련시장의 경쟁구조와 관련 있는 이해관계여야 하는데, 이는 이에 해당하는 이해관계만으로 범위가 한정된다는 의미를 갖기도 하면서, 경쟁과 관련된 모든 자, 예컨대 간접적 경쟁자, 공급업자, 수요자, 이웃시장에서의 사업자 등이 이해관계를 가질 수 있다는 의미도 포함한다.

또한, 판례에 의하면 상당성 요건에 대해서는 '가치적 평가'(wertende Betrachtung)를 통해 판단을 내린다.[36] 이에 따르면, 처분절차에 있어 당해 제3자의 절차적 권리를 인정하는 것이 적절해보일 정도로 제3자의 이해관계가 처분당사자와 밀접하여, 당해 처분이 제3자의 이해관계에 중요한 효과를 미치면 상당성 요건을 만족하는 것으로 본다.[37]

---

31) 동의의결규칙에서도 이해관계인에 대한 설명으로 법률적·경제적 이해관계를 명시하였다는 점도 같은 맥락으로 파악할 수 있다.

32) Kamann/Ohlhoff/Völcker, a.a.O., S. 390. §17, Rn. 21.; 여기서는 다음의 판례를 언급하고 있다. OLG Düsseldorf Beschl. v. 5.7.2000. - Kart 1/00 (V), Kart 1/00, WuW/E DE-R 523 (525) - SPNV.

33) Kamann/Ohlhoff/Völcker, a.a.O., S. 390. §17, Rn. 21.; 여기서는 다음의 판례를 언급하고 있다. KG Beschl. v. 19.1.1983 ‐ Kart 18/82, WuW/E OLG 2970 (2971) - Coop-Supermagazin; BKartA Beschl. v. 17.12.1985‐03-412950‐U 54/85, WuW/E 2221 (2222) - Linde Agefko Ⅱ.

34) 이에 따르면 처분을 위한 경쟁당국의 선결문제에 대해 이해관계를 가진 자는 보조참가가 허용되지 않는다. 이봉의, 독일경쟁법, 2016, 289면.

35) Kamann/Ohlhoff/Völcker, Kartellverfahren und Kartellprozes, 2017, S. 390. §17, Rn. 22.; 여기서는 다음의 판례를 언급하고 있다. OLG Düsseldorf Bescl. v. 16.6.2004 - Ⅵ-Kart 2/04 (V), Kart 2/04 (Ⅴ), WuW/E DE-R 1545 (1547) - VDZ-Wettbewerbsregeln.

36) Kamann/Ohlhoff/Völcker, a.a.O.,, S. 391. §17, Rn. 24.

37) Kamann/Ohlhoff/Völcker, a.a.O., S. 391-392. §17, Rn. 24.; 여기서는 다음의 판례를 언급하고 있다. OLG Düsseldorf Beschl. v. 2.10.2002 ‐ Kart 24/02 (V), WuW/E DE-R 1029 ‐ E.ON/Ruhrgas: Greenpeace; OLG Düsseldorf Beschl. v. 5.7.2000. -

나. 검토

독일의 경우를 참조하여 우리나라 공정거래절차의 경우에도 심의참가의 요건인 '이해관계'를 직접적 이해관계에 한정하지 않고, '상당한 경제적 이해관계'로 이해하는 것이 제3자의 절차적 권리확대 측면에서 바람직하다. 나아가 심의참가를 위한 경제적 이해관계 요건과 상당성 요건의 구체적 내용에 관해서도 독일의 경우를 참조하여 발전시킬 수 있을 것으로 생각한다.

3. 심의참가 결정

심의참가자의 지위를 갖는 제3자는 공정거래절차상 일정한 절차적 권리를 보장받기 때문에 당해 지위는 법률상 요건이 일견 갖춰진다고 하여 무조건 인정될 수는 없고, 공정위의 심의참가에 대한 허가결정이 있어야 한다. 여기서 심의참가인의 요건에 해당하면 공정위가 무조건 심의참가를 허가해야 하는지, 아니면 공익상의 이유로 이를 거부할 수도 있는지가 문제될 수 있다.

가. 독일 GWB의 경우

당해 문제에 관해서도 독일의 경우를 참조할 수 있는데, 독일 GWB상의 보조참가인 결정은 경쟁당국의 기속재량[38]에 해당한다는 판례상 법리가

Kart 1/00 (V), Kart 1/00, WuW/E DE-R 523 (525) - SPNV.

38) 기속재량은 과거 행정기관의 재량행위를 기속재량과 자유재량으로 구분하는 견해에 따라 '법문은 재량을 허용하고 있는 듯하나, 법의 취지가 조리법으로써 확정되어 있는바, 행정청의 재량은 구체적인 경우에 그 취지·법칙이 무엇인지를 해석·판단하여 행위해야 하는' 재량행위를 의미한다. 과거에는 기속재량에 대해서는 재량행위임에도 불구하고 본질적으로는 기속행위에 속하므로 법원의 사후통제가 가능하다고 함으로써 이를 자유재량과 구분하는 실익이 있었지만, 현재는 이것이 기속행위에 속하든 재량행위에 속하든 사법심사가 모두 가능하기 때문에 구분의 실익이 없다고 보는 것이 행정법 학계의 통설이다. 기속재량의 개념과 의미에 관해 김동희, 행정법 I, 2018,

정립되었다.[39] 즉, 보조참가 신청자가 법률상 요건을 만족한다 하여도 경
쟁당국은 최종적으로 이를 허가할지 여부에 대해 재량을 가지며, 참가 여부
를 결정함에 있어서는 보조참가자의 이익, 당사자의 이익, 전체 절차경제에
의 이익을 종합적으로 형량할 수 있다.[40] 그리고 당해 형량을 함에 있어서
기준이 되는 것은 사실관계 해명에 얼마나 기여할 수 있는지 여부가 된다.[41]

나. 검토

생각건대 공정거래절차에의 심의참가 방법을 고안하는 데에 있어 독일
의 경우를 참조하는 경우에는 기속재량의 본질을 고려해야 한다. 기속재량
이란 일견 기속행위라 하더라도 중대한 공익상의 필요에 따라서는 행정기
관의 재량이 인정된다는 것에 있고, 그 재량영역에 있어서도 법률의 취지
또는 목적에 맞게 이를 행사해야 한다는 의미를 갖는다.[42] 따라서 보조참
가의 허가 여부가 기속재량에 해당한다는 독일의 판례를 참조하더라도, 공
정거래절차에 있어서는 제3자의 절차참여의 확대가 공정거래절차법의 목
적 실현을 위해 필수적이라 한다면, 심의참가의 법률요건에 해당하는 자에

265-266면 참조.

39) 이봉의, 독일경쟁법, 2016, 289면; Kamann/Ohlhoff/Völcker, Kartellverfahren und Kartell-
prozes, 2017, S. 392. §17, Rn. 25 참조.

40) 이봉의, 전게서, 290면; Kamann/Ohlhoff/Völcker, a.a.O., S. 392-393. §17, Rn. 25-26
참조.

41) Kamann/Ohlhoff/Völcker, a.a.O., S. 393. §17, Rn. 26 참조. 여기서는 다음 판례를 언
급하고 있다. OLG Düsseldorf Bescl. v. 16.6.2004 - Ⅵ-Kart 2/04 (V), Kart 2/04 (Ⅴ),
WuW/E DE-R 1545 (1547) - VDZ-Wettbewerbsregeln.

42) 대법원 1998.9.25. 선고 98두7503 판결. 김동희, 행정법 Ⅰ, 2018, 266-269면 참조. 사
건으로는 기속재량의 의미를 이해하는 데에 있어 중요한 것은 기속재량의 본질을 기
속행위로 판단할지, 아니면 재량행위로 판단할지에 있는 것으로 본다. 만약 기속행위
에 무게중심을 실을 경우에는 중대한 공익적 필요라는 재량영역을 최대한 좁게 해석
해야 할 것이고, 재량행위로 이해할 경우에는 재량의 영역을 보다 중시할 수 있을 것
이다. 그리고 그 본질에 대한 판단은 법률 내지 당해 법조항의 목적 및 취지를 기준으
로 내려야 할 것이다.

게는 원칙적으로 허가결정을 내려주는 것이 타당하다.

한편, 개정 전 사건절차규칙 제37조를 참조하면, 심의참가 결정을 내리는 권한은 각 회의에 있으며, 보다 구체적으로는 주심위원이 이를 결정하는 것이 타당하다.

III. 심의참가 신청의 시기 및 효과

심의참가 신청은 공정위가 사건심사 착수보고를 한 후에 가능하고, 위원회의 심의참가 결정이 내려지는 날까지로 그 기한을 설정할 수 있다. 또한, 심사보고서를 위원회가 송부받은 이후 심의참가 결정을 위한 고려기간이 필요하다는 점과 심의참가여부를 신속히 결정해야 한다는 점을 종합적으로 고려하면, 위원회의 심의참가 결정은 심사관의 심사보고서 송부 이후 일정한 기간 내에 내려져야 할 것이다.

가장 중요한 것은 심의참가결정의 효과이다. 즉, 심의참가 결정을 받은 심의참가자가 향유할 수 있는 절차적 권리가 어느 범위까지인지 정하는 문제가 매우 중요하다. 비교법적으로 살피면 독일의 경우 심의참가자에게는 당사자와 거의 동일한 절차적 권리가 보장되는 반면,[43] 유럽의 경우 원칙적으로 제3자의 절차권은 인정되지 않는다.[44]

심의절차에서 절차참가자가 향유할 수 있는 절차권은 자료열람권, 의견진술권 등인데 심의참가의 실효성을 보장하고 그 기능을 제고하기 위해서

---

43) Kamann/Ohlhoff/Völcker, Kartellverfahren und Kartellprozes, 2017, S. 396, Rn. 38 참조
44) 유럽경쟁법 규칙상으로는 심의참가 내지 보조참가제도는 존재하지 않는 대신 사건의 신고인(Beschwerdeführer)에 대한 절차권 보장이 마련되어 있다. 그리고 신고인에게는 신고된 사안이 위원회에게 받아들여지지 않았을 때만 자료열람에 대한 신청권이 인정 되고, 그 이외의 제3자에게는 절차적 권리가 인정되지 않는 것이 원칙이다. Kamann/Ohlhoff/Völcker, a.a.O., S. 165, Rn. 130 참조.

는 심의참가자에게도 두 절차권이 인정될 필요가 있다. 다만, 그 보장강도에 있어서는 당사자와 차이를 두어야 할 것인데, 예컨대 자료열람권의 경우 심사보고서의 주요내용만을 열람할 수 있게 하고 그 이외의 자료는 위원회가 인정하는 경우를 제외하고는 열람할 수 없게 하도록 제도를 설계해 볼 수 있을 것이다.

Ⅳ. 소결

무엇보다 공정거래절차에 있어서 제3자의 절차참여가 하나의 지도원리로서 이해되고 목적실현을 위해 확대되어야 함을 인식한다면, 심의참가 제도를 법률상 규정으로 정해야 할 것이다. 우선, 공정거래법에 절차참여자를 정의하는 법조항을 신설하고, 여기에서 공정거래절차법상 이해관계인 개념을 심의참가인과 대중으로서의 이해관계인으로 구분해야 할 것이다. 나아가 심의참가의 요건과 경쟁당국의 심의참가 허가결정과 관련한 규정을 함께 마련하여 공정거래절차의 제3자 절차참여제도를 실질적으로 구현해야 할 것이 요구된다.

제3절 공정거래 사건처리절차에서의
제3자 절차참여

Ⅰ. 사건개시절차

1. 현행법상 제3자 절차참여

가. 신고절차

현행 사건절차규칙에서 마련된 신고절차상 제3자의 절차참여와 관련된 규정은 다음과 같다. 우선, 심사절차 불개시 결정이 내려진 경우에 15일 이내에 신고인 에게 그 사실을 서면으로 통지하여야 한다는 내용의 사건절차규칙 제12조 제2항이 있다. 한편, 사건절차규칙 제12조 제3항에 의해 준용되는 규칙 제53조의2 제5항에 따르면, 심사절차 불개시 결정은 필요한 경우 이해관계인 등에게도 통지할 수 있는바, 이 경우 신고인 이외의 제3자도 신고절차에 참여하게 된다고 할 수 있다.

나아가 사건절차규칙 제76조는 사건처리절차과정에서의 신고인의 인적사항이나 신고인임을 알 수 있는 사실에 대해 타인에게 알려주거나 공개하여서는 안 된다고 규정하면서, 신고인에 대한 비밀을 보장하고 있다.[45]

재신고 사건의 경우, 사건절차규칙 제13조 제5항에서 재신고사건심사위원회가 심사를 위하여 필요한 경우 해당 사건의 신고인이나 피신고인의 의

---

[45] 신고인 비밀보장권은 사건처리절차 전체를 관통하는 신고인의 절차적 권리라고 할 수 있을 것이다.

견을 들을 수 있다고 규율하고 있다.

[표 5-1] 신고절차상 제3자 절차참여

절차참여자	내용	근거규정
신고인	심사절차 불개시 결정 서면 통보 (15일 이내)	사건절차규칙 §12 ②, ③
	재신고사건심사위원회에서의 의견진술 (재량)	사건절차규칙 §13 ⑤
	신고인에 대한 비밀보장	사건절차규칙 § 76

나. 직권인지절차

직권인지절차에서의 제3자의 절차참여는 불가능하다. 직권인지절차가 형식적으로는 공정위 내부절차에 불과하다는 측면을 생각하면, 문제되는 법 위반 혐의사건과 관련된 제3자가 당해 절차에 참여할 수 없다는 것은 일견 당연하다.

2. 문제점 및 평가

가. 신고의 법적 성격 관련 문제

사건개시절차상의 신고 즉, 공정거래법 위반되는 사실을 신고하는 행위의 법적 성격에 관해서는 크게 두 가지 관점을 제시할 수 있다. 하나는 동신고가 공정위에 대하여 법위반사실에 관한 조사의 직권발동을 촉구하는 단서를 제공하는 것에 불과하다는 관점이고, 다른 하나는 공정위에게 적당한 조치를 취해줄 것을 요구할 수 있는 구체적인 청구권을 의미한다는 관점이다.

법원은, "공정거래위원회에 대하여 법에 위반되는 사실에 관한 조사의 직권발동을 촉구하는 단서를 제공하는 것에 불과하고 신고인에게 그 신고 내용에 따른 적당한 조치를 취하여 줄 것을 요구할 수 있는 구체적인 청구권까지 부여한 것은 아니다"라고 판시한 바 있다.[46] 즉, 판례는 신고행위의 의미를 단순한 단서제공행위로 파악하는데, 공정거래법 위반 사건처리절차상 신고절차의 의미가 저평가되어 온 상황은 이와 같은 맥락에 있다고 볼 수 있다.

그러나 판례의 판시사항은 경쟁기능 보호절차로서의 공정거래절차상 신고의 기능 내지 특수성을 고려한 판단이기보다는 행정소송법상 거부처분의 대상적격을 인정하기 위한 신청권과 관련된 판단이라 할 것이다. 행정법적 논리로도 사건처리절차 규정의 종합적 해석을 통해 신고인의 이른바 '신고권'을 인정할 수 있다는 견해가 있을뿐더러,[47] 법 제49조 제2항이 공정거래법 위반 신고를 특별하게 규율하고 있다는 견해[48]를 고려할 필요가 있다. 또한, 경쟁당국의 직권인지절차와 신고절차를 엄연히 구분하고 있다는 점, 그리고 최근에 도입된 사건절차규칙 제74조상의 신고인의 절차적 권리 등을 감안하면, 신고절차는 경쟁당국에 대한 단서제공 그 이상의 의미를 갖는다 할 것이다.

나아가 앞 장에서 도출한 제3자 절차참여 확대를 의미하는 지도원리인 참여원리를 상기한다면, 제3자에 의한 절차개시로 해석될 수 있는 법위반에 대한 신고는 보다 중요한 의미로 이해될 필요가 있다.

나. 신고인 지위부여의 문제

첫 번째 문제점은, 신고인의 지위와 관련된 가장 기본적인 것으로서 현행 규정으로는 '언제, 누가, 어떻게' 공정거래절차의 절차참여자로서의 신고인이 되는지 불확실하다는 점이다. 그러나 사건절차규칙 제74조에 신고

---

46) 서울고법 2000.1.20. 선고 99누1535 판결; 위원회의 무혐의결정에 대한 불복소송인 대법원 2000.4.11. 선고 98두5682 판결에서도 동일하게 판시한 바 있다.
47) 박정훈, 공정거래법의 공적 집행, 공정거래와 법치(권오승 편), 2004, 1041-1042면 참조.
48) 이호영, 독점규제법, 2015, 494-496면 참조.

인의 의견진술 규정이 도입되었다는 것은, 신고인 지위를 명확히 할 필요
가 생겼고 이를 위한 제도적 장치가 필요하다는 점을 시사한다.

당해 쟁점은 종래 사건처리절차의 개시절차 및 신고인의 지위를 중요하
게 여기지 않았던 때에는 큰 문제가 없었다. 다만, 제3자 절차참여와 관련
하여 사건개시절차를 중시해야 한다는 당위적 관점과 사건절차규칙에서신
고인의 절차참여 규정을 마련했다는 규범적 관점에 의하면, 앞으로 절차참
여자로서의 신고인 지위 문제에 대해 고민해볼 필요가 있다.

다. 신고 이후의 추가적인 자료제출 불가

사건절차규칙 제10조 제3항에 의하면, 신고서 양식에 의하지 아니하거나
내용이 충분하지 아니한 신고에 대해서는 심사관이 신고인에게 보완을 요
구할 수 있다. 그렇지만 이에 따른 신고자료 보완은 심사관의 재량에 달려
있는 것이다. 또한, 신설된 제74조 제1항에 의하면 사건심사 착수보고를 한
신고사건에 대해서는 조사공무원이 신고인의 의견을 청취하여야 하지만,
이는 문언상 사건심사 착수보고 이후에만 가능한 것이다. 따라서 현행법상
신고인이 신고 이후에 법 위반 사실에 대한 추가적인 자료를 제출하거나
의견을 진술할 수 있는 방법은 존재하지 않는 실정이다.

라. 심사불개시 결정에 대한 신고인의 불복 문제

신고절차와 관련해서는 경쟁당국의 심사불개시 결정에 대해 신고인이
행정소송을 제기할 수 있는가와 관해서는 판례상 법리가 성립되어 있다.
즉, 상술한 신고의 법적 성질에 대한 논리를 통하여 법원은 신고인에게 법
규상 또는 조리상의 신청권이 없다고 보고 있고, 따라서 경쟁당국의 심사
절차 불개시 결정에 대해 신고인이 거부처분취소소송 내지 부작위위법확
인소송을 제기할 수 없다는 확립된 판례법을 형성해왔다.[49)50)]

반면 헌법재판소는 신고인의 헌법소원 가능성을 열어놓고 있다. 즉, 경

쟁당국의 심사절차 불개시 결정 및 무혐의결정 등은 신고인의 헌법상 기본권을 침해하는 공권력의 행사 또는 불행사인바, 신고인은 이에 대한 헌법소원을 제기할 수 있다고 판시해오고 있다.51) 아울러 판례가 신고인의 항고소송을 허용하고 있지 않기 때문에, 헌법소원의 보충성의 예외 가 인정되어 경쟁당국의 심사절차 불개시 결정에 대해서는 헌법소원이 받아들여질 것이다. 비록 헌법소원제기를 통하여 인용판결을 받은 사례가 극소수이지만, 경쟁당국의 심사절차 불개시 결정 내지 무혐의결정 등에 대해 사법심사 가능성을 열어두었다는 점에 그 의의가 있다 할 것이다.

정리하면, 신고인은 자신이 신고한 사건에 대해 공정위가 심사불개시 결정을 내린 경우, 이에 대한 행정소송을 제기할 수 없지만 헌재에 헌법소원을 제기할 수 있다. 그러나 사견으로는, 신고인의 절차참여를 확대하고 절차상 역할을 제고해야 한다면, 일정한 요건 하에서 신고인이 공정위의 심사불개시 결정에 대해 불복할 수 있는 방법이 마련되어야 한다고 본다.

---

49) 同旨 이호영, 독점규제법, 2015, 495면. 여기서는 다음의 판례가 소개되고 있다. 거부처분취소소송과 관련해서는 서울고법 2000.1.20. 선고 99누1535 판결; 2000.4.11. 선고 98두5682 판결; 부작위위법확인소송과 관련된 판례는 다음과 같다. 2006.9.8. 선고 2006두8839 판결; 서울고법 2007.1.10. 선고 2006누11271 판결 등.

50) 법위반에 대한 심사절차 이후에 내려지는 심사관의 무혐의처리에 대해서도 유사한 쟁점이 존재하는데, 관련 논의는 결국 신고인의 신고를 어떻게 이해하는가와 연관되어 있기 때문에, 이 부분에서의 논의로 준한다.

51) 헌법재판소 2002.6.27. 선고 2001헌마381 결정; 심사절차 불개시 결정 관련한 사건은 헌법재판소 2004.3.25. 선고 2003헌마404 결정; 가장 최신 헌법재판소 결정례는 2014.7.24. 선고 2012헌마180결정. 그러나 당해 사안은 기업결합과 관련한 경쟁당국의 무혐의결정에 대해 신고인이 아닌 경쟁사업자들이 헌법소원을 제기한 것이다.

3. 개선방안

가. 신고의 법적 성질 재검토

(1) 신고인의 절차참여 신청권

통설과 판례는 사건개시절차상의 신고를 공정위의 직권조사를 위한 단순한 단서제공행위로 보고 있다. 그러나 상술한 바와 같이, 신고의 법적 성질은 공정거래절차의 기능과 목적에 맞춰 재검토되고 그 의미가 제고되어야 한다.

본고의 주장을 뒷받침해주는 중요한 근거가 최근 신설된 사건절차규칙 제74조의 규정이다. 사건절차규칙 제74조는 사건심사 착수보고된 신고사건에 대한 신고인의 의견진술권(동조 제1항), 심의절차에서의 신고인의 참석 및 의견진술권(동조 제2항, 제4항)을 보장하고 있다. 그리고 이러한 신고인의 절차참여 첫 번째 단계가 바로 신고인의 신고행위이기 때문에 그 법적 의미는 재해석되어야 한다.

사견에 따르면 신고는 공정위의 단서제공행위를 넘어 신고인의 절차참여를 가능하게 하는 행위라는 의미, 즉 신고인 절차참여 신청권의 의미를 갖게 되었다고 평가할 수 있다. 이렇게 신고의 법적성질을 제고하는 것은 공정거래절차법의 지도원리 중 하나인 제3자의 절차참여 측면에서도 타당한 것이고, 후술하는 신고절차 관련 문제들을 개선하는 방법의 기준점을 제시해주는 바이다.

(2) 법위반신고와 민원제기의 구분 필요

여기서 중요한 것은 사건개시절차로서의 신고와 민원사무처리로서의 민원접수를 엄밀히 구분하는 것이다.[52] 양자는 개념상 엄밀히 구분된다. 즉, 전자는 법위반 사실관계의 정확한 파악이라는 목적 하에 법위반사실에 대

한 신고라는 성격을 갖는 반면, 후자는 국민의 권익보호를 위해 공정위에
대하여 처분 등 특정한 행위를 요구하는 것[53]이다. 그러나 실무적으로는
사건개시를 위한 신고와 민원사무처리로서의 민원이 구별 없이 접수되고
있고, 수많이 제기되는 민원에 대한 처리를 위해 공정위의 집행효율성이
하락하고 있다.

현재 법체계상 민원업무에서 공정위만 제외하는 것은 불가능하다. 따라
서 현실적으로는 사건개시절차에 해당하는 신고를 구별하는 접수하는 방
법을 고안해야 할 것인데, 그 중 신고절차 전담부서를 설치하여 이를 별도
로 운영하는 방법이 유력하게 제안될 수 있다.[54] 사건개시를 위한 신고업
무를 당해 부서로 일원화하고, 수많은 민원 중 신고의 성격을 갖는 것은 당
해 부서로 이송시켜 처리하도록 해야 한다. 신고전담부서는 신고서 수령뿐
만 아니라 신고 형식의 보완, 신고인의 절차참여 안내 등의 제반 업무까지
담당하여 사건개시절차로서의 신고절차가 실효성을 가질 수 있도록 노력
해야 할 것이다.

나아가 민원제도와 관련하여 공정위는 「공정거래서비스헌장」을 마련하
고 있는데, 관련 내용에 대해서도 사건개시절차의 신고와 단순 민원을 구
분하여 처리할 수 있도록 개정할 필요가 있다.

나. 신고인 지위 부여 규정 신설

공정거래 절차참여자로서의 신고인 지위가 별도로 부여되어야 하는 필
요성이 인정된다면, 이를 규율하는 규정이 신설될 필요가 있다. 신고인 지

---

52) 同旨 조성국, 독립규제기관의 사건처리절차의 개선 방안, 행정법연구 제16호, 2006,
   117면; 홍명수, 공정위 사건처리절차의 효율화를 위한 개선방안, 경쟁법연구 제13권,
   2006, 267-269면, 283면 참조.
53) 「민원 처리에 관한 법률」 제2조 제1호.
54) 同旨 홍명수, 공정위 사건처리절차의 효율화를 위한 개선 방안, 경쟁법연구 제13권,
   2006, 283면.

위를 부여하는 방법으로는 일정 요건에 해당하면 신고인 지위가 무조건 인정되는 방식과 공정위의 지위인정결정에 따른 신고인 지위부여방식이 있을 수 있다.

이에 관해서는 다음 사항들이 고려되어야 한다. 즉, 법 제49조 제2항에 따라 누구든지 법 위반 사항을 공정위에 신고할 수 있다는 점, 사전심사를 규율하는 규정인 사건절차규칙 제10조에 이미 신고인 개념이 사용되고 있다는 점, 심사불개시 결정을 규율하는 규정인 사건절차규칙 제12조 제2항에도 신고인 개념이 사용되고 있는 점 등을 종합할 필요가 있다. 결론적으로는 법 위반 신고 양식을 갖추어 공정위에 신고하고 그 내용이 공정거래법 위반 사건과 관련된 것인지 확인되면 신고인 지위가 부여되어야 할 것이다. 형식적·내용적 요건을 갖춘 신고에 대해서는 공정위가 신고인 지위를 부여하여야 한다는 내용의 규정을 사건절차규칙에 신설하여 신고인 지위부여는 공정위의 기속재량 영역으로 규율하는 것이 타당할 것이다.

다. 신고인의 자료보완 제도 신설

법 위반 신고에 대한 심사착수보고 내지 심사불개시 결정은 심사관이 내리게 된다. 비록 심사불개시 결정의 요건들은 사건절차규칙에 세부적으로 규율되어 있지만 신고사건의 처리는 전적으로 신고내용에 대한 심사관의 판단재량에 맡겨져 있는 실정이다.

신고인은 법 위반 신고 이후에도 얼마든지 법 위반 입증에 필요한 자료나 증거를 추가로 확보할 수 있을 것이다. 따라서 보완된 신고자료를 공정위에 추가적으로 제출할 수 있는 제도를 신설할 필요가 있다. 현재 심사관의 심사불개시 결정에 대해 신고인이 불복할 마땅한 방법이 없는 상황에서 신고인의 자료보완제도를 마련하는 것은 신고인의 절차참여를 확대함과 동시에, 공정위로 하여금 필요한 자료를 확보하는 데에도 도움이 될 것이다.

다만, 신고제도가 법 위반 신고뿐만 아니라 각종 민원사건과 뒤섞여 운영되고 있는 현실을 생각하면, 신고인의 자료보완제도 도입은 공정위의 법집행에 큰 부담을 줄 가능성이 있다. 따라서 원칙적으로는 신고인의 자료보완을 가능하게 하되, 그 합리적인 요건을 마련하여야 한다. 예컨대, 신고인 지위를 부여받은 자만이 자료보완제출을 할 수 있고, 그 범위는 원래 신고했던 사안에 대한 보충자료로 한정하는 것을 상정해볼 수 있을 것이다.

라. 심사불개시 결정 등에 대한 신고인의 불복제도 마련

앞서 살펴보았듯이 심사관의 심사불개시 결정에 대한 신고인의 불복가능성을 배척한 판례의 법리적 근거는 신고의 법적 성질에 비추어 신고인에게 법률상 내지 조리상의 신청권이 인정되지 않는다는 것이었다.

그러나 신고의 법적 성질이 신고인 절차참여에 대한 신청권으로 재인식된다면, 신고인은 심사불개시 결정에 대해 그 이유를 제시받을 권리를 가지게 됨과 동시에 심사불개시 결정에 대하여 불복할 수 있는 길이 열릴 수 있다. 그리고 피신고인에게도 자신과 관련된 사건의 심사착수보고에 대해 불복할 수 있는 권리가 인정되어야 할 것이다. 정리하면, 심사관은 심사불개시 결정 또는 심사착수 보고결정에 대해 적절한 이유를 제시해야 하고,[55] 심사불개시 결정에 관해서는 신고인 또는 당사자의 불복제도가 마련되어야 할 것이다.

현재 규정상으로는 심사불개시 결정에 대한 불복방법은 전원회의에 이의신청을 제기하는 것과 서울고등법원에 소송을 제기하는 방법이 있을 것이다. 그러나 불복의 내용이 심사관의 심사불개시 판단이 사건절차규칙 제12조에 규정된 심사를 개시하지 아니할 수 있는 요건과 합치하는지에 대한

---

[55] 공정거래법 전부개정안 제79조 제3항은, 공정위가 처분을 하지 아니하는 경우에도 해당 당사자에게 서면으로 통지하도록 하는 내용을 마련하였는데, 통지받는 대상을 당사자와 신고인 모두 포함하도록 하고, 처분을 하지 아니하는 경우를 심사불개시 결정까지 확대해석하면 이유제시에 관한 문제는 해결될 수 있을 것이다.

단순한 판단사항으로 한정될 것이기 때문에, 심판관리관 등이 담당하는 불복절차를 개설하는 것을 생각해볼 수 있다. 심사관이 심사를 개시하지 않았다는 사유 내지 그에 해당하지 않는다는 사유를 제시할 수 있다면, 당해 불복단계는 간단히 종료될 수 있을 것이다.

Ⅱ. 심사절차

1. 현행법상 제3자의 절차참여

가. 심사개시단계

신고인은 사건심사 착수보고 후 3개월 내에 조사진행 상황을 서면 등으로 통지받을 수 있다(사건절차규칙 제11조 제5항). 다만 신고인 이외의 제3자인 절차참가인 및 이해관계인 등에 대해서는 해당 단계에서 보장되는 절차적 제도가 없다.

[표 5-2] 심사개시단계에서의 제3자 절차참여

절차참여자	내용	근거규정
신고인	사건심사착수보고된 신고사건에 대한 의견진술권	사건절차규칙 § 74 ①
	조사진행상황에 대해 통지받을 권리 (3개월 내)	사건절차규칙 § 11 ⑤

나. 조사진행단계

(1) 조사절차의 일반원칙

앞 장에서 서술한 조사절차의 일반원칙은 객관적인 성격을 가지므로 제

3자에 대해서도 원칙적으로 적용된다. 특히 조사절차규칙 제1조와 제4조에 규정된 조사의 공정성, 투명성, 효율성 원칙과 비밀엄수의 의무는 제3자에게 의미가 있는 원칙이 된다.

(2) 소환조사

소환조사 중 진술조사에서는 조사를 위한 출석을 요구받은 이해관계인은 출석요구서를 발부받을 권리가 있고(시행령 제55조 제1항, 사건절차규칙 제14조), 필요한 경우에는 진술자의 성명, 진술일시, 진술내용 등을 기재한 진술조서를 확인하여 서명·날인할 권리가 있다(사건절차규칙 제15조).

소환조사 중 보고·제출명령 및 영치에 있어서 '사업자 또는 사업자단체'라는 표현이 당사자에 한한 것인지, 이해관계인까지 포함되는 것인지 불명확한데, 이는 소환조사에 있어 조사를 받은 대상을 모두 뜻하는 것으로 해석되어야 할 것이다. 따라서 관련하여 보장되는 당사자의 절차적 권리는 조사에 참여하게 된 제3자에게도 보장된다.

[표 5-3] 소환조사에서의 제3자 절차참여

절차참여자	내용	근거규정
이해관계인	진술조사시 출석요구서를 발부받을 권리	시행령 § 55 ① 사건절차규칙 § 14
	진술조사시 진술조서를 확인할 권리	사건절차규칙 § 15
	보고명령서 및 자료제출명령서 교부받을 권리	시행령 § 55 ③ 사건절차규칙 § 16
	영치조서를 교부받을 권리	사건절차규칙 § 17 ①, ②
	영치물의 반환청구권	사건절차규칙 § 17 ③

| 신고인 | 조사진행상황에 대해 통지받을 권리 (3개월 내) | 사건절차규칙
§ 11 ⑤ |

(3) 현장조사

법 제50조 제2항은 현장조사에서 실시되는 진술조사의 대상에 이해관계인을 포함하고 있다. 이 경우 이해관계인은 당사자와 동일하게 출석요구서를 교부받아야 하고, 진술조서를 작성하여 확인할 수 있어야 한다.

[표 5-4] 현장조사에서의 제3자 절차참여

절차참여자	내용	근거규정
<일반원칙> 당사자 신고인 이해관계인	조사공문을 교부받을 권리	조사절차규칙 § 6
	조사 증표를 제시받을 권리	조사절차규칙 § 7
	일정한 조사장소, 조사범위에서 조사받을 권리	조사절차규칙 §§ 8 내지 9
	조사공무원의 자세 관련 규정	조사절차규칙 § 10
	변호인과 조사과정에 함께 참여할 권리	조사절차규칙 § 13
	일정한 조사시간 및 기간에서 조사받을 권리	조사절차규칙 § 15
신고인	조사진행상황에 대해 통지받을 권리 (3개월 내)	사건절차규칙 § 11 ⑤
이해관계인	진술조사시 출석요구서를 발부받을 권리	시행령 § 55 ① 사건절차규칙 § 14
	진술조사시 진술조서를 확인할 권리	사건절차규칙 § 15
	진술조사시 진술 및 확인을 강요받지 않을 권리	조사절차규칙 § 12 ①
	진술조사시 진술조서 내지 확인서를 복사할 권리	조사절차규칙 § 12 ③

다. 심사절차 종료단계

사건절차규칙 제53조의2 제5항은 심사관 또는 사무처장이 심사절차종료, 무혐의, 종결처리, 조사 등 중지, 경고, 시정권고, 과태료 부과, 고발을 전결하는 경우, "심사관은 15일 이내에 피조사인 및 신고인 등에게 처리결과와 그 이유가 구체적으로 기재된 문서로 통지하여야 하며, 필요하다고 인정되는 경우에는 이해관계인 등에게도 통지할 수 있다"고 규정하고 있다.[56)]

[표 5-5] 심사절차 종료단계에서의 제3자 절차참여

절차참여자	내용	근거규정
신고인	심사관 전결처리결과 및 이유를 통지받을 권리	사건절차규칙 § 53의2 ⑤
※ 이해관계인의 경우, 심사관 재량으로 인해 심사관 전결처리결과 및 이유를 통지받을 수도 있다		사건절차규칙 § 53의2 ⑤

2. 문제점 및 평가

법 제50조 제1항 제1호는 공정위가 이 법의 시행을 위하여 필요하다고 인정할 때에는 당사자, 이해관계인 또는 참고인을 소환하여 의견을 청취할 수 있도록 규정하고 있다. 또한, 법 제69조의2 제1항 제5호는 이러한 공정위의 소환조사에 있어 정당한 사유 없이 출석하지 아니한 자에 대해 1천만원 이하의 과태료를 부과할 수 있도록 규정하고 있어, 직접 당사자가 아닌 이해관계인, 참고인들도 공정위의 출석요구에 원칙적으로는 응해야 하는 실정이다.

---

56) 여기서 말하는 '신고인 등'과 '이해관계인 등'에 대한 개념정립이 필요하다. 전자는 사건절차규칙 제12조 제2항에 의해 '신고인·임시중지명령요청인·심사청구인'을 말하지만, 후자는 사건절차규칙에 어떠한 설명도 되어 있지 않으므로 이에 대한 개선이 필요하다고 할 것이다.

그러나 법위반 사안의 직접 당사자가 아닌 이해관계인, 참고인이 무조건 공정위의 출석요구에 응해야 하고, 거부할 수 있는 권한이 없다는 점에 대해서는 의문이 든다. 무엇보다 이해관계인과 참고인 중에서는 관련 법 위반 혐의와 관련되어 있는 자가 있을 수도 있지만, 그렇지 않은 사람도 공정위 소환조사의 대상이 될 수 있기 때문이다. 즉, 현행 규정상으로는 당사자의 법위반행위에 조력을 한 제3자인지, 아니면 법 위반행위를 뒷받침해줄 수 있는 제3자인지 관계없이 공정위의 소환조사에는 원칙적으로 출석해야 하는데, 이는 논리적으로 타당하지 않고 공정위에게 지나친 조사권한이 부여되었다는 문제가 있다.

당해 문제는 공정위 조사절차에 있어서 제3자가 어떻게 참여할 수 있는지에 대한 성찰이 없었다는 점을 잘 나타내준다.[57] 따라서 관련 문제는, 조사절차에서의 제3자의 절차참여의 원칙, 방법 등을 고민하여 정리할 필요가 있다.

3. 개선방안

가. 이해관계인·참고인의 출석요구 거부권 신설

앞에서 지적하였듯이, 법 제50조 제1항 제1호에 의한 공정위의 출석요구에 당사자가 아닌 이해관계인 및 참고인이 원칙적으로 응해야 하는 것은 제3자의 절차권을 침해하는 것으로 판단된다. 따라서 법 제69조의2 제1항 제5호의 과태료 대상을 당사자로 제한하고, 필요한 경우 이해관계인 및 참고인이 공정위의 출석요구를 거부할 수 있는 권리를 보장하는 규정을 신설할 필요가 있다.

---

57) 시행령 제57조는 공정위의 소환조사에서 의견을 진술한 이해관계인 또는 참고인에게는 예산의 범위 내에서 필요한 경비를 지급할 수 있다고 규정하고 있는데, 이는 불출석시 과태료를 부과한다는 내용과 일견 어색한 내용의 규정이다.

나. 제3자 조사절차참여의 원칙 수립

공정위 심사절차상 제3자의 절차참여와 관련해서는 이를 총괄하는 기본 원칙을 세울 필요가 있다. 예컨대 공정위 조사활동에 관해서만 언급하면, 법위반 혐의를 받는 당사자 및 관련자들은 공정위의 조사를 필수적으로 받아야 하지만, 그와 직접적인 관계를 갖지 않는 제3자는 원하는 경우에만 조사절차에 참여할 수 있도록 해야 할 것이다. 특히, 문제되는 사안과 경제적 이해관계를 갖는 이해관계인에게는 공정위가 조사협조를 요청할 수 있을 것이고, 조사협조요청을 받은 이해관계인은 원하는 경우 사안에 도움이 되는 자료를 제출하거나 의견을 진술할 수 있는 제도를 마련해야 한다.

반면, 직접적인 관계를 갖지 않는 제3자를 공정위 소환에 반드시 응하게 한다거나, 현장조사의 대상으로 삼는 것은 원칙적으로 지양되어야 할 것이다.

III. 심의·의결절차

1. 현행법상 제3자 절차참여

가. 심의절차 개시단계

현행 사건절차규칙상 신고인과 이해관계인은 심의절차 개시단계에서 배제되어 있고 따라서 구체적인 절차적 권리가 보장되어 있지 않다. 신고인에게는 심사보고서상 자신의 인적사항을 기재하지 않도록 요청할 수 있는 권리가 보장되어 있을 뿐이다(사건절차규칙 제29조 제2항).

다만, 신고인은 의장이 필요하다고 생각하는 경우에 심사보고서를 송부받을 수 있는데, 이는 위원회의 재량사항일뿐더러 관련 첨부자료 등은 제외된다(사건절차규칙 제33조 제5항).

[표 5-6] 심의절차 개시단계에서의 제3자 절차참여

절차참여자	내용	근거규정
신고인	심사보고서상 신고인의 인적사항을 기재하지 않도록 요청할 수 있는 권리	사건절차규칙 § 29 ②
	심사보고서를 송부받을 수 있는 권리 (공정위 재량)	사건절차규칙 § 33 ⑤

나. 의견청취절차

심의·의결절차 단계의 의견청취절차에서 제3자는 철저히 배제되어 있다. 즉, 의견청취절차에는 원칙적으로 사건의 주심위원 등, 심사관, 피심인, 심의·의결 업무를 보좌하는 공무원이 참석하도록 되어 있고, 의견청취절차가 열린다는 사실에 대한 제3자에 대한 통지나 제3자의 의견제출 등은 불가능하다.

다. 심판정에서의 심의절차

신고인의 경우, 심의기일이 지정되면 이를 통지받을 권리가 있고(사건절차규칙 제33조 제4항), 본인이 원할 경우 심의절차에서 의견을 진술할 수 있는 기회를 부여받을 수 있다(사건절차규칙 제74조 제2항).58)

이해관계인은 법 제52조 제2항에 의하여 공정위 회의에 출석하여 그 의견을 진술하거나 필요한 자료를 제출할 수 있는 권리를 갖는다. 또한, 법 제52조의2는 공정거래법 처분과 관련된 자료의 열람 또는 복사를 요구할

---

58) 다만 사건절차규칙에는 이미 당해 사건에 관하여 신고인 의견을 충분히 청취하여 신고인이 다시 진술할 필요가 없다고 인정되는 경우, 신고인의 의견이 당해 사건과 관계가 없다고 인정되는 경우, 신고인의 진술로 인하여 조사나 심의절차가 현저하게 지연될 우려 등, 신고인의 의견진술이 제한될 수 있는 사유를 비교적 광범위하게 규정하고 있다(사건절차규칙 제74조 제3항 참조).

수 있는 권리의 주체로 이해관계인을 적시하고 있다. 그러나 현행 사건절차규칙은 어떤 이해관계인이 심의절차에 참가할 수 있는 구체적인 규정이나 자료를 열람할 수 있는 방법 등에 대해서는 아무런 근거규정을 마련하고 있지 않은 실정이다. 사건절차규칙에는 오직 영업비밀 보호조치 요청에 있어서 이해관계인과 참고인에게 피심인과 동일한 절차적 권리를 인정하고 있는데, 보다 핵심적인 사항이라고 할 수 있는 이해관계인에 대한 심의기일 통지, 의견진술에 대해서는 아무런 규정을 마련하고 있지 않고 있다.

라. 의결절차

심판정에서의 심의와 위원들 간의 합의를 거쳐 의결이 내려진 경우, 심사관은 신고인에게도 의결 등의 요지를 통지하여야 한다(사건절차규칙 제56조 제2항). 나아가 이해관계인 등에게는 의결서 요지를 통지하는 것이 재량사항으로 규정되어 있는데(사건절차규칙 제56조 제2항), 그 기한 등에 대해서는 규율된 바가 없다.

[표 5-7] 심판정 심의절차에서의 제3자 절차참여

절차참여자	내용	근거규정
신고인	심의기일을 통지받을 권리	사건절차규칙 § 33 ④
	신고인 의견진술권	사건절차규칙 § 74 ②
이해관계인	의견진술권 및 자료제출권	법 § 52 ②
	자료열람·복사 요구권	법 § 52의2
	영업비밀 등의 보호조치 요청권	사건절차규칙 § 40의2 ①
참고인	영업비밀 등의 보호조치 요청권	사건절차규칙 § 40의2 ①

[표 5-8] 의결절차에서의 제3자 절차참여

절차참여자	내용	근거규정
신고인	의결 등의 요지를 통지받을 권리	사건절차규칙 § 55 ②

※ 이해관계인도 의결 등의 요지를 통지받을 수 있지만,
이는 심사관의 재량사항으로 규정되어 있다. (사건절차규칙 § 55 ②)

2. 문제점 및 평가

가. 심의개시에 대해 인지할 방법이 없는 문제

현재로서는 심의절차가 개시되는 단계에서 피심인에게 심사보고서가 송부되고 위원회에 상정되었다는 사실을 신고인 또는 이해관계인이 통지받을 수 있는 방법이 없는데, 이것이 타당한지에 대해 고민해볼 필요가 있다.

이러한 현재 상황은 신고인 내지 이해관계인에게 혹시 있을 절차참가에 적극적으로 대비하지 못하거나, 절차참가를 신청할 사유가 있는지 검토할 기회를 박탈하는 문제를 가져온다. 사건절차규칙에 신설된 제74조에서는 신고인에게도 의견을 진술할 수 있는 기회를 부여하여야 한다고 규정하고 있는데, 신고인에게 심의개시사실을 언제 통지해야 하는지를 규율하지 않으면 당해 의견진술권은 무용지물이 될 위험이 있다.

나. 의견청취절차에서의 문제점

현행 의견청취절차는 철저히 당사자 중심으로 설계되어 있다. 그러나 구체적인 사실관계의 확정과 공정위의 신중한 판단을 위해서는 심의절차에 있어 신고인과 심의참가자의 적절한 의견진술 등이 중요하다는 관점에서는 의견청취절차에도 제3자가 일정한 정도 참여해야 하는 것은 아닌지 의

문이 든다.

특히 의견청취절차가 과거 심의준비절차와 같이 위원들과 심사관, 또는 위원들과 피심인 간의 밀실행정으로 변질되지 않게 하기 위한 차원에서도 의견청취절차에서의 신고인이나 이해관계인의 일정한 절차참여는 반드시 필요하다.

다. 제3자의 의견진술권 및 자료열람권 문제

법 제52조 및 제52조의2에서는 의견진술권 및 자료제출권, 자료열람·복사 요구권의 주체로서, 이해관계인을 명시적으로 규정하고 있다. 여기서의 이해관계인은, 절차에 참가한 제3자로 해석되어야 할 것인데, 따라서 공정거래절차법은 심의절차에서의 제3자의 절차참여를 법률 차원에서 상당히 넓게 인정하고 있는 상황이다.

그러나 문제는 이와 관련된 구체적인 근거규정이 전혀 마련되어 있지 않다는 것이다. 이러한 상황은 한편으로는 심의절차에서의 의견진술, 자료제출 및 자료열람·복사 요구에 있어 제3자의 경우에는 아무런 고민이 없었던 것으로 파악될 수 있고, 다른 한편으로는 제3자의 절차참여는 온전히 공정위의 재량에 맡겨져 왔던 것으로 이해할 수 있다. 그러나 법률에서 명확하게 의견진술 내지 자료열람의 주체로 이해관계인을 적시하고 있고, 공정거래절차법의 지도원리로서 제3자의 절차참여가 인정될 수 있는 측면에서 바라보면, 제3자의 의견진술과 자료열람에 대해서는 사건절차규칙에서 보다 명확한 규정이 마련되어야 할 것이다.

라. 심의참가 관련 문제

앞서 살펴본 사건처리절차에의 심의참가와 관련해서는 다양한 문제들이 해결되어야 한다. 예컨대, 사건처리절차의 어느 단계에서 심의참가신청이 이루어져야 하는지, 언제 그리고 누구에 의해 공정위의 심의참가결정이 내려져야 하는지, 심의참가인에게는 어느 정도의 절차적 권리가 인정되어야 하는지, 나아가 심의참가 결정을 어느 경우에 철회할 수 있는지에 대해 고민해야 할 것이다.

생각건대 심의참가의 목적이 심의·의결절차에 참가하여 자신의 의견을 진술하는 것에 있으므로, 심의참가 결정과 실제 심의참가는 당해 단계에서 이루어질 것이다. 따라서 위에서 제기한 고민들에 대한 해답도 심의·의결절차와 관련하여 제시되어야 할 것이다.59)

3. 개선방안

가. 심의개시 사실에 대한 제3자 통지 규정 마련

먼저 신설된 사건절차규칙 제74조에 의하면 신고인은 심의절차에서 자신의 의견을 진술할 권리를 갖는다. 따라서 최소한 신고인에게는 자신이 신고한 사건의 심사보고서가 피심인에게 송부되었고 위원회에 상정되었다는 사실이 통보되어야 한다.

나아가 신고인에 대한 심의개시 사실통보가 심의에서의 의견진술을 준비하기 위한 차원으로 이해된다면, 신고인이 원하는 경우 심사보고서의 요지를 신고인이 알 수 있게 하는 제도도 고려될 수 있다. 상술하였듯이 현재는 신고인에 대한 심사보고서 송부가 위원회 의장의 재량으로 규정되어 있지만, 심사보고서 요지를 통보하는 것에 대해서는 기속으로 규율해야 할 것이다. 당해 제도가 도입되면 심사보고서의 요지에 어느 정도의 내용이 담겨져야 하는 문제가 발생하는데, 생각건대 피심인의 영업비밀을 해치지 않는 한계에서 심사관이 확정한 사실관계의 대략적 내용, 문제된 법 조항 등이 적시될 수 있다.60)

---

59) 관련한 자세한 내용으로는 본고 제5장 제2절 심의참가제도 참조.
60) 관련해서는 사건절차규칙 제33조 제5항에서 정하는 심사보고서 송부 시 제외되는 사

요컨대, 사건개시단계에서의 심사보고서의 송부 사실을 신고인에게 통지하고, 신고인이 원하는 경우 심사보고서의 주요내용까지도 알 수 있도록 하는 신청제도를 마련해야 한다.

나. 의견청취절차에의 제3자 참여

의견청취절차 관련해서는 신고인과 심의참가자를 어떻게 취급되어야 하는지의 문제가 제기될 수 있다. 의견청취절차가 실효성 있는 제도로 정착하고 운용되기 위해서는 절차에 대한 신뢰가 가장 중요함은 상술한 바와 같고, 이를 위해서는 일정 수준의 제3자의 절차참여가 실현되어야 할 것이지만, 그 정도는 의견청취절차의 성격과 취지에 맞게 설정되어야 한다.

생각건대 의견청취절차가 본 심의절차에 앞선 부수적인 제도라는 점을 고려하면 신고인이 당해 절차에 직접 참가하여 의견을 진술하는 것은 그 성격에 맞지 않다. 그러나 최소한 의견청취절차가 진행된다는 사실의 통지, 그리고 의견청취절차 주요내용의 통지를 통해 절차에 참여시키는 것이 필요하다. 이는 상술한 의견청취절차의 공정성 제고 차원에도 중요한 의미를 갖지만, 심의절차에서 신고인의 불필요한 의견진술을 사전에 방지할 수 있다는 의미를 갖는다. 한편, 심의참가인의 경우 당사자와 동일한 절차적 권리는 갖는 것이 원칙이므로, 원하는 경우 의견청취절차에 참가하여 의견을 진술할 수 있어야 한다.

다. 제3자의 의견진술 내지 자료열람제도 마련

신고인 및 심의참가자를 위한 자료열람·복사요구 제도가 구체적으로 마련될 필요가 있다. 생각건대, 피심인의 경우 공정위가 조사과정에서 확보한 모든 자료를 열람할 수 있도록 한다는 전제하에, 신고인 또는 심의참가자

항들이 고려될 수 있다.

의 경우에는 그 대상을 심사보고서 첨부자료로 한정할 필요가 있다. 보다 구체적으로는 원하는 경우 심사보고서 첨부자료 목록을 제공하고, 자신들이 관련된 자료에 한하여 자료열람·복사를 신청할 수 있도록 근거규정을 마련할 필요가 있을 것이다. 이 경우 사건절차규칙 제29조 제10항의 제외사유는 그대로 적용됨은 물론이다.

제4절 공정거래 개별절차에서의 제3자 절차참여

마지막으로 공정거래 개별절차에서의 제3자의 절차참여에 관해 살피도록 한다. 다만, 자진신고 감면절차의 경우 부당한 공동행위를 한 행위자와 공정위 사이에 나타나는 절차의 성격이 강하므로 제3자의 절차참여는 원칙적으로 불가능하다.

따라서 이하에서는 동의의결절차와 기업결합 신고절차상의 제3자의 절차참여와 관련해서만 살펴보도록 한다. 동의의결절차는 현재 공정거래절차에서 일반 대중의 절차참여를 유일하게 허용한 절차이고 일견 제3자의 절차참여와 관련하여 가장 적극적인 제도이기 때문에 검토할 만한 의미가 충분하다. 기업결합 신고절차에는 현행법상 인정되는 제3자의 절차참여는 없지만, 일견 기업결합 신고를 통한 관련 정보획득을 위해 제3자 절차참여가 도입될 필요성이 있다.

Ⅰ. 동의의결절차

1. 현행법상 제3자 절차참여

가. 동의의결 절차개시 단계

현재 동의의결 절차개시 단계에서 제3자의 절차참여는 인정되지 않는다. 즉, 당해 절차단계에서는 절차의 당사자인 동의의결 신청인과 심사관, 그리고 공정위 회의만 관계하게 된다.

나. 동의의결안 작성 및 의견수렴 단계

당해 사건의 신고인과 이해관계인에 대해서는 동의의결안이 작성되고 이에 대한 의견수렴절차에서 일정한 절차적 참여가 허용된다. 즉, 신고인은 법 제51조의3 제2항 각호에서 규정하고 있는 동의의결 관련 사항을 통지받을 권리를 가지며, 이에 대한 의견을 제출할 수 있는 권리를 보장받는다(법 제51조의3 제2항, 동의의결규칙 제9조 제1항).

이해관계인의 경우, 동일한 규정에 의해 동의의결안에 대해 의견을 제출할 권리를 갖지만, 동의의결 관련 사항을 통지받지는 못하며 관보 또는 공정위 인터넷 홈페이지에 공고하는 방식으로 접하게 된다. 한편, 여기서 말하는 이해관계인이란 동의의결규칙 제2조 제8호에 의해 '신고인, 거래상대방, 경쟁사업자 등 해당 행위에 대해 법률적·경제적 이해관계를 가지는 자'가 되는데 이에 관해서는 비판적 검토가 필요하다.

[표 5-9] 동의의결 작성 및 의견수렴절차상 제3자 절차참여

절차참여자	내용	근거규정
신고인	동의의결 관련 사항들을 통보받을 권리	법 § 51의3 ② 규칙 § 9 ①
	동의의결 관련 사항들에 대한 의견제출권	법 § 51의3 ② 규칙 § 9 ①
이해관계인	동의의결 관련 사항들을 관보 또는 공정위의 인터넷 홈페이지를 통해 알 수 있는 권리	법 § 51의3 ② 규칙 § 9 ①
	동의의결 관련 사항들에 대한 의견제출 (재량)	법 § 51의3 ② 규칙 § 9 ①

다. 동의의결 확정 단계

동의의결을 위한 심의절차에서는 당사자는 출석할 권리를 부여받지만, 신고인 및 이해관계인은 심의참가 및 의견진술의 기회를 신청할 권리를 받을 뿐이고, 그 결정여부는 각 회의의 재량사항으로 규정되어 있다(동의의

결규칙 제12조).

동의의결이 확정된 경우, 신고인과 이해관계인은 동의의결 결정 요지를 통지받을 수 있지만, 보다 구체적으로는 특별한 사정이 없는 한 동의의결서를 홈페이지에 공개하는 것으로 신고인과 이해관계인에 대한 결정요지 통지를 갈음할 수 있다고 규정되어 있다(동의의결규칙 제14조 제2항 단서).

[표 5-10] 동의의결 결정절차상 제3자 절차참여

절차참여자	내용	근거규정
신고인	동의의결 심의절차에 참가신청할 수 있는 권리	동의의결규칙 § 12 ①
	동의의결 결정의 요지를 통지받거나 동의의결서를 공개받을 권리	동의의결규칙 § 14 ②
이해관계인	동의의결 심의절차에 참가신청할 수 있는 권리	동의의결규칙 § 12 ①
	동의의결 결정의 요지를 통지받거나 동의의결서를 공개받을 권리	동의의결규칙 § 14 ②

라. 동의의결 취소·변경절차

각 회의는 신고인 등의 이해관계인에게도 동의의결 취소 내지 변경을 위한 심의가 열리기 전에 동의의결 취소·변경 사유를 명시하여 의견 제출 기회를 부여하여야 하는데 이는 의견수렴단계에서의 절차를 준용하게 하였다(동의의결규칙 제15조 제2항).

[표 5-11] 동의의결 취소·변경절차상 제3자 절차참여

절차참여자	내용	근거규정
신고인	동의의결 취소·변경 관련 사항을 통지받을 권리	동의의결규칙 § 15 ②
	동의의결 취소·변경 관련 사항에 대한 의견제출권	동의의결규칙 § 15 ②

| 이해관계인 | 동의의결 취소·변경 관련 사항을 통지받을 권리 | 동의의결규칙 § 15 ② |
| | 동의의결 취소·변경 관련 사항에 대한 의견제출권 | 동의의결규칙 § 15 ② |

2. 문제점 및 평가

제3자의 절차참여 차원에서 동의의결제도를 살펴보면 공정거래절차 제도 중에서는 상당히 바람직한 모습을 보이고 있다고 평가할 수 있다. 여기에는 당사자의 절차적 권리뿐만 아니라 신고인 및 이해관계인도 마찬가지로 동의의결절차에 반드시 참여할 수 있도록 근거규정을 법률 차원에 마련하였다. 다만 아래에서는 개선될 여지가 있는 추가적인 몇 가지 사항을 지적하고자 한다.

첫째, 동의의결규칙은 제2조에서 동 규칙에서 사용하는 용어의 정의조항을 마련하고 있는데, 동조 제8호는 이해관계인을 '신고인, 거래상대방, 경쟁사업자 등 해당 행위에 대해 법률적·경제적 이해관계를 가지는 자 또는 단체'로 정의하고 있다. 그러나 이는 앞서 본고에서 정리한 이해관계인 개념에 맞지 않다. 따라서 이와 관련된 개념상 정리가 필요하다. 둘째, 동의의결이 결정되는 경우, 동의의결서 정본은 신청인에게만 송부되도록 규정되어 있는데, 신고인에게는 의결서 사본을 송부해 주거나 동의의결이 결정된 사실을 통지해줄 필요는 없는지 검토할 필요가 있어 보인다. 셋째, 현 제도하에서는 동의의결의 취소가 공정위의 인지를 통해서만 가능하도록 되어 있는데, 신고인 또는 이해관계인의 신청에 의한 동의의결 취소를 도입할 필요는 없는지 고민해보아야 할 것이다.[61]

---

61) 이봉의, 공정거래법상 동의의결제의 주요 쟁점과 개선방안, 경쟁과 법 제6호, 2016, 59면 참조.

3. 개선방안

제3자 절차참여 관점에서 보는 동의의결제도의 절차적 차원의 개선방안으로는 우선, 현행 동의의결규칙 제2조상의 이해관계인 개념의 정비이다. 관련 정의조항에 따르면 동의의결제도에서의 이해관계인은 신고인이 포함된 것이지만, 곧바로 의견수렴절차를 규정한 동의의결규칙 제9조 제1항에 따르면 신고인과 이해관계인이 구분되어 있어 논리적으로 맞지 않다. 그리고 이해관계인에 대해서는 관보 또는 공정위 인터넷 홈페이지에 공고하는 방법으로 의견제출의 기회를 준다는 것은, 일반 대중에게 관련된 의견을 제출할 수 있는 방법과 같은 것이다. 따라서 이상을 종합하면, 동의의결규칙상 이해관계인은 일반 대중을 의미하는 것으로 정의하고, 사안과 경제적 이해관계를 가진 자에 대해서는 심의참가제도를 운용하여 당사자와 동일한 절차적 권리를 갖도록 해야 한다.

또한, 신고인 및 절차참가인에게는 일반 대중으로서의 이해관계인보다 넓은 절차적 권리를 보장해야 한다. 동의의결이 위원회에 의해 결정되는 경우, 원칙적으로는 신고인 및 절차참가인에게는 그 사본이 송부되거나 동의의결이 내려진 사실이 통지되어야 한다. 나아가 신고인 및 절차참가인이 소정의 절차를 거쳐 동의의결의 취소를 신청할 수 있도록 근거규정이 마련되어야 할 것이다.

II. 기업결합 신고절차

1. 현행법상 제3자의 절차참여

현행법상 기업결합 신고절차에서 제3자의 절차참여는 불가능하다. 즉,

현재 기업결합 신고절차는 철저히 경쟁당국과 신고의무가 있는 사업자 간의 관계를 중심으로 설계되어 있다.

그러나 기업결합이란 필연적으로 제3자, 예컨대 피인수기업과 관련시장에서의 이해관계인들이 관련되어 있는 것이므로 일정한 정도로 제3자의 절차참여가 보장될 필요가 있다. 이하에서는 이러한 관점으로 문제점을 살펴보고 개선방안을 제시해보도록 한다.

2. 문제점 및 평가

가. 일반 기업결합 신고의 경우

일반 기업결합 신고의 경우, 신고의무가 있는 사업자는 기업결합 신고서와 관련 첨부서류를 제출하도록 되어 있다(시행령 제18조 제4항). 신고서에는 신고의무자의 정보뿐만 아니라 당해 기업결합의 내용과 관련시장 현황 등이 기재되어 있어야 하는데, 이는 기업결합의 제3자와 관련된 정보들로 볼 수 있다.

따라서 공정위는 제3자와 관련된 정보에 대해 제3자의 의견을 취합하지도 않은 채 기업결합 내용을 심사하게 된다. 그러나 필요한 경우 피인수기업의 의견제출이 가능하도록 하는 규정조차 존재하지 않는 것은, 참여원리의 지도원리가 충분히 의미를 가질 수 있는 부분에 있어 아무런 제도적 장치가 되어 있지 않으므로 타당하지 않다.

나. 간이 기업결합 신고의 경우

간이 기업결합 신고의 경우에는 신고와 심사가 동시에 진행되기 때문에 제3자의 절차참여가 더욱 필요하다. 간이신고 대상 기업결합의 경우에도 특수관계인 간의 기업결합과 같이 기존의 지배력을 강화시키는 기업결합이 있을 수 있고, 이러한 경쟁제한성의 가능성이 있는 기업결합을 간이절차로 통과시키는 것은 방지하기 위해 공정위의 간이절차에 대한 재량을 일정 부분 통제해야 한다.

비교법적으로도 유럽의 경우 간이절차가 개시되면 관보 또는 유럽 집행위원회 인터넷 홈페이지에 공개하고 제3자로부터 관련한 의견을 수렴할 수 있게 되어 있다. 이는 기업결합 간이절차에 있어 제3자의 절차참여의 필요성을 뒷받침해주는 것으로 볼 수 있고, 따라서 관련한 개선방안이 마련될 필요가 있다.

3. 개선방안

가. 피인수기업의 절차참여 보장

필요한 경우 피인수기업이 인수기업이 제출한 신고내용을 보충하거나 관련된 의견을 제출할 수 있는 절차적 제도를 마련할 필요가 있다.

기업결합 신고의 결과는 신고의무를 갖는 인수기업 뿐만 아니라 피인수기업에게도 큰 영향을 미치기 때문에, 피인수기업이 일정한 절차적 권리를 갖는 것은 일정한 정당성을 갖는다. 나아가 기업결합 신고의 목적이 기업결합과 관련한 정보를 공정위가 취득하기 위함임을 생각하면, 피인수기업의 절차참여를 통하여 이들이 갖는 시장 관련 정보를 추가적으로 획득할 수 있기 때문에, 피인수기업의 절차참여 보장은 경쟁기능을 보호한다는 목적에도 부합하는 것이다.

피인수기업에 대한 절차참여 확대는 일반 기업결합 신고와 간이 기업결합 신고에 있어 동일하게 생각될 수 있다. 다만, 간이절차는 원칙적으로 신고여부만 검토하는 것이기 때문에, 피인수기업의 절차참여의 필요성은 일반 기업결합 신고의 경우가 보다 강할 것으로 보인다.

나. 기타 이해관계인의 절차참여 보장

기업결합을 둘러싼 기타 이해관계인의 절차참여 또한 제고되어야 한다. 일반 기업결합 신고의 경우에는 당해 기업결합이 경쟁제한의 위험이 있다고 판단되면, 위원회에 상정되고 심의절차를 거치는 바, 제2절과 제3절에서 다룬 심의절차제도를 활용하면 될 것이다.

다만 간이절차의 경우 일반심사로 전환될 가능성이 극히 낮고, 따라서 신고단계에서 이해관계인들의 의견이 수렴될 필요가 있다. 따라서 우리나라 간이 기업결합절차에도 유럽의 경우처럼 간이신고 및 심사절차를 공개하고 일정한 기간 동안 제3자의 의견제출이 가능하도록 할 필요가 있다.

제6장

결   론

제1절 요약

본고에서는 공정거래절차법에 대한 이론적 논의를 전개한 후, 이를 배경으로 공정거래절차 제도에서의 당사자의 권리보장과 제3자의 절차참여 문제를 살펴보았다. 각 장의 내용을 요약하면 다음과 같다.

제1장에서는 본고의 연구배경과 목적, 연구의 대상과 연구의 방법을 제시하였다. 특히 본고가 공정거래절차를 논문주제로 다루게 된 배경은, 공정거래절차의 문제들을 규범적·법이론적 관점에서 다루는 근본적인 논의의 틀이 존재하지 않았다는 문제상황에 있다는 것을 제시하였다.

제2장에서는 공정거래절차법의 일반론을 정립하였다. 공정거래절차법의 일반론이란, 공정거래절차법 개념의 정의, 공정거래절차법의 법원(法源), 공정거래절차법의 특성을 말하는 것이고, 이를 정립하는 것은 공정거래절차의 규범적 논의를 위한 기초작업이다. 본고는 공정거래절차법을 '공정위의 일차적 결정절차 중 사업자 또는 사인과의 관계를 나타내는 법규범 일체'로 규정하였으며, 이를 구성하고 있는 규범을 정리하고, 공정거래절차법의 고유성을 잘 나타내는 특성을 정리하였다.

제3장에서는 공정거래절차법의 지도원리를 새롭게 이해하고 공정거래절차의 고유성과 기능에 알맞은 지도원리를 정립하였다. 이를 위해서 그동안 통설로 간주되어 오던 공정거래절차법의 '준사법 명제'를 비판적으로 분석한 후 해체하고, 공정거래절차법의 목적과 기능을 직접 나타내는 지도원리를 도출하였다. 보다 구체적으로는, 공정거래절차법의 목적은 기능적 경쟁을 보호하는 것이며, 이를 실현하기 위한 공정거래절차의 법적 측면의 기능과 경제적 측면의 기능으로부터 ① 직권규제주의, ② 합의제 원리, ③ 절차

적 권리보장, ④ 절차참여원리라는 새로운 지도원리를 정립하게 되었다.

제4장에서는 공정거래절차법상 당사자의 권리보장의 문제에 관해 살펴보았다. 우선, 당사자의 권리보장은 앞에서 도출한 지도원리 중 절차적 권리보장이라는 지도원리의 일부분으로 이해될 수 있고, 이는 공정거래절차법의 목적 실현이라는 객관적 법치주의에 무게중심이 있다는 것을 나타냄을 보였다. 본고는 공정거래 사건처리절차와 공정거래 개별절차를 구체적으로 정리하여, 당사자의 권리보장의 현황과 문제점, 개선방안을 살펴보았다.

당사자의 권리보장과 관련한 문제점과 그에 따른 개선방안만 정리한다면 다음과 같다. 사건처리절차의 사건개시절차와 관련해서는 신고사실에 대해 피신고인이 알 수 없다는 점, 직권인지절차에 대한 규범적 통제가 부족하다는 점, 사건개시절차에서의 사실조사 내지 사전심사 관련한 규정이 없다는 점이 문제이고, 그 개선방안으로는 피신고인 지위에 대한 인식제고, 피신고인에 대한 신고사실 통보제도 마련, 직권인지절차 관련 규정 마련, 사전심사 관련 규정을 마련하는 것을 제안하였다. 심사절차와 관련해서는 법리적 차원으로 중복된 조문으로 인한 복잡한 규범체계, 조사활동의 법적 성격에 대한 논쟁, 공정위 조사활동 유형의 불명확성, 조사개시일의 문제 등을 문제점으로 지적하였고, 제도적 차원으로는 피조사기업의 변호인이 가진 자료에 대한 조사 문제, 현장조사공문의 기재사항 관련 문제, 피조사인 출석요구 장소의 문제, 진술조서 작성의 임의성 문제를 정리하였다. 이에 대한 개선방안은 중복된 심사절차 관련 규정 정비, 공정위 조사활동의 유형화, 공정위 조사활동의 법적 성격을 각 조사유형별로 정리하는 것, 조사개시일 개념을 일원화하는 것과 공정위 조사에 대한 변호인의 조사거부권 신설, 현장조사공문 기재사항 일원화, 출석요구 장소의 합리적 제한, 진술조서 작성 필수화 등이 있다. 마지막으로 심의·의결절차에 대해서는 심의·의결의 개념상 문제, 조직규정과 절차규정의 혼재 문제, 절차의 공정성 문제라는 법리적 차원의 문제와 피심인의 자료열람·복사요구권 관련 문제,

의견청취절차의 문제라는 제도상 문제가 검토되었고, 심의·의결 개념의 확립, 심의·의결절차 규정의 정비, 심의·의결절차의 목적 재정립, '심의감독절차'의 도입, 자료열람·복사요구권 및 의견청취절차 관련 개선사항들이 개선방안으로 검토되었다.

자진신고 감면절차의 문제점으로는 자진신고의 법적 성질의 문제, 자진신고제의 실효성 문제, 감면결정절차의 불투명성, 감면결정 이후의 정보보호 문제 등을 지적하였고, 이에 관한 개선방안은 자진신고 감면절차의 목적 및 기능 정립, 자진신고의 실효성 확보, 자진신고제의 제도 차원의 개선방안 등이 제안된다. 동의의결제도는 동 제도의 목적의 모호성, 동의의결 개시요건과 결정요건의 혼동 문제, 동의의결제도의 실효성 문제 등이 문제점으로 평가될 수 있고, 동의의결제도의 목적 재정립, 동의의결절차의 체계 정립, 동 제도의 실효성 확보방안 등이 개선되어야 한다. 마지막으로 기업결합 신고절차의 문제는 신고절차 규정의 미비, 기업결합 신고의 법적 성질에 대한 혼란, 신고시기에 관한 문제, 간이신고절차와 관련된 문제 등이 생각될 수 있으며, 기업결합 관련 규정의 정비, 기업결합 신고의 법적 성질의 재정립, 사전신고로의 신고시기 일원화, 그리고 간이신고절차 관련 개선방안 등이 개선사항으로 제안되었다.

제5장에서는 공정거래절차법상 제3자의 절차참여 문제를 다루었다. 이를 위해 우선 공정거래절차법상 제3자의 개념을, 신고인, 심의참가인, 이해관계인, 참고인과 감정인이라는 규범적 차원으로 구분하였고, 특히 심의참가인 개념의 도입을 위해 심의참가제도를 신설하여야 한다고 역설하였다. 공정거래절차에서 제3자의 절차참여 문제는 절차참여원리라는 지도원리를 이루는 일부분이라는 점은 당사자의 권리보장과 마찬가지이고, 따라서 이것이 공정거래절차법의 목적 실현을 위한 것이라는 점도 동일하다.

제3자 절차참여에 관한 구체적인 쟁점들도 당사자의 권리보장과 마찬가지로 공정거래 사건처리절차와 공정거래 개별절차의 체계에 따라 검토하였다. 여기서도 절차별로 문제점과 개선방안을 살피면 사건개시절차의 경우 법 위반 신고의 법적 성격 문제, 신고인 지위부여의 문제, 신고 이후의 추가적인 자료 제출 불가 문제, 심사불개시 결정에 대한 신고인의 불복 문제가 있고, 이에 대한 개선방안으로는 신고인의 절차참여 신청권으로 신고의 법적 성격을 정리하는 것, 법 위반 신고와 단순 민원을 구분하는 것, 신고인 지위 부여 규정을 신설하는 것, 신고인의 자료보완 제도를 신설하는 것, 심사불개시 결정 등에 대한 신고인의 불복제도를 마련하는 것 등이 있다. 심사절차 내지 조사활동과 관련해서는 공정위의 출석요구에 대해 이해관계인이 무조건 따라야 하는 것의 문제, 공정위 조사활동에 대한 제3자의 절차참여 관련 논의가 없다는 문제를 제기하였으며, 이해관계인과 참고인의 출석요구 거부권을 신설하고 제3자의 조사절차 참여의 원칙을 수립하는 개선방안이 모색되어야 함을 보였다. 심의·의결절차에 있어서는 제3자가 심의개시에 대해 인지할 방법이 없다는 것, 의견청취절차에서도 배제된다는 것, 제3자의 의견진술권과 자료열람권이 실질적으로 보장되지 않고 있다는 것, 심의참가제도가 미비되어 있다는 것이 문제점으로 지적되었고, 그 개선방안으로는 심의개시 사실에 대한 제3자 통지제도 마련, 의견청취절차에서의 제3자 참여, 사건절차규칙에 제3자의 의견진술과 자료열람에 대한 규정 마련 등이 제안되었다. 공정거래 개별절차 중에서는 동의의결절차와 기업결합 신고절차가 제3자의 절차참여가 문제될 것이어서 당해 절차들에 대해서만 문제점과 개선방안을 검토하였다.

제2절 제언

I.

법률은 집행됨으로써 비로소 현실 세계와 관계를 맺게 된다. 당위명제인 법이 추상적인 상태로 머무르지 않고, 실제 현실에 영향을 미치게 해주는 것이 바로 법률의 집행이다. 즉, 법률의 집행은 이론 내지 당위명제로서의 법을 실제로서의 현실과 이어주는 매개체이다.

주지하다시피 공정거래법은 우리나라 헌법상 시장경제질서를 실현하기 위한 경제법의 핵심적인 규범으로서, 경쟁기능을 보호하고 나아가 시장경제영역에서의 정의를 실현하기 위한 규제들을 그 내용으로 담고 있다. 공정거래법의 집행과 관련된 영역은 동법이 예정하고 있는 법익이 조화되는 장(場)으로서, 그 실현여부에 따라 공정거래법의 존재의의가 확인될 수 있다.[1] 또한, 법집행의 구체적인 모습은 각국의 특성에 따라 특유한 모습으로 발전되는 것이므로, 공정거래법의 집행은 우리나라 경제법의 고유한 실정법적 특징이 가장 잘 드러나는 부분이다. 요컨대, 공정거래법의 집행은 명실상부 공정거래법 내지 경제법의 중심이 되는 영역이다.

특히 최근 빠른 속도로 현실화되고 있는 디지털 경제 내지 제4차 산업혁명 경제에서 공정거래 집행 및 공정거래절차는 매우 중요시되고 있다. 가상 현실에서 대두되고 있는 플랫폼 내지 빅데이터 관련 문제, 공유경제 내지 인공지능 문제, 가상화폐 내지 블록체인 문제 등은 기존의 공정거래법

---

[1] 同旨 이봉의, 공정거래법의 실효적 집행, 경쟁법연구 제10권, 1면.

내지 경쟁법에 대해 새로운 도전과 고민을 가져다주고 있다. 이러한 새로운 현상에 맞서 관련된 기술이나 경제현실을 충분히 고려하는 것도 필요하지만, 그 변화나 요구를 수용할 수 있는 규범적 논의 또한 매우 중요하다. 생각건대, 이를 위한 규범적 틀 중 하나가 바로 공정거래절차이다. 따라서 공정거래절차 제도 내지 공정거래절차법은 앞으로 그 중요성이 더욱 커질 것이다.

요컨대, 공정거래절차에 관한 고민과 논의는 매우 중요한 것이고, 이에 관한 연구를 앞으로 활발히 진행하는 것이 필요하다. 그리고 당해 논의는 규범적 차원 내지 법이론적 차원의 방법을 중심으로 발전되어야 한다. 이하에서는 공정거래절차법의 법이론적 논의에서 생각될 수 있는 방법론적 시사점을 바탕으로 앞으로 진행될 공정거래절차법 관련 논의에서 고려되어야 하는 점을 정리하는 것으로 결론을 대신하려 한다.

II.

공정거래절차법에 관한 법이론적 논의에서는 공정거래절차법이 가지는 규범적 일반성을 간과해서는 아니 된다. 공정거래절차법의 규범적 일반성을 규명하는 것은 공정거래절차법의 고유성을 도출하기 위한 전제조건이 된다. 생각건대, 공정거래절차법의 규범적 일반성은 법체계 차원의 일반성과 절차법 내지 법집행 차원의 일반성으로 구분할 수 있다.

우선, 법체계 차원의 일반성은 공정거래절차의 법규범 즉, 공정거래절차법을 전체 법질서의 일부분으로 이해하고, 기존 법체계의 틀 안에 적절히 배치하는 것을 의미한다. 공정거래절차법의 법체계적 일반성을 인식하는 것은 공정거래절차법에 관한 규범적 시각을 가질 수 있게 한다. 즉, 법체계적 차원의 일반성을 파악하는 것은 공정거래절차법의 개념을 정립하고 그 법원(法源)을 정리하여 공정거래절차법이 전체 법체계에서 차지하는 위치가 어떠한 것인지, 그 의미가 어떻게 파악되어야 하는지에 대한 단초를 얻게 해준다.

절차법 내지 법집행 측면의 일반성은 법적용의 관점에서 공정거래절차법이 갖는 일반적인 성격을 나타내 준다. 법의 적용이란 한편으로는 사법부의 재판으로 이해될 수 있지만 다른 한편으로는 행정기관의 처분과정으로도 파악될 수 있다. 따라서 법집행 측면의 일반성을 찾는다는 것은 공정거래절차법과 사법절차 또는 공정거래절차법과 일반 행정절차와의 관계를 정립하는 것을 의미한다. 나아가 이는 공정거래절차법을 논의하는 과정에서 언제나 사법절차와 일반 행정절차와 비교·대조할 수 있는 준비가 되어 있어야 한다는 방법론적 시사점을 던져준다.

법체계적 일반성은 공정거래절차법과 관련된 규범의 수직적 관계를 바라보는 것이고, 법집행 차원의 일반성은 수평적 관계를 바라보게 한다. 공정거래절차법의 구체적 요소들을 논의하는 과정에서는 그것들이 법의 일반원칙 또는 전체 법질서의 관점에서 무엇을 의미하는지, 그것이 사법절차에서 유래된 것인지 아니면 일반 행정절차적 성격을 갖는 것인지를 우선적으로 파악해야 한다. 이러한 내용들을 모두 정리하여 이해한 후에만, 공정거래절차법의 고유성을 도출할 수 있다.

III.

공정거래절차법의 고유성 또는 공정거래절차법의 특수성은, 공정거래절차법을 논함에 있어 가장 핵심적인 고려사항에 속하는 것이다. 따라서 이들은 공정거래절차 제도 등을 구체적으로 분석하는 과정에서 언제나 고려되어야 한다. 공정거래절차법의 고유성은 공정거래법 및 경제법의 고유성에서 비롯되는 것인데, 이는 앞서 밝힌 바와 같이 공정거래절차법의 규범적 일반성 위에서 도출된다.

공정거래법의 고유성은 다양한 측면에서 도출될 수 있지만, 무엇보다 경쟁 내지 경쟁기능이라는 규율원리를 중심으로 이를 파악하는 것이 핵심이다. 시장경제에서의 경쟁을 보호한다는 규범적 목적에 무게중심을 두면, 사업자의 경쟁제한행위와 불공정거래행위를 금지하는 규율대상적 차원의 고유성, 서울고등법원을 재판관할로 하는 공정거래 불복소송 차원의 고유성, 실제 문제를 파악함에 있어 당사자뿐만 아니라 언제나 관련한 제3자를 고려해야 한다는 실제적 차원의 고유성 등을 모두 일관되게 설명할 수 있다. 따라서 공정거래법 내지 공정거래절차법의 고유성을 이해하는 데에 가장 중시되어야 하는 것은 바로 공정거래규범의 목적이다.

공정거래규범 내지 경제법의 목적론에 대한 논의가 계속되어야 하는 이유가 바로 여기에 있다. 공정거래법의 목적론은 다음 두 가지 이유로 인해 그 유용성이 간과되기 쉽다. 첫 번째 이유는 경제적 효율성과 규범적 경쟁의 가치를 양극단으로 하는 입장의 격차이고 두 번째 이유는 그것이 실제 문제를 해결하는 데에 직접적인 도움이 되지 않는다는 시각 때문이다. 그러나 본고에서 밝힌 바와 같이 공정거래 관련 문제의 근본적인 고찰을 위해서는 공정거래규범의 근본가치 및 고유성에 대한 인식이 우선되어야 하는 것이기 때문에, 학문적인 차원에서는 목적론에 대한 논의가 계속하여 발전해야 할 것이다.

본고는 공정거래법의 목적론을 살펴봄으로써 공정거래절차법의 문제에 대한 접근을 시도하였다. 이는 공정거래소송, 공정거래조직뿐만 아니라 구체적인 공정거래 실체법적 영역에서도 유효한 접근이라 할 것이다. 물론, 공정거래법의 목적에 관한 발전적 논쟁을 통해 규범적 경쟁에 대한 합의점을 찾아가는 것이 우선되어야 함은 상술한 바와 같다.

IV.

본고에서 마지막으로 강조하고자 하는 것은 공정거래절차법의 실천적 사명이다. 즉, 규범적으로 진행된 이론적 탐구는 언제나 실제 영역에서도 실질적인 영향력을 가질 수 있도록 발전되어야 한다. 예컨대, 본고와 같이 공정거래절차법의 법체계 및 지도원리가 구체적인 제도에서 어떻게 적용될 수 있는지 검토하는 것이 필요하다.

공정거래절차법의 실천적 의미를 제고하기 위해서는 다음 두 가지 요소가 고려되어야 한다. 우선, 현실에서의 절차제도, 절차의 운영방식, 절차를 진행하는 조직의 성격과 문화, 실무가들의 성향 등을 정확히 인식할 필요가 있다. 나아가 관련 규범에 대한 시대적 사명을 잊어서는 아니 된다.[2] 규범은 미래지향적인 가치를 지녀야 하고, 현실의 문제를 개선하기 위한 노력을 게을리해서는 안 되기 때문이다.

결국 공정거래절차법의 실천적 사명은, 현재의 상황을 객관적으로 인식하면서 시대적 사명을 날카롭게 받아들여, 양자를 조화하는 것에 있다 할 것이다. 현실과 동떨어진 이론적 논의는 단순한 학문적 유희일 뿐, 이론적인 논의는 실제의 변화 및 요구에 맞게 유연하게 발전될 필요가 있고, 궁극적으로 이론과 실제는 언제나 밀접한 관련성을 가져야 할 것이다.

---

2) 同旨 이봉의, 공정경제를 위한 공정거래법의 운용방향, 법연 제60권, 2018, 21-22면.

참 고 문 헌

1. 국내문헌

(1) 단행본

공정거래위원회, 공정거래위원회 30년사, 2011.

곽상현·이봉의, 기업결합규제법, 법문사, 2012.

권오승, 경제법(제13판), 법문사, 2019.

권오승·서정, 독점규제법(제3판), 법문사, 2018.

권오승·이봉의 등 8인 공저, 독점규제법(제6판), 법문사, 2018.

권오승 편, 공정거래와 법치, 법문사, 2004.

권오승 편, 독점규제법 30년, 법문사, 2011.

김대순·김민서, EU법론(제2판), 삼영사, 2015.

김동희, 행정법 I (제24판), 박영사, 2018.

_____, 행정법 II (제24판), 박영사, 2018.

김철용 편, 행정절차와 행정소송, 피앤씨미디어, 2017.

김홍기 편, 경제기획원 33년 - 영욕의 한국경제, 매일경제신문사, 1999.

박정훈, 행정법의 체계와 방법론, 박영사, 2005.

_____, 행정소송의 구조와 기능, 박영사, 2006.

서울대학교 경쟁법센터, 공정거래법의 쟁점과 과제, 법문사, 2010.

성낙인, 헌법학(제15판), 법문사, 2015.

신동권, 독점규제법(제2판), 박영사, 2016.

신현윤, 경제법(제7판), 법문사, 2017.

오준근, 행정절차법, 삼지사, 1998.

이근식, 서독의 질서자유주의 - 오위켄과 뢰프케, 기파랑, 2007.

이봉의, 독일경쟁법 - 경쟁제한방지법, 법문사, 2016.

이원우, 경제규제법론, 홍문사, 2010.

이호선, 유럽연합(EU)의 법과 제도, 세창출판사, 2006.

이호영, 독점규제법(제5판), 홍문사, 2015.

임영철·조성국, 공정거래법 – 이론과 실무, 박영사, 2018.

장승화·이창희 편, 절차적 정의와 법의 지배, 박영사, 2010.

정호열, 경제법(전정 제6판), 박영사, 2019.

조성국, 독점규제법 집행론, 경인문화사, 2010.

한수웅, 헌법학(제8판), 법문사, 2018.

홍명수, 경제법론 Ⅳ, 경인문화사, 2018.

Hans Kelsen(윤재왕 역), 순수법학 – 법학의 문제점에 대한 서론, 박영사, 2018.

_____(변종필·최희수 역), 순수법학 (제2판), 길안사, 1999.

Ronald Dworkin(염수균 역), 법과 권리, 한길사, 2010.

(2) 학위논문

조성국(2009), 경쟁법집행의 조직 및 절차에 관한 연구, 서울대학교 박사학위논문.

정중원(2010), 공정거래법 위반사건의 처리절차에 관한 연구 : 공정성 강화 방안을
　　　중심으로, 서울시립대학교 박사학위논문.

이영희(2017), 공정거래위원회의 조직 및 절차에 관한 행정법적 연구 : 제재절차를
　　　중심으로, 서울대학교 석사학위논문.

(3) 학술논문

강승식(2014), 절차적 적법절차의 본질에 관한 연구, 미국헌법연구 제25권 제2호.

강승훈(2019), 공정거래위원회의 디지털증거 수집의 적법성 강화 방안, 경쟁법연구
　　　제39권.

권오승(1988), 경제법의 의의와 본질, 경희법학 제23권 제1호.

_____(2003), 독점규제법의 집행구조 및 절차의 개선, 절차적 정의와 법의 지배(이
　　　창희, 장승화 편), 박영사.

_____(2004), 공정거래위원회의 독립성과 전문성, 공정거래와 법치, 법문사.

____ (2010), 독점규제 및 공정거래관련법의 집행시스템, 서울대학교 법학 제51권
　　　제4호.

김남철(2012), 행정심판과 행정절차제도와의 조화방안 – 특히 이의신청절차와 행
　　　정심판과의 조화방안 모색을 중심으로, 법학연구(부산대) 제53권 제4호.

김용민(2000), 부동산규제법의 지도원리, 부동산학보 제17집.

김윤수(2012), 공정거래법상 동의의결제의 도입 및 향후 운용방향, 경쟁저널 제160호.

김은미(2012), 사건처리의 공정성 제고와 법 집행 강화를 위한 지침 개정 동향, 경

쟁저널 제164호.

김재신(2012), 공동행위 자진신고 감면제도 평가와 개선방향, 경쟁법연구 제26권.

김하열, 이황(2014), 공정거래위원회 법적 성격과 사건처리 및 불복의 절차, 고려법학 제75권.

남희경, 스티븐 슈츠(2012), 사내변호사에 대한 변호인·의뢰인 특권 적용에 대한 연구, 법과 사회 제43호.

박성범(2012), 현행 부당한 공동행위 자진신고 제도의 문제점 및 개선방안 – 자진신고자 관점에서의 고찰, 경쟁법연구 제26권.

박세환(2018), 토론문 : 경쟁법 위반행위에 대한 EU와 프랑스의 처분시효 제도(비교법적 고찰), 경쟁과 법 제11호.

박정훈(2004), 공정거래법의 공적 집행, 공정거래와 법치(권오승 편), 법문사.

_____(2006), 행정심판의 기능 – 권리구제기능과 자기통제기능의 조화, 행정법연구 제15호.

박해식(2019), 독점규제 및 공정거래에 관한 법률 전부 개정안에 대한 소회, 경쟁저널 제198호.

박현성(2012), 미국법상 변호사-의뢰인 특권, 소송준비자료의 개시면책에 관한 연구, 법조 제665호.

박혜림(2015), 동의의결의 법적 성격에 대한 고찰, 서울법학(서울시립대) 제22권 제3호.

서정(2018), 공정거래법상 처분시효 관련 개정안의 검토, 경쟁과 법 제11호.

성낙인(2003), 헌법상 적법절차에 관한 연구, 절차적 정의와 법의 지배(이창희, 장승화 편), 박영사.

손계준(2011), 카르텔 Leniency 지위 불인정 및 취소의 법적 쟁점, 경제법연구 제10권 제2호.

손영화(2014), 공정거래법상 심결제도의 개선에 관한 연구 - 일본 독점금지법상 심판제도의 개정을 중심으로, 경제법연구 제13권 제2호.

송석윤(2013), 바이마르헌법과 경제민주화, 헌법학연구 제19권 제2호.

_____(2017), 경제민주화와 헌법질서, 서울대학교 법학 제58권 제1호.

신상훈(2011), M&A에 대한 각국의 기업결합 신고 및 심사제도의 사례, 국제거래법연구 제20권 제2호.

신영수(2011), 독점규제법의 목적에 관한 재고, 법학논고 제37집.

신현윤(2003), 공정거래위원회 심결구조 및 절차의 문제점과 개선방안, 상사판례연구 제14권.

심재한(2009), 경제법과 공정거래법 및 私法의 관계, 경제법연구 제8권 제1호.

안동인(2017), 행정절차법의 처분절차상 주요 쟁점 - 절차보장의 확대를 위한 적극적 해석의 필요성, 행정법연구 제48권.

안성호(1991), 행정과 절차적 정의, 한국행정학보 제25권 제1호.

안창모(2016), 공정거래위원회 사건처리 절차 개선의 주요 내용 – 사건처리 3.0 도입에 즈음하여, 법학논총(단국대) 제40권 제1호.

양대권(2018), 토론문 : 제척기간/처분시효 관련 개정안에 대한 검토, 경쟁과 법 제11호.

오세혁(2002), 법체계의 통일성, 홍익법학 제4권.

_____(2009), 실체법과 절차법의 상호의존성, 법철학연구 제12권 제2호.

유진식(2012), 헌법 제107조 제3항이 규정하고 있는 '준사법절차'의 의미, 공법학연구 제13권 제4호.

유진희, 최지필(2012), 공정거래법상 동의의결 제도의 내용과 문제점 검토, 고려법학 제64호.

윤성운(2003), 공정거래법 위반사건 심리절차의 절차적 적법성에 대하여, 공정경쟁 제97호.

_____(2004), 공정거래법 위반사건 심판절차의 절차적 적법성과 개선방향, 인권과 정의 제330호.

윤성운, 송준현(2009), 부당한 공동행위 자진신고자 감면제도의 실무 운용상 제문제, 경쟁법연구 제20권.

윤성운, 김남우, 김규식(2016), 변호사/의뢰인 특권제도에 대한 연구, 경쟁과 법 제6호.

윤종행(2013), 변호사와 의뢰인 간의 의사교환 내용과 증언거부의 특권 – 대법원 2012.5.17. 선고 2009도6788 전원합의체 판결, 홍익법학 제14권 제2호.

이봉의(2001), 독점규제법상의 간이기업결합 심사기준 및 절차, 공정경쟁 제70호.

_____(2002), 공정거래위원회의 재량통제, 규제연구 제11권 제1호.

_____(2004), 공정거래법의 실효적 집행, 경쟁법연구 제10권.

_____(2010), 방송·통신시장에 있어서 기업결합의 규제, 경제규제와 법 제3권 제2호.

_____(2011), 공정거래법상 과징금 산정과 법치국가 원리, 경쟁법연구 제24권.

_____(2016), 공정거래법상 동의의결제의 주요 쟁점과 개선방안, 경쟁과 법 제6호.

_____(2016), 공정거래법상 국제적 M&A에 대한 역외적 관할권 - 비교법적 고찰을 포함하여, 경쟁법연구 제33권.

_____(2017), 한국형 시장경제의 심화와 경제법의 역할, 서울대학교 법학 제58권 제1호.

_____(2017), 경제법, 서울대학교 법학 제58권 제1호 [별책 - 서울법대 70년].

_____(2018), 공정경제를 위한 공정거래법의 운용방향, 법연 제60호.

_____(2019), 디지털경제와 기업결합 신고의무의 개선방안, 경쟁법연구 제39권.

이상경(2013), 미국 연방헌법상의 적법절차조항과 경제적 자유권과의 관계 및 함의, 헌법학연구 제19권 제4호.

이상규(1983), 準司法機關에 대한 考察 - 행정위원회를 중심으로, 법학논집(고려대) 제21권.

이선희(2016), 유럽연합의 리니언시 자료의 비밀보호에 관한 검토, 경쟁법연구 제33권.

이원우(2009), 행정조직의 구성 및 운영절차에 관한 법원리 - 방송통신위원회의 조직성격에 따른 운영 및 집행절차의 쟁점을 중심으로, 경제규제와 법 제2권 제2호.

이영준(2000), 민법의 지도원리로서의 사적자치, 법조 제49권 제8호.

이정민(2016), 공정거래위원회 사건처리절차의 합리화, 외법논집 제40권 제4호.

이헌환(1999), 절차적 정의론 연구서설, 사회과학연구 제12호.

이호선(2008), 공정거래에 관한 유럽연합 각료회의 규정 2003-1 해설, 법학논집 제21권 제1호.

_____(2012), 유럽경쟁법의 절차적 권리의 보호자로서의 청문관의 역할과 기능 소고, 법학연구(인하대) 제15권 제2호.

_____(2013), 유럽연합 경쟁법 집행과정에서의 글로벌 기업들의 대응수단으로서의 자료접근권, 동아법학 제60호.

_____(2014), 경쟁정책 집행에서의 절차적 권리보호, 비교사법 제21권 제3호.

이황(2019), 공정거래법의 미션과 집행 시스템 개혁의 방향, 경쟁저널 제198호.

이희정(2010), 방송통신위원회의 법집행절차 개선방향에 관한 연구 - 행정절차에 대한 대심주의 접목의 의의와 방식을 중심으로, 경제규제와 법 제3권 제1호.

_____(2011), EU 행정법상 행정처분절차에 관한 소고, 공법학연구 제12권 제4호.

임영철(2005), 공정거래위원회의 사건처리절차와 불복절차 - 공정거래법 위반사건을 중심으로, 기업소송연구 통권 제3호.

임용(2017), 미국 반독점법 민사 집단소송의 현황과 교훈에 대한 토론문 - 現 법집행시스템의 개편 논의와 사법부의 역할 변화, 경쟁과 법 제9호.

임종훈(2008), 한국 헌법상의 적법절차 원리에 대한 비판적 고찰, 헌법학연구 제14권 제3호.

정대근(2015), 경쟁법 집행절차의 국제표준화에 대한 고찰 - 처분전절차를 중심으로, 부산대 법학연구 제56권 제3호.

정영철(2013), 행정법의 일반원칙으로서의 적법절차원칙, 공법연구 제42권 제1호.

정중원(2010), 공정거래법 위반사건의 처리절차 공정성 강화방안, 경쟁저널 제150호.

정완(2008), 미국과 유럽의 경쟁법상 사전청문제도, 영산법률논집 제5권 제1호.

정재훈(2018), 자진신고 감면(리니언시 제도의 문제점과 개선방안, 경쟁과 법 제11호.

조성국(2006), 독립규제기관의 사건처리절차의 개선방안 - 미국 FTC의 사건처리절차를 중심으로, 행정법연구 제16호.

_____(2011), 경쟁당국의 조직과 집행절차, 독점규제법 30년(권오승 편), 법문사.

_____(2012), 동의의결제 운용에 대한 제언, 경쟁저널 제160호.

_____(2016), 피조사기업의 절차적 권리보장에 관한 주요 쟁점, 경쟁과 법 제6호.

_____(2017), 공정거래법상 전속고발제도에 관한 연구 - 법집행 적정성의 관점에서, 경쟁법연구 제35권.

조혜신(2012), EU 경쟁법에 대한 현대화(Modernization)의 절차적 및 실체적 측면에 대한 고찰, 경쟁법연구 제26권.

채우석(1998), 행정절차법과 이해관계인의 참가, 토지공법연구 제5집.

최계영(2007), 거부처분의 사전통지 - 법치행정과 행정의 효율성의 조화,행정법연구 제18호.

최난설헌(2012), 공정거래법상 동의의결제도에 대한 불복절차와 관련한 비교법적 검토 – EU일반법원과 EU사법재판소의 Alrosa 판결이 주는 의미, 경쟁법연구 제26권.

최정학(2017), 공정거래위원회의 조사절차 정비방안 – 적법절차의 강화와 강제조사권의 도입, 민주법학 제65호.

하명호(2014), 행정심판의 개념과 범위 – 역사적 전개를 중심으로 한 해석론, 인권과 정의 제445호.

홍대식, 최수희(2006), 공정거래법 위반행위에 대한 공정거래위원회의 사건처리절차에 관한 검토, 경쟁법연구 제13권.

홍대식(2011), 공정거래법 집행자로서의 공정거래위원회의 역할과 과제 - 행정입법에 대한 검토를 소재로, 서울대학교 법학 제52권 제2호.

_____(2017), 공정거래법상 공정거래위원회의 사건처리절차에서의 절차적 하자와 처분의 효력, 특별법연구 제14권.

홍명수(2006), 공정위 사건처리절차의 효율화를 위한 개선 방안, 경쟁법연구 제13권.

_____(2009), 독점규제법상 특수관계인과의 기업결합에 대한 규제가능성 검토, 경쟁법연구 제19권.

_____(2012), 자진신고자 감면제도에 있어서 적용 제외 사유에 관한 검토, 경쟁법
　　　연구 제26권.

_____(2013), 헌법상 경제질서와 사회적 시장경제론의 재고, 서울대학교 법학 제
　　　54권 제1호.

황태희(2007), 현행 카르텔 자진신고자 감면제도의 문제점과 개선방안, 경쟁법연구
　　　제16권.

_____(2007), EU위원회의 조사권한과 당사자의 방어권 ‒ 경쟁법 위반행위를 중심
　　　으로, 법제연구 제33호.

_____(2011), 독점규제법 집행시스템의 개선방안 ‒ 공적 집행절차와 제재의 개선
　　　방안을 중심으로, 저스티스 통권 제123호.

_____(2011), 독점규제법의 공적 집행, 독점규제법 30년(권오승 편), 법문사.

_____(2018), 공정거래법상 형사벌의 현황, 문제점과 개선방안, 경쟁과 법 제11호.

2. 해외문헌

(1) 단행본

Baudisch, Ilja: Die Rechtsstellung des Unternehmens in grenzüberstreitenden
　　　Kartellverfahren ‒ Zur Tragweite des Grundsatzes >>ne bis in idem<< im
　　　EG-Kartellsanktionsrecht, Köln : Heymann, 2009

Blanco, Ortiz: EU Competition Procedure, 3rd Ed., Oxford University Press, 2013.

Busche, Jan/ Röhling, Andreas: Kölner Kommentar zum Kartellrecht, Carl Heymanns
　　　Verlag, 2014.

Calliess, Gralf-Peter: Prozedurales Recht, Nomos, Baden-Baden, 1999.

Canaris, Claus-Wilhelm: Systemdenken und Systembegriff in der Jurisprudenz, 2.Aufl.,
　　　Duncker & Humblot Berlin, 1982.

Crane Daniel A.: The Institutional Structure of Antitrust Enforcement, Oxford
　　　University Press, 2011.

Emmerich, Volker: Kartellrecht, 13. Aufl., C.H.Beck, 2014.

Fleischer, Romy N.: Die Dynamik des Wettbewerbsschutzes im US-amerikanischen,
　　　europäischen und australischen Kartellrecht, Calr Heymanns Verlag, 2013-

Georgii, Bernhard J.: Formen der Kooperation in der öffentlichen

Kartellrechtsdurchsetzung im europäischen deutschen und englischen Recht
  ‑ Unter besonderer Berücksichtigung des europäischen Settlementverfahrens
  gemäß Verordnung Nr.622/2008, Nomos, 2012.

Georg-Klaus de Bronett: Europäisches Kartellverfahrensrecht ‑ Kommentar zur VO
  1/2003, 2. Aufl., Carl Heymanns Verlag, 2012.

Girnau, Marcus: Die Stellung der Betroffenen im EG-Kartellverfahren ‑ Reichweite
  der Akteneinsicht und Wahrung von Geschäftsgehemnissen』, Köln :
  Heymann, 1993.

Gumbel, Tim: Grundrechte im EG-Kartellverfahren nach der VO 17/62 ‑
  Untersuchung im Vergleich zu, Grundrechtsschutz im deutschen und
  englischen Kartellverfahren, Berlin : Duncker & Humblot, 2000.

Hensmann, Jan: Die Ermittlungsrechte der Kommission im europäischen
  Kartellverfahren, Baden-Baden : Nomos, 2009.

Jaeger, Wolfgang/ Kokott, Juliane/ Pohlmann, Petra/ Schroeder, Dirk: Frankfurter
  Kommentar zum Kartellrecht, Verlag Dr.Otto Schmidt, Köln, 2018.

Jones, Alison/ Surfin, Brenda: EU Competition Law, 5th Ed., Oxford University Press,
  2013.

Kamann, Hans-Georg/ Ohlhoff, Stefan/ Völcker Sven: Kartellverfahren und Kartellprozess,
  C.H.Beck, 2017.

Karst, Alexander: Das Direct Settlement-Verfahren im europäischen Kartellverfahrensrecht,
  Nomos, 2014.

Katzmann Robert A.: Regulatory Bureaucracy ‑ The Federal Trade Commission and
  Antitrust Policy, The MIT Press, 1980.

Klees, Andreas: Europäisches Kartellverfahrensrecht ‑ mit Fusionskontrollverfahren,
  Carl Heymanns Verlag, 2005.

Kling, Michael/ Thomas, Stefan: Kartellrecht, 2. Aufl., Vahlen, 2016.

Klose, Tobias: Das Verhältnis des deutschen zum europäischen Kartellrecht in der
  Verfügungspraxis des Bundeskartellamtes, Berlin-Verl., Spitz. 1998.

Könen, Daniel: Die Rolle des Bundeskartellamtes im Beschwerdeverfahren ‑ Eine
  Untersuchung insbesondere in Bezug auf Nachermittlungen, Nomos, 2013.

Langen, Eugen/ Bunte, Hermann-Josef: Kartellrecht Kommentar, 12. Aufl., Luchterhand
  Verlag, 2014.

Maiazza, Robert: Das Opportunitätsprinzip im Bußgeldverfahren unter besonderer

Berücksichtigung des Kartellrechts, Centaurus Verlag Herbolzheim, 2003.

Maizière, Karl: Der Praxis der informellen Verfahren beim Bundeskartellamt, 1986.

Maxeiner, James: Rechtspolitik und Methoden im deutschen und amerikanischen Kartellrecht, Verlag V. Florenz, 1986.

Nihoul, Paul/ Skoczny, Tadeusz: Procedural Fairness in Competition Proceedings, Edward Elgar Publishing, 2015.

Ortwein, Edmund: Das Bundeskartellamt ⁻ eine politische Ökonomie deutscher Wettbewerbspolitik, Baden-Baden : Nomos-Verl.-Ges., 1998.

Pascu, Dan Virgil: Die Verteidigungsrechte der Unternehmen im europäischen Kartellverfahren, München : Beck, 2010

Pelka, Sascha C.: Rechtssicherheit im europäischen Kartellverfahren? ⁻ VO 1/2003, unternehmerische Selbstbeurteilung und die Vorhersehbarkeit der Rechtlage, Baden-Baden : Nomos, 2009.

Rinck, Gerd: Wirtschaftsrecht : Wirtschaftsverfassung, Wirtschaftsverwaltung, Wettbewerbs- und Kartellrecht, 4. Aufl., Carl Heymanns Verlag, 1974.

Rittner, Fritz/ Dreher, Meinrad: Europäisches und Deutsches Wirtschaftsrecht, 3. Aufl., 2007

Rittner, Fritz/ Dreher, Meinrad/ Kulka, Michael: Wettbewerbs- und Kartellrecht, 8. Aufl., C.F.Müller, 2014.

Rittner, Fritz : Wettbewerbs- und Kartellrecht, 3. Aufl., C.F.Müller, 1989

Rodegra, Jürgen: Zum Problem aufsichtsfreier Verwaltung durch das Bundeskartellamt untersucht am Beispiel des Fusionskontrollverfahrens, Frankfurt am Main : Lang, 1992.

Schmidt, Ingo: Wettbewerbspolitik und Kartellrecht, 9. Aufl., Oldenbourg Verlag München, 2012.

Schmidt, Karsten: Kartellverfahrensrecht ⁻ Kartellverwaltungsrecht ⁻ Bürgerliches Recht, Carl Heymanns Verlag KG, 1977.

Schmidt, Karsten: Drittschutz, Akteneinsicht und Geheimnisschutz im Kartellverfahren, Carl Heymanns Verlag KG, 1992.

Schwarze, Jürgen: Verfahren und Rechtsschutz im europäischen Wirtschaftsrecht, Nomos, 2010.

Thanos, Ioannis: Die Reichweite der Grundrechte im EU-Kartellverfahrensrecht, Berlin : Dunker & Humbolt, 2015.

Weber, Klaus: Geschichte und Aufbau des Bundeskartellamtes, in Zehn Jahre Bundeskartellamt, Carl Heymanns Verlag KG, 1968.

Weiß, Wolfgang: Die Rechtsstellung Betroffener im modernisierten EU-Kartellverfahren, Baden-Baden : Nomos, 2010

Wesselburg, Alexander: Drittschutz bei Verstößen gegen das Kartellverbot ‐ Unter Berücksichtigung der Wechselwirkungen zwischen privater und öffentlich-rechtlicher Durchsetzung, Nomos, 2009.

Zippelius, Reinhold: Juristische Methodenlehre, 9. Aufl., C.H.Beck München, 2005.

(2) 논문 및 보고서

Brei, G.: Due Process in EU antitrust proceedings ‐ causa finita after Menarini?, ZWeR 1/2015, S. 34-54.

Dreher, M.: Die gegenwärtige und zukünftige Lage des deutschen Kartellrechts, 법학연구(연세대학교) 제11권 제2호, 129-171면.

Eickhof, N.: Die Hoppmann-Kantzenbach-Kontroverse ; Darstellung, Vergleich und Bedeutung der beiden wettbewerbspolitischen Leitbilder, Volkswirtschaftliche Diskussionsbeitrag Nr. 95., Potzdam, 2008, S. 2-28.

Kling, T.: Das fuktionsfähige Wettbewerb als Schutzgut des Kartellrechts und seine Bedeutung für die europäische und deutsche Wirtschaftsverfassung, in: 「Rechtspolitische Entwicklungen im nationalen und internatonalen Kontext」 FS Friedrich Bohl (Hrsg. Gornig), Duncker & Humbolt Berlin, 2015, S. 433-489.

Kühling, J./ Wambach, A.: Ministererlaubnisverfahren ‐ Kein Anlass zu grundlegenden Reformen, WuW 2017-01, S. 1

Lidgard, H. H.: Due Process in European Competition Procedure : a Fundamental Concept or a Mere Formality?, in: 「Constitutionalising the EU Judicial System」, Hart Publishing, 2012, p.403-422.

Martin-Ehlers, A.: Die Schaffung neuer Verfahrenrechte ‐ Eine kritische Kommentierung des Beschlusses des OLG Düsseldorf vom 12.07.2016 zur Ministererlaubnis im Fall EDEKA/Kaiser's Tengelmann, WuW 2017-01, S.9-13.

OECD: 「Trade and Competition － From Doha to Cancún」, 2003.

Zimmer, D.: Competition law enforcement : administrative versus judicial systems, in: 「Procedural Fairness in Competition Proceedings」 (Ed. Nihoul, Paul/ Skoczny, Tadeusz), Edward Elgar Publishing, 2015, pp.255-264.

Zusammenfassung

Die Gewährleistung der Rechte der Betroffenen und die Partizipation Dritter im koreanischen Kartellverfahrensrecht

Joon Young, Paul Park
Juristische Fakultät, Wirtschaftsrecht
Seoul National Universität

Bei dieser Studie geht es um die Gewährleistung der Rechte der Betroffenen und die Partizipation Dritter im koreanischen Kartellverfahrensrecht. Sie unterteilt sich in drei Abschnitte: Erstens, einen rechtstheoretischen Überblick über das koreanisches Kartellverfahrensrecht; zweitens, eine Analyse des Paradigmenwechsels von der These vom sog. „justiz-ähnliches Verfahren", die in Korea allgemein gültig war (und ist), hin zu den wesentlichen Leitungsprinzipien des koreanischen Kartellverfahrensrechts, welche aus dem Zweck und der Funktion des koreanischen Kartellrechts - das Fair-Trade-Gesetz Koreas(„FTGK") - hergeleitet werden; und drittens, eine Darstellung des Verständnisses von der Gewährleistung der Rechte und der Partizipation als Teil des Leitungsprinzips des koreanischen Kartellverfahrensrechts.

Die rechtstheoretische Analyse des koreanischen Kartellverfahrensrechts ist die Grundlage für alle weiteren rechtlichen Erwägungen. Dieser rechtstheoretische Zugang beginnt mit der Festlegung des Begriffs des

Kartellverfahrensrechts in Korea. Das koreanische Kartellverfahrensrecht umfasst „die Normen des ersten Entscheidungsverfahrens des koreanischen Kartellamts(Korean Fair Trade Commission, KFTC), die das Verhältnis zwischen der KFTC und den Unternehmen regulieren". Teil dieser Studie ist es, den Umfang des koreanischen Kartellverfahrensrechts abzustecken, die Rechtsquellen nachzuprüfen und die Merkmale des Rechts aufzuzeigen.

Die kritische Analyse der allgemein anerkannten These des koreanischen Kartellverfahrensrechts ist der rechtstheoretische Kern dieser Studie. Die These vom sog. „justiz-ähnlichen Verfahren" - oder auch „Quasi-Justiz These" - ist die theoretische Grundlage der herrschenden Ansicht; wegen der Unschärfe des Begriffs „Quasi-Justiz" und einigen rechtstheoretischen Unstimmigkeiten im Verhältnis zum Kartellverfahrensrecht, ist die „Quasi-Justiz-These" allerdings abzulehnen. Stattdessen soll ein eigenes kartellrechtliches Leitungsprinzip hergestellt werden, was durch eine normative Untersuchung des Zwecks und der Funktionen des FTGK möglich ist. Der Zweck des FTGK besteht darin, „einen funktionsfähigen Wettbewerb herzustellen bzw. zu bewahren, und auf diese Weise die volksökonomisches Entwicklung zu förden". Die neuen Leitungsprinzipien des koreanischen Kartellverfahrensrechts können dabei in das „Amtsermittlungsprinzip", das „Kollegialitätsprinzip", die „Gewährleistung der verfahrensrechtliche Rechte,„ und das „Partizipationsprinzip" eingeteilt werden.

Im Zuge der theoretischen Untersuchung, ist es erforderlich, die Gewährleistung der Rechte der Betroffenen und die Partizipation der Dritter als Teil des Leitungsprinzips des koreanischen Kartellverfahrensrechts zu verstehen. In der vorliegenden Studie werden die streitigen Punkte im Hinblick auf diese beiden Probleme im Rahmen einer konkreten Analyse der Institutionen des koreanischen Kartellverfahrensrechts behandelt, wobei insbesondere das Verfahren vor der KFTC und das „Kronzeugenprogramm", das „Vergleichsverfahren", und die „Anmeldung der Zusammenschlüsse" berücksichtigt werden. Die konkrete Fragestellung dieser Studie haben große praktische Bedeutung. Der wichtigste Punkt ist jedoch, dass die Funktion der Gewährleistung der Rechte und die Verfahrenspartizipation als Mittel zur Erreichung des eigenen Zwecks des koreanischen Kartellvefahrensrechts zu verstehen und gestalten sollen.

Stichwörter : Das koreanisches Kartellverfahrensrecht,

Leitungsprinzip, Gewährleistung der

verfahrensrechtliche Rechte, Verfahrenspartizipation

찾 아 보 기

유민총서 07

공정거래절차의 법리
- 당사자의 권리보장과 제3자 절차참여를 중심으로 -

초판 1쇄 인쇄   2020년 1월 23일
초판 1쇄 발행   2020년 1월 30일

지 은 이   박준영
편   찬   홍진기법률연구재단
주   소   서울특별시 종로구 동숭3길 26-12 2층
전   화   02-747-8112   팩스 : 02-747-8110
홈 페 이 지   http://yuminlaw.or.kr

발 행 인   한정희
발 행 처   경인문화사
편 집 부   김지선 유지혜 박지현 한주연
마 케 팅   전병관 하재일 유인순
출 판 번 호   제406-1973-000003호
주   소   파주시 회동길 445-1 경인빌딩 B동 4층
전   화   031-955-9300   팩 스   031-955-9310
홈 페 이 지   www.kyunginp.co.kr
이 메 일   kyungin@kyunginp.co.kr

ISBN   978-89-499-4859-1 93360
값   26,000원